MATTHIAS LANGWASSER

REISE IN DIE FREIHEIT

Wie ich in der Wildnis den Sinn des Lebens fand

Bibliografische Information der Deutschen Nationalbibliothek
Die Deutsche Nationalbibliothek verzeichnet diese Publikation in der Deutschen Nationalbibliografie. Detaillierte bibliografische Daten sind im Internet über http://dnb.d-nb.de abrufbar.

Für Fragen und Anregungen
info@finanzbuchverlag.de

Originalausgabe, 1. Auflage 2021

© 2021 by FinanzBuch Verlag, ein Imprint der Münchner Verlagsgruppe GmbH
Türkenstraße 89
D-80799 München
Tel.: 089 651285-0
Fax: 089 652096

Alle Rechte, insbesondere das Recht der Vervielfältigung und Verbreitung sowie der Übersetzung, vorbehalten. Kein Teil des Werkes darf in irgendeiner Form (durch Fotokopie, Mikrofilm oder ein anderes Verfahren) ohne schriftliche Genehmigung des Verlages reproduziert oder unter Verwendung elektronischer Systeme gespeichert, verarbeitet, vervielfältigt oder verbreitet werden.

Textteil gedruckt auf 100 % Recyclingpapier – unseren Wäldern zuliebe

Redaktion: Christiane Otto
Korrektorat: Dr. Manuela Kahle
Umschlaggestaltung: Marc-Torben Fischer
Umschlagabbildung: © Matthias Langwasser
Abbildungen im Innenteil, sofern nichts anderes angegeben: © Matthias Langwasser
Satz: ZeroSoft, Timisoara
Druck: GGP Media GmbH, Pößneck
Printed in Germany

ISBN Print 978-3-95972-404-3
ISBN E-Book (PDF) 978-3-96092-751-8
ISBN E-Book (EPUB, Mobi) 978-3-96092-752-5

Weitere Informationen zum Verlag finden Sie unter

www.finanzbuchverlag.de

Beachten Sie auch unsere weiteren Verlage unter www.m-vg.de

INHALT

Vorwort 5
Einleitung 7
1 Wie alles beginnt 9
2 Eine lebensverändernde Begegnung 21
3 Das Lernen überflüssiger Dinge 35
4 Zu viel Dienst 49
5 Das Buch des Lebens 68
6 Verliebt in meine Krankenschwester 78
7 Ab heute mache ich nur noch, was ich will! 90
8 Konfrontation mit meinen Eltern 101
9 Die große Reise 109
10 Der Feigenbaum 124
11 Zwei außergewöhnliche Gemeinschaften 130
12 Zwischen Gestank und Eiseskälte 152
13 Mein Häuschen in einem spanischen Tal 163
14 Mein Leben in einer christlichen Sekte 184
15 Das Kundalini-Yoga-Festival 204
16 Meine Begegnung mit dem Dalai Lama 220
17 Ein vollkommener Tag 235
18 Die Einheit des Lebens 244
19 Schon wieder vergiftet! 250
20 Zurück in die »Zuvielisation« 261
21 Angekommen 277
Epilog 285
Danksagung 286
Anmerkungen 288

Für meine Tochter Ayana, die Erfüllung eines großen Traums. Du bist im Bauch deiner liebenden Mutter gewachsen, während dieses Buch entstanden ist. Ich wünsche dir ein glückliches Leben in einer Welt voller Liebe.

Für die Krieger des Lichts, die sich unermüdlich dafür einsetzen, dass diese Welt ein besserer Ort für uns alle wird.

VORWORT

Liebe Leserin, lieber Leser,

ich erinnere mich noch genau an den Abend in einem veganen Restaurant in Thailand, in dem ich Freunden Anekdoten von meiner Wanderschaft durch die Wildnis Frankreichs und Spaniens erzählte. Nina, die ich gerade bei einem Pianokonzert am Strand kennengelernt hatte, war so begeistert von meinen Abenteuern, dass sie spontan ausrief: »Deine Geschichte ist so besonders, du musst unbedingt ein Buch darüber schreiben!«

Bis zu diesem Zeitpunkt war ich nie auf diese Idee gekommen, doch nach längerem Nachdenken wurde mir klar, dass meine Erlebnisse viele Menschen inspirieren und berühren können. Und das ist mein Herzenswunsch: dass dich dieses Buch in der Tiefe berührt, dass es dich an dein wahres Selbst erinnert und daran, was im Leben wirklich wichtig ist.

Als ich anfing, dieses Buch zu schreiben, tauchte ich in meine Vergangenheit ein, in eine Zeit, die mich für immer geprägt und verändert hat. Die Bilder dieser Zeit wurden wieder in mir lebendig, ich konnte wieder die Düfte riechen und die Farben sehen. Jede Zelle meines Körpers erinnerte sich an das unbändige Gefühl von Freiheit, an die tiefe Verbundenheit mit der Erde und die Kraft, die ich aus dieser Verbindung schöpfte.

Durch die unberührte Natur Frankreichs und Spaniens zu wandern, war wie ein wunderschöner Traum, in dem ich mich gleichzeitig lebendig und geborgen gefühlt habe. Es war eine Zeit voller Abenteuer, wundervoller Begegnungen und unerwarteter Geschenke, aber auch begleitet von Entbehrungen, Herausforderungen und Einsamkeit.

Indem ich mich von der Erde ernährte und sie mir ihre Früchte und Nüsse schenkte, erlebte ich, dass sie für mich da ist, dass sie für mich sorgt und mich trägt. Ich rieche noch den Duft der Feigenbäume, sehe die Farben der verlassenen Weinberge, malerische Sonnenuntergänge und unbeschreibliche Sternennächte mit herabfallenden Sternschnuppen.

Ich war den Elementen so nahe wie nie zuvor. Die Abkühlung in eiskalten Gebirgsbächen, die Kraft der Sonne, der weiche Erdboden, auf dem ich schlief – das sind kostbare Momente, die immer noch in mir lebendig sind.

Meine innere Stimme hat mich auf vollkommene Weise geführt, ich habe Antworten auf all die Lebensfragen gefunden, die mich schon so lange beschäftigt hatten. Die Reise in die Wildnis war gleichzeitig eine Reise zu mir selbst. Sie hat mir Klarheit über meinen Lebensweg und meine Aufgabe gebracht, und dafür bin ich unendlich dankbar.

Wir alle erinnern uns auf irgendeiner Ebene an eine magische, wunderschöne Welt, die wir als Kinder noch wahrnehmen konnten, die wir im Laufe der Zeit aber vergessen haben. Diese Welt ist immer noch da, sie wartet auf uns. Sie wartet darauf, uns all das zu geben, was wir so dringend brauchen, um wieder ganz zu werden und im Einklang mit uns selbst und unserer Erde zu leben.

Ich freue mich sehr darüber, meine innere und äußere Reise mit dir zu teilen und wünsche mir, dass sie dich so wie mich inspiriert und daran erinnert, wer wir wirklich sind, warum wir uns diese Erde ausgesucht haben und dass wir für sie und für uns selbst verantwortlich sind. Dass uns alles geschenkt wurde, was wir brauchen, um ein wahrhaft erfülltes Leben zu führen. Es liegt allein an uns, was wir daraus machen ...

In diesem Sinne viel Freude beim Lesen!

Von Herzen,
dein Matthias

www.regenbogenkreis.de
www.matthias-langwasser.com

EINLEITUNG

Dieses Buch ist in vielerlei Hinsicht ungewöhnlich. Ich teile mit dir meine Reise durch die Natur Frankreichs und Spaniens, meine vielfältigen Abenteuer, vor allem aber auch meine größten Herausforderungen und wichtigsten Erkenntnisse. Ich bin losgezogen mit dem tiefen Wunsch, meine Lebensaufgabe zu finden und Antworten auf meine wichtigsten Fragen zu erhalten – Fragen, die sich die meisten Menschen an irgendeinem Punkt ihres Lebens stellen: Wie gelingt es mir, glücklich zu sein? Warum bin ich hier? Gibt es einen höheren Sinn im Leben? Bin ich ganz allein – oder ist da jemand, der über mich wacht? Warum gibt es so viel Leid auf der Welt? Wie können wir eine glückliche Zukunft für uns und unsere Kinder schaffen? Wie können wir das Ökosystem unserer Erde vor dem Zusammenbruch bewahren? Wie gelingt es mir, negative Gedanken zu überwinden?

Kommen dir diese Fragen bekannt vor? Willkommen im Club!

Die Antworten, die ich erhalten habe, haben mich überrascht und bewegt – sie berühren die Wurzeln unseres Seins und kommen von einer Ebene, in der das Wissen um die verborgenen Gesetzmäßigkeiten unserer Welt liegt.

Vieles von dem, was ich hier mit dir teile, habe ich vorher noch niemandem erzählt, und es ist für mich ein großer Schritt, diese Dinge, die ich so lange in mir bewahrt habe, aufzuschreiben und an die Öffentlichkeit zu bringen. Ich weiß aber, dass es genau jetzt an der Zeit ist, alles loszulassen und nichts mehr für mich zu behalten. In dieser Zeit des größten Bewusstseinswandels auf unserem Planeten sind wir alle aufgefordert, uns so zu zeigen, wie wir wirklich sind. Es spielt keine Rolle, wo wir herkommen, was wir gelernt haben, welche Titel wir uns geben. Wir sind alle Teil der großen Menschheitsfamilie, die an der Schwelle zu einem neuen Zeitalter steht. Jetzt dürfen wir uns gemeinsam entscheiden, ob wir die alten Wege, die zu so viel Zerstörung und Schmerz geführt haben, weitergehen wollen, oder ob wir neue Pfade einschlagen, auf denen wir alles Leben als großes Geschenk achten und schützen. Meiner Erfahrung nach gibt es nur diese beiden Möglichkeiten:

Entweder glauben wir an die Illusion der Trennung, oder wir entscheiden uns für die Einheit alles Lebendigen. Mein Herzensanliegen ist es, dir anhand meiner Erfahrungen zu zeigen, dass wir alle in unserem tiefsten Inneren das Gleiche wollen: Es geht einzig und allein darum, dass wir uns daran erinnern, wer wir wirklich sind. Durch die vielfältigen Ablenkungen und Verwirrungen unseres modernen Lebens haben wir verlernt, uns Zeiten der Stille zu nehmen, in denen wir in die Natur gehen und uns wieder mit dem verbinden, was uns wirklich nährt.

Ich möchte dich mitnehmen auf eine Reise, in der wir die Wunder des Lebens bewusst wahrnehmen und lernen, die Welt wieder mit jener Neugier und Offenheit zu sehen, wie wir es als Kinder konnten.

Deswegen ist es auch mein Wunsch an dich, dieses Buch nicht mit dem Verstand, sondern mit deinem Herzen zu lesen. Unser Verstand ist oftmals ein überkritischer Begleiter, der uns durch Bewertungen davon abhält, die wahren Schätze in uns und in dem, was uns begegnet, zu entdecken. Lass dir immer wieder Zeit, die Energie meiner Erfahrungen zu fühlen, lass sie einfach wirken und beobachte, was dabei in dir passiert.

Möglicherweise sind dir manche meiner Erkenntnisse und Sichtweisen fremd. Das ist völlig in Ordnung. Ich teile mit dir meine persönlichen Erlebnisse und erhebe damit keinen Anspruch auf Allgemeingültigkeit. Du musst nicht mit allem einverstanden sein, was du in diesem Buch liest. Wenn dich bestimmte Aspekte stören, dann lass sie einfach los und konzentriere dich stattdessen auf die Dinge, mit denen du in Resonanz gehst.

Entweder glauben wir an die Illusion der Trennung, oder wir entscheiden uns für die Einheit alles Lebendigen.

1
WIE ALLES BEGINNT

Ich wachse im hohen Vogelsberg auf, einem hessischen Mittelgebirge, das von Bergen, Tälern, Bächen, Seen, Wald und Wiesen geprägt ist. Unsere Familie verbringt viel Zeit miteinander. Da mein Vater im selben Haus arbeitet, ist er immer für uns erreichbar. Wir – meine Eltern, meine zwei Jahre jüngere Schwester Christiane, mein elf Jahre jüngerer Bruder Daniel und ich, nehmen alle Mahlzeiten gemeinsam ein. Auch nach seiner Arbeit ist mein Vater für uns da. Er liebt es, mit seinen Kindern zusammen zu sein. Wir sind ziemlich »verkuschelt«, und so sitzen wir viele Fernsehabende gemeinsam eng umschlungen auf unserem Wohnzimmersofa. Meine Mutter ist lieber für sich und bleibt auf ihrem Stuhl neben uns.

Mein Vater zeigt uns auch die Natur unserer Heimat. Es gibt wohl niemanden, der den Vogelsberg besser kennt als er. Auf unzähligen Wanderungen und Fahrradtouren, bei denen ich oft dabei bin, erforscht er fast jeden Winkel der Region. Im Winter nehmen wir beide unsere Langlaufskier und machen lange Tagestouren durch die schneebedeckten Wiesen und Wälder des Vogelsbergs. Das strahlende Weiß des Schnees, die gefrorenen und schneebedeckten Bäume und die damit verbundene Stille üben immer wieder einen besonderen Zauber auf mich aus.

Mein Vater scheint alle Menschen zu kennen, denen wir begegnen, und diese kennen ihn. Sie begrüßen ihn meistens mit einem »Hallo Erwin!«, wenn wir beide wieder irgendwo in unserer Heimat wandern. Anschließend erzählt er mir dann, wer ihn gerade begrüßt hat und woher er diese Person kennt. Die Tatsache, dass mein Papa am Schalter des Postamtes arbeitet, trägt natürlich zu seiner Bekanntheit bei.

Seine besondere Spezialität sind Sagenwanderungen, bei denen er Kurgästen sagenumwobene Geschichten erzählt, die sich vor langer Zeit an besonderen Orten in den Wäldern des Vogelsbergs ereignet haben. Während die Eltern meiner Freunde eigene Häuser bauen, entscheidet sich mein Vater bewusst dafür, das nicht zu tun, da ihm die Zeit mit seinen Kindern wichtiger ist als materieller Besitz.

Er ist ein herzensguter Mann, dem positives Denken anscheinend angeboren wurde. Er spricht selten negativ über andere und kann selbst schwierigen Situationen immer etwas Gutes abgewinnen. Deswegen ist er auch sehr beliebt. Bewegung, Sport und Natur sind ihm wichtig, und er liebt es, unterwegs zu sein und dabei viele Menschen zu treffen. Unser Familiensport ist Tischtennis. Alle außer unserer Mutter sind im Tischtennisverein, wir verbringen viel Zeit mit Turnieren, Training und Wettkämpfen. Ich bin ein Naturtalent in diesem Sport – meine Beweglichkeit, mein Ballgefühl, mein Ehrgeiz und meine Ausdauer sind gute Voraussetzungen, um in dieser Disziplin erfolgreich zu sein. Es gibt dabei nur einen entscheidenden Nachteil: Im Training, wenn es nicht ums Gewinnen oder Verlieren geht, spiele ich sehr gut, während meine Nerven mich bei Wettkämpfen regelmäßig im Stich lassen, sodass ich viele Flüchtigkeitsfehler mache. Meinem Vater geht es genauso wie mir, deswegen lieben wir auch unser Training. Einmal werde ich so wütend über meine Anfängerfehler bei einem Turnier, dass ich meinen Schläger gegen die Wand der Turnhalle werfe, woraufhin dieser auseinanderbricht.

Meine Mutter und mein Vater sind so unterschiedlich wie Nacht und Tag. Obwohl die beiden viel Zeit miteinander verbringen, scheint doch keiner von beiden Eigenarten oder Sichtweisen des anderen zu übernehmen. Ich verstehe nicht, warum meine Mutter oft so unglücklich ist. Manchmal vermute ich, dass sie in ihrer Kindheit Traumata erlebt hat, die sie nie überwinden konnte. Sie ist emotional verschlossen und spricht mit mir niemals über ihre Gefühle oder das, was sie persönlich beschäftigt. Es ist, als ob in ihr zwei völlig unterschiedliche Persönlichkeiten leben: Die eine ist mütterlich, liebevoll und warmherzig, die andere kalt, jähzornig und streng. Leider kommt der liebevolle Teil seltener zum Vorschein. Ich erlebe sie mir gegenüber oft als hart und abweisend, während sie bei meinem elf Jahre jüngeren Bruder Daniel wie ausgewechselt ist. Sie erlaubt ihm so ziemlich alles, was er will, während sie mir und meiner Schwester Christiane enge Grenzen setzt.

Während mein Vater ein sehr geselliger Mann ist, lebt meine Mutter eher zurückgezogen. Während er Natur und Bewegung liebt, bleibt meine Mutter lieber in unserer Wohnung und studiert Kataloge oder verrichtet den Haushalt. Wenn es an der Tür klingelt, öffnet sie meistens nicht, da sie keine Lust auf Besuch hat. Im Gegensatz zu meinem Vater sieht meine Mutter das Leben meistens negativ und verbringt viel Zeit damit, sich aufzuregen und schlecht über andere zu reden. Meine Mutter ist das lebende Beispiel dafür, wie man sich durch eine negative Lebenseinstellung selbst unglücklich macht und in eine Negativspirale gerät, aus der man kaum wieder herauskommt. Obwohl ich sie auf dieses Muster, das Glas lieber halb leer anstatt halb voll zu sehen, immer wieder aufmerksam mache, kann oder will sie diese Angewohnheit nicht ändern.

Später fällt mir auf, dass ich viele ihrer destruktiven Sichtweisen übernehme, ohne es zu merken. Kinder sind wie ein leeres Blatt Papier. Sie nehmen ungefiltert alle Informationen auf, die sie hören und die ihnen vorgelebt werden, und speichern sie in sich ab, um sie dann bei entsprechenden Gelegenheiten unbewusst abzuspulen. Ich brauche lange, um mir meine eigenen negativen Glaubens- und Gedankenmuster bewusst zu machen und Stück für Stück wieder aus meinem System zu entfernen.

Ich erinnere mich an einen besonderen Tag. Alle Jungs aus meiner Klasse sprechen von dem neuesten James-Bond-Film. Beim Mittagessen erzähle ich begeistert davon: »Mami, heute Abend kommt der neue James-Bond-Film. Alle Jungen in meiner Klasse schauen sich ihn heute Abend an.«
  Meine Mutter verzieht unwillig ihr Gesicht. »Schön für sie.«
  »Was meinst du damit?«
  »Ich meine damit, dass sich deine Freunde den Film ja gern anschauen können, aber du nicht.«
  Eine Welt bricht in mir zusammen. »Wieso denn nicht?«
  Die Antwort ist kurz: »Darum.«
  Wut steigt in mir hoch. »Ich will den Film aber sehen!«
  »Du wirst ihn aber nicht sehen. Und damit Ende der Diskussion!«
  Ich bin verzweifelt und fühle mich ohnmächtig und wütend. Ich spreche meinen Vater an, der bis jetzt gar nichts gesagt hat: »Papi, was sagst du dazu?«
  »Deine Mutter soll das entscheiden.«
  So schnell lasse ich nicht locker. »Würdest du es mir erlauben?«
  Mein Vater zuckt nur mit den Schultern. Er weiß genau: Wenn er jetzt meiner Mutter widersprechen würde, würde er den Stress seines Lebens bekommen.
  In diesem Moment gibt es für mich nur ein einziges Ziel: Heute Abend den James-Bond-Film zu sehen. Und ich werde nicht aufgeben, um keinen Preis.

»Mami, warum soll ich als Einziger in meiner Klasse den Film nicht sehen dürfen?«

Die Stimme meiner Mutter wird lauter. »Es ist mir egal, was die anderen machen.«

»Wie stehe ich denn morgen da, wenn alle über den Film sprechen und ich dazu nichts sagen kann?«

Das Gesicht meiner Mutter wird rot. »Du wirst diesen bescheuerten Film nicht sehen und damit basta!«

Wutentbrannt verlasse ich den Tisch und laufe in mein Zimmer. Ich bin sauer auf meine Mutter. Ich bin es leid, von ihr abhängig zu sein. Ich verabscheue die Art, wie sie mir ständig Dinge verbietet, ohne mir dafür auch nur einen sinnvollen Grund zu nennen. Ich weiß auch, dass mein Vater mir sofort erlauben würde, den Film anzuschauen, aber dass er zu feige ist, sich mit meiner Mutter anzulegen. Ich empfinde sie wie einen Hausdrachen, der alle kontrolliert und alleine bestimmt, was bei uns passiert. Ich bin der Einzige in unserer Familie, der sich gegen meine Mutter wehrt, was zu ständigen Streitereien zwischen uns führt. Meine Schwester und mein Vater haben Angst vor Auseinandersetzungen, deswegen geben sie lieber klein bei, statt es sich mit meiner Mutter zu verscherzen. Häufig schlagen sie sich auf ihre Seite, wenn ich ihr widerspreche. Ich fühle mich dann verraten und ausgegrenzt.

Besonders die letzten Jahre zu Hause sind für mich oft unerträglich, und so versuche ich, so wenig wie möglich dort zu sein. Meistens komme ich nur zum Essen in unser Haus und fahre anschließend zu Freunden oder in die Natur.

Ich erlebe auch immer wieder Streit zwischen meinen Eltern, der in der Regel von meiner Mutter begonnen wird. Es braucht sehr lange, bis mein Vater etwas sagt, und meistens gibt er dann nach, damit er wieder seine Ruhe hat. Für mich ist das jedoch ein Scheinfrieden. Ich erlebe immer wieder, dass ich mit meinem Vater wandere und er mir dann gesteht, dass er in vielen Punkten meiner Meinung ist und nicht der meiner Mutter. Wenn wir aber zu Hause sind, behauptet er oft das Gegenteil, wofür ich ihn verachte. Ich konfrontiere ihn immer wieder damit und spreche auch die Machtverhältnisse in unserer Familie offen beim Essen an. Das führt dazu, dass es meiner Familie lieber ist, wenn ich nicht da bin. Ich bin einfach zu unbequem. Ich sage das, was ich denke, und nehme lieber einen Streit in Kauf, als meine Wahrheit zu verraten.

Meine Mutter hat aber auch eine andere Seite. Wenn sie sich einmal überwunden hat, sich mit Nachbarn oder Verwandten zu treffen, genießt sie es sichtlich und blüht richtig auf. Sie beteiligt sich gelegentlich an unseren Wanderungen und Ausflügen und erfreut sich daran, sich an der frischen Luft zu bewegen. Sie interessiert sich für übersinnliche Dinge und liest immer wieder Bücher über okkulte oder esoterische Themen. Wenn wir beide uns gut verstehen, dann sitzen wir gemeinsam stundenlang am Küchentisch und diskutieren über Spiritualität, Bio-Ernährung oder Beziehungen. Bei diesen Themen haben wir oft einen inspirierenden Austausch. Es ist eher der Alltag, in dem wir oft aneinandergeraten, vielleicht auch deshalb, weil wir beide leicht aufbrausend sind.

In meiner Kindheit bin ich oft verträumt. Ich lebe in meiner eigenen Welt, die mir so viel näher ist als die reale Welt. Meine große Leidenschaft ist das Lesen, ich verschlinge unzählige Bücher. Dabei entwickle ich die Fähigkeit, extrem schnell den Inhalt einer Buchseite auf einen Blick zu erfassen. Manchmal frustriert mich meine Schnelligkeit, da ich ein normales Buch oft in einer Nacht zu Ende lese. Deswegen suche ich mir besonders gern dicke Bücher, für die ich etwas länger brauche. Wenn mich eine Geschichte fesselt, gelingt es mir nicht, das Buch wegzulegen, bevor ich es zu Ende gelesen habe. So kommen unzählige durchgemachte Nächte zustande. Da meine Mutter uns zwingt, an Schultagen früh ins Bett zu gehen, lese ich oft heimlich mit der Taschenlampe unter der Bettdecke weiter. Ich liebe es, in fremde, abenteuerliche und ungewöhnliche Welten einzutauchen, und erlebe diese so, als ob ich ein Teil davon sei. Meine Schwester erzählt mir später, dass ich beim Lesen oft laut lache.

Einmal sind wir zu Besuch bei der besten Freundin meiner Mutter, wir nennen sie nur »Tante Elisabeth«. Auch sie hat drei Kinder, wir kennen uns von klein an. Meine Schwester und ich kommen in das Spielzimmer und spielen mit den anderen. Im selbstgebauten Etagenbett entdecke ich eine Schublade und ziehe sie heraus. Sie ist voll mit *Asterix*-Comics! Da wir bei uns zu Hause fast nur Bücher haben, ist das hier eine willkommene Abwechslung für mich. Ich tauche sofort in die Welt der Comics ein und bin für die anderen Kinder nicht mehr ansprechbar. Nach anfänglichen erfolglosen Versuchen, mich zum Mitspielen zu bewegen, geben meine Freunde auf. Wie immer bin ich so vertieft in meine Lektüre, dass ich noch nicht einmal merke, dass ich angesprochen werde. Plötzlich reißt mir jemand meinen *Asterix*-Comic aus den Händen. Mein Vater steht groß über mir.

»Wir sind doch nicht hierhergefahren, damit du die ganze Zeit mit Lesen verbringst! Jetzt spiel endlich mit den anderen Kindern! Sie sind ganz unglücklich, dass du dich nicht um sie kümmerst. Du bist doch nicht allein auf der Welt.« Mit diesen Worten verlässt er das Kinderzimmer.
Ohne zu zögern nehme ich mir wieder meinen Comic und lese weiter. Ich kann einfach nicht unterbrechen. Als ich das Heft beendet habe, bin ich natürlich neugierig, was es hier sonst noch so gibt ... Man kann mich wirklich nur gewaltsam vom Lesen abhalten. Nachdem mein Vater mich noch zwei weitere Mal ermahnt hat, resigniert er. Am Ende habe ich den gesamten Besuch mit Lesen verbracht und kein einziges Mal mit den anderen Kindern gespielt, so sehr bin ich in die Welt der Comics abgetaucht.

Wenn ich nicht lese, dann träume ich. Ich male mir besondere Geschichten in einer anderen Welt aus, in der ich immer die Hauptperson bin. Diese Geschichten sind spannend und lebendig, ich erfinde sie täglich über Jahre hinweg. In ihnen lebe ich als mysteriöser Einsiedler im Wald in einem Baumhaus, habe eine weltweit operierende Armee, die im Untergrund lebt und immer wieder an bestimmten Orten auftaucht, um für Gerechtigkeit zu sorgen. Ich bin der Anführer eines großen Clans von weißen Affen, die ein spannendes Leben in einer besonderen Gemeinschaft führen.
Auch die Welt der Tiere fasziniert mich sehr. Wir haben Katzen, Wasserschildkröten und Fische zu Hause. Von meiner Mutter übernehme ich die Leidenschaft für Aquarien und beginne, in verschiedenen Becken Barsche zu züchten. Es ist immer wieder ein Wunder für mich mitanzuschauen, wie diese schönen und anmutigen Tiere Eier legen, aus denen dann winzige Fischlein schlüpfen, die in den Mäulern der Eltern Zuflucht suchen. Ich verbringe Stunden damit, in die Welt der Fische einzutauchen und ihnen eine schöne Umgebung aus Kokosschalen, Wasserpflanzen und selbst gesammelten Steinen zu gestalten.

An eine Begebenheit denke ich noch heute besonders gern. Mein Vater und ich machen eine unserer Wanderungen durch den Oberwald, den großen Wald nahe unserem Heimatdorf. Ich bin wie immer mit ihm unterwegs, wir genießen das gemeinsame Laufen und Schweigen. Wir befinden uns in einem Buchenwald mit weit auseinanderstehenden großen Bäumen. Der Boden ist dicht bedeckt mit ihren Blättern. Manchmal halte ich an, um die glatte Rinde der alten Baumriesen anzufassen, die sich wärmer als die Luft anfühlt.

Wie alles beginnt

Wir kommen an einen Abhang, der aus Felsen und Moos besteht. Dort entdecke ich mehrere kleine bunte Schnecken und große Weinbergschnecken. Den Rest des Nachmittags verbringen wir damit, uns an den Schneckenhäusern mit unterschiedlichen Formen und Farben zu erfreuen. Ich bin fasziniert von diesen Tieren, die so langsam sind und ihr Haus immer dabeihaben. Manchmal ziehen sie sich darin zurück, verschließen die Öffnung und können so lange Zeit ohne jede Nahrung überleben. Mir kommt eine tolle Idee.

»Papi, kann ich die Schnecken mitnehmen? Ich möchte sie zu Hause haben.«

Mein Vater überlegt. »Ich weiß nicht, wo sollen sie denn dort leben? Hier geht es ihnen doch wirklich gut, und niemand stört sie. Bei uns sind viele Menschen und viele Autos.«

»Die Schnecken könnten in unseren großen Garten. Was hältst du davon?«

»Matthias, dort würden sie aber nicht bleiben. Sie würden wegkriechen.«

Jetzt fällt mir leider auch kein Argument mehr ein. Wir wandern zurück nach Hause. Die Schnecken gehen mir aber nicht mehr aus dem Kopf. »Papi, ich habe eine Idee. Wir bauen den Schnecken ein Haus.«

Mein Vater schüttelt den Kopf. »Das ist keine gute Idee. Die Schnecken brauchen die Natur, sie können nicht in einem kleinen Häuschen leben.«

»Dann bauen wir ihnen ein großes Haus, sodass sie ganz viel Platz haben. Bitte!«

»Na gut, wir bauen erstmal eine Hütte für die Schnecken, dann sehen wir weiter.« Wahrscheinlich denkt er sich, dass es gut ist, Zeit zu gewinnen, und dass ich meine Schnapsidee bald wieder vergessen werde. Allerdings habe ich schon ein sehr klares Bild von meiner neuen Schneckenhütte in meinem Kopf. Und wie immer, wenn ich so klare Bilder bekomme, werde ich nicht eher ruhen und rasten, bis auch dieses Wirklichkeit geworden ist!

Eine Woche später bauen mein Vater und ich eine Hütte aus Holzbrettern, in der ich stehen und mich gut bewegen kann. Sorgfältig achte ich darauf, auch kleine Ritzen und Löcher mit Fensterkitt abzudichten, damit die Schnecken nicht flüchten können. Der große Tag ist gekommen – mein Vater und ich fahren mit dem Fahrrad zu dem Schneckenfelsen. Dort sammeln wir etwa zehn Weinbergschnecken und zwanzig bunte Schnecken und legen sie vorsichtig in zwei große, mit Moos gepolsterte Schraubdeckelgläser. Ich freue mich riesig! Aufgeregt fahren wir zu unserer Hütte, um die Schnecken dort auszusetzen. Von nun an sind sie mein neues Hobby. Jeden Tag versorge ich sie mit frischen Kräutern und beobachte, wie sie sich weiter vermehren. Ich veranstalte mit meinen Freunden Schneckenwettrennen, bei denen wir vorher Wetten abschließen, welche der Schnecken gewinnen wird. Das Problem ist nur, dass die eigenwilligen Schnecken sich oft nicht an den vorgegebenen Weg halten und eine andere Richtung einschlagen, sodass wir sie wieder umdrehen müssen. Dennoch haben wir großen Spaß dabei.

Ich kaufe mir ein Buch über die Zucht von Weinbergschnecken und beschäftige mich intensiv mit der Idee, Weinbergschnecken an Gourmetrestaurants zu verkaufen. In aufwendigen Berechnungen kalkuliere ich, wie viel Geld ich mit dieser Arbeit verdienen könnte, und komme auf Tausende von D-Mark, was für einen Jungen in meinem Alter sehr viel Geld ist.

Unsere Familie sitzt am Mittagstisch. Ich möchte meine neuesten Erkenntnisse mit meinem Vater teilen. »Papi, ich habe ausgerechnet, dass ich mit meiner Schneckenzucht sehr viel Geld verdienen kann, wenn ich meine Weinbergschnecken an Restaurants verkaufe. Es ist wirklich genial. Die Schnecken vermehren sich von selbst, und ich muss sie nur zum Restaurant bringen. Wir können uns damit eine Firma aufbauen.«

Mein Vater lächelt. »Das ist eine tolle Geschäftsidee. Weißt du eigentlich, was mit den Weinbergschnecken passiert, nachdem du sie ins Restaurant gebracht hast?«

Ich schüttele den Kopf.

»Sie werden lebendig in Wasser gekocht. Willst du das? Du liebst ja deine Schnecken sehr.«

Ich erschrecke – darüber hatte ich noch gar nicht nachgedacht! Ich bin frustriert, da habe ich eine tolle Idee, die aber für meine Schnecken eine Katastrophe wäre. Betrübt sage ich: »Nein, das will ich natürlich nicht. So ein Mist.«

Mein Vater streichelt mir über den Kopf. »Sei nicht traurig, es gibt noch viele Möglichkeiten, Geld zu verdienen, ohne dass Tiere darunter leiden müssen. Vielleicht können wir lieber deine Schnecken fotografieren und dann die Bilder verkaufen?«

Diese Idee gefällt mir doch gleich viel besser! Und obwohl wir sie nie umsetzen, bin ich für diesen Moment getröstet.

Meine weißen, braunen, gestreiften, bunten, kleinen und großen Schnecken wachsen mir sehr ans Herz. Manchmal denke ich an die Felsen im Wald und frage mich, ob es diesen langsamen Tieren dort besser gehen würde, weil sie in der Natur an der frischen Luft leben können und nicht in einer

Holzhütte gefangen sind. Der Gedanke lässt mich nicht mehr los. Eines Tages entscheide ich mich, meine Freunde und ihre zahlreichen Kinder wieder freizulassen. Über Nacht lasse ich die Tür offen. Am nächsten Tag sind alle verschwunden. Seitdem gibt es in unserem Dorf zum Leidwesen der Nachbarn zahllose Schnecken, die es sich in ihren Gärten gutgehen lassen ...

Seit ich denken kann, bekomme ich ständig Ideen, die oft außergewöhnlich sind. Es fällt mir leicht, neue Eingebungen umzusetzen, da ich unbewusst daran glaube, dass alles, wovon ich träume, auch machbar ist. Manchmal beginne ich jedoch zu viele Projekte parallel und bin dann mit der Umsetzung aus zeitlichen Gründen überfordert. Erst später lerne ich, jede neue Idee dahingehend zu überprüfen, ob sie zu meiner Lebensaufgabe passt und ob ich die Zeit dafür habe.

Im Alter von 16 Jahren beginne ich, mich für Politik zu interessieren. Mein Vater kauft regelmäßig das Magazin *Spiegel*, und mit großem Interesse lese ich alles außer Sport und Kultur. Zum ersten Mal beschäftige ich mich mit dem, was in der Welt passiert. Viele kritische Artikel rütteln mich auf. Ich bin schockiert darüber, wie viel Ungerechtigkeit es in der Welt gibt, und frage mich immer wieder, was ich dagegen unternehmen kann.

Während ich mich mit den vielen Missständen auseinandersetze, wird mir klar, dass ich diese niemals als normal akzeptieren werde. Immer wieder male ich mir aus, wie eine Welt aussehen würde, in der es keinen Krieg mehr zur Lösung von Konflikten gibt und in der die Menschen alles dafür tun, ihre Lebensgrundlagen zu schützen.

Mein Vater, meine beiden Geschwister und ich wandern durchs Feld. Wir kommen zum Grebenhainer Grillplatz, einem idyllischen Ort am Waldrand und Bach, an dem oft gezeltet wird. Der ansonsten ruhige Platz ist voll mit Zelten und Menschen. Mein Vater ist neugierig und spricht einen jungen Mann mit gelbem Regenmantel und langen dunkelblonden Haaren an.

»Was macht ihr denn hier?«

»Das hier ist ein Friedenscamp. Wir demonstrieren gegen die Aufrüstung der Amerikaner und die Stationierung von Atomraketen.«

Wir gesellen uns zu den freundlichen jungen Leuten. Ein großer Mann mit dunklen langen Haaren und Vollbart fragt mich, was ich einmal werden möchte.

»Ich will Polizist werden.«

Der Mann sieht mich ernst an. »Das würde ich mir noch mal gut überlegen. Wir haben schon viele friedliche Friedensdemonstrationen veranstaltet. Und es kommt immer wieder vor, dass wir von der Polizei angegriffen werden, die oft brutal mit Schlagstöcken auf uns einprügelt oder uns mit Tränengas oder Wasserwerfern beschießt.«

Ich bin betroffen. »Das wusste ich nicht. Okay, wenn das so ist, dann werde ich auf keinen Fall Polizist.«

Der Beruf des Polizisten hat mich immer sehr angesprochen, da ich ihn mit der Möglichkeit verbunden habe, für Gerechtigkeit sorgen zu können und damit Recht und Gesellschaft vor negativen Kräften zu schützen. Dass aber Polizisten dazu gezwungen werden, gewaltsam gegen Menschen vorzugehen, die sich friedlich für eine bessere Welt einsetzen, schockiert mich.

Das ist meine erste Begegnung mit der Friedensbewegung. Später schließe ich mich einer Gruppe von Straßenmusikern in Fulda an, die in Fußgängerzonen Friedenslieder singt und Flugblätter gegen Aufrüstung verteilt. Wir klären die Bevölkerung über Aufrüstung und die Stationierung von Atomraketen in Deutschland auf, die in Radio, Fernsehen und Zeitungen totgeschwiegen werden. Ich nehme auch an Demonstrationen und Ostermärschen für Frieden und Abrüstung teil. Ich engagiere mich in der Anti-AKW-Bewegung und fahre zu einer Demonstration gegen die Wiederaufarbeitungsanlage im bayrischen Wackersdorf. Dort erlebe ich tatsächlich selbst, wie friedliche Demonstranten von der Polizei plötzlich eingekesselt und zusammengeschlagen werden. Am nächsten Tag lese ich in der Zeitung über die Demonstration, die ich live miterlebt habe: »Vermummte Chaoten greifen Polizisten an. 35 Beamte verletzt.«

Da wird mir zum ersten Mal klar, dass in Medien und Nachrichten oft wichtige Dinge verschwiegen werden oder sogar bewusst gelogen wird.

Ich werde Mitglied bei Greenpeace und Robin Wood und sammele Unterschriften für die Rettung der Wale und den Schutz der Regenwälder. Eine Zeit lang bin ich sogar Mitglied in der DKP, der Deutschen Kommunistischen Partei, und beschäftige mich mit Themen wie Kapitalismuskritik und Sozialismus. Doch auch dort bin ich ein Außenseiter – vor allem aus einem Grund: Als Nichtraucher gerate ich bei den Parteitreffen immer wieder in Streit mit den Rauchern. Ich sehe nicht ein, mich von ihnen vollqualmen zu lassen. Erst, als ich mit meinem Parteiaustritt drohe, vermeiden es die rauchenden Genossen, ihre Zigaretten in unseren Sitzungsräumen anzuzünden, wenn ich dabei bin. Nach ungefähr eineinhalb Jahren merke ich, dass ich mich mit den Werten in der Partei nicht wirklich identifizieren kann und andere Wege finden möchte, mich auf konstruktive Weise für eine bessere Welt zu engagieren.

In politischen Büchern und Magazinen informiere ich mich über den Einfluss der US-Regierung in Südamerika. Besonders *Chile*. *Ein Schwarzbuch*, das den Sturz des demokratisch gewählten Präsidenten Salvador Allende durch den vom CIA finanzierten Diktator Pinochet und die daraus resultierende Folter und Massenhinrichtungen beschreibt, schockiert und prägt mich sehr. Manchmal falle ich in tiefe Depression angesichts der mir unerklärbaren, grausamen Dinge, die überall auf der Erde geschehen.

In der Schule und auch in meiner Familie stoße ich auf Unverständnis mit meinen Ansichten, die von vielen Menschen als »zu radikal« bezeichnet werden. Es entstehen immer wieder Diskussionen über Politik oder Umweltverschmutzung, sei es in der Schule oder bei meinen Eltern. Damit mache ich mich oft unbeliebt und muss früh die Erfahrung machen, dass sich die meisten Menschen nicht gern mit unangenehmen Dingen beschäftigen, sondern sie lieber verdrängen. Ich kann einfach nicht verstehen, wieso so viele lieber wegschauen, als sich dafür einzusetzen, eine bessere Gesellschaft aufzubauen. Vielleicht liegt es in der Natur des Menschen, erst etwas zu verändern, wenn er persönlich betroffen ist?

Ich selbst empfinde es so, dass ich von den Walen im Ozean oder den Baumriesen am Amazonas nicht getrennt bin und dass es meine Verantwortung als mitfühlender Mensch auf dieser Erde ist, mich für sie und unsere Natur einzusetzen.

Auch wenn wir es nicht immer bewusst wahrnehmen, sind wir doch mit allem Leben auf unserer Erde verbunden. Wenn andere Wesen oder Menschen leiden, beeinflusst das auch uns. Ich möchte in einer Welt leben, in der meine Kinder später die Möglichkeit haben werden, Wale oder Amazonasriesen selbst bewundern zu können. Ich sehe es als meine persönliche Aufgabe, dafür zu sorgen, dass die Naturwunder unserer Erde für uns selbst und alle nachfolgenden Generationen erhalten bleiben.

Zu den Indianern in Nordamerika spüre ich eine besonders starke Verbindung. Ich kaufe mir viele Bücher über sie und lese ihre Gedichte und Sagen. Vor allem ihre Verbundenheit zu Mutter Erde berührt mich sehr. Sie sagen immer wieder, dass wir von unserer Erde nicht getrennt sind und dass ihnen alles Leben, alle Pflanzen und Tiere heilig sind. Ganz genauso habe ich es auch immer empfunden, obwohl ich noch nie jemanden getroffen habe, der das ähnlich erlebt. Ich empfinde mich nicht als getrennt von den Bäumen, den Pflanzen und Tieren, und ich erlebe es so, dass das Leid unserer Erde auch mein Leid ist, dass die Zerstörung unserer Natur und unserer Lebensgrundlagen auch etwas in mir zerstört. Zu diesem Zeitpunkt ahne ich noch nicht, dass diese Themen mich mein ganzes Leben beschäftigen und zu meiner Lebensaufgabe führen werden ...

Auch wenn wir es nicht immer bewusst wahrnehmen, sind wir doch mit allem Leben auf unserer Erde verbunden.

2
EINE LEBENSVERÄNDERNDE BEGEGNUNG

Ich habe mir bis jetzt noch nie Gedanken über Ernährung gemacht. Wie die meisten Menschen esse ich das, was mir am besten schmeckt, und davon große Mengen. Dass es zwischen dem, was wir täglich zu uns nehmen, und unserer Gesundheit einen Zusammenhang geben könnte, ist mir noch nicht bewusst. Meine Eltern sind nahezu Selbstversorger und bauen in ihrem parkähnlichen Garten Gemüse, Obst und Kräuter an. Es gibt dort immer wieder neue Leckereien zu entdecken: süße Zuckererbsenschoten, frische Karotten, süß-aromatische Cherrytomaten, verschiedene Sorten Erdbeeren, Renekloden, Äpfel, Pfirsiche, Birnen, Haselnüsse und Walnüsse. So bekommen wir fast nur das eigene, frische Bio-Essen aufgetischt. Meine Mutter legt dazu auch Vorräte für den Winter an, indem sie Obst einkocht, entsaftet sowie Gemüse und Beeren einfriert. Wir Kinder helfen fleißig mit und pflücken rote, schwarze und weiße Johannisbeeren, Stachelbeeren, Kirschen, Zwetschgen und Mirabellen. Meine Schwester Christiane und ich lieben es auch, zusammen im alten Kirschbaum unserer Oma zu sitzen und uns die Bäuche mit dicken dunkelroten Herzkirschen vollzuschlagen.

Neben unserem selbst angebauten Gemüse und Obst stehen wie bei anderen Familien auch Käse, Wurst, Milchprodukte, Fleisch und Lebensmittel mit Zucker auf dem Speiseplan. Im Gegensatz zu meiner jüngeren Schwester esse ich kaum Süßigkeiten – und habe bis heute noch nie Genussgifte wie Kaffee, Schwarztee, Zigaretten oder Marihuana zu mir genommen.

Ich erinnere mich an eine Situation im Zeltlager unseres Sportvereins, wo es große Töpfe mit Schwarztee für die Kinder gibt. Mir gelingt es einfach nicht, dieses Getränk herunterzubekommen. Einmal bietet mir mein Vater zwei D-Mark dafür, wenn ich es schaffen würde, einen Becher davon zu trinken. Ich verzichte aber lieber auf das Geld ...

Ich bin auch noch nie betrunken gewesen. Bei unseren großen Familienfesten, zu denen oft mehr als 50 Verwandte eingeladen sind, wird wenig Alkohol getrunken und nicht geraucht.

Ich wachse also ziemlich gesund auf, liebe es aber, Fleisch zu essen. An meiner Konfirmation verzehre ich zehn kleine Schnitzel, Gemüse, Kroketten und sechs Desserts und spiele direkt danach stundenlang Fangen mit den anderen Kindern, die erfolglos versuchen, mich einzuholen. Obwohl ich so viel esse, bin ich im Vergleich zu den anderen Jungs in meinem Alter klein und schmächtig, besitze dafür aber viel Energie und Ausdauer.

Heute ist ein besonderer Tag. Ich weiß noch nicht, dass etwas geschehen wird, was mein Leben für immer verändert ...

Ich lehne an einem großen, alten Ahornbaum in der Nähe meiner Schule und genieße die Wärme des Frühsommers. Etwa drei Meter entfernt von mir setzt sich ein sportlicher Mann mit kurzen, braunen Haaren und weißem T-Shirt ins Gras. Er lächelt mir zu, holt ein weißes Büchlein aus seiner Leinentasche und beginnt darin zu lesen. Seine besondere Ausstrahlung weckt meine Neugier, deswegen kann ich es nicht verhindern, ihn immer wieder zu beobachten. Sein Gesicht ist wach und offen. Er wirkt sehr gesund und macht den Eindruck, als ob er mit sich und der Welt im Reinen ist. Nach einer Weile hört er auf zu lesen und schaut mich direkt an.

Ich erwidere seinen Blick. »Was lesen Sie da Interessantes?«

»Ein Buch über Ernährung.« Seine Stimme hat einen weich-melodischen Klang.

»Ist das Buch gut?«

Der Mann nickt. »Ja, sehr. Ich denke, dass es jeder lesen sollte, denn dann würde die Welt ganz anders aussehen. Möchtest du es dir anschauen?«

Ich nicke ihm zu. Er springt auf, kommt zu mir und setzt sich neben mich. Es geht ein angenehm frischer Geruch von ihm aus. Er gibt mir das Büchlein. »Schau es dir gern in Ruhe an. Ich habe Zeit.«

Ich lächle ihm zu und beginne, darin zu blättern. Es geht um den Verzehr von Fleisch, Milchprodukten, Fisch, Eiern, Weißmehl und raffiniertem Zucker.

Der Mann schaut mich mit seinen warmen Augen an. »Wenn du möchtest, dann erzähle ich dir, worum es in dem Buch geht.«

Meine Antwort kommt wie aus der Pistole geschossen. »Ja, gern!«

Er räuspert sich. »Der Autor dieses Buches, ein Arzt, hat sein ganzes Leben lang den Zusammenhang zwischen Ernährung und Gesundheit erforscht. Er fand heraus, dass es Lebensmittel gibt, die ein langes Leben in perfekter Gesundheit fördern, und andere, die genau das Gegenteil tun. Sie machen unseren Körper schwach und krank. Leider weiß fast niemand um diese Zusammenhänge. Deswegen gibt es auch so viele Krankheiten in unserem Land.« Er zieht seine Augenbrauen hoch. »Wie sieht es bei dir aus? Was weißt du über Ernährung?«

Ich zucke mit den Schultern. »Ich habe mich damit bisher noch nicht beschäftigt. Welche Ernährung ist denn die beste für den menschlichen Körper?«

»Nun, der Buchautor hat herausgefunden, dass Menschen, die sich rein pflanzlich und natürlich ernähren, am gesündesten sind und die längste Lebenserwartung haben.«

Ich bin überrascht. »Woran liegt das? Die meisten Menschen, die ich kenne, sind davon überzeugt, dass es gesund ist, Fleisch, Milch und Käse zu essen.«

»Das ist ein weit verbreiteter Irrglaube. Natürliche Pflanzennahrung aus biologischem Anbau ist nicht nur in der Lage, den Körper zu entgiften und mit allen wichtigen Nährstoffen zu versorgen, sie besitzt auch die höchste Lebensenergie, die wir beim Essen direkt aufnehmen. Sie fördert außerdem eine gesunde Verdauung, die essenziell für alle Körperfunktionen ist. Sie hat unzählige Vorteile, nicht nur für uns Menschen, sondern auch für die Tiere, die nicht mehr geschlachtet werden müssen.«

Der Mann scheint sehr überzeugt von dieser Form der Ernährung zu sein, das merke ich an der Leidenschaft, mit der er davon spricht. Ich genieße es, mich mit jemandem zu unterhalten, mit dem so ein anregender Austausch möglich ist.

Er steht abrupt auf. »Ich würde gern noch länger mit dir sprechen, aber ich muss jetzt leider los. Es war schön, dich kennenzulernen.«

»Warte«, sage ich. »Ich würde zu gern noch mehr über dieses Thema erfahren!«

Er überlegt kurz. »Weißt du was? Ich schenke dir das Buch. Du brauchst es mehr als ich. Ich gebe es dir aber nur unter einer Bedingung.«

Fragend schaue ich ihn an.

»Versprich mir, dass du es wirklich liest und dich damit beschäftigst, denn es ist mir sehr wichtig.«

»Ich verspreche es«, antworte ich. »Noch heute werde ich es durchlesen.«

»Das freut mich. Es ist kein Zufall, dass wir beide uns begegnet sind. Mein Name ist übrigens Frank.«

»Ich heiße Matthias. Hoffentlich sehen wir uns bald wieder!«
Frank lächelt mich an. »Wahrscheinlich nicht. Ich bin nur zu Besuch hier. Jetzt muss ich aber wirklich los. Alles Liebe für dich.«
Wir verabschieden uns mit einem kurzen Handschlag.
Ich fühle, dass gerade etwas Besonderes passiert ist, was ich noch nicht so richtig fassen kann. Doch erst mal geht es jetzt von Lauterbach nach Grebenhain – die 25 Kilometer mit dem Fahrrad durch den Vogelsberg mit durchgehender Steigung sind mir egal. Ich kann es kaum erwarten, dieses besondere Büchlein zu lesen!

Zu Hause angekommen, habe ich einen Mordshunger und verschlinge zwei große Teller Mittagessen, das nicht ganz dem entspricht, was Frank empfohlen hat. Meine Mutter hat eines meiner Lieblingsessen zubereitet: Kartäuserklöße mit Weinschaumsoße, was zwar vegetarisch ist, aber nach Aussage meiner Mutter mit Weißmehlbrötchen, Kuhmilch und Zucker zubereitet wurde.

Danach schwinge ich mich wieder auf mein Rad, um zu meinem Lieblingsplatz zu fahren. Auf einer Blumenwiese am Waldrand, die sich um mehrere Apfelbäume herum erstreckt, breite ich meine Decke aus. Ich ziehe meine kurze Hose und mein Top aus. Hier kann ich nackt sein, weil sich selten jemand dorthin verirrt. Die Sonne wärmt meine Haut, Bienen und andere Insekten summen umher, zwei Bussarde ziehen langsam am Himmel ihre Kreise, um nach Beute zu suchen. Ein perfekter Ort, um mich inspirieren zu lassen.

Aufgeregt ziehe ich das weiße Büchlein aus meinem Rucksack und beginne zu lesen. Darin wird genau beschrieben, wie schädlich sich der Verzehr von tierischen Produkten und isolierten Kohlenhydraten auf den menschlichen Körper auswirkt. Danach werden die Vorzüge einer veganen, rein pflanzlichen Ernährung vorgestellt, am Ende gibt es verschiedene Ernährungstipps. Fasziniert lese ich jede Seite genau durch. Zwischendurch lege ich das Buch immer wieder beiseite, schaue in den blauen Himmel und denke über diese neuen Erkenntnisse nach. Wenn es wirklich stimmt, was dort steht, dann befindet sich die Menschheit auf einem gigantischen Irrweg. Wieso sind diese Informationen nicht bekannter? Wie kann es sein, dass Menschen lauter ungesunde Dinge essen, ohne es zu wissen? Der Autor beschreibt genau, warum Fleisch, Eier, Fisch und Milchprodukte den Körper übersäuern, was wiederum zu Ablagerungen und Verschlackungen führt. Er erklärt, warum Milchprodukte nicht für uns Menschen gemacht sind, und dass Fleisch viel zu lange im menschlichen Darm verweilt, dort verwest und giftige Substanzen sowie Fäulnisbakterien produziert. Er behauptet sogar, dass tierische Produkte und denaturierte Lebensmittel verantwortlich für fast alle Krankheiten seien, die wir in unserer Gesellschaft kennen. Er hat Völker besucht, die sich natürlich und pflanzlich ernähren, und die daher weder Krebs noch Herzinfarkt, Diabetes oder Rheuma kennen.

Ich überlege. Auf mich hat meine bisherige Ernährung keinen schlechten Einfluss gehabt. Ich bin gesund und habe eine außergewöhnlich gute körperliche Kondition. Das passt irgendwie nicht ganz zusammen. Zeigen sich die gesundheitlichen Probleme möglicherweise erst später, wenn die Menschen älter werden und schon lange minderwertige Lebensmittel zu sich genommen haben? Nachdem ich das Büchlein zu Ende gelesen habe, liege ich noch lange mit geschlossenen Augen auf meiner Decke im Gras. Es arbeitet intensiv in mir. Was soll ich jetzt tun? Ich denke an Frank und seine besondere Aura – er hat auf mich ausgesprochen zentriert und gesund gewirkt. Alles, was er gesagt hat, ergibt für mich wirklich Sinn. Ich spüre, dass ich ihm vertraue. Dennoch taucht in mir die Frage auf, ob in dem Buch vielleicht nicht die Wahrheit steht. Ich höre in mich hinein – nein, es muss genauso sein! Und ich sollte Frank begegnen, damit er mir sein kostbares Buch schenkt. Ich atme tief durch. Meine Entscheidung ist getroffen. Ab heute werde ich meine Ernährung ändern und den Empfehlungen dieses besonderen Büchleins folgen! Ich habe zwar noch keine Ahnung, wie ich das umsetzen soll oder wie meine Eltern darauf reagieren werden, aber es wird sich alles klären, das weiß ich. Ich freue mich schon darauf, mich von jetzt an vegan zu ernähren!

Natürliche Pflanzennahrung aus biologischem Anbau ist nicht nur in der Lage, den Körper zu entgiften und mit allen wichtigen Nährstoffen zu versorgen, sie besitzt auch die höchste Lebensenergie, die wir beim Essen direkt aufnehmen.

Zu Hause zeige ich meiner Mutter mein Geschenk und teile ihr meine Entscheidung mit. Ich hoffe, dass sie auch Interesse hat, sich mit pflanzlicher Ernährung zu beschäftigen.

Ihre Reaktion ist verhalten. »Ich kann mir nicht vorstellen, dass es gesund ist, auf tierische Produkte zu verzichten. Würden dann nicht wichtige Nährstoffe in deinem Essen fehlen?«

Eifrig sage ich: »Vielleicht bekommt man durch die pflanzliche Vollwertkost sogar noch mehr Nährstoffe. Möchtest du das Buch auch lesen? Es wäre bestimmt auch interessant für dich.«

Meine Mutter zögert. »Gut, ich schaue es mir an. Allerdings werde ich noch mehr Arbeit haben, wenn du jetzt auf einmal anders isst als wir. Hast du darüber nachgedacht?«

Ich bin immer noch ganz aufgeregt. »Vielleicht können wir uns ja alle so ernähren!«

Meine Mutter bleibt skeptisch. »Warte erst mal ab. Dafür brauchst du andere Lebensmittel. Wo willst du die herbekommen?«

»Das finde ich schon heraus. Da gibt es bestimmt irgendwo eine Möglichkeit.«

Sie verzieht unwillig ihr Gesicht. »Du weißt ja noch gar nicht, ob du auch dabeibleiben wirst.«

»Doch Mami, ich ziehe das auf jeden Fall durch, komme, was wolle!«

Ich will meine neue Entscheidung unbedingt umsetzen, auch wenn es sonst niemanden gibt, der sich so ernährt. Ich werde einen Weg finden!

An diesem Abend esse ich Brot, Möhren, Haselnüsse und als Nachtisch eine Banane. Das gefällt mir ganz gut, ich fühle mich leicht und bin froh, meinen Entschluss direkt in die Tat umgesetzt zu haben. Ich beschäftige mich weiter mit meinem neuen Zauberbüchlein. Was wird künftig alles zu meiner Ernährung dazugehören? Im hinteren Buchteil werden Lebensmittel empfohlen: Gemüse, Obst, Getreide, Nüsse, Ölsaaten, Hülsenfrüchte und Kräuter. Ich überlege, was ich bisher hauptsächlich gegessen habe. Zum Frühstück gibt es meistens Graubrot mit Käse oder Wurst, manchmal auch Milch mit Müsli. Unser Mittagessen ist meistens abwechslungsreich, da meine Mutter sehr gern und gut kocht. Da gibt es Gerichte wie Nudeln mit Tomatensoße und Schinkenstückchen, Frikadellen mit Kartoffeln und Gartengemüse oder Kartoffelauflauf mit Speck, der mit Käse überbacken ist. Als Nachtisch gibt es Eis, Pudding, Früchte der Saison wie Erdbeeren aus unserem Garten oder eingekochtes Obst aus dem Glas. Abends essen wir meistens Brot mit Wurst oder Käse, dazu gibt es eingelegte Gewürzgurken und Reste vom Mittag.

Ich frage mich, wie mein Essen wohl aussehen würde, wenn ich alles weglassen würde, was nicht vegan oder vollwertig ist. Gedanklich nehme ich mir jedes einzelne Gericht vor, das ich kenne. Bei Spaghetti mit Tomatensoße könnte ich nur die Tomatensoße essen, da die Spaghetti aus Weißmehl hergestellt werden. Die Kartäuserklöße bestehen aus hellen Brötchen, die kommen also auch nicht in Frage. Die Weinschaumsoße wird wahrscheinlich aus Milch gemacht. Den Speck will ich nicht aus dem Kartoffelauflauf rauspuhlen. Und die Soße dazu besteht wahrscheinlich auch wieder aus Milchprodukten. Wenn ich es mir recht überlege, wird wohl nicht viel übrigbleiben, was ich dann noch zu mir nehmen kann. Unsicherheit beschleicht mich. Was wäre, wenn ich nicht satt werden würde? Gibt es vegane Alternativen, die auch satt machen?

Am nächsten Morgen spreche ich noch einmal mit meiner Mutter. »Mami, meine Entscheidung ist gefallen. Ab heute bin ich Veganer, und ich werde es auch bleiben. Ich bin überzeugt davon, dass es gesünder ist, und dir würde es bestimmt auch guttun.«

Meine Mutter verzieht ärgerlich das Gesicht. »Wie stellst du dir das vor? Was willst du dann essen? Die meisten Gerichte, die du liebst, und auf die du dich immer freust, kannst du dann vergessen. Lass doch die Spinnerei.«

Ihre Worte regen mich auf. »Ich werde andere Gerichte finden, und wenn ich sie mir selbst machen muss.«

Sie stemmt ihre Hände in die Hüften. »Du machst dir gar nichts selbst. Das ist meine Küche, und hier bestimme ich. Mir reicht schon das Chaos in deinem Zimmer. Kommt überhaupt nicht in Frage!«

Wir sind zwei Hitzköpfe, die immer wieder aneinandergeraten. Meine Reaktion kommt prompt: »Du hast mir gar nichts zu sagen! Ich freue mich schon darauf, wenn ich meine eigene Wohnung habe. Dann kann ich endlich machen, was ich will!«

Ihre Stimme wird lauter. »Aber jetzt wohnst du noch hier, und du hast dich an unsere Regeln zu halten. Du machst dir kein eigenes Essen in meiner Küche.«

»Dann machst du es mir eben. Verhungern will ich nicht.«

»Das werden wir noch sehen. Jetzt mach dich endlich fertig, du kommst schon wieder zu spät zur Schule.«

In diesem Moment kommt mein Vater in die Küche. »Warum streitet ihr schon wieder?«

Meine Mutter atmet hörbar aus. »Dein Sohn hat schon wieder einen neuen Spleen. Er will jetzt Veganer werden. Vielleicht kannst du ihn ja von dieser Schnapsidee abbringen.«

Mein Vater lächelt. »Jetzt reg dich nicht auf. Das hört sich ganz interessant an. Warte doch erst mal ab. Vielleicht überlegt Matthias es sich ja noch mal.«

Ich zeige ihm das Buch. »Schau mal, das hat ein Arzt geschrieben. Er erklärt, warum es viel gesünder ist, sich rein pflanzlich und natürlich zu ernähren.«

Mein Vater nimmt es in die Hand und blättert darin. »Heute Abend können wir in Ruhe darüber sprechen. Jetzt musst du aber wirklich los!«

Nach der Schule besuche ich meine Oma, die in der Nähe des Gymnasiums wohnt. Sie erzählt mir, dass es in der Stadt einen neuen Laden gebe, den sie etwas abfällig als »so ein Ökoladen« bezeichnet. Ich werde hellhörig. Das ist ein Zeichen! Da muss ich unbedingt hin. Ich gehe sofort los und brauche etwas länger, um ihn zu finden. Er befindet sich in einer kleinen Seitengasse in der Altstadt, wo es sonst keine Geschäfte gibt. Die eine Hälfte der alten, doppelflügeligen Holztür steht offen, ich trete neugierig ein. Der Geruch von frisch gebackenem Brot und alten Holzregalen schlägt mir entgegen. Der kleine Raum ist umgeben von dicken, weiß gestrichenen Steinmauern. Unter einer hohen, gewölbten Decke steht links eine alte Kasse auf einem Podest, daneben liegen in einem mit weißem Tuch ausgelegten Bastkorb frische Brötchen und Brot aus Vollkorn. Etwas weiter entdecke ich ein Holzregal mit Möhren, Rote Beete, Kartoffeln, Äpfeln und Kopfsalat. Das Gemüse und das Obst scheinen sich schon etwas länger dort zu befinden, denn alles sieht etwas schrumpelig aus. Geradeaus steht ein großes Holzregal mit kleinen durchsichtigen Tüten, in denen verschiedene Sorten Getreide, Bohnen, Nüsse, Ölsaaten und Trockenfrüchte abgefüllt sind. Ich trete näher. Außer mir befindet sich niemand in dem Laden. Auf dem Boden stehen braune Glasflaschen, auf denen »Sojamilch« steht. Ob die wohl so ähnlich wie Milch schmeckt? Mein Blick wandert zu verschiedenen Schraubdeckelgläsern in einem Regal. Auf einem steht »Nuss-Paprika-Aufstrich«, auf einem anderen »Curry-Linsen-Paste«. Ich denke mir, dass diese Aufstriche wahrscheinlich anstelle von Käse oder Wurst verwendet werden können.

Plötzlich ertönt hinter mir ein lautes »Guten Tag«. Erschrocken zucke ich zusammen und drehe mich reflexartig um. Ein kleiner, etwas dicklicher

Mann mit braunen Haaren und Nickelbrille grinst mich an. »Kann ich dir weiterhelfen?«, fragt er mich freundlich.

»Ja, gern. Ich bin gerade Veganer geworden und weiß noch nicht, was ich anstelle von Fleisch und Käse essen kann.«

Er nickt eifrig. »Das ist kein Problem. Ich kann dir viele Tipps geben. Kennst du schon mein Brot? Das habe ich heute frisch aus selbstangebautem Dinkel gebacken.«

Erstaunt nicke ich. »Bist du Landwirt?«

»Ja, ich bin Bioland-Landwirt und habe erst vor zwei Wochen diesen Laden aufgemacht.«

»Was für ein toller Zufall!« Ich zeige ihm mein neues Buch.

Er blättert darin und gibt es mir zurück. »Das ist wirklich interessant. Das schaue ich mir bei Gelegenheit näher an.«

Er stellt sich mir als Karl-Heinz vor. Später erfahre ich, dass er nicht nur Bauer, sondern auch Künstler ist und Ausstellungen organisiert. Er erklärt mir, welche leckeren Gerichte man aus Getreide zaubern kann, wie man sein eigenes Brot backt und sich auch Brotaufstriche aus Linsen oder Grünkern machen kann. Auf meinen fragenden Blick hin erklärt er mir, dass Grünkern ein Getreide sei, das aus Dinkel, einem »Urweizen«, gewonnen wird, indem man es frühreif erntet und über Buchenrauch trocknet. Dadurch besitzt es einen herzhaft rauchigen Geschmack.

Ich verabrede mich mit Karl-Heinz, am nächsten Tag wiederzukommen, wenn ich Geld dabeihabe. Er schenkt mir zwei Jutetaschen mit Friedenstaube-Aufdruck und ein Dinkel-Vollkornbrötchen, das ich, ausgehungert wie ich schon wieder bin, sofort verschlinge. Es schmeckt ganz anders als alle Brötchen, die ich bislang gegessen habe! Es hat eine feste Konsistenz, da es aus grob geschrotetem Dinkel besteht und deswegen nur leicht aufgegangen ist. Es schmeckt nussig und leicht süßlich. Beim Kauen habe ich das Gefühl, dass mich das kernige Brötchen mit frischer Energie versorgt. Überglücklich verlasse ich den kleinen rustikalen Bioladen, ich bin begeistert und dankbar, eine Möglichkeit gefunden zu haben, vegane Bio-Lebensmittel einzukaufen. Und das habe ich ausgerechnet meiner Oma zu verdanken!

Als ich mit meinen Eltern und meinen beiden Geschwistern am Abendbrottisch sitze, erzähle ich ihnen vom Bioladen in Lauterbach. »Es ist so toll da! Allein der leckere Geruch und das Dinkelbrot, das Karl-Heinz aus seinem eigenen Getreide backt! Dort gibt es auch Milch aus Soja und viele andere vegane Sachen. Kann ich mir ab jetzt mein Essen dort kaufen?«

Meine Mutter ist weiterhin skeptisch. »Das ist bestimmt teuer. Das können wir uns nicht leisten.«

Mein Vater wendet sich mir zu. »Wie viel kosten denn die Sachen dort?«

»Ich weiß es nicht, ich habe nicht auf den Preis geachtet.«

Diesmal trifft mein Vater die Entscheidung, was ja eher ungewöhnlich ist. »In Ordnung, ich gebe dir für morgen Geld mit, und dann kaufst du dir erst mal das, was du brauchst.«

»Danke, Papi!« Ich umarme ihn glücklich.

Der kleine Bioladen in Lauterbach ist ab jetzt mein neuer Lieblingsort. Ich bin fast jeden Tag dort und rede oft lange mit Karl-Heinz. Da selten andere Kunden kommen, haben wir viel Zeit. Der einzige Nachteil ist, dass der Laden ein ganzes Stück vom Gymnasium entfernt liegt. Ich brauche ungefähr zehn Minuten, um dort hinzulaufen, und dann wieder zehn Minuten zurück. Meistens besuche ich den Bioladen jeden zweiten Tag in der langen Pause, die genau zwanzig Minuten lang ist, aber natürlich reicht das nicht aus. So komme ich meistens eine halbe Stunde zu spät zum Englischunterricht, der sich an die lange Pause anschließt.

Mein typischer Bio-Einkauf läuft immer so ab: Ich renne so schnell ich kann zu Karl-Heinz' Laden, fülle die Jutetaschen mit meinen Einkäufen, tausche Neuigkeiten mit Karl-Heinz aus und laufe dann schwerbeladen zurück zur Schule. Es ist mir äußerst unangenehm, mitten in den Englischunterricht hineinzuplatzen, aber ich habe keine andere Wahl. Als ich die Tür zum Klassenzimmer öffne, sind alle Augen auf mich gerichtet. Es ertönen abfällige Rufe:

»Matthias schon wieder!«

»Dieser Öko!«

»Das nervt!«

Ich gehe wie durch ein Spalier durch die Mitte der Sitzreihen und wünsche mir, im Erdboden zu versinken.

Meine Englischlehrerin schaut mich vorwurfsvoll an. »Warum bist du schon wieder so spät?«

»Ich war im Bioladen einkaufen. Obwohl ich mich beeilt habe, ging es einfach nicht schneller.«

So oder ähnlich wiederholt sich diese Geschichte jede Woche. Das drückt sich dann bei der Zeugnisvergabe aus. Als ich aufgerufen werde, um meine Englischnote zu erfahren, sagt die Lehrerin: »Matthias, dein Englisch ist wirklich gut. Normalerweise würde ich dir eine 2 geben. Da du allerdings nur die Hälfte der Unterrichtszeit anwesend warst, bekommst du aber eine 4. Schade.«

Ich bin enttäuscht, denke mir aber: Egal, es hat sich absolut gelohnt. Ich habe mir immer die leckersten Bio-Lebensmittel gekauft, und das ist es mir wert.

Einige Wochen, nachdem ich den kleinen Bioladen das erste Mal entdeckt habe, spricht Karl-Heinz mich an: »Hast du Lust, bei mir auszuhelfen? Ich habe alle Hände voll mit der Landwirtschaft zu tun und brauche dringend Unterstützung.«

Ich strahle. Das ist die beste Idee, die ich seit langer Zeit gehört habe! »Super gern. Wann soll es losgehen? Und welche Zeiten schweben dir vor?«

»Samstag und die Nachmittage wären klasse. Schau einfach, wie es dir passt.«

Von da an arbeite ich ein- bis zweimal in der Woche im Bioladen und erhalte dafür die Bio-Lebensmittel deutlich günstiger. Wir haben also beide etwas von unserer neuen Abmachung – Karl-Heinz wird entlastet, und ich spare Geld und kann noch mehr über Naturkost lernen. Alle Zutaten für meine neue Ernährung kaufe ich fortan dort ein.

Mein Vater gibt mir das Geld dafür, was sehr großzügig von ihm ist. Er integriert mein selbstgemischtes Müsli in sein Frühstück und probiert auch von den Aufstrichen, die ich von Karl-Heinz mitbringe. Meine Mutter und meine Geschwister sind eher zurückhaltend, kosten manchmal aber auch von meinen neuen Kreationen.

Obwohl meine Mutter von meiner neuen Ernährungsweise noch nicht überzeugt ist, gelingt es mir, sie dazu zu überreden, mittags veganes Essen extra für mich zuzubereiten. Wenn es Frikadellen gibt, dann macht sie mir einen Grünkernburger. Wenn die anderen Nudeln aus Weißmehl essen, macht sie mir extra Dinkel-Vollkornnudeln. Manchmal klagt sie über diesen zusätzlichen Aufwand, aber ich bin ihr sehr dankbar dafür, dass sie es mir damit ermöglicht, mich pflanzlich und biologisch zu ernähren.

Bei unseren gemeinsamen Mahlzeiten gibt es immer wieder heiße Diskussionen über die richtige Ernährung, die meist von mir initiiert werden. Meine Eltern besitzen die Offenheit, über meine Vorschläge zu reflektieren und neue Dinge auszuprobieren, was ich ihnen hoch anrechne. Meine Mutter beginnt sogar damit, die Naturkostzeitung *Schrot und Korn* zu studieren, die ich immer mitbringe. Mehr und mehr öffnet sie sich für die vegane Vollwertküche und probiert auf meine Anregung immer mal wieder neue Rezepte aus.

Stück für Stück erarbeite ich mir die Welt der veganen Küche und lerne, selbst zu kochen und unterschiedliche Gerichte zuzubereiten. Ich backe Brot und Kuchen mit Vollkornmehl und Vollrohrzucker, mache selbst Sauerkraut, kreiere eigene Brotaufstriche und entdecke die Welt der Wildkräuter, die ich in der Natur sammle und aus denen ich leckere Salate mache. Ich lerne, wie man Sojamilch und Tofu selbst herstellt und experimentiere mit immer neuen Zutaten.

Meine Mutter findet es nach wie vor nicht gut, dass ich so häufig in der Küche bin, da sie es immer gewohnt war, allein dort zu sein und ihre eigene Ordnung zu haben. Ich gerate immer wieder mit ihr aneinander. Ich kann nur schlecht Ordnung halten, und meine Mutter ärgert sich, wenn die Dinge nicht genau an dem Platz stehen, wo sie hingehören. Wenn ich neue Rezepte ausprobiere, bin ich so begeistert, dass ich den jeweils nächsten Schritt der Zubereitung kaum abwarten kann. Ich räume die Küchenutensilien und Lebensmittel, die ich gerade benutzt habe, nicht weg, sodass nach kurzer Zeit Tisch und Küchenzeile vollgestellt sind. Meine Mutter verbietet mir irgendwann, weiterhin ihre Küche zu benutzen.

Einmal fährt meine Familie nach dem Mittagessen zum Einkaufen nach Lauterbach. Ich komme nicht mit, da ich andere Pläne habe. Ich warte darauf, bis die Tür ins Schloss fällt und renne in die Küche. Einer der seltenen Momente, an dem meine Mutter nicht zu Hause ist und ich die Küche endlich für mich habe! Ich habe vor, einen Vollkorn-Dinkel-Apfelkuchen zu backen. In meinem Kopf hat sich schon eine deutliche Vision von knusprigen Streuseln aus Haferflocken geformt, die ich jetzt umsetzen will. Kochen und Backen sind für mich wie ein kreativer Akt, ich liebe es, eine Vorstellung von einem neuen Gericht Realität werden zu lassen. Ich wirble und rühre – der Apfelkuchen wird wundervoll, noch besser, als ich es erwartet habe. Ich freue mich riesig. Diesmal tue ich alles dafür, dass sich meine Mutter nicht aufregt. Ich räume alles auf, wische die Flächen, wasche das benutzte Geschirr ab und stelle Gewürze und Zutaten wieder an ihren Platz.

In dem Moment kehren die anderen vom Einkauf zurück. Mein Vater erscheint als Erster in der Küche. »Hmmh, hier riecht es aber gut! Darf ich von dem Apfelkuchen probieren?« Bevor ich antworten kann, folgt ihm meine Mutter. Sie runzelt ihre Stirn und sagt kein Wort. Ich sehe ihr an, dass sie richtig sauer ist. Dennoch bin ich glücklich, es ist mir einfach unglaublich wichtig, meiner Kochleidenschaft zu folgen – auch, wenn dies Streit mit meiner Mutter hervorruft. Was wir alle damals noch nicht wissen: Aus dieser Leidenschaft wird später mein Beruf, ich bin 17 Jahre lang als reisender veganer Seminarkoch unterwegs.

Wenig später sind wir bei meinem Onkel und meiner Tante auf ihrem Bauernhof zum Grillen eingeladen. Es ist das erste Mal, dass ich außerhalb von zu Hause esse, seit ich mich für die neue Ernährungsform entschieden habe. Die beiden wissen noch nichts davon, dass ich jetzt Veganer bin. Da ich vermute, dass es für mich auf dem Hof nichts zu essen geben wird, habe ich mir Tofuwürstchen mitgebracht. Als ich sie auf den Grill packe, ist das Erstaunen groß.

»Was ist das denn?«, fragt meine Tante.

»Das sind vegane Würstchen aus Soja.«

Sie reißt ihre Augen auf. »Schmeckt das?«

Ich lache. »Ja, sonst würde ich es ja nicht essen. Willst du mal probieren?«

Sie verzieht das Gesicht. »Nein danke, so einen neumodischen Kram brauche ich nicht. Iss die mal selber.«

Dass ich jetzt kein Fleisch mehr zu mir nehme, ist das Thema des Tages. Ich erkläre meinen Verwandten, dass pflanzliche Nahrung viel gesünder sei und dass keine Tiere mehr geschlachtet werden müssten, wenn alle sich so ernähren würden. Meine Aussage stößt allerdings auf großes Unverständnis.

Meine Tante sagt im Brustton der Überzeugung: »Wir Menschen brauchen Fleisch. Wo sollen wir sonst unser Eiweiß herbekommen? Fleisch gibt uns Kraft und ist gesund.«

Das kann ich so nicht stehen lassen. »Fleisch zu essen ist nur eine Gewohnheit. Eiweiß gibt es auch in Nüssen, Getreide und Hülsenfrüchten. Es ist nicht gesund, verwesende Tierleichen zu essen.«

So geht es immer weiter hin und her. Ich merke, dass meine Verwandten nicht offen für meine neue Ernährungsform sind und gebe auf. Ich habe einfach kein Verständnis für Fleischesser. Manchmal fühle ich mich dadurch sehr einsam. Ich kenne niemanden, der so lebt wie ich. Selbst Karl-Heinz schlachtet die Rinder auf seinem Biohof. Zwar respektieren mich die meisten Menschen so, wie ich bin, weil ich meinen neuen Weg sehr entschieden gehe und meine Überzeugungen auch nicht verberge. Aber die meisten halten mich für einen Ökospinner und sind nicht offen für meine Lebensweise. Ich wünsche mir, dass ich eines Tages Menschen treffe, die so leben wie ich und die meine Überzeugungen und Werte teilen.

Ich möchte keine Produkte kaufen, für die Tiere leiden und sterben mussten oder durch deren Herstellung wertvolle Regenwälder für immer zerstört werden. Ich kaufe nur Bio-Lebensmittel, damit ich keine Chemie-Landwirtschaft unterstütze, die unser Grundwasser verseucht und durch die viele Tierarten aussterben. Ich bin überzeugt: Durch mein bewusstes Einkaufsverhalten leiste ich meinen persönlichen Beitrag für eine bessere Welt.

Zu meinem 18. Geburtstag schenken mir meine Eltern die langersehnte Holz-Getreidemühle. Ich habe sie ein Jahr lang fast täglich darum gebeten, um mein Getreide selbst mahlen zu können und flexibler zu sein. So kann ich nun auch spontan zu Hause backen oder Bratlinge herstellen, selbst wenn ich kein Mehl oder Schrot gekauft habe. Die Mühle kostet allerdings knapp 500 D-Mark, was eine erhebliche Summe für meine Eltern darstellt. Ich vermute, dass sie mir die Getreidemühle in erster Linie gekauft haben, damit ich ihnen nicht weiter mit dem Thema auf die Nerven gehe. Ich bin meinen Eltern dafür sehr dankbar.

Durch mein bewusstes Einkaufsverhalten leiste ich meinen persönlichen Beitrag für eine bessere Welt.

3
DAS LERNEN ÜBERFLÜSSIGER DINGE

Ich bin gut in der Schule. Das Lernen fällt mir leicht, ich kann auch komplexe Zusammenhänge schnell erfassen. Meistens bin ich jedoch zu bequem, Hausaufgaben zu machen oder für Prüfungen zu lernen – es funktioniert aber trotzdem ziemlich gut. Entweder erledige ich dann die Hausaufgaben im Schulbus und in den Pausen, oder ich eigne mir das nötige Wissen für mündliche Abfragen an, indem ich den Schülern, die vor mir dran sind, aufmerksam zuhöre, sodass ich ganz gut abschneide, sobald ich an die Reihe komme. Es gibt allerdings einige Fächer, zu denen ich einfach keinen Zugang bekomme – etwa Chemie, Physik, Musik oder Kunst, in denen ich mich mit Abschreiben durchmogele. Leicht fallen mir Fremdsprachen, Mathe, Deutsch, Religion und Sport.

Obwohl ich also keinen Grund zum Klagen habe, in der Regel mit den Lehrern und meinen Mitschülern gut zurechtkomme und im Gegensatz zu den »schlechten« Schülern nicht benachteiligt werde, ist mir die Schule zuwider. Ich sehe keinen Sinn in den engen Strukturen und fühle mich durch sie in meiner Freiheit und Lebendigkeit eingeschränkt. Das frühe Aufstehen ist mir ein Graus, und ich verstehe nicht, warum ich etwas lernen soll, das mich überhaupt nicht interessiert. Ich mag es auch nicht, einen Großteil des Tages auf unbequemen Stühlen sitzen zu müssen und das stumpfsinnig zu wiederholen, was mir ein Erwachsener vorsagt. Die ständigen Prüfungen und das mündliche Abfragen verursachen großes Unwohlsein in mir, und das Vergleichen der unterschiedlichen Leistungen durch Noten bewirkt sein Übriges. Immer wenn ich unter Zeit- und Leistungsdruck Klassenarbeiten schreiben muss, fühle ich mich gestresst, weil ich weiß, dass meine Zeit begrenzt ist. Ich habe Angst, eine schlechte Note zu bekommen und dann von meiner Mutter kritisiert zu werden. Bei mündlichen Abfragen passiert es mir manchmal, dass ich vor lauter Aufregung schlecht vor den anderen dastehe und nicht auf Antworten komme, die ich normalerweise weiß.

Eines Tages zeige ich meiner Mutter beim Mittagessen eine Klassenarbeit, für die ich eine 2 bekommen habe. Die übliche Reaktion meiner Mutter auf diese Note lässt nicht lange auf sich warten. »Hättest du gelernt, hättest du eine 1 bekommen.«

Meine Mutter ruft mir schon zum dritten Mal zu: »Matthias, du musst jetzt wirklich los, sonst kommst du zu spät! Wie oft soll ich dir das noch sagen?«

»Ja, Mami, ich bin ja schon fertig, jetzt mach doch nicht so einen Stress!«

Jeden Morgen das gleiche wiederkehrende Ritual. Es fällt mir schwer, pünktlich zu sein, ich erledige alles grundsätzlich in allerletzter Minute. Obwohl mich dieses Verhalten selbst immer wieder unter Druck setzt, bin ich nicht in der Lage, es zu verändern. Ich ziehe meine Schuhe an, schwinge mir meinen Rucksack auf den Rücken und renne die Treppenstufen hinunter, um mein Fahrrad aus dem Keller zu holen und loszuradeln. Ich habe wie jeden Morgen die 25 Kilometer von meinem Zuhause zum Gymnasium in der Kreisstadt des Vogelsbergs vor mir. Zum Glück weiß meine Mutter nicht, dass ich schon viel zu spät bin, um rechtzeitig zur ersten Stunde da zu sein. Ich fahre mit Höchstgeschwindigkeit, um nicht noch später in der Schule anzukommen, und erreiche mein Ziel daher wie so oft nassgeschwitzt. Heute habe ich immerhin einen neuen persönlichen Rekord aufgestellt: Ich habe die Strecke in einer Stunde und fünfzehn Minuten geschafft. Der Unterricht läuft allerdings schon fast eine halbe Stunde. Mein Lehrer hat es längst aufgegeben, mich zu ermahnen, und meine Mitschüler sind schon daran gewöhnt, dass ich meistens mein eigenes Ding mache.

Ich überlege, was ich tun kann, um meinem tristen Schulalltag zumindest etwas zu entkommen. Das ständige Sitzen und der damit verbundene Bewegungsmangel strengen mich an, und ich finde es unerträglich, bei strahlend-schönem Sommerwetter in diesem Steingebäude eingesperrt zu sein. Welchen Sinn soll es haben, etwas über die Feldzüge von Napoleon zu lernen, einem durchgeknallten Psychopathen, dem Menschenleben völlig egal waren, und dessen einziges Ziel darin bestand, seine persönliche Macht zu vermehren? Warum wird dieser Despot so positiv dargestellt? Ich wäre stattdessen viel lieber draußen in der Natur, um meinen Bewegungsdrang auszuleben, anstatt mich in einem Klassenzimmer zu langweilen, dessen

Einrichtung schon allein jegliche Schönheit oder Lebendigkeit vermissen lässt.

Also erschaffe ich mir meine eigenen Rückzugsräume. Das morgendliche Fahrradfahren ist einer davon – es gibt mir die Möglichkeit, draußen zu sein und mich intensiv zu bewegen, sodass ich die anschließende öde Zeit in der Schule besser ertragen kann. Ich bin der Einzige, der diesen ungewöhnlichen und langen Schulweg auf sich nimmt – ich bin weithin bekannt als der Junge, der mit dem Fahrrad nach Lauterbach in die Schule fährt. Ein anderer Ausgleich für die Schule ist mein eigener Teich, von dem ich gleich noch erzählen werde.

Ich nutze die Pause zwischen der ersten und der zweiten Stunde, um mich auf den kommenden Geschichtsunterricht vorzubereiten. Ich versuche, mich an die Inhalte der letzten Stunde zu erinnern, und tausche mich dazu mit meinem Freund Thomas aus. Unser Geschichtsunterricht ist Stress pur, und jeder ist unendlich erleichtert, wenn die Schulstunde wieder vorbei ist. Unser Lehrer, Herr Vogel, kommt in den Klassenraum. Er ist hager, trägt einen grauen Anzug und kämmt seine schwarz-grauen Haare streng zur Seite. Wir stehen alle auf. Mit seiner markanten Stimme knarzt er: »Bitte setzen Sie sich!«

Wir folgen seiner Anweisung. Er nimmt an seinem Tisch Platz und holt sein grünes Buch heraus, begleitet von seinen üblichen und gefürchteten Worten: »Es wiederholt einmal ...«

Meine Hände sind schweißnass, und mein Herz schlägt laut. Er genießt es sichtlich, mit unserer Angst zu spielen und sich diesmal besonders lange Zeit damit zu lassen, in seinem Buch hin und her zu blättern. Dann ruft er einen Mitschüler mit seinem Nachnamen auf und lässt ihn zur Wiederholung der letzten Stunde aufstehen. Alle anderen atmen erleichtert auf – zumindest für diesen Moment sind wir gerettet.

Der Lehrer blickt ihn geringschätzig an. »Müller, was haben wir in der letzten Stunde gelernt?«

Ich kann die Angst meines Klassenkameraden förmlich spüren, er fängt sofort an zu stottern. Herr Vogel unterbricht ihn unbarmherzig mit den Worten: »Setzen. Sechs.«

Unser Geschichtslehrer ist schon zweimal zwangsversetzt worden und hat daher einen äußerst schlechten Ruf. Er ist berüchtigt wegen seiner jähzornigen Ausbrüche und rechtsnationalen Ansichten.

Im Lauf des Unterrichts, der aus klassischem Vortragen und anschließendem Abfragen besteht, wird ein anderer Mitschüler, Hendrik, an die Tafel zitiert. Herr Vogel weist ihn an, sich ein Stück Kreide zu nehmen, und befragt ihn nach einigen Jahreszahlen zu geschichtlichen Ereignissen, die er uns in der vorhergehenden Stunde vermittelt hat. Auch Hendrik kann vor lauter Aufregung nicht klar denken und schreibt die falschen Jahreszahlen an die Tafel. Daraufhin nimmt Herr Vogel einen Schwamm, tunkt ihn in Wasser und drückt ihn in Hendriks Gesicht aus. Verächtlich schnauft er: »Du Dreckschwein!«

Wir sind alle wie erstarrt. Das ist der bisherige Gipfel der unsäglichen Dinge, die wir mit diesem Menschen haben erleben müssen. Da alle große Angst vor ihm und seiner Unberechenbarkeit haben, traut sich niemand, ihm zu widersprechen oder Hendrik zur Hilfe zu kommen.

In diesem Moment nehme ich mir fest vor, so ein starkes Selbstvertrauen zu entwickeln, dass ich künftig in solchen Situationen in der Lage sein werde, zu helfen und deutlich Stellung zu beziehen. Mein Gerechtigkeitsempfinden ist zutiefst verletzt. Wie kann jemand seine Macht, die er durch seine Position und durch sein höheres Alter besitzt, derart missbrauchen? Sollten wir nicht gerade diejenigen, die sich nicht wehren können, die Schwachen und Unsicheren, mit besonderer Rücksicht behandeln? Unzählige Male habe ich es in meiner Schulzeit erlebt, dass die Schüler, die keine guten Noten bekommen, die schüchtern und zurückhaltend oder unsportlich sind, gemobbt und missachtet werden. Es gilt das Recht des Stärkeren. Die Lauten, Selbstsicheren, Arroganten, die Streber und Anpasser gewinnen immer, während alle anderen verlieren. Diese Förderung der Konkurrenz untereinander durch das Benotungssystem, die Belohnung der Starken und die Bestrafung der Schwachen, empfinde ich als zutiefst falsch. Sollten nicht vielmehr der Teamgeist und das Miteinander gefördert werden?

Warum stehen in unserem Schulsystem Wettkampf, Leistung, Konkurrenzdenken, Angst und Druck ganz oben, während Liebe, Mitgefühl, Achtsamkeit und Vertrauen in der Regel keinen Platz haben? Möglicherweise ist es genau so gewollt, denn in unserem leistungsorientierten Wirtschaftssystem, auf das die Schüler vorbereitet werden, hat ein Miteinander ja ebenso keinen Platz ...

Doch es kommt noch schlimmer. Unser Geschichtslehrer erzählt von deutschen Marinesoldaten, die sich im Ersten Weltkrieg geweigert haben, in den Krieg zu ziehen. Herr Vogel hält sich auch hier nicht zurück: »Wenn ich an der Macht gewesen wäre, dann hätte ich sie alle erschossen, bis auf den letzten Mann!«

Hilflos schaue ich Thomas an und frage ihn mit meinen Augen, ob ich mich gerade verhört habe. Doch an seinem schockstarren Gesicht erkenne ich, dass ich mir diese Worte nicht eingebildet habe. Wenn ein solcher Lehrer Soldaten erschießen würde, was würde er dann mit einfachen Schülern tun? Warum wird so jemand auf Kinder oder Jugendliche losgelassen?

Viele Gedanken gehen mir durch den Kopf. Warum wird uns die Geschichte immer aus der Sicht der Mächtigen vermittelt? Warum erfahren wir so wenig darüber, wie die normalen Menschen früher gelebt haben? Warum haben Kriege und Schlachten so einen hohen Stellenwert? Warum erfahren wir ausführlich, wie die Kaiser, Könige und Heerführer gelebt haben, und warum werden ihre Handlungen so selten in Frage gestellt? Warum wird die Geschichte nicht aus der Perspektive der Armen und Unterdrückten erzählt?

Ich bin froh, mich nach dem Schultag wieder auf mein Fahrrad setzen zu können und nach Hause zu fahren. Der Rückweg dauert deutlich länger, da es permanent leicht bergauf geht. Mein Heimatort Grebenhain liegt mitten im Naturpark Hoher Vogelsberg und damit fast 200 Meter höher als Lauterbach. Auf dem Weg habe ich viel Zeit, und wie so oft beschäftige ich mich mit Sinnfragen. Immer wieder gibt es Momente, in denen ich diejenigen beneide, die einfach vor sich hin leben und sich keine großen Gedanken über das Woher und Wohin machen.

Warum stehen in unserem Schulsystem Wettkampf, Leistung, Konkurrenzdenken, Angst und Druck ganz oben, während Liebe, Mitgefühl, Achtsamkeit und Vertrauen in der Regel keinen Platz haben?

Ich bin an meinem letzten Streckenabschnitt angelangt, dem Berg zwischen Ilbeshausen und Grebenhain. Der Anstieg ist so steil, dass ich alles geben muss, um nicht das Gleichgewicht zu verlieren, da ich nur langsam fahren kann. Um mich von der körperlichen Anstrengung abzulenken, beschäftige ich mich weiter mit meinen Fragen. Woran liegt es, dass ich die Welt so anders empfinde als alle anderen Menschen, die ich kenne? Die meisten meiner Mitschüler finden es nicht so schlimm wie ich, in der Schule zu sein. Die meisten von ihnen stören sich auch nicht so stark an dem Notensystem oder an der Strenge der Lehrer. Während es mich völlig fertig macht, wenn ein alter Baum einfach abgesägt wird, ist es für sie einfach ein Stück Holz, das gerade gewonnen wird. Während ich beim Thema Fleisch an die armen Tiere denke, die dafür umgebracht werden, ist es für sie einfach ein leckeres Essen. Warum nur empfinde ich fast alles anders? Woran liegt es, dass ich die meisten Dinge, die ich erlebe, kritisch hinterfrage, während die anderen scheinbar gleichgültig damit umgehen? Aus meiner Familie kann es nicht kommen, da bin ich mit meiner Sichtweise ja auch mehr oder weniger auf mich allein gestellt. Ich spüre in diesem Moment besonders, wie hart es manchmal sein kann, anders als alle anderen zu sein und nicht dazuzugehören. Obwohl die meisten Menschen mich mögen, so können sie doch mit mir und meinen Ansichten nichts anfangen. Ich bin auch hier schon ein Außenseiter. Vielleicht ist es so, dass andere sich auch so fühlen, aber diesen Anteil in sich verdrängen, weil sie Angst vor Konfrontation haben oder davor, ausgeschlossen zu werden? Ich weiß es nicht. Ich weiß nur, dass ich einfach nicht in der Lage bin, mich zu verstellen und meine Werte oder meine Empfindungen zu verraten. In mir ist ein großes Sehnen, eines Tages Menschen zu treffen, die genauso empfinden wie ich, die meine Sprache sprechen. Manchmal fühle ich mich wie ein Außerirdischer, der aus Versehen auf dem falschen Planeten abgeworfen wurde ...

Endlich habe ich den steilen Anstieg geschafft und bin auf dem Berggipfel angekommen. Es ist jeden Tag aufs Neue ein tolles Gefühl, diese extreme Steigung zu überwinden. Auch die Abfahrt nach Grebenhain ist ein besonderes Erlebnis – ich fliege förmlich durch die Berge und genieße dabei den frischen Wind und den malerischen Blick auf die Blumenwiesen, die Hecken und Wälder meiner Heimat, die ich sehr liebe. Wie immer hat meine Mutter leckeres Essen für mich gekocht. Es gibt Grünkernbratlinge, Kartoffeln und Möhrensalat, und ich verschlinge gleich zwei Teller davon. Nachdem ich gesättigt bin, verabschiede ich mich, um zu unserem Grundstück am Waldrand zu fahren. Dort habe ich mir einen weiteren Rückzugsraum geschaffen – ich arbeite an meinem Teichprojekt.

Unser Stück Land grenzt direkt an einen Buchenwald und ist leicht abschüssig gelegen. Am unteren Ende habe ich eine Quelle entdeckt und dort einen großen Teich angelegt. Das Vorhaben verspricht gutes Gelingen, da der Boden lehmig ist, sodass das Wasser nicht wegfließen kann. Jeden Nachmittag nach der Schule fahre ich dorthin und grabe mit Spaten, Schaufel und Spitzhacke im sumpfigen Boden, um ein Biotop für Frösche, Vögel und Fische zu schaffen. Obwohl die Arbeit anstrengend ist, liebe ich sie, denn ich kann abschalten von der Hektik der Schule und der Stadt und wieder ganz bei mir ankommen. Sobald ich hier am Waldesrand bin, kann ich förmlich fühlen, wie jegliche Anspannung von mir abfällt und mein Körper von einer Art Frieden durchströmt wird. Die Stille des Ortes, verbunden mit dem fröhlichen Gezwitscher der Vögel und der frischen Waldluft, wirkt immer wieder heilsam auf mich. Ich habe meinen Teich ziemlich groß geplant. Es macht mir nichts aus, dass ich Jahre benötigen werde, um ihn fertigzustellen. Meine Geduld und mein Durchhaltevermögen sind unerschöpflich, ich lasse nicht eher wieder los, bis ich mein Ziel erreicht habe. Wie jede Eigenschaft hat auch diese ihre guten und schlechten Seiten: Erfolgserlebnisse wechseln sich ab mit einer gewissen Verbissenheit oder meiner Unfähigkeit, mich von Dingen zu verabschieden, die nicht mehr stimmig sind.

Doch jetzt genieße ich die aktive Arbeit in der Natur – sie gibt mir so viel, was mir in der Schule fehlt: meinen Körper zu fühlen, frische Luft, leuchtende Farben, Lebensenergie und in einen natürlichen Fluss zu kommen.

Meine Gedanken wandern trotzdem zur Schule zurück. Allein die Tatsache, dass die Schüler dort nebeneinander und hintereinander in Reihen sitzen müssen und der Lehrer vorne uns »unter-richtet« – ich finde die deutsche Sprache hier sehr zutreffend – erscheint mir nicht sinnvoll. Warum sitzen wir nicht alle zusammen in einem Kreis? Sofort würde ein Miteinander entstehen, ein Gefühl von »wir«. Wir wären auf Augenhöhe und würden uns alle sehen. Der Lehrer stünde nicht mehr über uns oder vor uns, sondern wäre ein Teil von uns. Wir würden alle gemeinsam an einem Projekt arbeiten. Aber vermutlich ist genau das nicht erwünscht. Meiner Überzeugung nach wurde die Schule mit Absicht so konzipiert, dass die Schüler lernen zu gehorchen, anstatt ihrer eigenen inneren Stimme zu folgen. Sie müssen Dinge tun, die sie nicht interessieren, und Lerninhalte wiederholen, anstatt sie selbst zu entwickeln. Für mich ist es eine Verschwendung meiner kostbaren Lebenszeit, und in mir reift der Entschluss, mich solchen oder ähnlichen Lebenssituationen nie wieder auszusetzen. Warum werden Menschen dazu gezwungen, zur gleichen Zeit die gleichen Dinge zu lernen, obwohl sich jeder Einzelne von ihnen in unterschiedlichen Lebenssituationen und Entwicklungsprozessen befindet und vor allem unterschiedliche Interessen hat? Wir alle wissen aus eigener Erfahrung, dass wir dann am besten lernen, wenn wir Freude an einer Sache haben. Freude ist der Motor fürs Lernen!

Wir Menschen sind dazu geboren, frei zu sein. Wir wollen allein über unser Leben entscheiden, wir sind Schöpfer unserer eigenen Welt – und wollen das auch sein. Jedes Lernen unter Druck oder Zwang nimmt uns nicht nur die Freude am Lernstoff, sondern auch die Kreativität und die Freude am Leben.

Ich erinnere mich an eine Situation während meiner Grundschulzeit: Die Klassenlehrerin ist sehr streng, die ganze Klasse hat große Angst vor ihr. Mein Glück ist, dass ich als Schüler mit guten Noten nicht zu denjenigen gehöre, die von ihr ständig drangsaliert werden. An einem Morgen hat sie besonders schlechte Laune. Patrick, ein korpulenter, unbeholfener Schüler, muss vor der Klasse stehen und mit einer Rassel einen bestimmten Takt angeben, was ihm einfach nicht gelingt. Je lauter die Lehrerin wird, desto mehr kommt er durcheinander. Sie wird immer wütender, reißt ihm die Rassel aus der Hand und schlägt sie gegen seinen Kopf. Der völlig verstörte Junge geht langsam zurück an seinen Platz.

Aufgebracht melde ich mich. »Frau Dietrich, das ist nicht in Ordnung, Patrick mit der Rassel zu schlagen!«

Das hat ihr gerade noch gefehlt. Mit schnellen Schritten geht sie auf mich zu und baut sich vor mir auf. »Matthias, ich habe ihn nicht geschlagen, sondern ihm nur dabei geholfen, den Takt zu finden. Nimm das sofort zurück!«

Ich sehe zu ihr auf. »Ich habe es aber genau gesehen!«

Watsch! Ehe ich mich versehen kann, habe ich von ihr eine Ohrfeige bekommen. Ich renne aus dem Klassenzimmer. Zu Hause beim Mittagessen stehe ich immer noch unter Schock und erzähle meinem Vater, was passiert ist. Er trifft sich gleich am nächsten Tag mit dem Rektor und erzählt ihm, was Frau Dietrich mit mir gemacht hat.

Nach dem Deutschunterricht sagt mir Frau Dietrich, dass sie mit mir sprechen möchte. Vor lauter Angst zittere ich am ganzen Körper. Ernst blickt sie mich an. »Matthias, ich bin sehr enttäuscht von dir. Du hast deinem Vater erzählt, dass ich dir eine Ohrfeige gegeben hätte. Dabei habe ich dich nur leicht an der Wange getätschelt. Wie kommst du dazu, so eine Lüge über mich zu verbreiten?«

Mir kommt kein Wort über die Lippen. Ihrer Art zu argumentieren bin ich nicht gewachsen, deswegen drehe ich mich direkt um und verlasse das Klassenzimmer, ohne ein weiteres Wort zu sagen.

Ich bin davon überzeugt, dass es unsere Pflicht ist, uns besonders für diejenigen einzusetzen, die sich nicht selbst wehren können. Zu viele Menschen schauen aus Feigheit zu, während schlimme Dinge mit anderen passieren. Wer schweigt, stimmt zu und macht sich mitschuldig. Das ist meine tiefste Überzeugung.

Viele Menschen übernehmen auch keine Verantwortung für ihr Leben und ihr Umfeld. Sie machen es sich bequem, indem sie zwar Missstände wahrnehmen und anprangern und von anderen verlangen, dass sie sich kümmern (»Die Politik müsste ...«), selbst aber nichts tun. Viele der Probleme auf unserem Planeten kommen daher, dass zu viele Menschen wegschauen und Unrecht zulassen. Jasager und Mitläufer haben wir genug.

Wir brauchen mehr mutige Menschen, die sich für Gerechtigkeit und eine bessere Welt einsetzen, auch wenn es unbequem ist oder persönliche Nachteile nach sich ziehen mag. Genau wie mein Vater es mir vorgelebt hat, möchte ich jeden Tag mit einem guten Gewissen in den Spiegel schauen und einfach wissen, dass ich mein Bestes gegeben habe.

Ich erinnere mich an ein Erlebnis, als ich schon das Gymnasium in Lauterbach besuche: Alle haben Angst vor dem Sohn unserer Englischlehrerin. Er ist stark und unberechenbar. Immer wieder bedroht er andere Kinder oder schlägt sie. Niemand traut sich, etwas gegen ihn zu unternehmen, aus Angst, von ihm bestraft zu werden. Ich kann nicht verstehen, dass ein einziger Junge in der Lage ist, so viele Schüler zu terrorisieren. Auch nach mir hat er schon oft getreten, deswegen versuche ich, ihm aus dem Weg zu gehen. Als die Pausenklingel wieder zum Unterricht ruft, gehe ich die Treppen zum Schulgebäude hoch und sehe, wie der Junge ein Mädchen so heftig an den Haaren zieht, dass es weint. Ich sprinte nach oben und schreie ihn an, dass er sie in Ruhe lassen solle. Sofort beginnt er, nach mir zu schlagen. Ich weiche zurück, da er deutlich größer und kräftiger ist als ich. In seinen Augen sehe ich die blanke Wut und realisiere, dass ich ihm nicht wirklich entkommen kann. So springe ich auf ihn zu, reiße den überraschten Jungen zu Boden und nehme ihn in den Schwitzkasten. Vor lauter Angst, dass er meinem Würgegriff entkommt und mich verprügelt, drücke ich immer fester zu. Plötzlich ruft das Mädchen, dem ich gerade geholfen habe: »Matthias, lass ihn los, er ist schon ganz blau!« Erst jetzt nehme ich wahr, dass sein Gesicht tatsächlich blau ist und seine Augen rot. Erschöpft lasse ich von ihm ab. Er braucht ziemlich lange, bis er wieder aufstehen kann. Ohne ein Wort zu sagen, geht er langsam davon.

Von diesem Tag an ärgert der Junge nie wieder andere Kinder oder mich. Obwohl ich eigentlich Gewalt verabscheue, lerne ich daraus, dass es wichtig ist, Schwächere zu schützen und sich gegen Ungerechtigkeit zu wehren. Manchmal glauben wir, dass wir klein und schwach sind und sowieso nichts ausrichten können. Das gilt aber nur so lange, wie wir in dieser Position bleiben. Sobald wir den Mut haben, uns gegen Ungerechtigkeit einzusetzen und wirklich aufzustehen, wendet sich das Blatt.

Das Schulsystem in der heutigen Form wurde vor über 100 Jahren entwickelt, um Menschen zu gefügigen Untertanen zu machen, was ja leider auch sehr gut gelungen ist. Diese Konzeption halte ich für völlig überholt, sie muss dringend durch Schulen ersetzt werden, die sich an den natürlichen Lebensgesetzen und an der bestmöglichen und freien Entfaltung der Kinder orientieren. Ich würde gern in der Schule lernen, wie man sein eigenes Obst und Gemüse anbaut, was man tun kann, wenn man sich schlecht fühlt, wie man Konflikte für alle Seiten gewinnbringend schlichten kann, wie wir unsere Natur schützen können, wie wir unsere Lebensaufgabe finden, wie man ein erfolgreiches Unternehmen aufbaut, wie man sich vegan ernährt und dabei gleichzeitig Tiere schützt, wie man Lebenskrisen und Herausforderungen bewältigt. Wäre es nicht spannend, töpfern zu lernen oder Baumklettern, Survivaltraining in der Wildnis als Fach belegen zu können oder von alten Kräuterfrauen zu erfahren, wie man Heilsalben selbst herstellt oder welche heimische Pflanze welche Krankheit heilen kann? Wie wäre es, gemeinsam fremde Kulturen zu besuchen und dort eine ganz andere Sichtweise auf das Leben zu lernen? Oder eine Woche mit Obdachlosen zu leben und in deren Welt einzutauchen? Oder alte, vom Aussterben bedrohte Berufe zu erforschen, bedrohte Haustierrassen zu retten und seltene Gemüsesorten zu züchten? Es gibt so viele wirklich spannende, aufregende und wertvolle Dinge in unserer Welt, die alle Heranwachsenden in großes Erstaunen versetzen würden. Stattdessen lernen wir tote Zahlen, tote Gesetzmäßigkeiten und Inhalte, die wir in unserem Leben wahrscheinlich nie wieder brauchen werden, und das alles ist gewürzt mit unendlich viel Langeweile.

Wir Menschen sind dazu geboren, frei zu sein.

Zum Glück gibt es Ausnahmen. Wir haben tatsächlich zwei Lehrer, bei denen der Unterricht ganz anders ist, und auf die sich alle Schüler freuen: unseren Religions- und unseren Sportlehrer. Es sind die einzigen Unterrichtsstunden, in denen ich die Zeit vergesse und es schade finde, wenn sie vorbei sind. Beide sind freundlich und warmherzig. Sie gehören zu den jüngeren Lehrern. Sie stellen sich nicht über uns und sprechen mit uns wie mit Freunden. Beide besitzen eine natürliche Autorität – nicht, weil sie uns Angst machen oder sich durch Einschüchterung durchsetzen, sondern weil sie ein gesundes Selbstvertrauen besitzen, durch ihre Kompetenz überzeugen und eine klare, gelassene Ausstrahlung haben. Sie geben uns keine festen Inhalte vor, sondern lassen uns Raum, um eigene Erfahrungen zu machen und gemeinsam die Lösungen zu erarbeiten. Dadurch haben wir wenigstens bei diesen beiden Lehrern die Möglichkeit, selbst kreativ zu werden und mitzugestalten. Allerdings sind es nur vier Stunden pro Woche, in denen wir Sport und Religion als Fächer haben.

Ich lasse den Spaten in der lehmigen Erde stecken und gehe einige Meter nach oben. Dort steht ein junger Kastanienbaum, den ich vor sieben Jahren selbst gepflanzt habe. Ich habe einfach eine Kastanie in einen Blumentopf mit Erde gesteckt und diese feucht gehalten. Jetzt ist der Baum schon größer als ich! Die Natur besitzt so viel mehr Lebendigkeit als die von Menschen erschaffene Betonwelt. Ich bin froh, dass ich diese Oase als Rückzugsort habe, die mir hilft, die Zeit in der Schule besser zu überstehen.

Am nächsten Tag steht Sozialkunde auf dem Stundenplan. Wir behandeln das demokratische System der Bundesrepublik Deutschland. Unser Lehrer, Herr Wolfhagen, ist auch noch ein Mann der alten Schule. Wie die meisten Lehrer meines konservativen Gymnasiums trägt er immer Schlips und Anzug. Er ist mittleren Alters und leicht untersetzt. Vermutlich unterrichtet er schon seit mehr als 30 Jahren – und offenbar hat sich an den Inhalten seines Unterrichts und seiner Art, Wissen zu vermitteln, seit 30 Jahren auch nichts geändert. Mit sonorer Stimme hält er seinen Monolog. »Wir können uns sehr glücklich schätzen, in einem freien und demokratischen Land zu leben. Im Gegensatz zur DDR, die eine kommunistische Diktatur ist, können die Menschen in der Bundesrepublik ihre Vertreter frei wählen. Durch unsere vorbildliche Gewaltenteilung kontrollieren sich die Institutionen unseres Landes gegenseitig. So wird sichergestellt, dass kein Machtmissbrauch geschieht und unsere gewählten Vertreter auch im Sinne unseres Volkes handeln.«

Mein Arm schnellt in die Luft.

Herr Wolfhagen runzelt seine Stirn. »Ich kann mich nicht erinnern, eine Frage gestellt zu haben.«

Ich erwidere spontan: »Aber ich habe eine Frage an Sie. Wenn das in unserem freiheitlich-demokratischen Land alles so wunderbar funktioniert, wie Sie es sagen, wieso stellen dann die Amerikaner bei uns Atomraketen auf, die auf die Sowjetunion zielen? Ich bin sicher, dass niemand in unserem Volk, der bei normalem Verstand ist, einen Atomkrieg will. Wieso erlaubt unsere Regierung das? Oder liegt es einfach daran, dass die Amerikaner bei uns machen können, was sie wollen? Sind wir immer noch besetzt und haben in unserem eigenen Land nichts zu melden?«

Ein Murren geht durch den Klassenraum. Ein Mädchen ruft: »Matthias, jetzt hör mal auf! Ständig versuchst du, die Autorität unseres Lehrers zu untergraben. Wir wollen in Ruhe lernen.«

Die meisten in meiner Klasse sind unpolitisch und hinterfragen nicht, was ihnen beigebracht wird. Mir hingegen fällt es sehr schwer, ruhig zu bleiben und Behauptungen hinzunehmen, die mir falsch erscheinen. Meine Diskussionsfreudigkeit führt zwar dazu, dass ich noch mehr zum Außenseiter werde, aber es widerstrebt mir, mich anzupassen, um gemocht zu werden. Außerdem kann ich auch darauf verzichten, mit Schülern netten oberflächlichen Kontakt zu haben, während es in unserer Welt ganz andere Probleme gibt.

Herr Wolfhagen verzieht unwillig seinen Mund. »Leider verstehen Sie diese Dinge nicht richtig, Herr Langwasser. Die Amerikaner sind unsere Freunde, sie beschützen uns vor den Kommunisten, damit bei uns nicht auch eine sozialistische Diktatur errichtet wird. Die Atomraketen dienen einzig und allein der Abschreckung.«

So leicht gebe ich mich nicht geschlagen. »Was passiert, wenn aus Versehen ein Atomkrieg ausgelöst wird, weil jemand den falschen Knopf drückt? Dann würde wahrscheinlich unsere ganze Erde zerstört werden, und niemand von uns würde überleben. Außerdem sind die Amerikaner doch die Einzigen, die bereits Atombomben als Massenvernichtungswaffe gegen Menschen eingesetzt haben. Die USA haben Korea und Vietnam angegriffen und in Südamerika viele Diktatoren an die Macht gebracht. Niemand kann mir erzählen, dass es denen um Frieden und Abschreckung geht.«

Keiner meiner Klassenkameraden reagiert auf meine Worte. Es herrscht einfach nur Schweigen. Vielleicht interessieren sie sich für diese Themen nicht, oder sie träumen von ihrer nächsten Einkaufstour. Ich weiß nicht, was in ihnen vorgeht.

Woran liegt es, dass die meisten Schüler einfach das glauben, was ihnen die Lehrer und die Gesellschaft als wahr vermitteln, ohne es zu hinterfragen? Ich denke, dass es zum einen daran liegt, dass bestimmte »Wahrheiten« permanent wiederholt werden, sodass das Gehirn glaubt, dass es wahr sein muss, da es immer wieder die gleiche Information bekommt. Außerdem ist es äußerst unbequem, bestimmte Dinge öffentlich in Frage zu stellen, weil man damit rechnen muss, von der Gemeinschaft ausgeschlossen zu werden – was ja auch oft geschieht. Häufig werden uns dann Liebe und Anerkennung verwehrt, die aber wichtig für uns sind. Unser Sozialkundelehrer versucht mühsam, die Fassung zu bewahren. Er ist es offenbar nicht gewohnt, dass ihm widersprochen wird. In diesem Moment läutet die Schulglocke, und er atmet erleichtert auf. Das Weiterführen der Diskussion bleibt ihm diesmal erspart.

Wir brauchen mehr mutige Menschen, die sich für Gerechtigkeit und eine bessere Welt einsetzen.

Schließlich rückt das Abitur immer näher. Meine Mitschüler bereiten sich auf die Prüfungen vor und lernen die meiste Zeit. Einige von ihnen verbringen schon das gesamte Schuljahr damit, um den besten Abschluss zu schaffen. Ich habe mir auch vorgenommen zu lernen, allerdings fehlt mir die Motivation, ich kann mich nicht dazu überwinden. Es gibt so viele Dinge, die mich wesentlich mehr interessieren – in der Natur zu sein, meinen Teich weiter zu gestalten, politische Bücher zum Thema Sozialismus und Imperialismus zu lesen, mich mit der Geschichte der nordamerikanischen Indianer zu beschäftigen oder mit meinen Freunden aus der Friedensgruppe Zeit zu verbringen. Nicht zu vergessen meine Leidenschaft fürs vegane Kochen und die ausgedehnten Wanderungen mit meinem Vater durch die wunderschöne Landschaft des Vogelsbergs. Es gibt so viele Dinge, die mich interessieren und über die ich mehr wissen möchte! Dazu gehören aber leider nicht die Themen, die wir für unsere Abiturprüfungen lernen müssen. Außerdem ist zu diesem Zeitpunkt völlig unklar, ob ich für meine Zukunft jemals gute Noten brauchen werde.

Zweieinhalb Wochen vor den Abschlussprüfungen wird mein innerer Druck dann doch so groß, dass ich mich dazu zwinge, mir die Inhalte genauer anzuschauen und mich so gut vorzubereiten, wie es mir in dieser knappen Zeit möglich ist. Mir wird so kurz vor dem Beginn der Prüfungen klar, dass es mir doch nicht gefallen würde, plötzlich mit schlechten Noten dazustehen. Und ich möchte vermeiden, deswegen Auseinandersetzungen mit meiner Mutter zu bekommen.

Trotzdem verlaufen die Prüfungen insgesamt positiv – ich erreiche einen Notendurchschnitt von 2,0. Als der letzte Schultag gekommen ist, jubiliere ich innerlich. 13 Jahre meines Lebens habe ich größtenteils mit dem Lernen von unwichtigen Dingen verbracht. 13 lange Jahre, in denen es keinen Morgen gab, an dem ich mich auf den Tag in der Schule gefreut habe. 13 Jahre, in denen ich zu Dingen gezwungen wurde, die mir unsinnig erschienen.

Der große Tag der Abiturfeier ist gekommen. Ich überlege lange, ob ich daran teilnehmen soll, entscheide mich aber am Ende doch dazu. Ich bin ja nicht stolz darauf, einen Abiturabschluss zu haben, sondern heilfroh, dass ich nicht mehr zur Schule gehen muss. Also beschließe ich, dass ich in dem Bewusstsein mitfeiere, meiner lang ersehnten Freiheit einen großen Schritt nähergekommen zu sein. Zur Verleihung der Abiturzeugnisse haben sich alle meine Mitschüler besonders schick gemacht. Die Herren tragen einen Anzug, die Damen schöne Kleider. Einzig ich sehe nicht ein, mir extra einen Anzug zu kaufen, und komme so wie immer in die große Aula: mit Birkenstocklatschen, einer grünen Stoffhose und einem legeren hellen Pulli. So bin ich dann auch auf dem Abschlussfoto der einzig bunte Fleck auf dem Bild. Ich bin unendlich froh, dass diese Zeit nun vorbei ist! Jetzt bin ich frei – oder nein, noch nicht, denn es wartet ja noch der Zivildienst auf mich ...

4
ZU VIEL DIENST

Mein Abitur ist erfolgreich bestanden. Ich bin zutiefst erleichtert, 13 Jahre Schule mit unendlich viel Frust und einer Unmenge an gefühlter Lebenszeitverschwendung hinter mir zu lassen. Allerdings bin ich nicht wirklich frei. Denn es gibt in der Bundesrepublik Deutschland die sogenannte Wehrpflicht – was nichts anderes bedeutet, als dass junge Menschen bei der Bundeswehr zum »Dienst an der Waffe« gezwungen werden, wenn sie nicht beweisen, dass sie daran aus Gewissensgründen nicht teilnehmen können. Bei der Musterung werden die jungen Männer im »wehrfähigen Alter« von einem Arzt untersucht, ob sie körperlich in der Lage sind, den Wehrdienst auszuüben. Bei meiner Musterung berichte ich dem Arzt von allen möglichen und unmöglichen körperlichen Leiden, in der Hoffnung, dass er mich als wehrdienstuntauglich entlässt, was aber leider nicht der Fall ist – ich bin einfach zu fit. Es bleibt mir also nur der Weg, Kriegsdienstverweigerer zu werden und einen Ersatzdienst zu leisten. Die Dauer des Zivildienstes beträgt 20 Monate, während für den Wehrdienst nur 15 Monate angesetzt sind. Wahrscheinlich sollen die zusätzlichen fünf Monate dafür sorgen, dass möglichst wenige Männer einen Antrag auf Kriegsdienstverweigerung stellen.

Ich muss also eine schriftliche Begründung verfassen, in der ich ausführlich darlege, warum ich es nicht mit meinem Gewissen vereinbaren kann, zum Militär zu gehen und im Ernstfall andere Menschen zu töten. Es fällt mir leicht, diesen Antrag zu formulieren, da ich ja schon seit Jahren in der Friedensbewegung aktiv bin und mich gegen die Aufrüstung und die Kriege der USA und der NATO engagiere. Hier ein Auszug aus meiner Begründung, warum ich den »Dienst an der Waffe« ablehne:

»Seit es die Menschheit gibt, wurden Konflikte zwischen Völkern, Ländern, Glaubensgemeinschaften oder Stämmen in Form von Krieg ausgetragen. In Kriegen werden unvorstellbare Grausamkeiten begangen, unzählige Menschen getötet, vertrieben und für immer traumatisiert. Menschen verlieren ihr Leben, ihre Gesundheit, ihre Zukunft, ihre Angehörigen und ihre Heimat. Auch die Natur wird dabei massiv zerstört. Ein Beispiel dafür ist die Invasion der USA in Vietnam im Jahre 1964, die elf Jahre dauerte. Dabei kamen Millionen Vietnamesen ums Leben, hauptsächlich Zivilisten. Die USA verseuchten das Land durch ein Pflanzengift mit dem zynischen Namen Agent Orange und dem Abwurf von Napalmbomben. Unzählige Missbildungen bei Kindern und Babys waren die Folge. Die amerikanische Regierung ließ die unglaubliche Zahl von 8 Millionen Tonnen Bomben auf Vietnam abwerfen und verwüstete damit ein ehemals wunderschönes Land auf lange Zeit.

Die USA haben nach 1945 offene oder indirekte Kriege gegen 23 Länder weltweit geführt. Sie waren die einzigen, die jemals Atombomben gegen wehrlose Zivilisten eingesetzt haben, was uns noch heute in unseren Geschichtsbüchern als Befreiung Japans verkauft wird. Ich finde es bedenklich, dass im deutschen Fernsehen und in den deutschen Zeitungen die Angriffskriege der USA oder der NATO verharmlost oder positiv dargestellt werden, obwohl dabei Millionen Unschuldige sterben.

Wenn ich in der Bundeswehr dienen würde, dann würde ich möglicherweise dazu gezwungen, unschuldige Menschen zu töten, die meine Freunde sein könnten, wenn ich die Gelegenheit hätte, sie unter anderen Umständen als in einem Krieg kennenzulernen. Das beste Beispiel dafür ist der spontane Waffenstillstand im Ersten Weltkrieg zwischen englischen und deutschen Soldaten Weihnachten 1914, wo diese aufhörten, einander zu bekämpfen und zusammen Weihnachten feierten. Meiner Meinung nach sind Kriege in der Regel die Kriege der Mächtigen, die selbst nicht an den Kriegen teilnehmen, sondern einfache Menschen als Soldaten missbrauchen, um ihre eigenen, oftmals verborgenen Interessen durchzusetzen. Ich wünsche mir, dass es auf unserer Erde eines Tages keine Kriege, keine Armeen und keine Waffen mehr geben wird. Ich wünsche mir, dass die Menschen lernen, Konflikte durch friedliche Kommunikation zu lösen, indem die Interessen beider Seiten zugleich berücksichtigt werden.

Ich wünsche mir, dass die Menschheit erkennt, dass wir alle Brüder und Schwestern sind, dass keiner über dem anderen steht und dass wir alle Teil der Menschheitsfamilie sind. Schon in der Bibel steht: ›Du sollst nicht töten.‹ Diese Aussage ist glasklar und nicht interpretierbar. Sie heißt, dass wir weder

Menschen noch Tiere töten sollen. Aus diesem Grund esse ich auch keine Tiere oder deren Produkte.«

Möge die Menschheit erkennen, dass wir alle Brüder und Schwestern sind, dass keiner über dem anderen steht und dass wir alle Teil der Menschheitsfamilie sind.

Beim Mittagessen bringt mir mein Vater einen Brief vom Bundesamt für Zivildienst mit. Aufgeregt öffne ich ihn. Darin steht, dass meinem Antrag auf Kriegsdienstverweigerung stattgegeben wurde. Ein Glück! Nicht auszudenken, wenn ich zur Bundeswehr hätte gehen müssen. Ich hätte mich dort niemals unterordnen und gegen meine Werte handeln können.

Beim Mittagessen bespreche ich mit meinen Eltern, wo ich den Zivildienst ableisten kann.

Mein Vater hat eine Idee. »Geh doch ins Krankenhaus nach Lauterbach. Das ist nicht weit weg, und du kannst immer bei Omi zu Mittag essen.«

Meine Antwort kommt spontan. »Nein, ich möchte mich nicht so gern mit dem Thema Krankheit beschäftigen, sondern mit Dingen, die mit neuen, alternativen Lebensformen zu tun haben.«

In den nächsten Tagen beschäftige ich mich daher mit ganzheitlich orientierten Einrichtungen, die Zivildienststellen anbieten. Nach längerem Suchen höre ich von einem anthroposophischen Projekt ganz in der Nähe von Grebenhain, in Altenschlirf, dem Heimatdorf meines Vaters. Mir sagt diese Ausrichtung zu, da ich weiß, dass die Anthroposophie auf den Lehren von Rudolf Steiner gründet, der vor mehr als 100 Jahren umfangreiche Forschungen zu allen wichtigen Lebensfragen aus spirituell-esoterischer Sicht betrieben und daraus zahlreiche praktische Methoden für verschiedene Lebensbereiche entwickelt hat – wie Landwirtschaft, Pflanzenheilkunde, Erziehung und Kultur. Die anthroposophische Gemeinschaft liegt idyllisch in einem Tal mit Bachlauf und hat dort eine alte Mühle übernommen. Ganz in der Nähe verbrachte mein Vater einen Großteil seiner Kindheit im Wald. Dort trafen sich alle Kinder des Dorfes und spielten jede freie Minute, ganz ohne Eltern, fingen Fische oder errichteten Baumhäuser.

Als mein Vater und ich die Gemeinschaft besuchen, werden wir freundlich empfangen. Eine ältere Dame mit Nickelbrille und Wollkleid zeigt uns die Einrichtung. Es gibt eine Gemüsegärtnerei, Milchkühe, eine eigene Hofkäserei und einen Hofladen, in dem die eigenen Produkte und Naturkost verkauft werden. Das Besondere an diesem Projekt ist, dass in allen Bereichen behinderte Menschen mitarbeiten, denen auf diese Weise ein sinnvolles, erfülltes Leben ermöglicht wird.

Auf der Rückfahrt arbeitet es in mir. Die Lage in dem Naturtal und die Nähe zu meinen Eltern sind ein großer Pluspunkt. Außerdem interessiert mich die Arbeit mit behinderten Menschen, und ich kann bestimmt viel über die Demeter-Landwirtschaft lernen, die noch konsequenter ist als normale biologische Landwirtschaft. So dürfen Kühe nicht enthornt werden, es darf kein Futter aus konventionellem Anbau zugefüttert werden, es darf kein Hybrid-Saatgut verwendet werden – und konventionelles Saatgut ist sowieso nicht zugelassen.

Sie bezieht auch geistige Gesetzmäßigkeiten mit ein, indem zum Beispiel bei der Aussaat der Stand der Gestirne berücksichtigt wird oder selbst hergestellte Präparate aus Kräutern, Mineralien und Kuhmist verwendet werden.

Als großen Nachteil empfinde ich jedoch die Haltung von Kühen für die Milch- und Fleischproduktion, die ich als überzeugter Veganer ablehne. Am Ende entscheide ich mich jedoch für diesen Kompromiss, da ich keine bessere Zivildienststelle finde. Zum Glück ist gerade ein Platz frei – es geht schon zwei Monate später los.

Meinem Wunsch entsprechend werde ich der Landwirtschaft zugewiesen, die ihren Sitz in der alten Altenschlirfer Mühle hat. Ich bekomme ein kleines Zimmer auf dem Hof, der von einer Familie mit zwei kleinen Kindern geführt wird.

Um 6 Uhr morgens klingelt mein Wecker. Mein erster Arbeitstag beginnt damit, die Kühe zu melken. Es gibt dort acht Milchkühe, die zu meinem Erschrecken mit Ketten an Eisenstangen angebunden sind. Ich spreche meinen Vorgesetzten an, Landwirt Erhard, einen großen schlanken Mann mit Halbglatze und blonden Haaren. »Wieso sind die Kühe denn angekettet?«

Ich kann ihm ansehen, dass er so eine Frage am frühen Morgen für unangebracht hält. Widerwillig murmelt er: »Das muss so sein. Wir haben nicht genügend Platz. Wir planen einen Neubau, dann bekommen die Kühe freien Auslauf.«

»Aber das kann ja noch ewig dauern! Das ist doch Tierquälerei. Es muss doch jetzt schon eine Lösung geben.«

Erhards Kopf wird rot. Später finde ich heraus, dass das ein absolutes Warnsignal ist, wenn er kurz davor ist, einen cholerischen Anfall zu bekommen. »Das geht dich nichts an! Du bist gerade neu hier und willst einem Fachmann wie mir schon sagen, was richtig und was falsch ist? Zeig erstmal, dass du ordentlich zupacken kannst, bevor du mitreden willst!«

Ich merke, dass ich bei ihm vorsichtig sein muss, und sage lieber nichts mehr. Er wirkt wie jemand, der sich nicht unter Kontrolle hat, wenn er wütend wird, und da er deutlich größer ist als ich, beschließe ich zu schweigen. Zumindest so lange, bis er sich wieder abgeregt hat. Allerdings werde ich das Thema jetzt nicht abhaken, nur weil sich mein neuer Chef aufregt. Da kennt er mich aber schlecht!

Doch der nächste Eklat lässt nicht lange auf sich warten. Neben der Arbeit in der Landwirtschaft soll ich mich um zwei behinderte junge Männer kümmern. Wie die meisten Menschen mit Einschränkungen, die ich hier kennenlerne, haben die beiden ein großes Herz. Sie verhalten sich wie kleine Kinder, für die die Welt einfach immer ein guter Ort ist. Sie sind anhänglich und neugierig zugleich. Mir macht es großen Spaß, mit ihnen Witze zu machen oder auf der Wiese herumzutollen. Mir fällt in diesem Moment auf, dass ich mich offenbar unbewusst auf die Menschen einstelle, mit denen ich zusammen bin, und wie leicht es mir fällt, ihre Welt zu erfühlen und intuitiv zu verstehen.

Die beiden Jungs und ich sind auf der Weide, um den für die Demeter-Landwirtschaft kostbaren Kuhdung zu sammeln. Spontan kommen wir gemeinsam auf die Idee und fangen an zu spielen. Dabei muss die Person, die vom Fänger berührt wird, zu Boden fallen und sich für eine Weile totstellen. Wir kommen aus dem Lachen nicht mehr heraus.

Unerwartet kommt Erhard vorbei und stellt mich zur Rede. Damit die Jungs nicht mithören können, flüstert er: »So geht man nicht mit Behinderten um. Du bist doch nicht selbst behindert, oder?«

Ich kann ihm nicht ganz folgen. »Wieso, wir haben doch einfach nur Spaß zusammen. Was soll daran schlecht sein?«

Er sieht mich ernst an. »Wenn du hier bei uns arbeitest, hast du eine pädagogische Verantwortung. Du darfst dich nicht auf die Ebene der Betreuten begeben, sonst verlieren sie den Respekt vor dir und gehorchen dir nicht mehr.«

Ich denke einen Moment über seine Worte nach. »Ich sehe das anders. Wenn wir schöne Dinge zusammen machen, dann respektieren sie mich und folgen mir einfach, weil sie mich mögen.«

Erhards Halsschlagader schwillt an, und sein Kopf färbt sich wieder bedenklich rot. Das Flüstern hat er vergessen. »Du bist einfach unmöglich!«, schreit er. »Du hast keine Ahnung von Pädagogik und meinst trotzdem, dass du alles besser weißt. Ich bin dein Chef, und du hast dich gefälligst so zu verhalten, wie ich es von dir verlange!«

Auch jetzt wird mir wieder klar, dass es gesünder für mich – und sicherlich auch für ihn – ist, wenn ich nichts erwidere. Seine Haltung überzeugt mich trotzdem nicht. Warum soll ich mich über die beiden Jungs stellen, nur weil ich geistig »gesund« bin? Vielleicht sind sie ja viel weiser als ich? In ihrer Welt gibt es keine Probleme, und sie verhalten sich wertschätzend, was ich von dem Landwirt nicht gerade behaupten kann. Ich bin überzeugt, dass eine Erziehung, die auf Einschüchterung, Hierarchie und Macht basiert, völlig überholt ist, und dass wir auch hier etwas ganz Neues brauchen, ein Miteinander auf Augenhöhe. Warum maßen sich so viele Menschen an, sich über schwächere Mitbewohner unserer Erde zu stellen? Männer dominieren Frauen, Erwachsene Kinder, Menschen bestimmen über Tiere. Mit welchem Recht? Mit dem Recht des Stärkeren? Wer ist denn jetzt weiterentwickelt und weiser? Ein Manager, der Millionengewinne durch Umweltzerstörung macht, oder eine Hausfrau und Mutter, die sich hingebungsvoll um ihre Kinder kümmert? Ein Wissenschaftler, der hochgiftige Impfstoffe entwickelt oder Kinder, die friedlich im Sand spielen? Ein Hauskäufer, der als erste Amtshandlung den alten Bauerngarten planieren lässt – oder ein Eichhörnchen, das sich seine Nüsse für den Winter sammelt?

Meiner Überzeugung nach sind diejenigen am weitesten entwickelt, die am meisten Liebe in ihrem Herzen tragen. Und die, die am wenigsten Schaden anrichten – was man von vielen »zivilisierten« Menschen in unserer Welt nicht gerade sagen kann. Sie sind zum großen Teil damit beschäftigt, ihre Lebenszeit gegen Geld zu tauschen und einem Lebensstil zu folgen, der ihre eigenen Lebensgrundlagen zerstört. Das Verrückteste daran ist, dass die meisten Menschen genau wissen, welche Folgen ihre Handlungen haben und trotzdem nichts daran ändern. Mehr noch, sie besitzen die Überheblichkeit, Naturvölker als »Wilde« zu bezeichnen, ohne sich überhaupt mit deren Leben näher beschäftigt zu haben, von dem sie wahrscheinlich eine Menge lernen könnten.

Zu viel Dienst

*Es sind diejenigen am weitesten entwickelt,
die am meisten Liebe in ihrem Herzen tragen.*

Es sieht nicht so aus, als ob Erhard und ich jemals Freunde werden. Er ist ein ernster Mann, für den anscheinend seine Pflichten im Vordergrund stehen, während ich dabei bin, das Leben zu entdecken und Antworten auf meine wichtigsten Lebensfragen zu finden. Während ich nach Freiheit strebe, steht für ihn Sicherheit an erster Stelle.

Als ich eines Morgens in den Stall komme, weint Paul, ein junger Mann mit Down-Syndrom. »Was ist denn los?«, frage ich ihn besorgt.

Er schluchzt: »Emma soll heute geschlachtet werden.«

Emma ist eine große buntscheckige Kuh, zu der Paul eine besondere Beziehung aufgebaut hat.

In diesem Moment kommt Erhard dazu und legt Paul seine große Hand auf die Schulter. »Sei nicht traurig. Weißt du, Emma opfert sich gern für uns. Sie findet es gut, wenn wir ihr Fleisch essen.«

Bevor ich mich versehe, rutscht es mir auch schon heraus: »Das ist der größte Schwachsinn, den ich je gehört habe!«

Umgehend verwandelt sich Erhard wieder in einen Fliegenpilz, der kurz vorm Explodieren ist. Er zerrt mich am Arm einige Meter weg. »Wie kannst du es wagen, mir direkt vor einem Betreuten zu widersprechen und damit meine Autorität zu untergraben? Mach das nie wieder!«

Es fällt mir schwer, auch diesmal seinen Ausbruch einfach hinzunehmen. Aber egal, wie ich reagiere, es würde sowieso nichts an seiner Meinung ändern. Ich denke mir jedoch meinen Teil. Ja klar, Kühe finden es toll, wenn wir sie an Ketten halten, um ihnen die Milch wegzunehmen, die für ihre Kinder gedacht ist. Sie freuen sich darüber, wenn sie geschlachtet werden, weil sie nicht mehr genügend Milch produzieren, nachdem sie jahrelang künstlich geschwängert wurden. Wahrscheinlich finden sie es gut, wenn die Menschen sie als Dank für die jahrelange Ausbeutung schlachten und ihr Fleisch essen, wenn sie nicht mehr nützlich genug für sie sind. So kann man sich die Ausbeutung von Tieren auch schönreden. Sie hat aber nichts mit der Wirklichkeit zu tun.

Ich muss mich diesen Dingen hier widerwillig fügen. Immerhin gibt es auch Lichtblicke. Ich darf einen alten Trecker fahren, was immer etwas Besonderes für mich ist. Es erinnert mich an die Zeit, als ich mit meinem Cousin und meinem Opa, dem Vater meines Vaters, auf dem Trecker mitgefahren bin. Wir haben damit Kühe auf die Weide gebracht, Mist gefahren und die frisch geernteten Kartoffeln nach Hause gebracht.

Meine mit Abstand schönste Zeit auf dem Demeter-Hof sind die beiden Wochen, in denen Erhard mit seiner Familie im Urlaub ist. Ich darf mich allein um die Jungs und die Kühe kümmern, was mir große Freude bereitet. Endlich kann ich mir meinen Tag so einteilen, wie es mir gefällt, und die Dinge nach meinen Vorstellungen tun. Immer wieder fällt es mir auf, dass es mir fast unmöglich ist, mich an Vorschriften anzupassen, deren Sinn ich nicht verstehe. Ich freue mich darauf, zwei Wochen lang keinen Chef zu haben, der mich ständig ermahnt oder mir aufzeigt, was ich falsch mache.

An einem Samstag heiraten meine besten Freunde, ich bin eingeladen. Da ich mein Fahrrad nicht bei mir habe, beschließe ich, die 15 Kilometer mit dem Traktor zu fahren. Als ich bei der Feierlichkeit ankomme, ist der Kontrast nicht zu übersehen: Meine Freunde sind Unternehmer und stammen aus erfolgreichen Unternehmerfamilien. Vor dem Veranstaltungshaus stehen entsprechend viele schwarze BMW und Mercedes. Menschen im Smoking, mit Fliege oder Schlips haben ein Sektglas in der Hand. Und nun erscheine ich in dieser Szenerie mit meinem ultralauten, uralten Trecker, meinem hellen Arbeitshemd und meiner dreckigen Bundeswehrhose. Als Ausgleich für den umgangenen Wehrdienst habe ich meine Freude an olivgrünen Militärhosen entdeckt, die aus reiner Baumwolle bestehen und höchst praktisch sind. Während die meisten der feinen Menschen dort mich ziemlich pikiert ansehen, stören sich meine Freunde nicht an meiner Erscheinung und freuen sich riesig, dass ich gekommen bin. Sie haben ein einsam gelegenes weißes Vereinsgebäude mit Flachdach gemietet, das umgeben ist von Wiesen und Birken.

Das Beste an dem Fest sind jedoch die Kinder. Sie fragen mich, ob sie mit mir eine Runde Trecker fahren dürfen. Da kann ich natürlich nicht Nein sagen, und so bin ich den Rest des Tages damit beschäftigt, immer abwechselnd größere und kleinere Kinder durchs Feld zu kutschieren. Die Hochzeitsfeier mit dem alten Traktor und dem jungen Mann in der Bundeswehrhose wird den Gästen wohl so oder so unvergesslich bleiben. Es ist eine unbeschwerte Zeit, die ich genieße.

Nachdem Erhard und Familie wieder aus dem Urlaub zurück sind, werde ich zu Herrn Kahlmann, dem Leiter der Gemeinschaft, zitiert. Er arbeitet ein Dorf weiter in einem Schloss, das von der Gemeinschaft, die von wohlhabenden Sponsoren unterstützt wird, gekauft wurde. So laufe ich durch das Tal am Bach entlang bis zum Schlosstor und frage dort nach seinem Büro. Im zweiten Stock klopfe ich an eine alte Eichentür. Keine Antwort. Ich trete vorsichtig ein und sehe einen kleinen, älteren Herrn mit feinkariertem Hemd hinter einem Holzschreibtisch sitzen. Er blickt mich über seine Brille an. »Herr Langwasser, schön, dass Sie gekommen sind. Mir ist zu Ohren gekommen, dass es Probleme mit Ihnen gibt?«

Die Frage überrascht mich. »Nicht, dass ich wüsste.«

Er lächelt freundlich. »Nun ja, Sie sind offenbar, sagen wir mal, nicht ganz auf einer Linie mit uns. Es wäre besser, wenn Sie sich anders orientieren würden.«

Ich sitze aufrecht in meinem Stuhl. »Ich bin gern hier. Außerdem sind mir Andreas und Paul sehr ans Herz gewachsen.«

Er zieht seinen rechten Mundwinkel nach oben. »Das ist ja genau das Problem. Mir wurde berichtet, dass Sie ihre Kompetenzen überschritten hätten.«

Mein Puls geht schneller. Was will dieser Mann von mir? »Wer hat Ihnen genau was berichtet? Wieso weiß ich davon nichts?«

»Na ja, das können Sie sich denken. Ihnen ist nicht klar, dass es Probleme bei Ihrer Arbeit gab?«

Ich runzele die Stirn. »Es gab Meinungsverschiedenheiten mit Erhard. Ansonsten läuft alles gut. Was hat er Ihnen genau gesagt?«

Herr Kahlmann weicht meiner Frage aus. »Ich bespreche das noch mal mit Ihrem Chef.« Er legt eine Pause ein. »Na ja, machen Sie sich keine Gedanken. Wir klären das schon.« Mit diesen Worten entlässt er mich.

Zwei Tage später kommt ein Mitarbeiter vom Bundesamt für Zivildienst auf den Hof und kommt ohne Umschweife direkt zur Sache. »Herr Kahlmann hat mir gesagt, dass Sie für die Gemeinschaft untragbar sind.«

»Wie bitte? Was soll das denn?«

»Sie haben Ihre Pflichten sträflich vernachlässigt und während des Urlaubs der Familie Schmidt die Kühe hungern und dursten lassen.«

Diese Worte schockieren mich. Fassungslos starre ich den Mann an. »Ich habe die Kühe immer pünktlich gefüttert und dafür gesorgt, dass sie ausreichend Wasser hatten. Das ist eine Lüge!«

Der dicke Mann sieht mich eine Weile an, dann nimmt er mich zur Seite. »Selbst wenn es stimmt, was Sie sagen, wird Ihnen niemand glauben. Alle in der Gemeinschaft, außer den Betreuten, werden die Aussage von Herrn Kahlmann bestätigen. Deswegen rate ich Ihnen, sich eine neue Zivildienststelle zu suchen.«

Der Schock sitzt tief in mir. Mir auf diese Weise etwas zu unterstellen, was vollständig gelogen ist, erschüttert mich. Wer würde so etwas Niederträchtiges tun? Vor allem jemand, der sich als spirituell und gläubig bezeichnet? Selbst Erhard und seine Frau stellen sich hinter Kahlmann, wie ich später erfahre. Wahrscheinlich sind sie sogar diejenigen, die ihn gebeten haben, dafür zu sorgen, dass ich verschwinde. Und der scheinheilige Leiter der Gemeinschaft war noch freundlich zu mir und meinte, ich solle mir keine Sorgen machen! Wie kann man Menschen einfach so anlügen? Und hier handelt es sich auch noch um Leute, die sich einer guten Sache verschrieben haben, nämlich behinderten Menschen ein gutes Leben zu ermöglichen und Landwirtschaft ohne Raubbau an der Natur zu betreiben!

Diese Lektion macht mir einiges klar: Beurteile Menschen niemals nach ihrem Äußeren, sondern ausschließlich nach ihren Taten. Es gibt jene, die vorgeben, alternativ und spirituell zu sein, während sie selbst nicht danach handeln. Dann gibt es andere, die diesen Anspruch nicht haben und ganz einfach leben, ohne sich jemals mit tiefergehenden Fragen des Lebens auseinanderzusetzen, dafür aber oft das Herz einfach am rechten Fleck haben, ehrlich sind und anderen gern helfen, ohne etwas dafür zu erwarten.

Beurteile Menschen niemals nach ihrem Äußeren, sondern ausschließlich nach ihren Taten.

Mein ganzes Leben lang habe ich Menschen verabscheut, die andere belügen und betrügen, nur um dadurch einen eigenen Vorteil zu erzielen. Viele Politiker leben es uns vor. Frei nach dem Motto »Was kümmert mich mein

Zu viel Dienst

Geschwätz von gestern« brechen sie regelmäßig ihre Wahlversprechen und arbeiten vier Jahre lang hauptsächlich für diejenigen, für deren Interessen sie in Wirklichkeit angetreten sind. So werden gefährliche Pestizide und Impfstoffe von Chemiekonzernen ohne Unbedenklichkeitsnachweise zugelassen, während mittelständische Unternehmen, die natürliche Arzneimittel herstellen, so hohe Auflagen bekommen, dass viele wirksame Mittel vom Markt verschwinden.

Die Menschen, die zu den Wahlen gehen, haben das aber nach vier Jahren schon wieder vergessen oder verdrängt und wählen die gleichen Politiker wieder, nur um dann überrascht zu sein, wenn die Wahlversprechen wiederum nicht eingehalten werden. Der brave Bürger gibt also seine Stimme im Wahlbüro ab, damit diese in der Wahlurne beerdigt werden kann. Zum Dank wird er dann vier Jahre regiert und erlebt, wie permanent Entscheidungen getroffen werden, die nicht im Interesse des Volkes, sondern im Interesse der Großkonzerne sind, die durch großzügige Parteispenden und Lobbyisten dafür sorgen, dass auch in ihrem Sinne entschieden wird. Die Fernsehsender und Zeitungen haben dabei offenbar die Aufgabe, dafür zu sorgen, dass dieses perfide Spiel nicht durchschaut wird. Sie verkaufen der Bevölkerung katastrophale politische Entscheidungen als etwas Gutes – und stellen Lügner und Betrüger gleichzeitig als ehrenwerte Personen dar.

Ich muss mich dem Entschluss beugen. Der Abschied von Andreas und Paul fällt mir schwer. Die beiden sind so wie ich traurig, dass ich gehen muss. Dafür bin ich erleichtert, nicht mehr jeden Morgen in Erhards griesgrämiges Gesicht schauen zu müssen.

Zunächst ziehe ich zu meiner Familie zurück und freue mich vor allem darauf, wieder Zeit mit meinem Vater und meinem kleinen Bruder in der Natur zu verbringen. Ich habe einen Monat Zeit, eine neue Zivildienststelle zu finden, sonst wird mir ein Platz zugewiesen. Da ich es auf keinen Fall dem Zufall überlassen möchte, wo ich als Nächstes lande, wird es jetzt knapp, eine für mich interessante Stelle aufzutun, die gerade frei ist.

Als ich nachts nicht schlafen kann und mir viele sinnvolle und sinnlose Gedanken durch den Kopf gehen, erinnere ich mich an ein Zivildiensttreffen. Einer der »Zivis« hat mir von einer Stelle in einem Dritte-Welt-Laden in Kassel erzählt. Das Thema fairer Handel, um Menschen in sogenannten Entwicklungsländern zu unterstützen, interessiert mich sehr. Vor allem habe ich ja schon Erfahrung damit, im Bioladen zu arbeiten, das könnte also sehr gut passen. Den Rest der Nacht mache ich vor lauter Aufregung kein Auge mehr zu. Es wäre toll, wenn das klappen würde!

Gleich am nächsten Morgen rufe ich meinen Zivildienstbetreuer an und frage ihn, ob er mir die Telefonnummer des Ladens besorgen kann. Eine Stunde später gibt er sie mir telefonisch durch. Nervös und aufgeregt verwähle ich mich drei Mal, bis es endlich klappt.

Eine männliche Stimme ertönt. »Dritte-Welt-Laden Kassel!«

Nervös antworte ich: »Hier ist Matthias. Habt ihr zufällig noch eine Zivildienststelle frei?«

Stille am anderen Ende. »Einen Moment bitte.«

Nach einer Weile ist eine andere Männerstimme zu hören. »Hallo. Für wann suchst du denn eine Zivistelle?«

»Sofort.«

»Hmm. Vielleicht können wir da was machen. Gib mir doch mal deine Nummer, dann rufe ich dich später zurück.«

Ich warte drei Tage, in denen es mir kaum gelingt, das Thema loszulassen, so sehr wünsche ich mir, dass ich den Platz bekomme! Schließlich erhalte ich die ersehnte Zusage und bin überglücklich. In vier Wochen ziehe ich nach Kassel! Das Praktische dabei ist, dass dort meine Patentante und mein Patenonkel wohnen, die ich dann sicherlich oft besuchen werde.

Es ist das erste Mal, dass ich meine Heimat, den Vogelsberg, für längere Zeit verlasse. Ich freue mich auf das neue Abenteuer, das mich sicherlich bereichern wird. Mein ganzes Leben habe ich in einem Dorf auf dem Land verbracht, um jetzt das Stadtleben kennenzulernen. Ich bin gespannt darauf, neue interessante Menschen zu treffen und vor allem herauszufinden, welche alternativen Projekte es in Kassel gibt.

Am Wochenende vor meinem ersten Arbeitstag ziehe ich mithilfe meines Vaters in ein Zimmer in einer Männer-WG mit drei anderen Zivildienstleistenden. Als wir nach einer Stunde Fahrt an meinem neuen Zuhause ankommen, bin ich jedoch geschockt. Meine neue Wohnung befindet sich direkt an einer vierspurigen, autobahnähnlichen Straße. Durch meine vegane Bio-Ernährung und mein natürliches Leben bin ich sehr sensibel geworden gegenüber Lärm, Abgasen, künstlichen Gerüchen und Reizüberflutung. Aber es kommt noch schlimmer: Mein Zimmer liegt nicht nach hinten raus, sondern direkt zur Straße. Da ich nachts immer mit weit offenem Fenster schlafe, auch im Winter, habe ich keine Ahnung, wie das funktionieren soll. Dementsprechend mache ich in der ersten Nacht kein Auge zu, weil der Lärm zwar

Zu viel Dienst

bei geschlossenem Fenster besser zu ertragen ist, es dann aber warm und stickig wird. Das fängt ja gut an!

Nach dieser unfreiwillig durchgemachten Nacht muss ich mir etwas überlegen. Ich leihe mir bei einem Mitbewohner einen Schlafsack und eine Isomatte, um mir für die nächste Nacht einen Schlafplatz im nahegelegenen Park zu suchen. Unter einer riesengroßen Eiche schlafe ich wesentlich besser und vor allem ruhiger. Allerdings ist das natürlich keine Dauerlösung, da es hier ziemlich oft regnet, und die Nächte auch wieder kälter werden.

Am nächsten Tag beginne ich meine Arbeit im Dritte-Welt-Laden. Ich bin schon sehr gespannt, wie es dort sein wird. Ich fahre mit meinem Fahrrad hin. Mein Entsetzen ist aber erneut groß, als ich feststelle, dass auch der Laden an einer großen vierspurigen Straße liegt! Wenn's läuft, dann läuft's, denke ich mir. Der kleine Laden wird von einem Verein betrieben. Die drei Gründer, ein älteres Lehrer-Ehepaar und ein Student, der Biologie studiert, erwarten mich schon und begrüßen mich freundlich. Die Räume liegen in einem alten Haus und sind spärlich eingerichtet. Es gibt hier nicht viele Produkte. Der Schwerpunkt liegt auf dem Verkauf von fair gehandeltem Kaffee und frischen Bananen. Die drei erklären mir, wo die verschiedenen Produkte herkommen und welche Projekte damit unterstützt werden. Außerdem lerne ich, wie die Kasse funktioniert und wo die Verkäufe eingetragen werden müssen. Ab dem zweiten Tag darf ich dann schon allein im Laden verkaufen, worauf ich mich freue.

Nach einer weiteren Nacht im Stadtpark rufe ich meinen zuständigen Betreuer beim Bundesamt für Zivildienst an und erkläre ihm meine Notlage. Kurzerhand wimmelt er mich ab und erklärt lapidar, dass ich diese Situation einfach annehmen müsse und dass ich mich schon an den Lärm gewöhnen werde. »Es ist einfach eine Frage der Zeit. In einem Monat werden Sie die Autos gar nicht mehr wahrnehmen.«

Ich weiß genau, dass ich mich an diesen Zustand niemals gewöhnen werde, und überlege fieberhaft, wie ich aus meiner vertrackten Lage herauskomme. Am nächsten Morgen vor der Arbeit rufe ich wieder bei ihm an und schildere ihm, wie ich in der Nacht im Park vom Regen durchnässt wurde und dass es so nicht weitergehen könne.

Mein Betreuer reagiert sichtlich genervt. »Ich kann Ihnen nicht weiterhelfen. Außerdem habe ich keine Zeit, mich ständig um Ihre Probleme zu kümmern.«

So komme ich also nicht weiter. Ich beschließe, dass ich das Nein meines Betreuers nicht akzeptieren werde und mich in dieser Situation durchsetze, komme, was wolle.

Ich sitze in der Küche zusammen mit meinen drei Mitbewohnern und erkläre ihnen meine Situation. Doch auch sie können mein Problem nicht nachvollziehen. Der eine meint sogar, dass er ohne den Lärm der großen Straße gar nicht mehr einschlafen könne. Unglaublich, wie verschieden die Menschen sind, denke ich mir.

Jan, ein schlaksiger blonder junger Mann, hat eine Idee: »Besorg dir ein Attest und schick es an das Bundesamt. Dann müssen sie sich bewegen.«

Gleich am nächsten Tag suche ich einen Arzt auf, der auf Nerventhemen spezialisiert ist. Nachdem ich ihm ausführlich mein Problem geschildert und dieses dramatisch ausgeschmückt habe, schreibt er mir das gewünschte Attest. Darin zählt er lauter medizinische Symptome auf, mit deren Namen ich nichts anfangen kann. Aber das Beste kommt zum Schluss: Im letzten Satz empfiehlt der Arzt dem Bundesamt für Zivildienst, mir umgehend eine neue Wohnung zur Verfügung zu stellen, da ich ansonsten schwer chronisch krank werden würde.

Die Reaktion kommt schnell: Ich darf mir ein Zimmer in einer WG meiner Wahl in Kassel suchen! Die Kosten übernimmt das Bundesamt. Ich bin glücklich und erleichtert über diese unerwartete Wendung einer scheinbar ausweglosen Situation.

Durch diese Erfahrung wird mir klar, dass wahrscheinlich 99 Prozent meiner Mitmenschen schon nach der ersten Absage des Betreuers aufgegeben hätten. Aus Angst vor Konflikten und vor Widerstand verfolgen die meisten Menschen ihre Ziele und Wünsche nicht konsequent. Sie verraten ihre Träume und verbringen ein mittelmäßiges Leben, um ja nicht aufzufallen. So entsteht ein Leben voller »hätte«, »wenn« und »aber«. Ich mache immer wieder die gleiche Erfahrung: Man erreicht seine Ziele vor allem durch Beharrlichkeit. Und auch, wenn viele das vielleicht nicht nachvollziehen können: Ich bin es mir wert, gut für mich zu sorgen. Ich habe ein Recht darauf, mich wohlzufühlen und ein Leben zu führen, das mich glücklich macht.

Nach längerem Suchen finde ich eine WG in der gleichen Straße wie mein Laden. Mein Zimmer liegt aber an einem kleinen Park, von wo aus ich den Lärm der Straße kaum hören kann. Meine neuen Mitbewohner sind richtig nett. Es sind zwei Frauen und ein Mann, von denen zwei studieren und die dritte Krankenschwester in der nahegelegenen makrobiotischen Kli-

Zu viel Dienst

nik ist, wo ich zukünftig oft Mittag esse. Die beiden Frauen finden mich offenbar ziemlich süß und nennen mich liebevoll »kleiner Öko«.

Um mein neues Reich so natürlich wie möglich zu gestalten, frage ich alle Menschen, denen ich begegne, nach Ablegern ihrer Zimmerpflanzen. Schon nach kurzer Zeit sieht mein Zimmer aus wie ein Urwald, der mit den unterschiedlichsten Gewächsen zugewuchert ist.

Auch meine Leidenschaft für Naturkost kann ich in Kassel ausleben. Da mein Sold beim Zivildienst ziemlich gering ist, finde ich Wege, mich so kostengünstig wie möglich zu ernähren. Ich entdecke eine Food Coop, die Bio-Lebensmittel zum Einkaufspreis beim Naturkostgroßhandel einkauft und mit einem geringen Aufpreis an ihre Mitglieder weitergibt. Regelmäßig bestelle ich mir getrocknete Feigen und Haselnussmus im Zehn-Kilo-Eimer. Ich liebe es, die Früchte in das Mus zu tauchen und diese Delikatesse in großen Mengen zu verzehren. Obst und Gemüse hole ich mir im nahegelegenen Bioladen. Ich frage den Ladenbesitzer täglich, ob es etwas zu verschenken gibt, das nicht mehr ganz frisch ist. Außerdem verzichte ich auf Fertigprodukte wie Brotaufstriche, die ich mir lieber in meinem neuen Zuhause selbst zubereite. Auf diese Weise gelingt es mir, nur knapp 100 D-Mark pro Monat für meine rein pflanzliche Bio-Ernährung auszugeben. Und dann soll mir mal einer sagen, Naturkost sei teuer!

Obwohl sich mein neuer Arbeitsplatz direkt an einer der größten Straßen Kassels befindet und zentral gelegen ist, verirren sich nur wenige Kunden dorthin. Am Anfang versuche ich, mir die Langeweile zu vertreiben, indem ich alle Infos über die Entwicklungsprojekte studiere und immer mal wieder die Dekoration in den großen Schaufenstern verändere. Bald finde ich jedoch heraus, dass meine neuen Chefs nicht offen für Innovationen sind und meine Ideen nicht unterstützen. So untersagen sie mir, die Ausstellungsobjekte hinter den großen Fenstern anzurühren. Dass ich Bücher während der Dienstzeit lese, finden sie auch nicht gut. Das hält mich jedoch nicht davon ab, es trotzdem zu tun, wenn ich allein bin. Immer wenn doch mal Kunden kommen, die meistens sehr nett sind, versuche ich, sie in lange Gespräche zu verwickeln, um meinen öden Alltag etwas zu versüßen. Das Schlimmste für mich ist jedoch das ständige »Zumm« der vorbeifahrenden Autos, das dazu führt, dass ich mich mehr und mehr depressiv fühle, je länger ich in dem Laden sitze. Nach einigen Wochen ist es mir auch egal, ob dieses Projekt anderen Menschen hilft oder nicht. Bei den geringen Umsätzen, die wir machen, erwirtschaften wir noch nicht mal die Miete für das Ladengeschäft.

*Ich habe ein Recht darauf, mich wohlzufühlen und ein
Leben zu führen, das mich glücklich macht.*

Was meine neue Zivildienststelle anbelangt, bin ich schon wieder an einem absoluten Tiefpunkt angekommen. Es ist mir zuwider, morgens in den Laden zu gehen, um dort wieder den ganzen Tag sinnlos herumzusitzen, wenn ich mich doch viel lieber bewegen würde. Da hatte ich ja in meiner Schulzeit noch mehr Bewegung! Der niemals endende Autolärm geht mir auf die Nerven. Und ich kann die frustrierten Gesichter meiner Chefs nicht mehr ertragen. Das Schlimme ist, dass ich noch fünf lange Monate vor mir habe. Besonders schwer fällt es mir, im Laden zu hocken, wenn draußen die Sonne scheint. Ich kann mich dabei einfach nicht entspannen und denke die ganze Zeit daran, wie schön es wäre, nackt in einer Blumenwiese in der Sonne zu liegen ...

Es ist Frühling und Montagmorgen. Obwohl die Sonne scheint, bin ich frustriert, da ich weiß, dass eine weitere Woche voller Langeweile im Laden auf mich wartet. Ein Klingelton signalisiert mir, dass gerade jemand die Ladentür geöffnet hat. Einen Moment später tritt ein alter Mann in weißer Kleidung, mit langen weißen Haaren und Bart um die Ecke. Seine Augen funkeln mich strahlendblau an. »Na, ist das nicht ein wunderschöner Tag heute?«

Ich bin perplex und weiß nicht, wie ich auf seine Worte reagieren soll.

Er lässt nicht locker. »Oder fällt es dir schwer, diesen Tag zu genießen?«

Ich beschließe, ihm ehrlich mitzuteilen, wie es mir geht. »Wissen Sie, ich würde mich ja freuen, aber ich muss noch die ganze Woche in diesem Laden sitzen, in den nur selten Kunden kommen, und ich wäre bei dem schönen Wetter viel lieber draußen.«

Der Alte blickt mich durchdringend an. »Mein Junge, du bist ganz schön im Widerstand.«

Überrascht sehe ich ihn an. »Was meinen Sie damit?«

Er lacht. »Es gibt zwei Möglichkeiten, mit einer schwierigen Situation auf gesunde Weise umzugehen. Entweder du änderst sie oder du akzeptierst sie. Wenn du sie aber nicht änderst, sondern ständig gegen sie ankämpfst, machst du dich selbst unglücklich.«

Auf einmal bin ich hellwach. »Können Sie mir das genauer erklären?«

»Gern. Die einzige Möglichkeit, deine Situation zu verändern, besteht darin, dich krankschreiben zu lassen. Wenn du das aber nicht willst oder kannst, dann bleibt dir nur, Frieden mit ihr zu schließen. Das bedeutet, dass du deine Lage vollständig annimmst. Konzentriere dich darauf herauszufinden, welche verborgenen Geschenke du hier bekommst und welchen tieferen Sinn es hat, dass du in diesem Laden arbeitest.«

Diese Art, die Dinge zu betrachten, ist mir neu. »Es klingt sehr interessant, was Sie sagen. Aber wie soll ich es schaffen, mit etwas einverstanden zu sein, was mich unglücklich macht?«

Mein Gesprächspartner lächelt. »Jetzt kommen wir zu einer entscheidenden Frage! Was macht dich wirklich unglücklich? Die Situation oder deine Art, wie du über sie denkst? Kannst du mir das sagen?«

»Ich weiß es nicht.«

»Gut. Gehen wir etwas tiefer. Denke an etwas Schönes.«

Mir kommt ein Bild vom Wochenende zuvor in den Sinn, als ich in einer Blumenwiese lag und mich dabei frei und lebendig gefühlt habe.

»An was denkst du?«

»An eine Blumenwiese und wie ich darin liege.«

Die Stimme des Mannes wird etwas leiser. »Wie fühlst du dich, wenn du daran denkst?«

Meine Antwort kommt spontan. »Sehr gut.«

»Jetzt denke an etwas Negatives.«

Da brauche ich nicht lange zu überlegen. »Ich denke an diesen Laden.«

Er sieht mich forschend an. »Wie fühlst du dich jetzt?«

»Natürlich schlecht.«

Er lächelt zufrieden. »Ist dir etwas aufgefallen? Wenn du an die Blumenwiese denkst, fühlst du dich gut. Wenn du an den Laden denkst, fühlst du dich schlecht. Das, was du denkst, entscheidet darüber, wie du dich fühlst. Und jetzt kommt das Entscheidende: Es ist völlig egal, wo du dich befindest oder was du tust. Deine Gedanken bestimmen, wie du dich fühlst. Wenn du hier in deinem Laden sitzt und dabei übst, immer wieder an Dinge zu denken, die dich glücklich machen oder für die du dankbar bist, dann wirst du dich gut fühlen. Wenn du aber ständig daran denkst, wie schrecklich es ist, hier zu sein, wirst du dich schlecht fühlen. Du machst dich mit deinem negativen Denken selbst unglücklich.«

Seine Worte erschüttern mich. So habe ich das noch nie gesehen! Jetzt verstehe ich auch, warum meine Mutter oft so unglücklich ist. Es liegt an ihrer Art zu denken. Und ich mache es genauso!

Der Mann lächelt mich freundlich an. »Ich freue mich, dass ich dir helfen konnte, das Muster deines Unglücks zu erkennen. Ich habe aber noch eine wichtige Botschaft für dich. Deine Gedankenmuster sind antrainiert. Du bist es gewohnt, Dinge, die du nicht magst, negativ zu bewerten. So hast du es im Lauf deines Lebens gelernt. Mittlerweile passiert es automatisch, dass du diese negativen Gedanken in dir erzeugst. Es wird nicht leicht für dich sein, diese Gewohnheit, die dich unglücklich macht, zu überwinden.«

Ratlos sehe ich ihn an. »Ja, das scheint wirklich schwierig zu sein. Was kann ich tun?«

Seine Augen funkeln noch stärker als vorhin. »Fang als Erstes damit an, keine negativen Dinge mehr auszusprechen. Meditiere regelmäßig und beobachte deine Gedanken. Wenn du negative Gedanken erkennst, dann lasse sie einfach los, indem du stattdessen an etwas Schönes denkst. Stück für Stück wirst du es schaffen. Hab einfach etwas Geduld.«

Ich könnte seiner sanften Stimme ewig zuhören. »Danke für Ihre tolle Erklärung. Die schreibe ich mir gleich in mein Tagebuch. Aber – was kann ich ganz konkret tun, wenn ich mich das nächste Mal wieder schlecht fühle?«

Der alte Mann zwinkert. »Das ist ganz einfach. Wenn du dich schlecht fühlst, dann immer, weil du vorher an etwas Negatives gedacht hast, wodurch du dir selbst Energie abgezogen hast. Entscheide dich in diesem Fall bewusst dafür, an etwas Schönes zu denken, und konzentriere dich auf ein Gefühl von Dankbarkeit. Denk immer daran: Du bist Schöpfer deiner Realität. Du allein entscheidest darüber, ob du glücklich oder unglücklich bist. Nicht die äußeren Umstände sind verantwortlich für dein Glück oder Unglück, sondern allein du selbst und deine Art, wie du die äußeren Umstände bewertest. Und hier noch ein kleines Geheimnis für dich: Je mehr du dich für positive Gedanken entscheidest, desto mehr Schönes wird in deinem Leben geschehen. Das ist ein ewig gültiges Gesetz.« Nach diesen Worten geht er auf mich zu, umarmt mich und verlässt den Laden.

Ich bin perplex. Der Abschied kam überraschend. Ich bin so dankbar für diesen Mann, den das Leben mir aus heiterem Himmel geschickt hat! Mir fällt auf, dass er gar nichts gekauft hat. Es scheint so, als ob er extra meinetwegen gekommen sei. Aber das kann ja eigentlich nicht sein ... Ich hole mein Tagebuch aus meinem Rucksack und schreibe mir seine Worte auf, so wie ich mich an sie erinnere, damit ich sie ja nicht vergesse. Woher hat der alte Mann wohl diese Weisheit? Wo lernt man diese Dinge? Ich beschließe, ab jetzt das Wissen, das er gerade mit mir geteilt hat, zu verinnerlichen und vor allem anzuwenden.

Je mehr du dich für positive Gedanken entscheidest, desto mehr Schönes wird in deinem Leben geschehen.

5
DAS BUCH DES LEBENS

Nicht immer gelingt es mir, das neue Wissen, dass ich allein für meinen Zustand verantwortlich bin, auch schon direkt umzusetzen. An einem besonders unproduktiven Tag im Dritte-Welt-Laden kann ich daher den Feierabend kaum abwarten. Endlich ist es 18 Uhr. Ich verliere keine Minute, den Hort der Langeweile abzuschließen, mich auf mein Fahrrad zu schwingen und zum Bergpark Wilhelmshöhe zu radeln. Die körperliche Anstrengung und die Bewegung an der frischen Luft tun mir so gut. Ich bin unendlich froh, wieder draußen zu sein! Mein Ziel ist der Habichtswald, den ich oft aufsuche, um Energie zu tanken und mein Bedürfnis nach Natur und Stille zu erfüllen. Es geht die ganze Zeit ziemlich steil bergauf, und als ich endlich am Waldrand ankomme, bin ich nass geschwitzt. Ich lasse mein Fahrrad an Ort und Stelle liegen und finde eine alte Fichte, an die ich mich lehne, um mich auszuruhen. Ich schließe meine Augen und fühle die Nadeln unter meinen Händen. Die Rinde liegt warm und fest an meinem Rücken – dieser besondere Baum schenkt mir Kraft und Geborgenheit. Tief atme ich den herb-würzigen Geruch des Waldbodens ein. Eine Amsel singt ihr wunderschönes Abendlied, während die Sonne hinter den Baumwipfeln verschwindet.

Mein Magen meldet sich mit einem lauten Knurren, also stehe ich auf, um nach essbaren Kräutern zu suchen. Etwa 100 Schritte weiter fallen mir auf dem Waldboden frische grüne Blätter auf, die der Beinwellpflanze Comfrey ähneln. Hoch erfreut darüber, die perfekte Basis für mein Abendessen gefunden zu haben, pflücke ich etwa 20 der großen Blätter und packe sie in meinen kleinen Rucksack. Ich freue mich schon auf einen leckeren Salat!

Auf dem Rückweg genieße ich die lange Abfahrt und die frische Luft. Der öde Tag im Dritte-Welt-Laden ist längst vergessen, ich habe wieder aufgetankt und werde mich bald meiner Lieblingsbeschäftigung, dem Zaubern und Verzehren von veganen Gerichten, widmen.

In der Küche meiner WG habe ich in Windeseile die dicken Blätter in kleine Stücke gehackt. Dazu kommt ein Dressing aus Bio-Olivenöl, etwas Apfelessig, Meersalz und sechs Knoblauchzehen. Ich weiß, dass Knoblauch sehr gesund ist, also esse ich viel davon. Ich verschlinge den leckeren Salat aus der großen Glasschüssel. Zufrieden setze ich mich auf das Küchensofa, um in Ruhe zu verdauen.

Nach einiger Zeit passiert etwas äußerst Merkwürdiges: Ich scheine kleiner zu werden und habe das Gefühl, in die Sofaritzen gezogen zu werden! In diesem Moment kommt mein Mitbewohner Eugen in die Küche, ein großer schlanker Mann mit Brille und dunklem Vollbart. Erleichtert, dass jemand da ist, will ich ihm berichten, dass mit mir gerade komische Dinge passieren, aber ich bin nicht mehr in der Lage zu sprechen. So versuche ich, ihm mit meinen Händen zu signalisieren, dass etwas nicht stimmt. Aber es gelingt mir auch nicht, sie zu bewegen. Zum Glück merkt Eugen, dass mit mir irgendetwas nicht stimmt, und ruft den Krankenwagen. Mittlerweile dreht sich alles um mich, ich verliere schließlich mein Bewusstsein.

Als ich wieder zu mir komme, steht ein freundlicher Herr in einem Arztkittel vor mir und lächelt mich an. »Junger Mann, Sie haben sich wahrscheinlich vergiftet. Deswegen muss ich Ihnen jetzt den Magen auspumpen. Machen Sie sich aber bitte keine Sorgen, das geht ganz schnell und tut auch nicht weh.«

Unfähig, etwas zu erwidern oder mich zu wehren, muss ich mitansehen, wie der Arzt einen Schlauch in meinen Rachen steckt, um mein Abendessen wieder aus mir herauszuholen. Ich habe das Gefühl, ersticken zu müssen. Plötzlich löst sich der Schlauch des Auffangbehälters, und der Inhalt meines Magens ergießt sich über seinen Kittel! Beißender Knoblauchgestank erfüllt die Luft. Die Angelegenheit ist mir extrem peinlich, doch der Arzt grinst tapfer. »Das ist schon okay, ich werde es überleben. Wir müssen Sie jetzt auf unsere Intensivstation bringen, wo wir Sie weiter beobachten.«

Es wird erneut schwarz vor meinen Augen. Als ich erwache, stehe ich vor dem Eichentor einer großen Kathedrale. Es ist leicht angelehnt, und nach kurzem Zögern stoße ich es auf und trete ein. Kalte und modrige Luft schlägt mir entgegen. Das Innere des riesigen Gebäudes wirkt düster und leicht bedrohlich. Ich schaue nach oben und sehe gotische Bögen, die dem Deckengewölbe eine beeindruckende Form verleihen.

Im vorderen Bereich der Kathedrale erkenne ich eine Gestalt in langem dunklem Gewand, die mit dem Rücken zu mir steht. Während ich noch überlege, ob ich nähertreten oder flüchten soll, klingt eine tiefe Bassstimme durch das Gebäude: »Komm her!« Das ist keine Aufforderung, das ist ein Befehl. Wie in Trance bewege ich mich vorwärts und mache vorsichtig einen Schritt nach dem anderen. Die große Gestalt wird immer deutlicher. Sie trägt einen dunkelbraunen, kunstvoll geschnittenen Kapuzenumhang, der bis zum Erdboden reicht. »Halt!« Die Stimme spricht zu mir, ohne dass sich die Gestalt umdreht. »Wenn du weiter nach vorne gehst, kommst du zu einem besonderen Buch. Es handelt sich um das Buch des Lebens. Nur wenige bekommen die Erlaubnis, darin zu lesen. Du bist einer der glücklichen Auserwählten. Da du dir eine große Aufgabe für dieses Leben vorgenommen hast, gewähren wir dir die Gnade, das Buch des Lebens zu benutzen. Du kannst ihm jede Frage stellen, auf die du bislang keine Antworten gefunden hast. Stelle deine Frage laut und schlage dann eine beliebige Seite des Buches auf – es wird dir die Antwort geben. Noch etwas: Du darfst nur sieben Fragen stellen. Also überlege dir deine Fragen gut. Und jetzt komm!«

Unfähig, etwas darauf zu erwidern, gehe ich um den Mann herum. Hinter ihm erblicke ich ein steinernes Podest, dessen verschnörkelter Sockel nach unten breiter wird. Der obere Teil besteht aus einer tischähnlichen Fläche, auf der ein riesiges Buch liegt. Es ist so groß wie ein halber Esstisch und bestimmt 20 Zentimeter dick. Der Einband aus dickem, dunkelbraunem Leder ist mit kunstvollen Ornamenten verziert. Ich bin so gefesselt von dem Anblick, dass ich den ominösen Mann hinter mir vergesse. In meinem Kopf gibt es nur einen Satz: Welche sind meine sieben wichtigsten Fragen?

Spontan schießt mir durch den Kopf: »Warum gibt es so viel Leid in der Welt?« Vorsichtig und zugleich neugierig schlage ich das schwere Werk auf ... und sehe eine leere, vergilbte Seite. Plötzlich jedoch erscheinen schimmernde Buchstaben in verschnörkelter Schrift und werden immer deutlicher. Ich lese:

Die Menschen haben den freien Willen bekommen und können sich alles erschaffen, was sie wollen oder auch nicht wollen. Das Leiden entsteht dadurch, dass die Menschen die Lebensgesetze vergessen haben.

Ich denke über diesen Satz nach. Die Menschen sind also selbst verantwortlich für das Leiden in der Welt? Aber was ist mit denen, die dafür gar nichts können? Was ist mit Kindern und Babys, die ja gar nicht bewusst wählen können? Und vor allem: Was sind die Lebensgesetze? Ich habe zwar eine Antwort bekommen, aber sie wirft noch viel mehr neue Fragen auf ...

Ich überlege weiter. Es ist, als ob die Fragen ganz klar in mir auftauchen, ohne dass ich mich dafür anstrengen muss: »Warum liebt mich meine Mutter nicht?« Diese Frage schockiert mich, da mir vorher gar nicht klar gewesen ist, dass ich sie mir überhaupt stellen würde. Wieder schlage ich die schweren Seiten an irgendeiner Stelle um, und genau wie zuvor ist die aufgeschlagene Buchseite zunächst leer, dann tauchen die Buchstaben wie aus dem Nichts auf:

Deine Mutter liebt dich. Sie weiß nur nicht, wie sie es dir zeigen soll. Ihr seid in tiefer Liebe miteinander verbunden. Deswegen streitet ihr euch auch so häufig.

Tränen schießen mir in die Augen und rollen meine Wangen hinunter. Ich fühle eine unglaubliche Traurigkeit und ein Sehnen danach, mich mit meiner Mutter wieder zu versöhnen. Warum nur kommen wir einfach nicht miteinander klar? Warum streiten wir uns immer wieder, obwohl wir zwischendurch viele gute Gespräche führen?

Schon sehe ich meine nächste Frage ganz klar vor meinen inneren Augen: »Warum fühle ich mich oft so depressiv?« Diesmal schlägt sich das Buch von ganz allein auf und gibt mir die Antwort:

Es geht dir so, weil du gelernt hast, deine wahren Gefühle in dir zu unterdrücken und nicht zu fühlen. Du hast dich deinen inneren Dämonen noch nicht gestellt.

Diese Antwort löst in mir Unverständnis aus. Von welchen Gefühlen ist hier die Rede? Was unterdrücke ich denn? Und vor allem: Wo habe ich innere Dämonen?

Von hinten ertönt die tiefe Bassstimme in meinem Rücken: »Diese Antworten sind ein erster Anfang auf deinem Weg der Erkenntnis. Zuerst muss dein Verstand lernen, sie zu verstehen. Dann geht es darum, dass du sie auch in dir fühlst. Aber das Allerwichtigste ist, dass du lernst, danach zu leben. Das ist ein Entwicklungsprozess, der seine Zeit braucht. Bald wirst du eine Reise antreten, auf der du Stück für Stück die Antworten auf einer tieferen Ebene verstehen wirst.«

Ich lasse auch diese Worte eine Weile in mir nachwirken. Ich fühle, dass ich gerade an einem entscheidenden Wendepunkt in meinem Leben angelangt bin. Es wird mir eine Welt gezeigt, die mir vorher verschlossen war, die mir fremd, aber gleichzeitig sehr vertraut erscheint.

»Wie finde ich die Liebe meines Lebens?« Diese Frage, die plötzlich in mir auftaucht, beschäftigt mich seit vielen Jahren. Seit meiner Jugend habe ich immer wieder die Vision von einem Mädchen mit langen, glatten braunen Haaren. Manchmal habe ich sie so deutlich in meinen Tagträumen gesehen, dass ich sicher war, sie würde jeden Moment vor mir auftauchen. Ich bin davon überzeugt, dass wir füreinander bestimmt sind und uns eines Tages wirklich begegnen werden, dass wir beide beschlossen haben, dieses Leben gemeinsam zu verbringen und uns das zu schenken, was uns fehlt: Liebe, Vertrauen, Freundschaft und Einssein. Wieder öffnet sich das magische Buch. Die Worte leuchten auf:

Ihr werdet euch begegnen, wenn die Zeit reif ist. Du kannst diesen Prozess nicht beschleunigen. Lerne das, was du in ihr suchst, in dir zu finden.

Das ist eine neue Idee für mich. Wie soll ich diese Dinge jedoch in mir finden? Ich habe keine Ahnung, wie das gehen soll. Braucht man dazu nicht jemand anderen? Wie soll ich es jemals schaffen, meine tiefe Einsamkeit ohne die große Liebe an meiner Seite zu überwinden? Bevor ich weiterdenken kann, entsteht eine neue Frage in mir. »Was ist der Sinn des Lebens?« Diesmal bleibt das Buch verschlossen. Entschlossen schlage ich irgendwo in der Mitte die Seiten um. Sie sind wie immer leer – aber diesmal füllen sie sich nicht. Gibt es auf diese Frage keine Antwort? Als ich das Buch des Lebens gerade wieder zuschlagen will, leuchten plötzlich doch geschwungene Buchstaben auf!

Der Sinn des Lebens besteht darin, die Aufgabe zu erfüllen, die du dir für dieses Leben vorgenommen hast.

Ich muss zweimal heftig niesen. Das passiert mir immer, wenn meine Intuition Ja zu dem sagt, was gerade in dem Moment geschieht. Wow! Diesmal fühlen sich die Worte genau richtig und verständlich an. Laut sage ich: »Und wie finde ich meine Aufgabe?« Das magische Buch ruckelt etwas und öffnet sich wieder. Die Antwort leuchtet mir direkt entgegen:

Folge in jedem Moment deinem Herzen, dann wird sich dir deine Lebensaufgabe offenbaren.

Mir wird vieles klar. Die besten Zeiten hatte ich immer, wenn ich das getan habe, was mir Freude machte. Ich bin dann in einen kreativen Fluss gekommen und habe alles um mich herum vergessen. Ich erinnere mich an meine geliebten Weinbergschnecken, die ich als Kind gezüchtet habe. Es entstand alles wie von selbst, ohne dass ich mir darüber Gedanken machen musste. So muss es sein, wenn ich meinem Herzen folge, denke ich.

Es ist, als ob mich eine höhere Kraft führt und mir meinen weiteren Weg zeigt.

Eine letzte Frage bleibt mir noch. Sie dreht sich um etwas, was mich schon seit vielen Jahren quält. Ich sage leise: »Buch des Lebens, was kann ich gegen die Naturzerstörung tun?«

Das Werk öffnet sich wie von Zauberhand, die goldenen Worte leuchten mir direkt entgegen. Ich frage mich, ob die Antwort schon vor meiner Frage dort stand ...

Die Kinder der Erde sind gekommen, um sie zu beschützen. Du bist eines von ihnen. Du bist hier, um die Menschen zu erinnern, dass sie Teil der Erde sind. Wenn die Zeit gekommen ist, wird die Menschheit aufwachen und das Leben wieder als heilig ansehen.

Diese Worte berühren mich zutiefst. Es ist, als ob eine alte Erinnerung in mir an eine Art Vertrag wach wird, den ich vor langer Zeit geschlossen habe. Ein Teil in mir versteht – ich bin nicht der Matthias, für den ich mich immer gehalten habe. Diese Persönlichkeit, dieser verletzte, eigensinnige und suchende junge Mann, das bin nicht ich. Ich bin viel mehr. Meine Persönlichkeit ist ein Kleid, das ich angezogen habe, um auf diese Weise Licht in die dunklen Teile der Welt zu bringen. Ich bin nicht dieses Kleid, ich bin ein Teil von etwas viel Größerem, das ich nicht erfassen kann. Doch wer bin ich?

Die Menschen haben den freien Willen bekommen und können sich alles erschaffen, was sie wollen oder auch nicht wollen.

Etwas bewegt meinen Arm. Ich schlage meine Augen auf und blicke in ein freundliches Gesicht mit braunen Augen und blonden Haaren. Eine weibliche Stimme spricht mich an. »Guten Morgen! Wie geht es unserem Patienten?« Ich habe keine Ahnung, wo ich bin oder was hier los ist. Meine Augen erfassen die Schwester, die sich leicht über mich beugt. An meinem Arm befinden sich Schläuche, die an Apparaturen hängen. Ich liege unter einer weißen Bettdecke. Im angrenzenden Bett schläft ein alter Mann mit weißen Haaren, der mehr tot als lebendig aussieht. Meine Lippen formen mühsam einen Satz: »Wo bin ich?«

Die Krankenschwester lächelt mich an: „Sie sind im Krankenhaus auf der Intensivstation."

Wie in einem Traum starre ich sie an. »Ich verstehe nicht. Wieso bin ich hier?«

»Sie hatten eine Vergiftung, wir mussten Ihren Magen auspumpen. Ihnen geht es aber wieder gut.«

Ich entgegne ihr: »Kann ich wieder gehen?«

Die hübsche Schwester redet mit mir wie mit einem kleinen Jungen: »Noch müssen wir Sie beobachten, und Sie müssen sich von der Vergiftung erholen. Sie sind ja nicht ohne Grund auf der Intensivstation.«

»Was ist passiert?«, frage ich.

»Sie haben sich mit Kräutern vergiftet. Wie Sie das angestellt haben, ist mir allerdings ein Rätsel.«

Ich durchforste meine Erinnerungen. Der Salat! Es muss der Wildkräutersalat gewesen sein. Aber er hat doch so lecker geschmeckt! Wenn die Kräuter giftig gewesen wären, dann hätte ich das doch schmecken müssen.

Die Schwester schaut mich lächelnd an: »Ruhen Sie sich bitte aus. Das ist alles etwas zu viel für Sie. Sie sind ja gerade erst aufgewacht.«

Ihre letzten Worte höre ich wie aus weiter Ferne, dann verliere ich wieder mein Bewusstsein.

Als ich wieder in den Raum zurückkehre, fallen mir als Erstes die beiden Schläuche auf, die sich an meinem rechten Arm befinden. Ich fühle mich in meiner Bewegungsfreiheit eingeschränkt. Kurz entschlossen ziehe ich sie von den Kanülen ab, die sich an meinem Arm befinden. Das Bett neben mir, in dem sich vorher der alte Mann befand, ist leer. Ich wünsche ihm, dass er wieder zu Hause ist, vermute aber, dass dies leider nicht der Fall ist. In diesem Moment öffnet sich die Tür, eine ältere Schwester mit gräulichen Haaren kommt herein und bringt mir Wasser. Dabei fällt ihr auf, dass sich die Schläuche nicht mehr an meinem Arm befinden. »Seltsam«, murmelt sie vor sich hin. »Wie kann denn so etwas passieren?« Zum Glück kommt sie gar nicht auf die Idee, dass ihr kranker Patient das gewesen sein könnte. Leider verbindet sie die Schläuche wieder mit den Kanülen. Sie legt mir vier Tabletten auf meinen Klapptisch. »Bitte nehmen Sie diese Tabletten mit einem Glas Wasser ein.«

»Was sind das denn für Tabletten?«, frage ich.

Sie grinst mich an. »Mein Kleiner, das hilft dir, wieder gesund zu werden.«

Ich bleibe hartnäckig. »Bitte sagen sie mir, wofür die Tabletten genau sind und welche Inhaltsstoffe sie haben.«

Sie verzieht ihr Gesicht – ich sehe, dass sie sich ärgert. »Ich hole den Herrn Doktor, der kann sich dann mit dir rumschlagen.«

Ich ahne schon, dass das Krankenhauspersonal sich nicht damit zufriedengeben wird, wenn ich die Tabletten nicht nehme, deswegen öffne ich die Schublade des weißen Tischchens neben mir und verstecke die Tabletten dort unter einer Serviette.

Eine halbe Stunde später erscheint der Arzt, der mir den Magen ausgepumpt hat, und erkundigt sich nach meinem Befinden.

»Mir geht es super, vielen Dank! Wie geht es Ihnen?«

Erstaunt, dass ich ihm diese Frage stelle, lächelt er mich an. »Danke der Nachfrage. Sie müssen noch vier bis fünf Tage bei uns bleiben, da es Sie ziemlich heftig erwischt hat. Ich will sicher sein, dass bei Ihnen auch alles in Ordnung ist, bevor Sie wieder nach Hause gehen.« Er runzelt seine Stirn. »Was haben Sie da eigentlich gegessen?«

»Einen Wildkräutersalat.«

Er blickt mich forschend an. »So etwas habe ich wirklich noch nie erlebt. Ich habe viele Patienten mit Alkohol- oder Tablettenvergiftungen behandelt oder andere, die Drogen genommen hatten. Auch Pilzvergiftungen kommen gelegentlich vor. Aber dass sich jemand wie Sie mit Kräutern vergiftet, ist wirklich ungewöhnlich. Wie konnte das überhaupt passieren?«

Meine Gedanken wandern zurück in den Habichtswald. »Ich esse regelmäßig Wildkräuter. Wahrscheinlich war mein Fehler, dass ich mir bei diesen Kräutern nicht hundertprozentig sicher war. Sie sahen aus wie Beinwell, aber es war offenbar etwas anderes.«

Der Arzt schaut mich irritiert an. »Sie können doch nicht Kräuter essen, die Sie nicht kennen. Das wird Ihnen fürs nächste Mal hoffentlich eine Lehre sein!«

Ich versuche, ihn zu besänftigen. »Ich gelobe Besserung, Herr Doktor.«

Nachdem der Arzt gegangen ist, bringt mir die hübsche blonde Schwester das Abendessen, das aus Weißbrot, Tiefkühlgemüse, Frikadellen und Plastikpudding besteht. Wie sollen die Menschen in den Krankenhäusern wieder gesund werden, wenn man ihnen tote, ungesunde Nahrung gibt? Angewidert verziehe ich mein Gesicht und beschließe in diesem Moment, dass ich noch heute dieses Krankenhaus verlassen werde.

Ich rühre das Abendessen nicht an. Nach einiger Zeit kommt wieder meine spezielle Freundin, die ältere Schwester, herein und erkundigt sich mit gespielter Freundlichkeit nach meinen Tabletten.

»Ich habe sie geschluckt«, erwidere ich resigniert.

Misstrauisch öffnet sie die oberste Schublade in meinem Schränkchen und findet sie triumphierend unter der Serviette. »Das sage ich sofort dem Doktor!«, ruft sie erbost und verschwindet aus dem Zimmer.

Ich bekomme ein mulmiges Gefühl und denke: Das ist ein Zeichen. Jetzt oder nie! Ich setze mich vorsichtig auf, löse zum zweiten Mal die Schläuche von meinem Arm und ziehe mir hastig meine Sachen an, die auf der weißen Kommode liegen. Beim Anziehen der Schuhe wird mir etwas schummrig, aber ich reiße mich zusammen, öffne die Tür meines Zimmers und folge vorsichtig den Schildern, die mir den Ausgang weisen. Hoffentlich sieht mich niemand! Jedes Mal, wenn ich an eine Abzweigung der langen Flure komme, schaue ich erst um die Ecke, bevor ich langsam und möglichst unauffällig weitergehe. Da! Vor mir auf dem Gang stehen zwei Schwestern, die miteinander reden. Ich verstecke mich hinter der Ecke und hoffe, dass sie bald verschwinden. In diesem Moment höre ich laute Stimmen von hinten und drehe mich erschrocken um. Es sind mein Arzt und die ältere Schwester! Vor lauter Schreck renne ich um die Ecke. Zum Glück stehen die beiden Schwestern nicht mehr auf dem Flur, der Weg ist frei. Damit mich der Arzt und die Schwester nicht einholen, lasse ich jetzt alle Vorsichtsmaßnahmen außer Acht und habe nur noch das Ziel, so schnell wie möglich zum Ausgang zu kommen. Auf dem Weg begegnet mir zum Glück niemand mehr, und so erreiche ich völlig außer Atem das Tor zur Freiheit.

Als ich endlich draußen stehe, atme ich dankbar die frische kühle Abendluft ein. Ich erkenne die Gegend, in der ich mich befinde, und gehe langsam, aber sicher nach Hause. Obwohl ich mich etwas schwach fühle, gibt mir der Gedanke, dass ich ohne jede Schwierigkeit aus dem Krankenhaus entkommen bin, neue Energie. Verwundert denke ich über meine Erfahrungen der letzten Zeit nach. Ich bin glücklich, dass ich meine Kräutersammlung nicht nur heil überstanden, sondern durch sie auch noch völlig unerwartet tiefe Antworten auf meine Lebensfragen erhalten habe. Es ist wirklich interessant. Die Tatsache, dass ich auf der Intensivstation gelandet bin, zeigt, dass ich ohne die Hilfe der modernen Medizin wahrscheinlich nicht überlebt hätte. War es jetzt also ein Fehler, dass ich die falschen Kräuter gegessen habe und beim Sammeln so unvorsichtig war? Wenn ich es aber nicht getan hätte, dann wären nicht diese tiefen und weisen Antworten auf meine Lebensfragen zu mir gekommen. All die Fragen, die ich so lange mit mir herumgetragen habe, wurden beantwortet! Es ist wie ein Wunder, dass aus einer scheinbar schlimmen Situation etwas so Wertvolles entstanden ist. Das zeigt mir, dass manchmal ein »Fehler« zum größten Geschenk unseres Lebens werden kann.

Folge in jedem Moment deinem Herzen, dann wird sich dir deine Lebensaufgabe offenbaren.

6
VERLIEBT IN MEINE KRANKENSCHWESTER

*B*eim Heben von Bananenkisten im Dritte-Welt-Laden durchfährt mich plötzlich ein heftiger Schmerz in der Leistengegend. Als ich dort nachfühle, ertaste ich eine eiförmige feste Masse an meiner Leiste. Als ich mit meinem Vater telefoniere, eröffnet mir dieser, dass es sich wohl um ein altes Familienleiden handelt, das auch schon sein Vater und er hatten: einen Leistenbruch. Er erklärt mir, dass es nur zwei Möglichkeiten gebe, dieses Symptom zu behandeln: entweder durch eine Operation oder durch das lebenslange Tragen eines sogenannten Bruchbandes. »Dann muss ich ja ins Krankenhaus!«, rufe ich freudig aus. Das ist die perfekte Gelegenheit für mich, dem »Zuvieldienst« oder »Zuwenigdienst«, je nachdem, wie man es sieht, zu entfliehen.

Ich lasse also den Leistenbruch diagnostizieren und mich erst einmal zwei Wochen krankschreiben. Es ist tatsächlich so, wie mein Vater mir am Telefon gesagt hat: Der Bruch kann nur operativ behoben werden, da ich nicht den Rest meines Lebens mit einem Band um meine Leiste verbringen möchte. Ich muss also schon wieder in ein Krankenhaus – aber dieses Mal ist es ja für eine »gute Sache«. Da ich normale Krankenhäuser verabscheue, vor allem nach meiner letzten Vergiftungserfahrung in Kassel auf der Intensivstation, überlege ich mir, ob es nicht auch andere, ganzheitlich arbeitende Krankenhäuser gibt, die den Fokus eher auf Gesundheit statt auf Krankheit legen. Die Schulmedizin sieht ja Krankheit als etwas Schlechtes an, das man bekämpfen muss – jedoch werden dabei nur die Symptome beachtet, nicht die wirklichen Ursachen. Aus meiner Sicht ist eine Krankheit immer ein Warnsignal des Körpers, bestimmte Dinge wie Ernährung, Lebenseinstellung oder Beziehungen zu verändern. Auf diese Weise lassen sich Krankheiten als Geschenk verstehen, deren Botschaft wir entschlüsseln können. Wenn jedoch der Bote bekämpft und Symptome unterdrückt werden, ändert sich nichts an den Ursachen. So wird der Mensch immer kränker und gerät immer mehr aus dem Gleichgewicht. Das ist in etwa so, als ob in einem Atomkraftwerk eine rote Alarmleuchte blinkt, weil ein Supergau droht, und anstatt umgehend zu versuchen, die Ursache zu finden, wird einfach kurzerhand die störende Alarmleuchte abgeschaltet.

In China wurde früher ein Arzt nur dann bezahlt, wenn er eine Krankheit wirklich heilte, also nicht die Symptome bekämpfte, sondern half, die Ursachen zu verändern. Unsere Ärzte hingegen werden unabhängig davon, ob ihre Behandlung den gewünschten Heilerfolg mit sich bringt, immer bezahlt, und zwar mit hohen Beträgen. Sie müssen sich nicht anstrengen, sie müssen keine Ursachenforschung betreiben, es reicht, wenn sie Pillen verschreiben und abkassieren.

Wir brauchen in meinen Augen ein vollkommen neues Verständnis von Gesundheit und Krankheit. Der ständige Kampf »gegen« etwas entspricht dem alten Paradigma, dass unsere Welt ein feindlicher Ort ist, an dem man sich ständig vor allem möglichen schützen muss. Deswegen kann ein Kampf gegen Krebs, gegen Viren, gegen Krankheiten immer nur verloren werden. Erst wenn wir wieder lernen, das Leben in seiner Ganzheit zu verstehen und uns selbst wieder ins Gleichgewicht zu bringen, entsteht Harmonie in uns und mit unserer Umwelt.

Ich finde heraus, dass es in Filderstadt eine anthroposophische Klinik gibt, in der die Patienten ganzheitlich betrachtet und behandelt werden. Nach langem Hin und Her mit dem Bundesamt für Zivildienst gelingt es mir, die Erlaubnis zu bekommen, meinen Leistenbruch dort operieren zu lassen. Ich weise darauf hin, dass ich als Bio-Veganer in einem normalen Krankenhaus hungern müsste, was ja nicht gesundheitsförderlich sei, und überzeuge das Amt mit diesem Argument. In der Filderklinik gibt es ausschließlich Essen aus biologisch-dynamischem Anbau mit vielen veganen Gerichten.

Als ich dort ankomme, fällt mir sofort die angenehme Atmosphäre auf, die so ganz anders ist, als man es aus normalen Krankenhäusern kennt. Die Wände sind nicht weiß, sondern mit bunten Pastellfarben bestrichen, überall hängen Naturgemälde. Auch das Personal ist sehr freundlich und tut alles dafür, dass die Menschen sich hier wohlfühlen. Das Beste aber ist das Essen: Es gibt drei Mal am Tag ein umfangreiches Buffet, an dem ich mich nach Herzenslust bedienen kann. Eine große Auswahl an frischem Obst und Gemüse, Salaten und verschiedenen Dressings und Dips laden zum Schwelgen ein. Ich genieße es, mich nicht selbst ums Essen kümmern zu müssen und perfekt versorgt zu werden.

Zwei Tage nach meiner Ankunft ist es soweit: Meine Operation steht an. Der nette Arzt, der für mich zuständig ist, erklärt mir, dass es sich bei einem Leistenbruch nur um einen Routineeingriff handelt und ich mir keine Sorgen machen solle. Ich lege mich in einem OP-Kittel auf ein fahrbares Bett und werde in den Operationssaal gefahren. Nachdem ich eine Spritze bekommen habe, schlafe ich ein. Als ich wieder aufwache, liege ich in einem Dreibettzimmer. Eine schlanke, große und braunhaarige Krankenschwester mit vielen Sommersprossen im Gesicht beugt sich leicht über mich und fragt mich, wie es mir geht. Ich denke: Wenn du bei mir bist, geht es mir super! Das sage ich natürlich nicht. Meine unspektakuläre Antwort lautet: »Ganz gut.«

Sie lächelt. »Das freut mich!«

Ich lächle schwach zurück und denke: Oh Mann – es freut sie, dass es mir gut geht! Ich habe keine Ahnung, wie es mir normalerweise nach so einer OP gegangen wäre, aber jetzt fühle ich mich beschwingt und fast ausgelassen. Ich warte sehnsüchtig darauf, dass sie bald wiederkommt, um sich nach meinem Befinden zu erkundigen – und danke dem Herrn, dass er mir diesen Leistenbruch geschickt hat. Ich weiß nur eins: Ich befinde mich zur richtigen Zeit am richtigen Ort, und allein das zählt.

Am nächsten Tag kommt Sabina, so heißt die hübsche junge Schwester, und bringt mir ein Geschenk mit. Sie hat extra für mich ihre Lieblingsmusik aufgenommen und überreicht mir die Kassette zusammen mit einem Walkman, damit ich sie mir anhören kann. Ab jetzt ist es vollständig um mich geschehen. Auch wenn ihre Musik nicht unbedingt mein Fall ist, höre ich sie trotzdem den ganzen Tag, einfach weil sie von ihr kommt.

In meinem Glück gibt es nur eine kleine Herausforderung: Ich kann am Anfang nicht allein Wasser lassen und warte jedes Mal so lange, bis ich den Schmerz nicht mehr aushalten kann. Ich finde es höchst peinlich, dass sie mir beim Wasserlassen helfen muss. Dieser Umstand scheint jedoch nichts an ihrer Zuneigung für mich zu ändern. Vielleicht liegt es einfach daran, dass solche Dinge für sie als Krankenschwester normal sind?

Mit der Zeit kommen wir uns immer näher. Wir unterhalten uns miteinander, so oft es ihre Arbeit erlaubt, und sie bringt mir fast täglich neue Musik mit, was mich jedes Mal aufs Neue berührt. Sie erzählt mir, dass sie ganz in der Nähe in einem Schwesternwohnheim lebt. Uns verbindet die Liebe zur

Natur und die Suche nach dem wahren Sinn des Lebens. Neben mir liegt ein alter Mann mit grauem Gesicht und schlohweißen Haaren, der immer freundlich grinst, wenn er uns beide zusammen sieht.

Nachdem Sabina mir beim nächsten Besuch selbstgebackene, vegane Dinkelkekse mitgebracht hat, wendet er sich mir zu. »Junge, wann willst du mit ihr ausgehen?«

Ich schaue ihn ratlos an. „Na ja, im Moment liege ich ja hier im Krankenhaus."

Er runzelt seine Stirn. »Papperlapapp! Bist du ein Mann oder nicht? Ihr seid eindeutig ineinander verliebt, und jetzt wird es Zeit, dass du dich nicht nur von ihr im Bett bedienen lässt, sondern sie auf ein Rendezvous ausführst.«

Ich muss über seine offenen Worte schmunzeln. »Vielen Dank für den Hinweis. Ich schaue mal, wie ich das umsetzen kann.«

»Ja, aber warte nicht zu lange. Zu viele Menschen trauern zu vielen verpassten Gelegenheiten nach. Davon kann auch ich ein Lied singen.«

Es ist sicherlich kein Zufall, dass der alte Herr, der mein Opa sein könnte, diese Dinge sagt. Gerade im Kontakt mit Mädchen war ich bisher meistens passiv und habe mich oft nicht getraut, den ersten Schritt zu machen. Also beschließe ich, seinen Rat anzunehmen und die Initiative zu ergreifen. Ich habe zwar keine Ahnung, wie so ein heimlicher Ausflug gelingen kann, aber die Dinge werden sich sicherlich so fügen, wie sie sein sollen.

Eine Stunde später kommt Sabina und strahlt mich an – wieder ist es um mich geschehen. Ein Hauch von Rosenduft erfüllt das Zimmer. Für mich ist sie die vollkommene Verkörperung des Weiblichen. Sie setzt sich, wie so oft, an meinen Bettrand und nimmt meine Hand. Leise flüstert sie: »Ich würde dir gern mein Zuhause zeigen.«

Wow! Jetzt ist es raus. Sie ist mir tatsächlich zuvorgekommen. Atemlos sage ich: »Oh ja, das würde mich sehr freuen. Aber wie machen wir das? Darf ich das Krankenhaus in meinem Zustand überhaupt verlassen?«

Sie lächelt. »Wir machen es einfach. Ein bisschen Abenteuer muss sein.«

Mein Herz schlägt laut. »Heute Abend?«

Sie nickt mir verschwörerisch zu. »Ich hole dich nach dem Abendessen ab.«

Mein Bettnachbar grinst über beide Ohren. Er verspricht mir, niemandem etwas zu verraten. Der Rest des Tages ist für mich gelaufen. Ich bin so aufgeregt, dass ich mich nicht mehr entspannen kann. Aber das ist mir völlig egal. Sie hat mich zu sich nach Hause eingeladen! Ich fühle mich wie der glücklichste Mann auf Erden. Nachdem mir eine andere Schwester das Abendessen gebracht hat, ziehe ich mich vorsichtig an. Kurz darauf kommt Sabina mit einem Rollstuhl hereingefahren, da ich noch nicht laufen soll. Sie strahlt über das ganze Gesicht. Ich werde rot, und wir schauen gemeinsam den alten Herrn an, der schelmisch lächelt. Gleichzeitig prusten wir los.

Mein »Ersatzopa« stimmt in unser Lachen mit ein und sagt dann: »Ich werde noch heute Abend von meiner Frau abgeholt, wir werden uns also wahrscheinlich nicht wiedersehen. Ihr beiden Hübschen, ich wünsche euch alles Glück der Welt.«

Wir danken ihm und verabschieden uns. Sabina hilft mir, in den Rollstuhl zu kommen, und schiebt mich nach draußen Richtung Ausgang. Unterwegs treffen wir meinen Arzt, der uns freundlich fragt, was wir vorhaben. Sabina antwortet, dass sie mich ein bisschen an die frische Luft bringen will. Der Arzt sagt nichts, grinst jedoch verdächtig.

Als wir weitergefahren sind, frage ich Sabina: »Wieso hat der Arzt so gelächelt?«

Sie hält an. »Das mit uns beiden ist nicht zu übersehen. Mittlerweile weiß es die ganze Belegschaft.«

»Hat dich schon jemand darauf angesprochen?«

»Ja, zwei Kolleginnen. Sie freuen sich für uns.«

Ich nehme ihre Hand und drücke sie zärtlich. »Dann ist ja alles gut. Wir können unseren Abend genießen.«

Sie kichert. »Ja, das werden wir!«

Nach zehn Minuten erreichen wir das Schwesternwohnheim. Sabinas Zimmer liegt im ersten Stock. Ich stütze mich auf sie, um vorsichtig die Treppe hochzusteigen. Sie öffnet die Tür, sofort strömt mir noch intensiverer Rosenduft entgegen. Ihre Wohnung ist so eingerichtet, wie ich es mir vorgestellt habe: hell, künstlerisch, geschmackvoll, mit vielen Bildern an den Wänden. In jedem Zimmer stehen echte Blumen, oder sie hat Bilder von Blumen aufgehängt. Sie zeigt mir all ihre Schätze, Bücher, die sie liebt, zum Beispiel von Pablo Neruda oder Paulo Coelho. Ich finde ihre Welt wunderschön. Sie macht uns einen Kräutertee, und wir setzen uns zusammen auf ihr Sofa.

Sabina lächelt mich unsicher an. »Hast du Lust auf ein Bad?«

»Wie genau meinst du das?« Ich bin in Liebesdingen und im Umgang mit Frauen ziemlich unerfahren. Meistens war ich zu schüchtern, Mädchen, die ich mochte, direkt anzusprechen. So mutig ich in vielen Bereichen bin, so unsicher bin ich, wenn es um den Kontakt zum anderen Geschlecht geht.

Sie wiederholt geduldig ihre Frage. »Möchtest du mit mir zusammen baden?«

Ich nicke nur stumm. Einerseits freue ich mich sehr über ihre Einladung, andererseits bin ich unsicher, da ich nicht einschätzen kann, was mich erwartet.

Das warme Wasser und das ätherische Rosenöl helfen mir kurze Zeit später, mich zu entspannen und das Bad mit Sabina zu genießen. Wir berühren uns vorsichtig, ich genieße jeden dieser zarten, kostbaren Momente.

Nach dem Bad bringt sie mich in meinem Rollstuhl in mein Krankenzimmer zurück. Wir verabschieden uns mit einem innigen Kuss. Ich schwebe im siebten Himmel!

Am nächsten Morgen weckt mich der freundliche Arzt und erkundigt sich nach meinem Befinden. Ich werde leicht rot. »Ganz gut, danke.«

Er lächelt. »Und wie war euer Spaziergang?«

Mist! Jetzt kann ich es nicht verhindern, knallrot zu werden. Ich ärgere mich darüber, dass ich auf einmal zu stottern anfange. »Danke, es war wirklich nett.«

Er grinst. »Jaja, die richtige Behandlung bewirkt Wunder bei der Genesung. Dann können wir dich ja bald entlassen und ...«

Aufgeregt falle ich ihm ins Wort. »Nein, nein! Ich fühle mich noch gar nicht gut. Ich kann noch nicht mal laufen, habe immer wieder Kopfschmerzen. Ich brauche noch ziemlich lange, bis ich wieder richtig fit bin.«

Der Arzt grinst mich an. »Dir gefällt es richtig gut bei uns, nicht wahr?« Er hat mich durchschaut, das ist offensichtlich.

Mir fällt jetzt leider auch nicht ein, welches Märchen ich ihm noch auftischen kann. So entscheide ich mich dafür, mit offenen Karten zu spielen. »Ich habe diese schreckliche Zivildienststelle, zu der ich auf keinen Fall zurück möchte. Deswegen wäre es super, wenn ich noch ein paar Wochen krankgeschrieben sein könnte. Und da ist noch Sabina ...«

Er legt seine Hand auf meine Schulter. »Ich tue für dich, was ich kann. Aber ich kann dir nichts versprechen.« Mit diesen Worten verabschiedet er sich von mir.

Er ist wirklich ein toller Arzt. Ich vertraue ihm und fühle mich bei ihm gut aufgehoben. Er nimmt seine Arbeit offenbar sehr ernst und versucht alles, was er kann, um für seine Patienten da zu sein.

Die nächsten zwei Tage hat Sabina frei und fährt nach Hause zu ihrer Mutter. Ich verzehre mich vor Sehnsucht nach ihr und kann es kaum abwarten, dass sie wiederkommt. Am dritten Tag werde ich am frühen Morgen wieder durch einen Hauch von Rosenduft geweckt. Sabina hat sich über mich gebeugt und gibt mir vorsichtig einen Kuss auf die Stirn. Sie flüstert mir zu: »Es war sooo schön mit dir. Hättest du Lust, heute die Nacht bei mir zu verbringen?«

Genau in diesem Moment werden jede Menge Glücksgefühle in mir ausgeschüttet. »Alles, was du willst!«, flüstere ich zurück.

Sie hat schon um 17 Uhr Feierabend. Da es nicht erlaubt ist, dass Patienten das Krankenhaus allein verlassen, schleiche ich mich abends gegen 20 Uhr vorsichtig aus meinem Zimmer.

Ich bin jetzt in der Lage, vorsichtig normal zu laufen, sodass ich den Weg zu der Frau meines Herzens finde. Als sie öffnet, strahlt sie mich an. Wir umarmen uns lange und zärtlich, ich fühle mich glücklich und zuhause. Ich bin gerade in die Wohnung getreten, als es an der Tür klingelt. Ein junger, sportlich aussehender Mann kommt herein und küsst meiner Herzensdame auf den Mund! In mir bricht eine Welt zusammen. Ich bin völlig durcheinander und muss mich erstmal auf das nahegelegene Sofa setzen. Sabina ist sichtlich überfordert mit der Situation und stellt uns einander vor, ihn als ihren Freund Sebastian und mich als einen Freund. Sie eröffnet Sebastian, dass ich heute bei ihr übernachten werde, was ihm sichtlich missfällt.

So verbringen wir den ganzen Abend mit Small Talk – keiner von uns traut sich, das auszusprechen, was er denkt. Endlich kommt der Moment, an dem Sebastian sich verabschiedet, um mit dem Bus nach Hause zu fahren. Nachdem er gegangen ist, atme ich auf. »Sabina, warum hast du mir nicht erzählt, dass du einen Freund hast?«

Sie sieht unglücklich aus. »Ich dachte, dass das keine Rolle spielt, weil du und ich ...«

In diesem Moment klingelt es erneut. Sebastian ist wieder da! Innerlich verfluche ich diesen Typen – obwohl ich weiß, dass ich ihm damit Unrecht tue, da uns Sabina durch ihre Unehrlichkeit in diese missliche Lage gebracht hat ...

Ziemlich außer Atem stößt er hervor: »Ich habe den letzten Bus verpasst. Jetzt komme ich nicht mehr nach Hause. Ich muss hier übernachten.«

Der Alptraum geht also weiter. Wir beschließen schließlich, ins Bett zu gehen. Sabina und ich schlafen in ihrem großen Bett, ihr Freund auf einer Luftmatratze daneben. Eine skurrile Situation, die fast lustig wäre, wenn mir nicht nach Heulen zumute wäre. Keiner von uns dreien macht in dieser Nacht auch nur ein Auge zu. Die Spannung im Raum ist einfach zu groß. Und keiner von uns ist in der Lage, diese Situation zu klären oder zumindest das auszusprechen, was ihn oder sie bewegt. Ich fühle mich wie gelähmt und wünsche mir einfach nur, dass diese Nacht so schnell wie möglich vorbei geht. Was leider nicht der Fall ist ...

Frühmorgens stehe ich auf und gehe ohne ein Wort ins Krankenhaus zurück. Dort treffe ich auf die völlig aufgelöste Stationsschwester, die sich nicht erklären kann, warum ihr Patient einfach verschwunden ist. Es hat ihr wohl niemand gesagt, dass ich wahrscheinlich bei Sabina bin. Auch das noch! Aus meinem glücklichen Verliebtsein ist völlig unerwartet eine Tragödie geworden. Ich bin frustriert und denke, dass ich ein Pechvogel bin, der einfach kein Glück mit der Liebe hat.

Ich lege mich erst mal in mein Bett, um mich von der unglücklich verlaufenen Nacht zu erholen. Mir ist weder nach Essen noch nach Trinken zumute. Ich will mich einfach nur unter meiner Decke verkriechen und das Geschehene vergessen, was mir jedoch nicht gelingt. Von Sabina höre und sehe ich nichts. Ich habe auch ehrlich gesagt keine Lust auf sie. Nachdem ich den ganzen Tag in meinem Krankenbett verbringe und mir immer wieder den Kopf über das zerbreche, was passiert ist, entsteht langsam Klarheit in mir. Ich verstehe, dass es immer besser ist, die Wahrheit zu sagen. Nichts ist schlimmer, als das Offensichtliche nicht anzusprechen und über die Dinge, die uns in der Tiefe berühren, zu schweigen. Ich habe mich nicht getraut, meine Gefühle offen zu kommunizieren, weil ich Angst vor der Wahrheit hatte: Sabina hat einen festen Freund – und ich bin nur eine Liebelei für sie. In diesem Moment hätte ich die Wahrheit nicht ertragen können. Ich wollte mir keine Blöße geben und mich nicht verletzlich zeigen. Dadurch habe ich unendlich viel Energie verloren. Wie oft sprechen wir die Dinge nicht aus, die wir wirklich denken und fühlen? Wie oft tragen wir eine Maske, damit wir nicht verletzt werden? Wie oft tun wir so, als ob alles in Ordnung wäre, obwohl wir in Wahrheit tieftraurig sind und uns zum Weinen zumute ist? Besonders wir Männer sind darauf trainiert, unsere wahren Gefühle zu verstecken und »cool« zu sein.

Erst, wenn wir wieder lernen, das Leben in seiner Ganzheit zu verstehen und uns selbst wieder ins Gleichgewicht zu bringen, entsteht Harmonie in uns und mit unserer Umwelt.

Ich erinnere mich an eine Schlüsselsituation in meiner Jugendzeit: Mein kleines Zimmer im Haus meiner Eltern befindet sich im Keller. Das Fenster liegt unter einem Schacht, der im Posthof liegt, in dem die Postautos ein- und ausfahren. Eines Tages, als ich ungefähr 14 bin, komme ich aus der Schule und gehe in mein Zimmer, das auf einmal abgedunkelt ist. Als ich im Posthof nachsehe, entdecke ich einen alten ausrangierten großen Briefkasten, den jemand auf den Gitterrost meines Fensterschachts gestellt hat. Ich versuche, das schwere Teil von dem Schacht wegzuschieben. Plötzlich kann ich den Briefkasten nicht mehr halten, sodass dieser mit voller Wucht gegen die Hauswand fällt. Meine rechte Hand gerät dabei zwischen das wuchtige Teil und die mit grobem Putz versehene weiße Wand. Dabei wird sie gequetscht – instinktiv werfe ich den Briefkasten um und renne vor lauter Schmerz auf die Straße. In diesem Moment, als ich meine matschige, blutverschmierte Hand sehe und den extremen Schmerz spüre, treffe ich eine fatale Entscheidung: Ich beschließe, von nun an nicht mehr zu weinen, egal was auch immer geschehen wird. Ich möchte mich anderen gegenüber nicht mehr schwach und verletzlich zeigen. Weinen sehe ich in dem Moment als einen Ausdruck von Schwäche an.

Ich denke, dass ich dadurch zum »Mann« geworden bin. Mittlerweile bin ich auf diese Entscheidung nicht mehr stolz. Gleichzeitig merke ich, dass es immer noch viele Situationen gibt, in denen ich nicht zeige, wie ich mich wirklich fühle. Und damit bin ich nicht wirklich authentisch. So geht es leider fast allen Menschen in unserer Gesellschaft, außer den Kindern, denen es aber auch frühzeitig beigebracht wird, dass es »doch nicht so schlimm« sei, wenn sie ihre Traurigkeit ausdrücken.

Wie schön wäre es, wenn wir Menschen uns einander offen, verletzlich und ehrlich genau so zeigen könnten, wie wir uns in jedem Moment wirklich fühlen! Häufig ist es jedoch so, dass Menschen miteinander sprechen oder streiten, es aber gar nicht um das geht, was gesagt wird. Da wir aber nicht gelernt haben, über unsere wahren Bedürfnisse und Gefühle zu sprechen, merken wir das oft nicht.

Nehmen wir ein klassisches Beispiel: Eine Frau sagt zu ihrem Mann: »Du bist ständig unterwegs und nie zu Hause!«

Der Mann antwortet: »Du hast überhaupt keine Ahnung, welche Verantwortung und welche Aufgaben ich habe!«

Wenn beide in der Lage wären, über ihre wahren Gefühle und Bedürfnisse zu sprechen, dann könnte die Frau stattdessen sagen: »Ich vermisse dich. Ich vermisse die Nähe, die wir früher hatten. Ich fühle mich mit den Kindern ohne dich überfordert.«

Der Mann könnte stattdessen sagen: »Ich fühle mich von dir nicht gesehen. Ich bin unglücklich, weil mir mein Chef so viel Stress macht, und ich wäre auch viel lieber bei dir und den Kindern.«

So zu kommunizieren braucht sehr viel Mut, weil wir uns verletzlich zeigen und so, wie wir wirklich sind. In unserer Kindheit haben wir die Erfahrung gemacht, dass nicht gut mit uns umgegangen wurde, wenn wir schwach und offen waren. Aus diesem Grunde haben wir uns Schutzmuster zugelegt, die uns in der Regel nicht einmal bewusst sind. Das Fatale ist, dass diese unbewussten, verletzten Anteile in uns ein Eigenleben führen. Die verletzten Kinder in uns versuchen mit allen Mitteln, Aufmerksamkeit zu bekommen. Viele Menschen kompensieren diese Anteile dadurch, dass sie nach Macht streben, andere manipulieren oder ausnutzen. Ich bin überzeugt davon, dass unsere traumatischen Kindheitserfahrungen eine der Ursachen sind, warum wir in unserer Gesellschaft so viele Probleme haben.

Die gute Nachricht ist, dass wir lernen können, anders zu kommunizieren. Dabei ist es hilfreich, wenn wir uns immer wieder folgende Fragen stellen: Was fühle ich jetzt wirklich? Was ist mein Bedürfnis in dieser Situation? Im nächsten Schritt können wir üben, unsere Gefühle und Bedürfnisse zuerst in einem geschützten Raum, zum Beispiel mit unserem Partner, auszusprechen. Wenn uns dies das erste Mal gelingt, ist das ein großes Erfolgserlebnis. Wir lernen dann auch, dass es nicht um »richtig« oder »falsch« geht, sondern einfach um berechtigte Bedürfnisse. Wir lernen, dass unterschiedliche Bedürfnisse von verschiedenen Menschen gleichberechtigt nebeneinanderstehen dürfen und es einfach darum geht, Lösungen zu finden, mit denen sich alle wohlfühlen. Wie alles Neue in unserem Leben braucht es Zeit, diese neue Art des Umgangs miteinander zu lernen.

Ich habe die Erfahrung gemacht, dass sich dadurch meine Lebensqualität und mein Wohlbefinden deutlich verbessert haben. Und ich bin davon überzeugt, dass diese Form der achtsamen Kommunikation die Basis für ein friedliches Zusammenleben auf unserer Erde ist.

Wie schön wäre es, wenn wir Menschen uns einander offen, verletzlich und ehrlich genau so zeigen könnten, wie wir uns in jedem Moment wirklich fühlen!

Drei Tage später geht morgens die Tür auf. Sabina kommt herein. Sie sieht blass und unglücklich aus. Vorsichtig geht sie auf mich zu. »Darf ich mich zu dir setzen?«

Wortlos nehme ich meine Bettdecke etwas zur Seite, um ihr Platz zu machen.

Sie sieht mich an. »Wie geht es dir?«

Meine Antwort kommt spontan. »Gut, danke.« Plötzlich wird mir klar, was ich gerade gesagt habe. »Nein, es geht mir nicht gut.«

In ihren Augen stehen Tränen. »Mir auch nicht. Es tut mir leid, was geschehen ist.«

Ich fühle mich zwiegespalten. Einerseits fühle ich meine Liebe zu ihr, andererseits will ich mich nicht mehr auf sie einlassen. »Was hast du dir dabei gedacht?«

Sie schaut auf ihre Hände. »Ich wusste nicht, dass mein Freund kommt. Ich bin einfach nur meinem Herzen gefolgt.«

»Was sagt dein Freund dazu?«

»Wir haben uns ausgesprochen. Ich habe ihm gesagt, dass sich zwischen uns nichts ändert, und er vertraut mir.«

»Das freut mich für euch. Damit ist dann wohl alles gesagt.« Ich wende mich ab.

Sie nimmt meine Hand. »Bitte, schau mich an. Was zwischen uns passiert ist, ist echt. Ich habe alles ehrlich gemeint. Ich habe lange hin und her überlegt. Ich liebe dich, und ich liebe auch meinen Freund. Ich weiß einfach nicht, wie ich damit umgehen soll.«

Jetzt fühle ich mich mit dieser Situation überfordert. Ich glaube ihr, dass sie es ernst meint. Und ich vermisse die wunderschöne Zeit, die wir beide zusammen hatten. Allerdings kann ich mir einfach nicht vorstellen, mit einer Frau zusammen zu sein, die noch einen anderen Partner hat. Ich schweige lange.

Sie drückt meine Hand fester. »Jetzt sag doch bitte was.«

Ich hole tief Luft. »Ich weiß nicht, was ich sagen soll. Ich will nicht damit leben, dass du einen Freund hast. Vielleicht soll es mit uns beiden einfach nicht sein.«

Tränen laufen an ihren hübschen Wangen herunter. Ich drücke jetzt ihre Hand zärtlich. Auch meine Augen sind mit Tränen gefüllt. »Wann wirst du entlassen?«, fragt sie mich leise.

»Morgen.« Sie beugt sich zu mir und umarmt mich fest. »Danke für die wunderschöne Zeit.«

Während wir uns umarmen, fühle ich Verzweiflung in mir aufsteigen. Warum nur muss es auf diese Weise mit uns enden? Warum können wir nicht einfach zusammen sein? Ich atme noch einmal tief ihren Duft ein und flüstere ein »Danke«.

Wir lassen uns los, und sie verlässt eilig das Krankenzimmer.

Am nächsten Tag werde ich aus dem Krankenhaus entlassen. Mir gelingt es, meinen Arzt dazu zu bringen, mich so lange krankzuschreiben, dass ich nicht mehr zurück in den Dritte-Welt-Laden muss. Ich entscheide mich, Sabina loszulassen und darauf zu vertrauen, dass das Richtige geschehen wird. Es fällt mir aber unglaublich schwer, meine Gefühle für sie zu vergessen. Schweren Herzens reise ich wieder zu meiner Familie in den Vogelsberg. Ich mache mir immer wieder bewusst, dass die Begegnung mit ihr ein wunderschönes Geschenk für mich war, das ich in mir bewahren werde. Ich glaube, dass sich die Seelen auf einer uns unbekannten Ebene verabreden, um bestimmte Erfahrungen miteinander zu machen. Manchmal sind wir Weggefährten für eine lange Zeit, manchmal nur für eine kurze Phase unseres Lebens. Aber ich bin sicher: Die Verbundenheit mit Sabina wird bleiben. In den nächsten Jahren schreiben wir uns immer wieder lange Briefe und lassen uns auf diese Weise gegenseitig an unseren Leben teilhaben.

7
AB HEUTE MACHE ICH NUR NOCH, WAS ICH WILL!

Nachdem klar ist, dass ich nicht mehr zu meiner Zivildienststelle zurückkehren muss, kann ich mein Glück kaum fassen. Der Moment, in dem ich endlich vollständig frei bin, und den ich meine ganze Schulzeit herbeigesehnt habe, obwohl er oftmals so unerreichbar schien, ist endlich da! Ich komme mir vor wie in einem Traum, den ich noch nicht so richtig greifen kann.

Doch was soll ich jetzt tun? Wie geht es weiter? Wie finde ich meinen ganz eigenen besonderen Weg? Wie werden meine Familie, meine Verwandten und Freunde reagieren, wenn sie erfahren, dass ich nichts von dem tun werde, was alle anderen tun – und was sie von mir vielleicht erwarten? Ich habe keine wirklichen Vorbilder und weiß noch so wenig vom Leben ...

Ich schlafe unruhig. Im Traum schreit mich meine Mutter an: »Warum brauchst du immer eine Extrawurst? Was ist mit dir los? Warum kannst du dich nicht anpassen?«

Mein Vater kommt dazu und schaut mich vorwurfsvoll an. »Du bist ein totaler Egoist. Du denkst immer nur an dich. Alle anderen sind dir egal!«

Auch meine alte Klassenlehrerin aus der Grundschule taucht auf und redet auf mich ein. »Du musst lernen zu gehorchen. Sei ein braver Junge. Ich will immer nur das Beste für dich.«

Ich sehe ein Bild von meiner Schwester, wie sie vor mir steht und anklagend sagt: »Wenn du zu Hause bist, gibt es immer Streit, weil du Mami ständig widersprichst. Lerne doch endlich mal, normal zu werden und dich anzupassen.«

Immer mehr Menschen kommen dazu, ihre Stimmen werden vorwurfsvoller und lauter. Alle scheinen gegen mich zu sein, ich fühle mich verzweifelt und völlig hilflos in dieser Situation. Es ist wie ein Alptraum. Keiner versteht mich, keiner weiß, wie es in mir aussieht, wie ich wirklich bin. Dieses Leben ist einfach nichts für mich ...

Schweißgebadet wache ich auf. Ein Glück, dass das nur ein Traum war. Ich bin erleichtert. Und doch: Alle diese Situationen und Anklagen habe ich so oder ähnlich schon erlebt. Müde und erschöpft schlafe ich wieder ein.

Auf einmal steht ein weiblicher Engel mit langen, goldgelockten Haaren in einem weißen Kleid vor mir und lächelt mich an.

Erschrocken fahre ich hoch. »Wer bist du? Was willst du von mir?«

Die Engelsfrau schaut mich gütig an. »Ich bin gekommen, um dir Antworten auf deine Fragen zu geben. Wisse, dass du nicht der Einzige bist, der solche Erfahrungen macht. Den meisten Menschen macht es Angst, wenn jemand aus der Reihe tanzt und sich nicht an die Normen der Gesellschaft hält. Dadurch wird auch ihr eigenes Leben in Frage gestellt. Viele von ihnen haben ihre Träume aufgegeben und sich dazu entschieden, sich anzupassen.«

Erst jetzt nehme ich einen zarten Glanz wahr, der von ihr ausgeht.

»Das hängt mit euren Grundbedürfnissen zusammen. In früheren Zeiten war es lebensgefährlich, aus der Gemeinschaft ausgestoßen zu werden, oft bedeutete es den sicheren Tod. Es ist schmerzhaft, Außenseiter zu sein und abgelehnt zu werden. Es gibt nur wenige, die stark genug sind, um das zu ertragen. Du bist einer von ihnen.«

Wenn sie spricht, erscheint alles so klar und so einfach. Sobald sie da ist, scheinen alle Probleme völlig verschwunden zu sein.

»Das liegt daran, dass in meinem Energiefeld kein Platz für Sorgen, Ängste oder andere negative Energien ist«, beantwortet sie meine Gedanken.

Einige Fragen schießen mir durch den Kopf: Kenne ich noch andere Menschen, denen es wie mir geht? Und reagieren manche Menschen so heftig auf mich, weil sie ihr eigenes Leben selbst nicht nach ihren wirklichen Wünschen und Vorstellungen gestalten?

»Ich kenne alle deine Fragen«, antwortet die Engelsfrau. »Ich kenne dich durch und durch. Du bist anders, weil du eine besondere Aufgabe hast. Du gehörst zu denen, die gekommen sind, um die Menschen wieder an ihren wahren Ursprung zu erinnern. Das alte Wissen in dir, das du aus vielen früheren Leben mitgebracht hast, ist noch lebendig in dir, auch wenn du dich nicht bewusst daran erinnern kannst.«

»Ich habe eine besondere Aufgabe? Welche sollte das sein?«

In ihrer Stimme schwingt Liebe und Mitgefühl. »Du bist sehr stark mit deiner inneren Stimme verbunden. Du weißt genau, was Wahrheit und was Lüge ist. Du fühlst es einfach. Wenn etwas falsch ist, dann verlierst du Energie. Dadurch ist es dir unmöglich, Dinge zu tun, die nicht im Einklang mit deinem Herzen sind. Selbst wenn du es wollen würdest, kannst du es einfach nicht. Und das ist gut so. Denn sonst könntest du nicht die Aufgabe erledigen, wegen der du dich in dieses Leben inkarniert hast.«

Ich fasse langsam Vertrauen in diese ungewöhnliche Situation. Jedes Wort des wunderschönen Engels ist Balsam für meine Seele. Jedes Wort löst den Klang einer Erinnerung in mir aus an eine längst vergangene Zeit. Ich fühle, dass ich viel mehr bin als der junge Matthias, der sich durch so viele Schwierigkeiten kämpfen muss. Mein wahres Ich ist viel größer, älter, weiser. Aber wie kann das sein? Wie passt das alles zusammen? Wieso habe ich von diesen Dingen, von der die Engelsfrau spricht, noch nie gehört oder gelesen? Ich fühle die bedingungslose Liebe, die sie für mich hat, und fühle mich darin geborgen und vor allem angenommen, so wie ich bin.

»Geliebter Matthias, ihr führt viele Leben in unterschiedlichen Rollen. So wie du auf der Erde jetzt deine Kleidung wechselst, so wechselst du auch deine Leben. Deine Seele bleibt immer unveränderlich und gleich. Du suchst dir nur für jedes neue Leben einen neuen Körper, den du dann bewohnst. Wenn du von einem Leben in das nächste wechselst, gehst du durch das Tor des Vergessens. Obwohl alle Erfahrungen, die deine Seele jemals gemacht hat, in dir gespeichert sind, erinnert sich dein Tagesbewusstsein in diesem Leben nicht an deine Vergangenheit. Es gibt wenige Ausnahmen, aber in der Regel ist es so.«

Ich fühle, wie ihr Wesen einen uralten Teil in mir erreicht, zu dem ich den Zugang verloren hatte. Das Erinnern bewirkt, dass ich mich fühle, als ob eine riesige Schwere von mir genommen wird, die mich immer belastet hat.

»Deswegen fühlst du die Wahrheit, aber du kannst es auf der Bewusstseinsebene, die dir in diesem Leben zugänglich ist, nicht erklären. Darum ist es so wichtig, dass du lernst, deiner Seele, die durch deine innere Stimme zu dir spricht, zu vertrauen. Deine Seele ist mit allem Wissen des gesamten Universums verbunden, und sie weiß alles. Sie ist eine Quelle unendlicher Weisheit, und diese Quelle ist in dir.«

Ihre Worte berühren mein Innerstes, meine Augen sind voller Tränen. Ich weiß, dass jedes ihrer Worte wahr ist. Sie breitet ihre Arme aus, als ob sie mich umarmen will.« »Ich bin gekommen, um deine Fragen zu beantworten. Ich höre.«

Endlich kann ich die Fragen stellen, die mich schon so lange beschäftigen. »Steht meine Lebensaufgabe schon fest?«

Die Antwort kommt sofort. »Ja, bevor du geboren wurdest, hast du dich bewusst für deine Lebensaufgabe entschieden.«

Ich staune. Da spricht ein wunderschönes Wesen zu mir, das meine Zukunft kennt!

»Kannst du mir meine Lebensaufgabe nennen?«

Nun lächelt sie wieder. »Ich könnte es, aber ich darf es nicht. Du musst dir deine Lebensaufgabe selbst erarbeiten.«

»Aber wie tue ich das? Wie wird sie mir gezeigt?«

»Vertraue deiner Seele. Folge immer deiner inneren Stimme, dem Sprachrohr deiner Seele. Sie wird dich automatisch zu deiner Aufgabe führen. Du kannst sie nicht verfehlen. Es sei denn, du würdest Dinge tun, die nicht im Einklang mit deinem Herzen sind. Aber dazu bist du zu weit entwickelt.«

Ich bin tief beeindruckt von den Worten der Engelsfrau. Sie ist in der Lage, so viel Weisheit in einigen wenigen Sätzen auszudrücken. Voller Dankbarkeit schaue ich sie an. »Vielen Dank, dass du da bist. Du gibst mir unendlich viel. Ich fühle mich bei dir zu Hause.«

Ihr Gesicht leuchtet wie die Sonne. »Geliebter, du bist bei mir zu Hause. Ich bin immer für dich da, auch wenn du mich meistens nicht bewusst wahrnehmen kannst. Ich komme von da, wo dein wirkliches Zuhause ist.«

»Also ist die Erde nicht mein Zuhause?«

Auf einmal sieht sie traurig aus. »Die Erde ist von einer großen Dunkelheit befallen. Die lichtvollen Mächte werden auf der Erde immer weiter zurückgedrängt, und das hat schlimme Folgen für das Leben auf diesem Planeten. Deine Aufgabe ist es, zusammen mit vielen anderen die göttliche Ordnung auf der Erde wiederherzustellen. Wenn dieses Ziel erreicht ist, wirst du dich auf der Erde auch wieder zuhause fühlen.«

Nachdenklich schaue ich sie an. »Was soll ich jetzt tun? Was sind die nächsten Schritte? Wie führt meine Seele mich zu meiner wahren Aufgabe?«

Ihr Lachen hört sich wie helle Glocken an. Nie werde ich diesen Klang vergessen! »Entspanne dich. Lasse los. Vertraue. Deine Seele wird dir Impulse schicken oder Zeichen. Du wirst dann ganz genau wissen, was zu tun ist. Du wirst auf vollkommene Weise geführt. Es wird alles sehr, sehr gut.« Mit diesen letzten Worten wird ihre Gestalt blasser und verschwindet allmählich.

Ich wache auf. Das schwache Licht des Morgens scheint durch mein Kellerfenster. Ich kann mich nicht erinnern, dass ich mich schon jemals so gut gefühlt habe. Mein ganzer Körper vibriert. Ich bin im Einklang mit mir selbst. »Alles ist genauso, wie es sein soll.« Dieser Satz geht immer wieder durch meinen Kopf. Ich spüre tiefen Frieden in mir und entscheide mich zu entspannen und zu vertrauen. Das Richtige wird geschehen, wenn die Zeit reif ist. Jetzt will ich erst einmal dieses wunderbare und aufregende Leben genießen – es gibt noch so viel zu erleben und zu entdecken! Voller Freude starte ich in mein neues Leben, ein Leben in Freiheit.

Deine Seele ist mit dem Wissen des gesamten Universums verbunden, und sie weiß alles.

Ich wohne zunächst wieder bei meinen Eltern. An einem Sonntagmorgen frühstücken wir gemeinsam: meine Eltern, meine beiden Geschwister und ich.

Mein Vater schaut mich an. »Matthias, wie stellst du dir eigentlich deine Zukunft vor? Deine Schulkameraden haben schon einen genauen Plan, wie sie ihr Leben gestalten wollen. Entweder machen sie eine vernünftige Ausbildung oder sie gehen auf die Uni. Was sind deine Pläne?«

Ich erkenne, wie aus meinem Vater sein Sicherheitsdenken spricht. Er hat mit 15 eine Ausbildung bei der Post begonnen und wurde Beamter. Seitdem hat sich am Leben und Alltag meiner Eltern nichts geändert. Für ihn ist Sicherheit ein großes Bedürfnis – ganz im Gegensatz zu mir. Ehrlich antworte ich: »Ich habe keine Ahnung.«

Diese Antwort gefällt meinem Vater offensichtlich nicht. »Du hast keine Ahnung? Du kannst das doch nicht einfach so laufen lassen! Bist du so lange zur Schule gegangen, um am Ende nichts zu tun?«

Ich fühle, wie ich mich langsam aufrege. Mein Temperament geht oft mit mir durch, aber noch versuche ich, ruhig zu bleiben. »Jetzt entspann dich doch mal! Ich weiß noch nicht, was ich tun will, und so ist es jetzt. Ich mache doch nicht irgendwas, nur damit du zufrieden bist.«

»Es geht aber nicht nur um dich. Solange du bei uns lebst, musst du dich auch nach uns richten. Wenn du nichts tust, bleibt es an mir hängen, und ich muss für dich zahlen. Darauf habe ich keine Lust.«

Jetzt geht diese Leier schon wieder los! Ärgerlich erwidere ich: »Lass mich einfach in Ruhe. Ich mache das, was ich will. Es ist mein Leben. Bald bin ich sowieso weg von hier. Und hab keine Angst, dein Geld brauche ich nicht.«

Jetzt schaltet sich meine Mutter ein. »Das machst du sowieso nicht. Es ist doch viel bequemer für dich, dich von uns versorgen zu lassen. Wenn du keine vernünftige Ausbildung hast, kannst du auch kein Geld verdienen.«

Ich überlege einen Moment und antworte etwas ruhiger. »Ich brauche Zeit, um mir über meinen Weg klar zu werden. Ich bin wirklich froh, dass ich die Schule und den Zivildienst hinter mir habe. Ab jetzt mache ich nur noch das, was sich für mich richtig anfühlt. Es gibt keine Ausbildung, die mich interessiert, und ich habe auch keine Lust, mich auf der Uni zu langweilen. Da bin ich lieber draußen.«

Meine Mutter fragt verzweifelt: »Was haben wir eigentlich falsch gemacht? Warum haben wir ständig Probleme mit dir? Lerne doch endlich mal, dich anzupassen und normal zu werden!«

Ich resigniere. »Ich will mich nicht anpassen, und ich werde mich nicht anpassen. Ich will nicht normal sein. Ich habe keine Lust darauf, ein Spießbürgerleben zu führen und mich später über all die verpassten Chancen in meinem Leben zu ärgern. Ich will frei sein!«

Wir leben in unterschiedlichen Welten, mit unterschiedlichen Werten und Bedürfnissen. Das ist wahrscheinlich auch der Grund, warum wir uns nicht verstehen. Meine Eltern bewegen sich in einem System mit klaren Regeln. Sie machen das, was alle anderen im Dorf auch machen, und sind gut angesehen. Ihr Leben ist durchgeplant, es geschieht nichts Zufälliges – und sie haben offenbar große Angst davor, Dinge zu tun, die sie noch nie zuvor getan haben. Ich kann mit diesem System jedoch nichts anfangen. Ich fühle mich wie ein Vogel im goldenen Käfig. Es gibt noch so viel zu entdecken und zu erleben! Ich will mein höchstes Potenzial leben anstatt ein Leben in Mittelmäßigkeit zu führen.

Mein ganzes Leben lang haben mir andere vorgeschrieben, wie ich leben soll. Ich musste das tun, was andere wollten, und mich Regeln unterordnen, die sich für mich oft völlig falsch angefühlt haben. Ich habe unter diesen Zwängen immer sehr gelitten. Wenn mir jemand den Sinn bestimmter Regeln vernünftig erklären konnte, fiel es mir leicht, sie auch anzunehmen.

Aber Aussagen wie »Es geht ums Prinzip!«, »Das gehört sich so!« oder »Das macht man so!« stoßen bei mir noch heute auf absolutes Unverständnis. Ich bin fest entschlossen, nach meinen eigenen Regeln zu leben und mein Leben so zu gestalten, wie es sich für mich richtig anfühlt.

Dass meine Eltern sich dazu entschieden haben, ihr Leben so zu gestalten, wie es für sie richtig ist, finde ich wunderbar. Aber ihr Weg ist definitiv nicht mein Weg, und meiner Erfahrung nach ist jeder Mensch ganz unterschiedlich und hat eigene Wünsche und Bedürfnisse.

Wie so oft gehen wir im Streit auseinander. Es verletzt mich, dass sie mein Anderssein nicht akzeptieren können.

Ich verstehe nicht, woran es liegt, dass viele Menschen Angst vor anderen Meinungen oder Lebensweisen haben. Wäre es nicht langweilig, wenn wir alle gleich wären? Wie können wir uns gegenseitig inspirieren, wenn wir alle die gleichen Werte teilen würden? Ich empfinde Andersartigkeit als Bereicherung. Gleichzeitig ist mir bewusst, dass es mir selbst schwerfällt, die Andersartigkeit meiner Eltern zu akzeptieren. Die Kunst ist wahrscheinlich, seiner eigenen Wahrheit treu zu bleiben und gleichzeitig den anderen ihre eigene Wahrheit zu lassen ...

Fremde Kulturen und andere Gesellschaften interessieren mich, weil die Beschäftigung mit ihnen meinen Horizont erweitert und mir neue Sichtweisen schenkt. Wer mit sich und seinem Leben zufrieden ist, kann alle anderen annehmen und muss sie nicht verändern oder kritisieren. Ich bin davon überzeugt, dass jeder Mensch sein ganz eigenes Leben gestalten soll, egal wie außergewöhnlich oder verrückt es anderen erscheinen mag. Die einzige Regel sollte sein, dass andere durch das eigene Leben keinen Schaden nehmen dürfen. Ich glaube an Freiheit, Vielfalt, Lebendigkeit und Buntheit.

Ich werde wie früher von einem Post-LKW über meinem Fensterschacht geweckt und gehe nach oben, um meine Mutter zu umarmen, die in der Küche das Mittagessen vorbereitet. Mein Blick fällt auf die Tageszeitung, die von meinen Eltern regelmäßig und gern gelesen wird. Ich habe mir das schon vor einigen Jahren abgewöhnt, da mich die »Nachrichten« fast immer aufgeregt haben. Ich finde, dass das Lesen einer Tageszeitung direkt nach dem Aufstehen die beste Art ist, um sich gründlich den Tag zu versauen. Ich stelle mir vor, dass ich wunderbare Träume hatte und mich auf all die Dinge freue, die ich heute erleben möchte. Dann schlage ich die Tageszeitung auf. Geschätzte

80 Prozent der »Informationen« sind negativ und malen das Bild einer Welt, in der es gefährlich ist zu leben. Der Fokus liegt besonders auf schrecklichen Ereignissen wie Unfällen, Morden oder Kriegen. Dazu kommen Aussagen von Politikern, die uns die Welt erklären, wie sie ihrer Meinung nach sein soll. Die Aufgabe der Medien wie Zeitungen, Fernsehen und Radio ist, dafür zu sorgen, dass sich nichts ändert, und dass die Bevölkerung das System, das ihnen subtil als das einzig wahre verkauft wird, nicht in Frage stellt. Wenn eine Berichterstattung wirklich neutral wäre, dann würde man der Bevölkerung nicht gezielt wichtige Informationen vorenthalten, wie zum Beispiel, dass der Verzehr von tierischen Produkten Herz-Kreislaufkrankheiten, Krebs, Allergien, Arthritis und Gicht fördert. Informationen würden ohne Bewertung weitergegeben werden. Allein schon dadurch, dass die großen Medien Andersdenkende oft in bestimmte Begriffsschubladen stecken oder ihre Aussagen geschickt verdrehen, wird subtil manipuliert. Das Ziel dieser Falschinformationen ist, dass deren Empfänger nicht mehr Wahrheit von Lüge unterscheiden können.

Ich schwinge mich auf mein Fahrrad und fahre zu meinem Lieblingsplatz, der Obstwiese am Waldrand. Die Luft ist schwülwarm. Ich suche mir ein schattiges Plätzchen unter einem der alten Apfelbäume, breite meine Decke aus, befreie mich von meiner Kleidung und mache es mir gemütlich. Wie schön ist es, Zeit zu haben und nichts tun zu müssen! Ich genieße es sehr, keine Verpflichtungen zu haben und mich einfach treiben zu lassen. Sollen die Menschen sich doch abhetzen und ihre Lebenszeit gegen Geld tauschen! Ich bin endlich aus meinem Hamsterrad ausgestiegen und fest entschlossen, nie wieder eines zu betreten. Ich schließe meine Augen und lasse das bunte Treiben der Natur auf mich wirken. Aus der Ferne höre ich den Schrei des Bussards, in den Bäumen spielt eine Schar Spatzen, um mich herum schwirren Insekten, sodass die Luft von einem vielfältigen Summen erfüllt ist. Ich rieche das frische Gras und die Fichten am Waldrand. Irgendwo in der Nähe raschelt etwas ... Ich schlafe ein.

Ein glockenhelles, mir schon so bekanntes Lachen erklingt. Ich sehe die wunderschöne Engelsfrau mit ihrem weißen Kleid und den langen goldenen lockigen Haaren. »Du bist zurück«, flüstere ich verzaubert.

»Natürlich, Geliebter«, lächelt sie mich an.

Ich seufze. »Meine Eltern verurteilen mich dafür, dass ich nicht weiß, was ich tun soll.«

»Ich weiß. Es macht ihnen Angst, dass du so anders bist. Ihr ganzes Leben ist geplant und kontrolliert, und da ist das schwarze Schaf der Familie, das sich nicht kontrollieren lässt.« Ich spüre, wie sie ihre Hand auf meine Schulter legt. »Eines Tages werden sie stolz auf dich sein. Dann werden sie sehen, dass dein Weg, so ungewöhnlich er auch sein mag, funktioniert, und dass du auf deine ganz eigene Weise erfolgreich sein wirst. Aber jetzt machen sie sich einfach Sorgen. Und so ist es auch normal. Eltern sorgen sich um ihre Kinder. Sie wollen, dass sie glücklich sind, dass es ihnen gut geht. Sie haben Angst, dass du Schwierigkeiten bekommst, wenn du einen Weg gehst, den niemand vor dir gegangen ist.«

»Und? Haben sie recht? Werde ich Schwierigkeiten bekommen?«

Sie nickt. »Dein Weg ist ein ungewöhnlicher Weg. Er wird unbequem sein, und du wirst unzählige Hürden meistern müssen. Aber es ist der Weg, den deine Seele sich ausgesucht hat. Und mit jeder Herausforderung wirst du wachsen, stärker und reifer werden. Du wirst Situationen erleben, die ausweglos erscheinen, und alle Hindernisse überwinden. Dadurch wird das Vertrauen in dich und in das Leben wachsen. So wirst du Stück für Stück auf die große Aufgabe vorbereitet, die vor dir liegt.«

»Also ist mein Weg schon vorherbestimmt? Habe ich dann gar keine eigene Wahl?«

»Ja und nein. Deine Seele hat deinen Lebensplan ausgesucht. Und du hast natürlich durch deinen freien Willen die Möglichkeit, ihm nicht zu folgen. Allerdings wirst du dann die Erfahrung machen, dass du unglücklich wirst, dass die Dinge, die du tust, nicht funktionieren. Also wirst du neue Entscheidungen im Einklang mit deiner Seele treffen.« Sie richtet sich auf. »Ich gebe dir ein Bild: Deine Seele hat im Einklang mit dem göttlichen Plan entschieden, welches Haus du baust. Du als Matthias, als Mensch und Persönlichkeit, darfst dir frei aussuchen, welche Farbe das Haus hat, welches Material Mauern, Fenster und Türen haben. Mit anderen Worten: Dein Ziel und deine Aufgabe stehen fest. Du darfst hingegen bestimmen, auf welchem Weg du dort hingelangst. Ist das so verständlich für dich?«

»Ich denke ja. Und was ist jetzt genau meine Lebensaufgabe?«

Meine Engelsfrau schaut mich ganz ruhig an. »Es ist deine Aufgabe, die Menschen an ihre Verbindung zur Natur und zum Göttlichen zu erinnern.«

Ihre Worte strömen mit großer Macht durch meinen Körper. Etwas in mir erinnert sich. Jede Zelle meines Körpers fühlt die Wahrheit und Kraft, die sie mit mir teilt. Deswegen bin ich hier! Jetzt ergibt so vieles einen Sinn:

Meine tiefe Liebe zur Natur und zum Leben, das innere Wissen, dass viele Dinge in unserer Gesellschaft nicht richtig sind, und das oft schmerzliche Sehnen nach einer Welt, in der die Menschen in Harmonie mit sich und der Erde leben.

Eine Sache beschäftigt mich nach wie vor: Alle Menschen, die ich kenne, also meine Familie, meine Verwandten, Freunde und Bekannten, sind der festen Überzeugung, dass man auf jeden Fall eine Ausbildung oder ein Studium machen muss, da man ansonsten keinen gut bezahlten Job findet. Mein Gefühl ist zwar anders, ich stehe damit aber komplett allein da.

Bevor ich die Frage stellen kann, sagt die Engelsfrau: »Was sagt dein Herz dazu?«

Ich überlege.

Sie zwinkert. »Nicht nachdenken, lass einfach dein Herz sprechen.«

»Mein Herz sagt, dass ich das alles nicht brauche.«

»Siehst du, vertraue deinem Herzen, dann wirst du immer auf dem richtigen Weg sein.«

»Woher weiß mein Herz denn, was richtig und was falsch ist?«

»Du stellst die richtigen Fragen, deshalb sollst du auch eine ausführliche Antwort bekommen. Die Welt, die du mit deinen normalen Sinnen wahrnehmen kannst, ist nicht die wirkliche Welt. Sie ist lediglich ein verzerrtes Abbild einer weitaus größeren Welt, die aus verschiedenen Dimensionen und verschiedenen Energieformen besteht. Diese wirkliche Welt ist für euch Menschen normalerweise nicht sichtbar und nicht wahrnehmbar. Außer nachts, wenn ihr träumt. Aber wenn ihr morgens aufwacht, habt ihr wieder vergessen, was ihr im Schlaf erlebt habt. In der wahren Welt ist alles Wissen über alle Dinge vorhanden. Nehmen wir ein Beispiel: Du wusstest immer intuitiv, dass die Art und Weise, wie in deiner Schule Wissen vermittelt wird, falsch ist – nicht so, dass die Schüler ihr volles Potenzial entfalten können. Du wusstest es einfach, ohne darüber nachzudenken, es kam aus deiner Intuition, nicht aus deinem Verstand. Deine Intuition ist mit dem vollkommenen Wissen in der wirklichen Welt verbunden. Viele eurer Erfindungen entstehen dadurch, dass Menschen exakte und detaillierte Anleitungen aus einer anderen Dimension bekommen, die außerhalb eurer Vorstellung von Raum und Zeit liegt.« Sie hält kurz inne. »Zurück zu deiner Ursprungsfrage. Du weißt, dass eine Ausbildung oder ein Studium ein großer Umweg für dich bedeuten würden. Die Natur soll dich stattdessen ausbilden – und das Leben wird deine Universität sein.«

»Das hast du wunderschön gesagt.«

Ihre Stimme, ihr Lächeln, ihre Bewegungen, ihre Weisheit berühren mich tief. Sie lächelt mir ein letztes Mal zu. »Wir treffen uns bald wieder.« Dann entschwindet sie langsam.

Ich wache auf. Die letzten Strahlen der Sonne schimmern durch die Baumkronen. In mir spüre ich eine große Klarheit. Es ist jetzt an der Zeit, endgültig eine Entscheidung zu treffen und meinem Herzen zu vertrauen. Ich stehe auf, breite meine Arme aus und drehe mich der Sonne entgegen. Da ertönt wieder der Schrei des Bussards. Ein Zeichen der Natur, dass ich auf dem richtigen Weg bin? Mit lauter Stimme sage ich: »Meine Entscheidung ist unwiderruflich. Ich folge und vertraue ab jetzt meinem Herzen. Ich werde weder eine Ausbildung noch ein Studium absolvieren. Das Leben und die Natur sollen meine Lehrer sein. Ich freue mich auf alles, was kommt! Ich bitte alle guten und lichtvollen Kräfte, mich auf meinem Weg zu begleiten und zu schützen! Amen.«

Vertraue deinem Herzen, dann wirst du immer auf dem richtigen Weg sein.

8
KONFRONTATION MIT MEINEN ELTERN

Die Worte des wunderschönen Engels wirken noch lange in mir nach. Gleichzeitig ist mir nicht klar, wie ich die erhaltenen Botschaften praktisch umsetzen kann. Was soll ich jetzt tun? Wie finde ich meinen persönlichen Weg? Auf welche Zeichen soll ich warten?

Manchmal braucht es eine klare Entscheidung, damit es weitergehen kann, auch wenn es nur ein kleiner Schritt ist. So beschließe ich, eine Radtour durch den Vogelsberg zu machen, um neue Ideen oder Eingebungen zu bekommen. Ich nehme mir fest vor, nach dieser Tour zumindest Klarheit über die kommenden Wochen zu haben. Am nächsten Morgen geht es los. Es ist ein wunderschöner Frühlingstag mit blauem Himmel und kleinen weißen Wölkchen. Ich belade meine Satteltaschen mit einer Decke, einer warmen Jacke, einem Handtuch, meinem selbstgebackenen Dinkel-Mandelbrot, Karotten, Äpfeln, Haselnussmus und einer Flasche Wasser. Ich freue mich auf die Zeit in der Natur, die Bewegung und die frische Luft. Durch die vielen Touren mit meinem Vater kenne ich mich in meiner Heimat gut aus, und wenn ich mal einen Weg nicht weiß, hilft mir mein Orientierungssinn. Ich suche mir unbefahrene Strecken durch Wälder und Wiesen. Gerade sind die Wildblumenwiesen besonders schön, ab und an begegne ich Rehen oder Feldhasen, und in fast jedem Tal sind Raubvögel hoch oben am Himmel zu sehen.

Ich komme an einen kleinen, in Schilf eingebetteten Teich im Wald. Ein Holzsteg führt etwa zwei Meter weit ins Wasser. Es ist keine Menschenseele zu sehen. Ich ziehe meine verschwitzte Kleidung aus und springe vom Steg direkt ins kalte Wasser. Es ist wunderbar erfrischend, ich schwimme eine Runde, bis ich die Kälte nicht mehr aushalte. Mit etwas Mühe gelingt es mir, mich aus dem Wasser auf den Steg zu ziehen. Ich lege mich einfach nackt auf das alte Holz und lasse mich von der Sonne wärmen. Ich atme tief ein und aus. Die Engelsfrau hat mir gesagt, dass ich meinem Herzen folgen soll, dann wird mir meine Seele den Weg zeigen.

Ich denke über mein Leben nach, in dem ich mich so oft als Außenseiter fühle. Es ist, als ob ich von einem anderen Stern komme und hier einfach nicht zu Hause bin. Am besten geht es mir, wenn ich in meiner eigenen Welt lebe oder in der Natur bin. Ich sehne mich danach, mit Menschen in Kontakt zu sein, die meine Sprache sprechen, die meine Ansichten und Werte verstehen und ähnlich fühlen wie ich. Solche Menschen muss es doch irgendwo geben!

Langsam verschwimmen meine Gedanken, ich gleite ins Traumland. Ich finde mich auf dem Hof von Albert wieder, bei dem ich vor vier Jahren meine Ferien verbracht habe. Der blonde Hüne kommt ursprünglich aus Bayern und lebt nun mit seiner Frau Marlies, seinen drei Töchtern und seinen Tieren in Südfrankreich in den Alpes-Maritimes. Es gibt dort keine Maschinen, alles wird von Hand erledigt. Wir beide tragen große Bündel Heu auf unserem Rücken den Berg hinauf zur Scheune. Obwohl wir nicht miteinander sprechen, verstehen wir uns. Wir genießen die absolute Stille, ein Leben in unberührter Natur, fernab jeglicher Zivilisation. Als wir erschöpft unsere Heuballen abgeladen haben, setzen wir uns in die Sonne auf die Wiese, um uns etwas auszuruhen. Mich beschäftigt etwas, das ich Albert schon lange fragen wollte, jetzt ist endlich Zeit dafür. »Bereust du es manchmal, hier oben zu leben? Du hast sehr viel Arbeit, ihr habt kaum Kontakt zu anderen Menschen, und du verdienst wenig Geld.«

Alberto, wie ich ihn liebevoll nenne, sieht mich ernst an. »Weißt du, wir Menschen haben ja immer eine Wahl. Wir können verschiedene Wege wählen und diese auch wieder verändern. Ich habe mich für ein einfaches, abgeschiedenes Leben hier oben in den Alpen entschieden. Obwohl es oft hart ist, habe ich meine Entscheidung nie bereut. Schau dich mal um. Sieh dir die Berge an und lausche der Stille. Atme die frische Luft ein. Hier zu leben ist ein riesiges Geschenk. Wie viele Menschen können das sagen? Ich liebe meine Arbeit, bin mein eigener Herr und Meister über die Alpen.« Er lacht. »Hey, überleg mal, wie viele Menschen in irgendwelchen klimatisierten Büros sitzen und abends völlig energielos nach Hause kommen. Es ist ein Leben wie im Gefängnis – das wäre für mich ein Alptraum. Ich würde mich immer wieder so entscheiden.« Er klopft mir auf die Schulter. »Gelegentlich kommen auch tolle Menschen wie du zu Besuch und leisten mir Gesellschaft.«

Neugierig frage ich ihn: »Wie hat es dich überhaupt hierher verschlagen?«

»Ich habe meine liebe Frau in der Schweiz auf einer Alm kennengelernt. Als ich das erste Mal dort war, wusste ich einfach, dass ich so leben will. Danach haben wir beide uns auf die Suche nach einem günstigen Stück Land in den Bergen gemacht, und durch Zufall bin ich in einer landwirtschaftlichen Zeitung auf diesen kleinen Hof gestoßen.«

Ich nicke mit dem Kopf. »Für deine Kinder ist es auch toll. Sie wachsen so frei auf.«

»Das stimmt. Ich kann mir kein besseres Leben für meine kleinen Mädels vorstellen.«

Ich lache. Es macht einfach Spaß, mit den dreien hier herumzutoben. Ich hatte schon immer einen guten Draht zu Kindern. Oft weichen mir selbst anfänglich fremde Kinder nicht mehr von der Seite. Vielleicht liegt es daran, dass ich selbst noch viele kindliche Anteile in mir habe?

Plötzlich wache ich auf. Es kommt mir vor, als ob ich wirklich wieder dort in den Alpen gewesen bin. Ich erinnere mich auch wieder an unser Kennenlernen. Ich hatte eine Anzeige von Albert in der *Schrot und Korn* gelesen und bei ihm drei wirklich schöne Wochen verbracht. Jetzt ist diese Zeit wieder ganz nah. Auf einmal fühle ich eine starke Sehnsucht nach Frankreich, nach Natur und Stille. Wie schön wäre es, wieder dort zu sein! Ich bekomme eine Inspiration nach der anderen. Es ist, als ob mein Kanal zur Klarheit plötzlich geöffnet worden ist. Ich sehe mich mit Rucksack durch die Berge Südfrankreichs wandern, nur mit den nötigsten Dingen ausgestattet, dabei völlig frei und mit unendlich viel Zeit. In mir erwacht ein großes Fernweh.

Das Bild ist so klar, dass ich schlagartig genau weiß, was zu tun ist. Ich ziehe rasch meine Kleidung an und springe aufs Fahrrad. Ich kann es kaum erwarten, meine Idee umzusetzen – endlich weiß ich, wie es weitergeht! Ich freue mich riesig und sehe mich schon viele Abenteuer erleben.

Vor lauter Begeisterung sitze ich während der ganzen Rückfahrt nicht mehr auf meinem Sattel, sondern fahre stehend. Mittlerweile ist es Nachmittag. Endlich zu Hause angekommen, klingele ich beim Postamt, wo mein Vater arbeitet. Das Postamt befindet sich im Erdgeschoss unseres Hauses, unsere Wohnung liegt direkt darüber. Deswegen ist mein Vater auch meistens für uns ansprechbar. Als er öffnet, sage ich aufgeregt: »Papi, ich muss dir unbedingt etwas erzählen!«

Mein Vater unterbricht mich. »Matthias, ich habe Kundschaft am Schalter. Erzähl es mir gern nachher, wenn ich von der Arbeit komme.« Mit diesen Worten schließt er die Tür.

Enttäuscht und ungeduldig renne ich nach oben, um meiner Mutter von meiner Idee zu berichten. Ich treffe sie im Wohnungsflur. »Mami, ich weiß jetzt, was ich machen werde!«

Sie lächelt. »Komm doch erstmal rein und erzähle es mir in Ruhe.«

Als wir am Küchentisch, unserem Familientreffpunkt, sitzen, berichte ich ihr von meinem Erlebnis. Schon wieder ist meine Mutter gar nicht begeistert. »Wie stellst du dir das vor? So eine Reise ist gefährlich. Da kann alles Mögliche passieren. Außerdem lernst du dann nichts und verlierst jede Menge Zeit. Deine Freunde studieren schon. Und du willst dich in der Weltgeschichte herumtreiben!«

Ich ärgere mich über mich selbst – gerade nach der letzten Erfahrung mit ihr hätte ich doch wissen müssen, wie sie reagiert. Warum mache ich immer wieder dieselben Fehler? Wie oft kam ich mit wunderschönen Erlebnissen nach Hause, und als ich begeistert von ihnen erzählte, gelang es meiner Mutter, mit ihren Worten und ihrer Energie mir innerhalb kurzer Zeit meine Freude wieder kaputtzumachen. Ich nahm mir dann jedes Mal vor, das nächste Mal nichts zu erzählen. Immer wieder hatte ich Sehnsucht danach, dass sie mich versteht, dass sie sich mit mir freut. Ärgerlich erwidere ich: »Es interessiert mich nicht, was meine Freunde machen. Ich will sowieso keine Karriere machen. Ich will einfach nur das tun, was mir Freude macht.«

Meine Mutter seufzt. »Das ist wirklich die bescheuertste Idee, die du seit langem hattest. Hoffentlich gelingt es Papi, dir den Spleen wieder auszutreiben.«

Als mein Vater später zu uns an den Abendbrottisch kommt, ist meine Stimmung auf dem Tiefpunkt. Meiner Mutter ist es mal wieder gelungen, mir meine Laune gründlich zu vermiesen. Freundlich fragt er mich, ob ich ihm nicht jetzt von meiner Idee erzählen will.

Bevor ich antworten kann, reagiert meine Mutter. »Dein Sohn hat schon wieder so eine Schnapsidee. Er will ohne Geld durch Frankreich reisen.«

Mein Vater runzelt die Stirn. »Erzähl du doch mal.«

Etwas zögerlich teile ich die Bilder mit ihm, die ich heute gesehen habe.

Er sieht meine Mutter an. »Schau mal, reisen kannst du immer noch. Mach doch erstmal was Vernünftiges. Wenn du dich für Bio-Landwirtschaft interessierst, kannst du Landwirtschaft studieren und dir später einen eigenen

Hof aufbauen. Damit lässt sich auch ganz gut Geld verdienen. Was du jetzt vorhast, macht wirklich keiner. Du hast das doch gar nicht vernünftig geplant.«

Ich ärgere mich über seine Worte. »Ihr könnt mir erzählen was ihr wollt, ich finde meine Idee toll und habe da richtig Lust drauf. Geld verdienen kann ich auch später.«

Mein Vater, der sich selten aufregt, wird laut. »Warum kannst du nie auf uns hören? Warum nimmst du keine Ratschläge von uns an? Warum weißt du immer alles besser und bist ein solcher Dickkopf?«

Jetzt sehe ich ihn direkt an. »Es ist mein Leben. Jeder ist für sein Leben verantwortlich. Ihr seid für euer Leben verantwortlich und ich für meins. Euer Weg würde mich nicht glücklich machen, das weiß ich. Ich muss meinem Herzen folgen. Das ist einfach so. Warum könnt ihr nicht akzeptieren, dass ich anders bin als andere?«

Mein Vater denkt einen Moment nach. »Mach, was du willst. Ich werde dich nicht unterstützen. Wenn du so weitermachst, dann wirst du in der Gosse landen!«

Mir reicht es. Wortlos stehe ich auf und verlasse die Wohnung und das Haus. Ich laufe ins Feld, um das zu verarbeiten, was ich gerade erlebt habe.

Als ich entschlossen Richtung Steinbruch laufe, in dem wir als Kinder oft gespielt haben, begegnet mir mein bester Freund Martin, der gerade joggt. Wir umarmen uns. Ich frage ihn, ob er einen Moment Zeit hat, und wir setzen uns an den Rand des Feldwegs. Er merkt, dass ich aufgewühlt bin, und fragt mich, was los ist. Ich seufze. »Ach, ich hatte mal wieder Stress mit meinen Eltern. Ich habe ihnen erzählt, dass ich nach Frankreich gehen will, was sie gar nicht gut fanden.«

Martin schaut mich fragend an. »Was willst du dort machen?«

»Ich weiß es nicht. Einfach wandern, in der Natur sein, mich treiben lassen, schauen, was geschieht.«

»Hmm. Und wovon willst du leben?«

»Das werde ich dann sehen. Es gibt immer einen Weg. Ich finde dort bestimmt jede Menge Früchte und Nüsse.«

Martin zögert. »Also, ich kann deine Eltern verstehen. Du hast keinen Plan, was du machen willst. Du willst auf unbestimmte Zeit weg sein, ohne Geld. Du hast keine Ahnung, was dich dort erwartet. Willst du das deinen Eltern wirklich zumuten?«

In meinem Kopf dreht es sich. Was passiert hier? Ist jetzt sogar mein bester Freund auf der Seite meiner Eltern? Ich verstehe es einfach nicht. Nochmals nehme ich das Gespräch auf. »Erinnerst du dich an unsere Fahrradtour durch die Bretagne?«

Martin nickt.

»Das war doch super, oder? Wir waren in der Natur, hatten eine tolle Zeit, waren frei. Du warst doch auch super happy damals.«

»Matthias, wir waren noch Kinder. Wir haben dort Urlaub gemacht. Das hier ist etwas ganz anderes. Du willst auf unbestimmte Zeit durch die Natur wandern, ohne Geld und ohne Plan, während andere sich wirklich Gedanken über ihre Zukunft machen und Verantwortung übernehmen. Willst du nicht auch was erreichen im Leben?«

Etwas in mir resigniert. Ich habe keine Energie und Kraft für weitere Auseinandersetzungen. So beende ich das Gespräch mit den Worten: »Weißt du was, ich denke drüber nach. Wir können ja später noch mal darüber sprechen.«

Martin steht auf. »Okay. Melde dich gern jederzeit, wenn du quatschen willst. Und sei nicht sauer auf deine Eltern. Sie meinen es nur gut.«

Wir verabschieden uns. Ich gehe weiter zu meiner Obstwiese. Mittlerweile ist es Abend und ziemlich frisch geworden. Ich habe keine Decke und keine Jacke dabei, aber es ist mir egal. Ich will einfach an meinem Zufluchtsort sein und dort das verarbeiten, was ich heute erlebt habe. Erschöpft werfe ich mich ins feuchte, kalte Gras. Auch die Ameisen, die an meinen nackten Beinen herumkrabbeln, kümmern mich jetzt nicht. Was für ein Tag! Erst war ich so glücklich, und jetzt bin ich völlig frustriert. Ich lege mich auf den Rücken und schließe meine Augen. Ich wünsche mir, einfach weg zu sein, nicht mehr zu existieren, nicht mehr irgendwelche bescheuerten Gespräche führen zu müssen. Langsam komme ich zur Ruhe. Mein Atem verlangsamt sich, und ich fühle, wie der Erdboden mir Halt gibt. Plötzlich fühle ich einen sanften Windhauch, der nach Rosenblüten duftet. Ich sehe die blonde Engelsfrau vor meinem inneren Auge, die mich liebevoll anlächelt.

»Du«, flüstere ich leise. »Ich bin so froh, dass du da bist.« Einige Tränen fließen meine Wangen hinunter.

»Ich bin gekommen, um dir zu helfen, die Situation zu verstehen. Du solltest lernen, deine Emotionen zu kontrollieren und dir selbst mehr zu vertrauen. Merke dir eines: Wenn du dich mit einer Sache oder Möglichkeit richtig gut fühlst, dann deswegen, weil es der Weg deiner Seele ist. Wenn du dich hingegen mit einer Entscheidung schlecht fühlst, dann ist es nicht der

Weg deiner Seele. Wie hast du dich nach deinem Traum heute Nachmittag gefühlt?«

Ich überlege. »Ich war voller Freude und Energie. Ich hatte klare Bilder und wusste genau, was ich will und wie es weitergeht. Ich habe mich so gut gefühlt wie lange nicht mehr.«

Die Engelsfrau lächelt. »Du hast dich deswegen so gefühlt, weil deine Seele direkt zu dir gesprochen hat. Du hast um Antworten gebeten, und sie wurden dir geschenkt. Es ist alles genau so, wie es sein soll.«

Ich denke nach. Ja, das macht wirklich Sinn. »Wieso konnten aber meine Eltern und Martin nichts damit anfangen?«

Das Leuchten um ihren Kopf verstärkt sich.

»Wenn deine Eltern und dein Freund in der Lage gewesen wären, dich wirklich zu fühlen, dann hätten sie erkannt, dass dein Vorhaben im Einklang mit deinem Weg ist. Wie die meisten Menschen waren sie aber dazu nicht in der Lage, sondern haben ihre eigenen Glaubensmuster und Konzepte auf dich projiziert. Wenn deine Eltern wirklich in Kontakt mit sich selbst und ihren Gefühlen gewesen wären, dann hätten sie gesagt: ›Wir wissen, dass du die für dich richtige Entscheidung getroffen hast. Und wir haben Angst, dich zu verlieren und Sorge, dass dir auf deiner langen Reise etwas zustößt.‹ Dein Freund hätte gesagt: ›Ich wünsche dir viel Freude auf deinem Weg. Ich würde mich das nicht trauen, was du machst, und mir ist es wichtig, dass ich meinen Eltern gefalle.‹ «

Ich werfe ein: »Aber so redet doch niemand.«

Sie lacht. »Da hast du recht, nur wenige sind in der Lage, so bewusst zu kommunizieren. Das hätten jedenfalls die Seelen deiner Eltern und deines Freundes gesagt, wenn sie direkt zu dir gesprochen hätten. Die Menschen können sich immer nur entsprechend ihres aktuellen Bewusstseins verhalten. Sie können nicht anders. Sie meinen es auch nicht böse. Sie sind einfach nicht in der Lage, sich in andere hineinzuversetzen.«

»So wie ich nicht in der Lage bin, mich in sie hineinzuversetzen.«

»Ganz genau. Deswegen macht es auch keinen Sinn, wenn du sauer auf sie bist oder enttäuscht. Sie stehen da, wo sie stehen. Du jedoch hast die Verpflichtung, deiner inneren Stimme zu folgen, egal, ob deine Familie oder Freunde deiner Meinung sind oder nicht. Glaube mir: Eines Tages werden sie dich verstehen und deine Eltern werden stolz auf dich sein. Auch wenn sie es dir nicht sagen würden, so bewundern sie doch deinen Mut.« Ihre Stimme klingt auf einmal mahnend. »Es ist wichtig für die Zukunft eures Planeten, dass die Menschen anerkennen, dass jeder in seiner ganz eigenen Welt, in seiner ganz eigenen Realität lebt, entsprechend seinem Bewusstsein. Die meisten vergessen, dass die anderen Menschen eine unterschiedliche Wahrnehmung und unterschiedliche Werte haben. All diese persönlichen Welten sind richtig, alle haben ihren eigenen Wert. Es ist nur wichtig, dass ihr versucht, die Welt der anderen ohne Vorurteile kennenzulernen. Versucht, wirklich zuzuhören und die anderen zu verstehen und in diesem Moment die eigene Welt einmal zurückzustellen, dann ist schon viel für den Frieden in der Welt getan.« Sie breitet wieder ihre Arme aus. »Geliebter, du bist auf dem richtigen Weg. Folge deinem Herzen, vertraue deiner inneren Stimme und dein Weg wird sich auf vollkommene Weise entfalten.« Mit diesen Worten verblasst ihre Gestalt.

Wenn du dich mit einer Sache oder Möglichkeit richtig gut fühlst, dann deswegen, weil es der Weg deiner Seele ist.

9
DIE GROSSE REISE

Es ist also entschieden – ich mache mich auf die Reise, die ich in meinem Traum so klar gesehen habe! Voller Aufregung und Vorfreude bereite ich meine Auszeit vor. Gleichzeitig belastet es mich, dass es niemanden gibt, der mich in meinem Vorhaben unterstützt oder daran Anteil nimmt. Ich sehe es jedoch als ein Zeichen dafür, dass es Zeit ist, mein altes Leben hinter mir zu lassen und einen Neuanfang zu wagen. Wie kann ich herausfinden, wer ich wirklich bin und was meine Lebensaufgabe ist, wenn ich mich noch in den alten Strukturen befinde, die mich bisher daran gehindert haben, mich zu entfalten? Ich erinnere mich an meinen Entschluss: Ich will mich selbst ganz neu entdecken und lernen, meiner inneren Stimme in jedem Augenblick zu folgen. Ich freue mich schon darauf, mich noch enger mit der Natur zu verbinden und in ihr zu leben. In ehrlichen Momenten mit mir selbst merke ich aber auch, dass ein Teil in mir flüchten möchte. Die unglückliche Liebe zu Sabina im anthroposophischen Krankenhaus beschäftigt mich immer noch sehr, und ich hoffe, sie durch meine Reise leichter vergessen zu können. Und ich brauche zudem dringend Abstand zu meiner Mutter – ich wünsche mir, dass sich unsere Beziehung verbessert, wenn ich wieder von meiner großen Reise zurück bin. Vielleicht wird sie mich ja vermissen und sich riesig freuen, wenn ich endlich nach langer Zeit wieder zurück bin? Das Kind in mir wünscht sich das sehr, während mein erwachsenes Ich große Zweifel daran hat, dass sich mein Wunsch erfüllen wird.

Da ich viel wandern werde, entscheide ich mich, nur das Allernotwendigste mitzunehmen, um nicht so viel Gewicht mit mir herumzuschleppen. Ich besorge mir in einem Fachgeschäft einen stabilen, großen Rucksack, eine einfache Isomatte und einen Daunenschlafsack mit Baumwoll-Inlay, der bis minus zehn Grad die Kälte abhalten soll. Zu diesem Zeitpunkt weiß ich noch nicht, welche Tierquälerei mit der Herstellung von Daunen verbunden ist, sonst hätte ich mich anders entschieden. Außerdem packe ich von jedem Kleidungsstück ein Teil ein – also eine kurze Hose, eine lange Hose, ein T-Shirt, ein Top, einen Pullover, ein Paar Socken, eine Regenjacke, ein paar Sandalen und ein paar feste Schuhe. Auf Wechselsachen verzichte ich, da ich plane, die benutzten Kleidungsstücke einfach unterwegs zu waschen. Ansonsten kommen noch mit: eine Zahnbürste, ein Nassrasierer, ein Taschenmesser, eine Landkarte von Frankreich sowie Nadel und Faden, um meine Kleidung zu flicken oder bei Bedarf neue Kleidung zu nähen. Ich kann das zwar noch nicht, werde aber in der Natur bestimmt genug Zeit haben, es zu üben. Kosmetik packe ich nicht ein, weder Shampoo noch Seife oder Cremes. Schließlich nehme ich noch eine Ein-Liter-Plastikflasche mit, um sie immer wieder mit frischem Trinkwasser befüllen zu können. Zu diesem Zeitpunkt fehlen mir noch die Informationen über giftige Rückstände in Plastikflaschen, sonst hätte ich mich natürlich für eine Glasflasche entschieden. Wichtig sind mir noch mein kleiner Naturkostkalender, den ich zu einem Tagebuch umfunktioniere, und ein Stift.

Während meiner »Zuvieldienst«-Zeit in Kassel habe ich begonnen, Kundalini-Yoga zu praktizieren. Es handelt sich um eine besondere Art des Yoga, die 1968 von Yogi Bhajan aus Indien in den Westen gebracht wurde. In der Tradition der Sikhs, einer religiösen Volksgruppe in Nordindien, wird ein dynamisches Yoga mit vielen Übungen vermittelt, die körperlich sehr anstrengend sind und helfen sollen, die Kundalini-Energie im Menschen zu wecken. Kundalini bezeichnet eine in tantrischen Schriften beschriebene Kraft im Menschen, die am untersten Ende der Wirbelsäule im ersten Chakra liegt. Sie wird symbolisch als schlafende Schlange dargestellt, die durch das Kundalini-Yoga erweckt werden kann. Wenn diese Kraft vollständig befreit wird, erfährt der Mensch Erleuchtung. Diese Form des Yoga zielt darauf ab, die Praktizierenden kraftvoller, energetischer und gesünder zu machen. Die meisten Übungen dauern einige Minuten und bringen mich meist an meine körperliche Grenze, da sie äußerst anstrengend sind. Die anschließende Entspannung wirkt in der Regel sehr tief. Mir helfen die Übungen dabei, mich vitaler zu fühlen und gleichzeitig zu zentrieren. Es sind Zeiten der Selbsterfahrung, in denen ich mich und meinen Körper intensiv spüre. Nach der Ruhe meditiere ich noch oder singe Mantras. Anschließend fühle ich mich besser und bin bereit für den neuen Tag. Jede Übung dauert solange, bis es zu anstrengend wird und man aufgeben muss – diese Praxis ist also sehr herausfordernd.

Ich nehme mir fest vor, während meiner Reise täglich diese intensive Form des Yoga durchzuführen. So leihe ich mir ein Buch mit unterschiedlichen Asanas, den Yogaübungen, und kopiere die Seiten, die ich dann in einen großen Aktenordner hefte. Später stelle ich fest, dass der Aktenordner zu schwer und zu sperrig ist, aber mir ist es zu diesem Zeitpunkt wichtig, etwas zu haben, was sich nicht von selbst immer wieder zuklappt. Folgende Dinge nehme ich bewusst nicht mit: Kochgeschirr, Geschirr, Besteck, Taschenlampe, Streichhölzer, Klopapier, eine Uhr, Shampoo, ein Zelt oder sonstige Dinge aus der »Zuvielisation«. Ich bin überzeugt davon, dass es am besten für mich ist, den Elementen so nahe wie möglich zu sein und keinen überflüssigen Ballast dabei zu haben. Wenn mir während meiner Reise auffallen wird, dass mir etwas fehlt, dann kann ich mir das ja immer noch schenken lassen. Weitere Reisevorbereitungen treffe ich nicht. Ich vertraue darauf, dass die richtigen Dinge zur rechten Zeit zu mir kommen und dass ich in der Natur genug Nahrung finden werde. Ich beschäftige mich auch nicht weiter damit, was unterwegs in Frankreich essbar sein wird, weil ich das ja am besten direkt vor Ort selbst testen kann. Zwar habe ich meine Vergiftungserfahrung mit den falschen Wildkräutern natürlich nicht vergessen, aber ich habe auch nicht vor, noch einmal eine größere Menge Kräuter zu sammeln, die ich nicht genau kenne ...

Der große Tag des Abschieds ist gekommen. Ich erwarte ihn mit gemischten Gefühlen. Auf der einen Seite freue ich mich auf all die Abenteuer, die mich erwarten, auf der anderen Seite fällt es mir schwer, mein Zuhause und meine Familie auf unbestimmte Zeit zu verlassen. Ich umarme meine Mutter, meinen Vater, meine Schwester und meinen kleinen Bruder lange und herzlich. Uns allen stehen Tränen in den Augen. Meine Eltern wünschen mir alles Gute und sagen mir, dass ich gut auf mich aufpassen und mich regelmäßig melden soll, damit sie wissen, dass es mir gut geht. Das verspreche ich.

Dann gehe ich mitsamt meinen Sachen zu meiner Lieblingstrampstelle in Grebenhain, wo ich schon unzählige Male als Anhalter mitgenommen worden bin. Die Stelle ist deswegen ideal, weil sie sich direkt hinter einer Abzweigung auf einer Anhöhe befindet, wo die Autos automatisch langsam fahren müssen. Außerdem ist dort genug Platz zum Anhalten, weil man den überbreiten Bürgersteig problemlos befahren kann, und dort ein uralter Walnussbaum steht, der Schatten spendet. Dort habe ich schon viele Stunden beim Warten auf die nächste Mitfahrgelegenheit verbracht.

Gleich das erste Auto hält an. Das ist ein gutes Zeichen! Ich renne einige Meter hinter dem Auto her, öffne die Beifahrertür und frage den älteren Herrn im Auto, wo er hinfährt.

»Nach Alsfeld!«, lautet die Antwort.

»Können Sie mich mitnehmen?«

Der Herr nickt. »Steig ein.«

Ich wuchte meinen dunkelgrünen Rucksack, der doch schwerer geworden ist als erwartet, auf den Rücksitz und setze mich auf den Beifahrersitz. Jetzt geht meine Reise los! Der große und lang erwartete Moment ist gekommen. Mein Fahrer nickt mir freundlich zu. Mit seiner Glatze, der Nickelbrille und dem grauen Vollbart sieht er einem meiner früheren Lehrer ähnlich.

»Wo willst du denn hin?«

»Nach Frankreich.«

»Hast du Sommerferien?«

»Nein, ich bin schon fertig mit der Schule. Ich werde längere Zeit unterwegs sein.«

Er kratzt sich am Kopf. »Was genau möchtest du in Frankreich machen? Wo ist dein Ziel?«

»Ich weiß es noch nicht. Das werde ich sehen, wenn ich dort bin.«

Jetzt kommen die Fragen, auf die ich schon gewartet habe. »Hast du genügend Geld dabei? Was wirst du essen? Und wo wirst du schlafen?«

Ich lächle. »Ich brauche kein Geld, da ich jetzt im Sommer Früchte und Nüsse in der Natur finde. Und ich schlafe draußen.«

Der Mann schaut immer mal wieder kurz zu mir rüber, während er fährt. »Wie soll das denn funktionieren? Woher willst du wissen, dass du genügend Essen findest? Von Früchten kann man nicht satt werden. Du kannst doch nicht einfach irgendwo schlafen. Du könntest überfallen und ausgeraubt werden!«

Ich atme tief durch. Ich dachte, dass ich diese Diskussionen hinter mir habe. Warum haben die Menschen so viel Angst? Warum muss alles vorher geplant und abgesichert sein? Wo ist da noch Raum für Freiheit, Lebendigkeit und Abenteuer? Mir gelingt es, freundlich zu bleiben. »Machen Sie sich da keine Gedanken. Ich habe das schon in Griechenland ausprobiert, es hat wunderbar funktioniert. Mit 17 war ich in den Sommerferien drei Wochen auf der Peleponnes und habe mich in dieser Zeit ausschließlich von gesammelten Früchten ernährt. Ich bin auch dort ohne Geld hingefahren und sogar mit Geld zurückgekommen, weil mir ein netter Grieche Geld angeboten und es nicht akzeptiert hat, dass ich es nicht annehmen wollte.«

Mein Begleiter räuspert sich. »Das ist ja wirklich erstaunlich. So etwas habe ich noch nie gehört. Wie bist du überhaupt auf diese Idee gekommen?«

Ich überlege. »Ich weiß es nicht genau. Ich denke, dass es mich genervt hat, dass alle Menschen der Meinung sind, dass man ohne Geld in unserer Welt nicht leben kann. Alles dreht sich immer nur ums Geld. Ich wollte herausfinden, ob es nicht auch andere Möglichkeiten gibt. Außerdem würde ich sowieso keine Lebensmittel im Supermarkt kaufen, da ich Veganer bin und darauf achte, dass alles, was ich esse, aus Bio-Anbau stammt.«

Er schweigt eine Weile. Es arbeitet sichtlich in ihm. »Ich habe über solche Dinge nie nachgedacht. Man macht so vieles aus Gewohnheit und hinterfragt es nicht mehr – auch, weil alle anderen es so tun.«

Ich bin erfreut über seine Offenheit. »Ja, das stimmt. Ich finde es wichtig, dass man sich Gedanken darüber macht, was unser Lebensstil mit der Erde anrichtet. Wir brauchen dringend neue Lösungen, die unser aktuelles Gesellschaftssystem nicht bietet. Ich will auch Lebensgemeinschaften besuchen, in denen die Menschen auf eine ganz neue Weise zusammenleben.«

Der Mann lächelt. »Das ist wirklich interessant. Erzähl mir mehr davon. Ich bin übrigens Sozialkundelehrer.«

Ich grinse breit. »Das habe ich mir schon gedacht. Sie sehen einem Lehrer von mir sehr ähnlich.« Ich sehe, wie auch er sich ein Lachen nicht verkneifen kann, dann erzähle ich weiter. »Es gibt verschiedene Lebensgemeinschaften mit unterschiedlichen Hintergründen. Manche sind politisch, religiös oder spirituell orientiert. Sie haben meistens gemeinsam, dass sie im Einklang mit der Natur leben wollen, Selbstversorgung nach biologischen Richtlinien betreiben, versuchen, so viel wie möglich selbst zu machen, und der Meinung sind, dass man viel mehr erreichen kann, wenn man zusammenlebt als allein. Meistens haben die Mitglieder kein Privateigentum, sondern legen alles zusammen, was vieles erleichtert.«

Mein Gesprächspartner ist erstaunt. »Woher weißt du das alles?«

»Ich habe mich viel mit diesen Themen beschäftigt und auch eine Gemeinschaft im Süden Portugals besucht.«

»Du bist ja schon richtig rumgekommen. Magst du mir mehr darüber erzählen?«

»Gern. Das ist eine anarchistische Gemeinschaft. Sie sind ziemlich radikal. Sie lehnen unsere Gesellschaft total ab und leben konsequent nach ihren eigenen Prinzipien. Das ist so ziemlich das genaue Gegenteil von uns hier. Sie sagen, dass das Leben in Deutschland ein Leben von Spießern sei, das sie absolut verachten. Es ist zum Beispiel verpönt, Kleidung zu tragen. Alle leben nackt. Sie lehnen jegliche Form von staatlichen Strukturen ab. Maschinen lehnen sie auch ab. Es gibt keinen Privatbesitz. Die Kinder werden nach der Geburt mindesten drei Jahre gestillt. Man darf auf keinen Fall den beiden Chefs widersprechen, einem charismatischen Paar, das dieses Projekt aufgebaut hat.«

Der Lehrer zieht seine Stirn in Falten, als ob er überlegt. »Mit solchen Themen will ich mich auch mehr beschäftigen. Das ist spannender Stoff für meinen Unterricht. Wie hat es dir dort gefallen?«

Ich versuche, mich wieder in die Zeit in der Algarve im Süden Portugals zu versetzen. Als ich 17 war, besuchte ich die Gemeinschaft in den Sommerferien, um Inspiration für neue Lebensmodelle im Einklang mit der Natur zu bekommen. »Viele Dinge haben mir gut gefallen. Das Nacktsein war sehr befreiend, nachdem ich meine anfängliche Scham überwunden hatte. Die Arbeit mit der Erde war toll. Es gab dort oft frische gekochte Süßkartoffeln mit Olivenöl und Meersalz. Das war superlecker. Die Menschen dort waren mir aber zu dogmatisch und zu verurteilend. Vor allem das Herz hat mir gefehlt.«

»Was meinst du damit?«

»Ich hatte immer das Gefühl, dass ich dort cool sein muss und mich nicht schwach zeigen darf. Es gab keinen Raum für Gefühle oder Sanftheit. Ähnlich wie bei einem Ferienjob auf dem Bau. Da musste ich auch cool sein, aber das liegt mir einfach nicht. Ich will einfach so sein, wie ich bin, ohne mich verstellen zu müssen.«

Unsere Fahrt geht wie im Flug vorbei. Als ich wieder aussteige, bedanke ich mich herzlich bei ihm.

»Du hast mich sehr zum Nachdenken gebracht«, sagt er. »Ich wünsche dir alles Gute!«

Nach unserer Verabschiedung laufe ich weiter Richtung Autobahnauffahrt. Mein Ziel ist, so schnell wie möglich in Frankreich anzukommen. Deswegen trampe ich anfangs, da ich nur in wirklich schönen Naturgegenden wandern will.

Es dämmert schon, als ich die Nähe der französischen Grenze erreiche. Ich beschließe, meine Reise zu unterbrechen und mir erst einmal einen Platz für die Nacht zu suchen. Von der Autobahnraststätte aus laufe ich quer durchs Feld, um möglichst weit weg vom Lärm zu übernachten. Nach ungefähr 500 Metern liegt vor mir ein Stück Wildblumenwiese. Ich packe meine Isomatte aus, um meine Abendmahlzeit einzunehmen: Karotten und Haselnüsse, die ich von zu Hause mitgebracht habe. Ich stille meinen Hunger und beschließe, noch ein Stück weiter zu wandern. Nach weiteren zwei Kilometern durch Wald und Feldwege entdecke ich eine uralte Eiche, die mehrere Hundert Jahre alt sein muss. Das ist mein perfekter Schlafplatz! Ich mache es mir bequem und bereite mich für die Nacht vor.

Es ist meine erste Nacht draußen seit längerer Zeit. Wie aufregend! Die riesige Eiche beschützt mich. Die Sterne und den Halbmond kann ich deutlich erkennen. Ich fühle mich erschöpft von den vielen Begegnungen, den langen Autofahrten und den Wegen zwischen den verschiedenen Stopps. Bestimmt werde ich sehr gut schlafen.

Doch das Gegenteil ist leider der Fall. Die neue Situation ist ungewohnt für mich. Es gibt kein Bett oder Zimmer, die mir Schutz bieten. Immer wieder raschelt es im Gebüsch, oder ich höre andere Geräusche, die ich nicht einordnen kann. Ich kann mich einfach nicht entspannen und bekomme kein Auge zu. Viele Gedanken gehen mir durch den Kopf: über meine Familie, die Vergangenheit und meine Reiseplanung. Nach vielen Stunden ohne Schlaf bin ich frustriert und wütend – so hatte ich mir meine Reise nicht vorgestellt! Ich fühle mich einsam und sehne mich nach meinem Zuhause. Und ich habe Angst, dass ich noch weitere solche Nächte erlebe. Doch dann reiße ich mich zusammen. Es gibt kein Zurück. Ich werde mich an die ungewohnte Situation gewöhnen und lernen, damit umzugehen. Zum Glück fängt es langsam an, wieder hell zu werden. Nichts wie raus aus diesem Schlafsack! Alles ist besser als das Herumliegen in der vergeblichen Hoffnung, endlich einschlafen zu können.

Nach einigen Nächten, nun bereits in Frankreich, gewöhne ich mich endlich an diese neue Art des Schlafens und fühle mich sicher genug, um einzuschlafen. Die Auswahl meines Schlafplatzes braucht oft Zeit, da ich mich auch wirklich wohlfühlen möchte. So suche ich manchmal bis zu zwei Stunden nach dem passenden Quartier. Ich achte darauf, dass ich nicht gesehen werden kann und möglichst ein Unterstand oder ein natürliches Dach in der Nähe sind, falls es nachts regnen sollte. Manchmal finde ich große alte Bäume, alte Feldscheunen oder verlassene Häuser, neben die ich mich lege.

Eines Abends entdecke ich einen besonders schönen Platz – eine große Wiese, auf der vereinzelt Sträucher stehen. Dazwischen liegen immer wieder große Felsbrocken, die so wirken, als ob ein Riese sie dort hingeworfen hätte. Ich suche mir eine Stelle, die einigermaßen eben ist. Ich bin den ganzen Tag gelaufen und daher richtig müde, nun freue ich mich auf meinen kuschelig-weichen Schlafsack. Ich schlafe sofort ein. Mitten in der Nacht wache ich auf, da feine Wassertropfen mein Gesicht berühren. Oh nein! Bitte keinen Regen. Ich bin einfach zu müde, um aufzustehen, und es gibt weit und breit keinen Ort, wo ich mich unterstellen könnte. So schließe ich die Augen und hoffe inständig, dass der Regen wieder aufhört. Stattdessen werden die Tropfen immer größer und dichter. Bevor ich reagieren kann, wird daraus ein starker Regen. Mein Daunenschlafsack saugt sich mit Wasser voll. Ich muss leider auch feststellen, dass mein Rucksack nicht wasserdicht ist, da die Nässe an vielen Stellen durchdringt und meine Kleidung durchnässt. Ich krieche aus meinem Schlafsack, habe aber keine Ahnung, was ich jetzt machen soll. So warte ich notgedrungen, bis der Regen irgendwann morgens aufhört.

Leider bleibt der Himmel bewölkt, kein Sonnenstrahl durchdringt die dichte Wolkendecke. Ich habe also keine Möglichkeit, den Schlafsack und meine Kleidung zum Trocknen aufzuhängen. Wie durch ein Wunder sind die Seiten meines Yogabuchs und mein Kalender trocken geblieben. Glück im Unglück, denke ich – da mir kalt geworden ist, hält sich meine Freude jedoch in Grenzen. Ich wringe meinen Schlafsack und meine Kleidung aus und packe meine Sachen zusammen. Mein Plan ist, Richtung Süden zu trampen, in der Hoffnung, dass dort die Sonne scheint. Nachdem ich eine Stunde durch Wiesen und Felder gelaufen bin, komme ich an eine Landstraße und stelle mich dort mitsamt meinen nassen Sachen hin. Die Straße ist vielbefahren – leider hält trotzdem niemand an. Viele schauen mich, der verfroren und unglücklich aussieht, freundlich an, ohne jedoch ihr Auto zu stoppen. Die nasskalte Kleidung auf meiner Haut ist extrem unangenehm. Der Lärm und Gestank der vorbeifahrenden Autos lassen meine Stimmung auf einen absoluten Tiefpunkt sinken. Nach mehreren Stunden spüre ich, wie ich Wut auf diese Menschen in ihren trockenen und warmen Autos habe, die nicht genug Mitgefühl haben, um jemandem zu helfen, der gerade darauf angewiesen ist. Ich verabscheue die Abgase und den Dauerlärm und bin frustriert, in diesem erbärmlichen Zustand zu sein. Ich schreie mir meine Wut aus der Seele, so laut und so lange, bis ich heiser bin. In dem Moment, als ich mich entscheide, die Straße zu verlassen und wieder in die Wildnis zu gehen, hält ein Auto an – ich bekomme die Mitfahrgelegenheit, an die ich schon nicht mehr geglaubt habe. Eine ältere, schick gekleidete Französin fragt mich freundlich, wohin ich möchte. Ich bin unendlich erleichtert, dass ich endlich die Möglichkeit habe, dieser unerträglichen Situation zu entkommen.

Ich unterhalte mich in meinem noch recht unbeholfenen Schulfranzösisch ungefähr eine Stunde lang angeregt mit der Dame am Steuer, als es im Auto plötzlich hell wird – die Sonne scheint hinter den Wolken hervor. Bei der nächsten Gelegenheit lasse ich mich absetzen, bedanke mich und laufe bis zu einer Wiese, auf der sich mehrere Hecken befinden. Ich setze meinen Rucksack ab und beginne, den Schlafsack und meine nasse Kleidung auf dem Boden und auf den Hecken auszubreiten, damit alles in der warmen Nachmittagssonne trocknen kann. Auch die feuchten Klamotten an meinem Körper ziehe ich aus und lege mich nackt auf meine Isomatte, um endlich wieder richtig warm zu werden.

Auf meiner Reise lerne ich, wie ich mir den Po nach dem großen Geschäft abwische. Am besten funktioniert langes, nasses Gras, das ich aber selten finde, da es in Südfrankreich, wo ich mittlerweile angekommen bin, im Sommer fast immer sehr heiß ist. Die trockenen Kräuter der Alpes-Maritimes sind dafür nicht geeignet. Manchmal verwende ich große Blätter von Bäumen und teste verschiedene Kräuter für diese Zwecke. Einmal nehme ich eine Pflanze, die ein heftiges Jucken und Brennen hinterlässt, wovon ich noch den ganzen Tag etwas habe.

Eine große Herausforderung sind die Mücken, die mich anscheinend sehr mögen. Dabei bin ich oft im Konflikt mit mir selbst. Auf der einen Seite ist es mein Ideal, keine Tiere zu töten und alles Leben zu respektieren, auf der anderen Seite lassen sich die kleinen Plagegeister nicht wegschicken und rauben mir oft den Schlaf. Wenn ich das fiese Summen in meinen Ohren höre, ist es um meinen Schlaf geschehen, und ich versuche dann, mich möglichst tief in meinen Schlafsack zu verkriechen, damit ich keine Angriffsfläche biete. Der Nachteil an dieser Methode ist, dass ich in den heißen Sommernächten stark schwitze, wenn ich mich so eingrabe. Manchmal halte ich es nicht mehr aus und wehre mich, sodass auch mal eine Mücke dran glauben muss. Ich berufe mich dann auf mein Recht auf Notwehr und Selbstverteidigung. Die Stiche quälen mich oft lange, manchmal dauert es bis zu zwei Wochen, bis die dicken, juckenden Quaddeln wieder verschwinden. Es kommt vor, dass ich mich blutig kratze, weil ich den Juckreiz einfach nicht mehr aushalte.

Die Nächte entwickeln sich zu einem Alptraum. Ich finde keine Möglichkeit, den kleinen fiesen Plagegeistern zu entkommen, sodass ich nicht nur völlig übermüdet bin, sondern auch aussehe wie ein Streuselkuchen.

Ich laufe durch ein beschauliches kleines Bergdörfchen und versuche, nicht an den Juckreiz zu denken, der mich gerade quält. Da kommt eine zierliche alte Frau mit Kopftuch auf mich zu und spricht mich auf Französisch an. »Was ist denn mit dir passiert? Die Mücken scheinen dich ja zu lieben.«

Ich lächle sie resigniert an. »Ja, mittlerweile bekomme ich schon Angst, wenn ich nur das Summen einer Mücke höre.«

Sie bedeutet mir, ihr zu folgen. »Komm mit. Vielleicht kann ich dir helfen.«

Sie führt mich in ihre Küche, in der überall Kräuter hängen und viele Tiegel aus Ton und Glas stehen. Ein Duft von Wiesenblumen, Lavendel und Salbei erfüllt die Luft. Aus einem Regal an der Wand nimmt sie einen kleinen weißen Tontiegel und gibt ihn mir. »Diese Salbe habe ich selbst gemacht, nach einem Rezept meiner Großmutter. Sie schützt dich nicht nur vor Mücken, sondern lindert vor allem den Juckreiz. Probiere es gleich aus!«

Dankbar nehme ich ihre Mückensalbe entgegen. Die helle Paste riecht intensiv nach ätherischen Ölen und Bienenwachs. Ich halte meine Nase ins Glas. »Was ist da drin?«

»Das ist geheim. Vielleicht errätst du es ja?«

»Hmmm ... ich rieche Zitrone, Salbei und Pfefferminze. Mehr kann ich nicht identifizieren.« Anerkennend nickt sie. »Das ist schon richtig gut. Eukalyptus fehlt noch.«

Ich freue mich, fast richtig gelegen zu haben. Bevor ich meinen Finger in die Salbe stecke, zögere ich einen Moment. »Darf ich?«

»Nur zu! Diese Salbe gehört dir. Du hast sie wirklich nötig."«

Vorsichtig reibe ich ungefähr 30 Stiche mit der Salbe ein. Und tatsächlich: Der Juckreiz hört sofort auf. Was für eine Erleichterung!

Trotz mehrfacher Versuche gelingt es mir leider nicht, sie zur Herausgabe ihrer Rezeptur zu bewegen. Ich bedanke mich dennoch überschwänglich bei der hilfsbereiten Kräuterfrau, umarme sie und wünsche ihr ein langes, gesundes Leben. Ich hatte einfach nicht damit gerechnet, dass ich so schnell und noch dazu unerwartet Hilfe für meine juckende Haut bekommen würde. Wieder einmal wird mir bewusst, dass ich geführt bin und dass es für jedes Problem eine Lösung gibt.

Die Suche nach Nahrung macht einen großen Teil meines Tages aus. Das Leben in der Natur, verbunden mit meinem Extrem-Yoga und den langen Wanderungen mit dem schweren Rucksack bei hohen Temperaturen verbraucht viele Kalorien. So habe ich immer wieder mit starkem Magenknurren zu kämpfen, lerne aber immer besser, es eine Zeit lang zu überhören. Gleichzeitig finde ich es spannend, morgens keine Ahnung zu haben, was ich tagsüber essen werde und welche kulinarischen Überraschungen auf mich warten. Gespritzte Plantagen oder Äcker sind für mich tabu, und so beschränke ich mich darauf, mich von wildwachsenden Bäumen, Sträuchern und Pflanzen zu ernähren. In Südfrankreich wird häufig ein bläuliches, intensiv riechendes Spritzmittel verwendet, dessen Ablagerungen ich auf Früchten und Blättern erkenne. Auch die Kleinbauern verwenden es, um ihre Trauben, Feigen oder andere Früchte – aus ihrer Sicht – zu schützen. Den beißenden Geruch erkennt meine feine Nase schon von weitem, und so mache ich um diese Früchte einen großen Bogen.

Die Verwendung von Pestiziden, Insektiziden und Kunstdünger ist weltweit ein gigantisches Problem. Hauptsächlich werden die Gifte eingesetzt, um Erträge zu steigern, Landwirten und Obstbauern die Arbeit zu erleichtern und Arbeitskräfte einzusparen. Diese Bequemlichkeit, mit der Chemiekonzerne jährlich Milliarden verdienen, hat jedoch fatale Folgen: Das Grundwasser wird verseucht, unzählige Tier-, Pflanzen- und Insektenarten sterben aus, und die künstlich hochgepäppelten Pflanzenschwächlinge haben kaum noch Nährwerte für die Menschen. Dazu kommt, dass sie giftige Chemierückstände enthalten. Gerade in Gegenden, wo intensiv gespritzt wird, gibt es häufige Missbildungen bei Neugeborenen. Dabei stehen uns bereits viel wirksamere Methoden zur Verfügung, um gesunde Lebensmittel anzubauen und gleichzeitig hohe Erträge zu erzielen – etwa Permakultur, Effektive Mikroorganismen, Agnihotra, Terra Preta und Kommunikation mit Pflanzen, um nur einige zu nennen. Diese Methoden haben jedoch einen entscheidenden Nachteil für die Chemiekonzerne: Sie verdienen nichts daran. Deswegen bezahlen sie Tausende Lobbyisten dafür, den ganzen Tag nichts anderes zu tun, als Politiker in ihrem Sinne zu beeinflussen oder sogar Gesetzestexte für sie zu schreiben.

Im Laufe der Zeit finde ich mehr und mehr heraus, welche Früchte essbar sind. Viele kenne ich bereits aus Deutschland, andere teste ich, indem ich zunächst ein wenig probiere und dann abwarte, ob mein Körper unerwünschte Reaktionen zeigt – die Intensivstation habe ich noch allzu gut im Gedächtnis.

Ich bin in einem felsigen Gelände in den Bergen unterwegs und habe den ganzen Tag noch nichts gegessen. Zwischen den Felsen fallen mir große Kakteen auf, die leuchtend rot-gelbe, durch Stacheln geschützte Früchte tragen. Ob ich sie essen kann? Ich bin unsicher. Ich höre auf meinen Magen und beschließe, die Frucht vorsichtig mit meinem Taschenmesser zu öffnen. Nach längerem Pulen und etlichen Stacheln, die in meiner Hand stecken bleiben, gelingt es mir endlich, die Frucht zu probieren. Das Ergebnis überrascht mich: Sie ist richtig lecker! Süß-säuerlich und saftig. Vorsichtig verzehre ich das Innere der Frucht. Trotz meines Hungers beschließe ich aber, es erstmal dabei zu belassen, da das Schälen ziemlich anstrengend und schmerzhaft ist – außerdem weiß ich ja nicht, wie ich die Kaktusfrucht vertrage.

Nach langer Wanderung komme ich in ein kleines verzaubertes Dorf, das aus alten Steinhäusern und verwinkelten, gepflasterten Straßen besteht. Den ganzen Morgen über ist der Himmel strahlendblau gewesen, die Sonne hat besonders heiß vom Himmel geschienen. Ich bin nassgeschwitzt und habe einen leichten Sonnenbrand auf meinen Wangenknochen, Schultern und Hals. Bei der Hitze trage ich nur meine luftigen Shorts. Ich kann mich vor der sengenden Sonne nur schützen, indem ich im Schatten bleibe. Das verhindern aber mein Hunger und mein Durst. Also versuche ich, der brennenden Haut keine weitere Aufmerksamkeit zu schenken.

In der Mitte des Dorfes steht ein kleiner, in Stein gefasster Rundbrunnen, der von einem Rohr in der Mitte gespeist wird. Das Wasser wirkt klar und sauber, so trinke ich mit gierigen Schlucken aus meinen Händen, die ich als Schale forme. Anschließend fülle ich meine zerknitterte, aber immer noch dichte Plastikflasche damit auf. Ich setze mich auf den Brunnenrand und lasse meine nackten, wunden Füße ins kalte Wasser baumeln – ein wahrer Balsam für sie! So ruhe ich eine Weile aus, genieße das Plätschern des Brunnens und die Stille des Dorfes. Es sind keine Menschen zu sehen, wahrscheinlich machen die Dorfbewohner gerade Mittagsschlaf. Das Wasser hat mich meinen Hunger nur für kurze Zeit vergessen lassen, deswegen mache ich mich wieder auf den Weg. In oder um Dörfer herum finde ich fast immer Nahrung, da weiter draußen, in der wilden, unberührten und kargen Natur dieser Berglandschaft kaum etwas Essbares wächst. Wilder Thymian oder Rosmarin sind nicht die ideale Nahrung für einen hungrigen Wanderer ...

Am Ende des Bergdorfes fällt mir ein Baum auf. Es ist ein Aprikosenbaum mit dicken, runden Früchten, die auf einer Seite orange und auf der anderen Seite dunkelrot sind. Sie sind ein wahrer Genuss! So süß, saftig und aromatisch. Der ganze Boden ist übersät mit frischen Aprikosen. Niemand scheint diese göttlich schmeckenden Früchte zu ernten. Ich bin überwältigt von dieser Fülle. Die Natur schenkt wirklich Vielfalt und Überfluss, und die Menschen könnten davon profitieren, wenn sie nicht meinen würden, alles besser als die Natur zu machen. Wenn man überall unterschiedliche Obst- und Nussbäume pflanzen würde, hätten die Menschen ausreichend Essen, das sie nur pflücken müssten. Man könnte die normalen Straßenbäume durch Bäume mit essbaren Früchten und Nüssen ersetzen, und alle könnten sich ohne Arbeit mit wohlschmeckender und vor allem gesunder Nahrung versorgen. Früchte und Nüsse sind Geschenke unserer Erde an die Menschen und Tiere, sie stecken voller Vitamine, Mineralien, Spurenelemente und Enzyme. Vor allem tragen die Bäume bei guter Befruchtung jedes Jahr aufs Neue und jedes Jahr mehr, je größer sie werden. Man könnte das so einfach umsetzen! Die Bäume würden uns nicht nur Nahrung schenken, sondern gleichzeitig auch Sauerstoff, Schatten, Luftfeuchtigkeit, Schönheit, duftende Blüten und ein Zuhause für so viele Tiere. Warum wird das nicht gemacht, obwohl es so leicht wäre? Warum werden die wirklich guten Dinge nicht umgesetzt? Stattdessen roden die Menschen die Wälder und ersetzen diesen so wichtigen Lebensraum für viele Tiere und Pflanzen durch riesige Agrarwüsten.

Die Menschheit glaubt, sie wäre fortschrittlich oder zivilisiert, dabei ist es genau das Gegenteil. Was ist denn fortschrittlich daran, seine eigenen Lebensgrundlagen und die Zukunft seiner Kinder mit Giften zu vernichten? Es ist im Gegenteil ein Ausdruck purer Dummheit und Ignoranz. Das Problem ist, dass die großen Konzerne so viel Geld haben, dass sie damit fast alles kaufen können: Politiker, Landwirte, Richter. Dadurch hat kaum jemand die Möglichkeit, etwas gegen sie zu unternehmen. Das Ganze kann man natürlich auch umgekehrt sehen: Solange die Mehrzahl der Menschen umweltschädliche Produkte der großen Pharma- oder Agrarkonzerne kauft, wird sich nichts verändern. Deswegen müssen wir auch an unserem Konsumverhalten ansetzen: Ich kaufe normalerweise ausschließlich Produkte von kleinen Bio-Landwirten. Aktuell kaufe ich sogar gar nichts und bin damit nicht mehr Teil eines naturzerstörenden Kreislaufs, der aus der Produktion von überflüssigen und schädlichen Dingen besteht. Damit die Menschen in der

Lage sind, durch Werbung erzeugte künstliche Bedürfnisse zu befriedigen, verkaufen sie ihre kostbare Lebenszeit gegen Geld und müssen arbeiten gehen. Ich schwöre mir, dass ich mich nicht an diesem System beteiligen werde und mich dafür einsetze, neue Ideen und Konzepte in die Welt zu bringen, die dazu beitragen, unsere Gesellschaft und unsere Erde zu heilen.

Wenn man überall unterschiedliche Obst- und Nussbäume pflanzen würde, hätten die Menschen ausreichend Essen, das sie einfach nur pflücken müssten.

Nachdem ich gegessen habe, laufe ich weiter. Nach einem steilen Anstieg bietet sich mir ein atemberaubender Anblick: Vor mir liegt ein großer Bergsee mit türkisblauem, glasklarem Wasser, umgeben von Bergen und Blumenwiesen. Dunkle Quellwolken türmen sich am Horizont auf. Da ertönt aus der Ferne das erste Donnergrummeln. Wenn hier mal ein Gewitter kommt, dann ist es meist ziemlich heftig, deswegen schaue ich mich nach einem Unterschlupf um. Mir fällt an einer Felswand, die ungefähr 500 Meter entfernt ist, ein dunkler Fleck auf. Beim Nähergehen sehe ich, dass es sich dabei um eine kleine Höhle handelt, die halb hinter einem Busch verborgen ist. Das ist der perfekte Schutz für mich! Von dort werde ich mir das kommende Naturschauspiel im Trockenen in Ruhe anschauen. Kaum habe ich den Eingang erreicht, geht es auch schon los. Ein starker Wind heult auf und wirbelt Blätter und Äste durch die Luft. Das Donnern kommt näher, erste Blitze leuchten am Horizont auf. Ein plötzlicher Platzregen verwandelt die Landschaft in ein graues Gemisch aus Wolken und Nässe. Nach kurzer Zeit fließt das Wasser in großen Strömen durch das plattgedrückte Gras in den darunter liegenden See. Mir kommt eine Idee. Ich lasse meine kurze Hose an und gehe hinaus. Die Regentropfen schmerzen auf meiner Haut. Vorsichtig nähere ich mich einem kleinen Hügel, der das Ende der Wiese bildet, auf der jetzt ein kleiner Wasserstrom in den See fließt. Ich setze mich an den oberen Anfang des Stroms und stoße mich ab. Es funktioniert! Ich rutsche mit einem lauten Platsch direkt in den See, ohne mir dabei wehzutun. Welch ein Spaß! Durch den starken Regen ist eine natürliche Wasserrutschbahn entstanden, die ich jetzt in absoluter Einsamkeit und in einer beeindruckenden Kulisse benutze. Immer und immer wieder klettere ich auf den kleinen Hügel und rutsche unter lautem Geschrei in meinen Natur-Pool. Es tut so gut, das kalte Nass auf meiner Haut zu spüren, eins mit den Elementen zu sein und vor allem meine kindliche Lebendigkeit zu fühlen! Ich kann davon einfach nicht genug bekommen. Nach unzähligen Rutschpartien beschließe ich, eine Pause einzulegen und schwimmend den See zu erkunden. Das Gewitter ist mittlerweile weitergezogen, das Wasser des Gebirgssees beruhigt sich und wird ganz glatt. Überall steigt Nebel auf. Es ist rundum still. Ich fühle mich eins mit der Erde und dem Wasser. Ganz versunken in diese Zauberwelt fühle ich tiefe Dankbarkeit, dies alles erleben zu dürfen ...

10
DER FEIGENBAUM

Der Sommer in der herrlichen, wilden Natur Frankreichs vergeht wie im Flug. Ich fühle mich hier immer mehr zu Hause. Eines Tages, es ist bereist Oktober, laufe ich seit drei Stunden an einer staubigen alten Landstraße entlang, als plötzlich ein Auto neben mir hält. Auch das noch! Es handelt sich um einen Polizeiwagen. Zwei ältere Herren steigen aus und fordern mich mit strenger Miene auf, ihnen meinen Pass zu zeigen. Nachdem sie mir meinen Reisepass zurückgegeben haben, werden sie etwas freundlicher und fragen mich, ob sie mich mitnehmen können. Ich habe zwar kein genaues Ziel, möchte mir aber das Abenteuer nicht entgehen lassen, in einem Polizeiauto zu fahren, deswegen bedanke ich mich lächelnd und steige ein. Die Beamten freuen sich anscheinend über diese willkommene Abwechslung und wollen alles über mich erfahren: Was ich in Frankreich mache, warum ich in der Natur lebe, wo ich herkomme, welchen Beruf ich gelernt habe und wie mir ihr Land gefällt. Mein Französisch ist inzwischen schon besser geworden, und so verläuft unser Gespräch angeregt und freundlich. Nach ungefähr einer Stunde setzen sie mich an einem Kiosk ab und wünschen mir alles Gute. Das war wirklich eine unerwartete und außergewöhnlich nette Begegnung! Ich lerne daraus, dass es am besten ist, Menschen weder nach ihrem Beruf noch danach zu beurteilen, ob sie anfänglich unfreundlich erscheinen. Ich habe es schon oft erlebt, dass ehemals reservierte Personen im Lauf eines Gesprächs auftauten und ich feststellen durfte, dass sie sehr freundlich sind, wenn man ohne Vorurteil auf sie zugeht.

Hinter dem Kiosk befindet sich eine verwilderte Mandelplantage. Heute ist mein Glückstag! Ich sammle ausschließlich Früchte von verlassenen Plantagen oder Gärten, da ich nur hier sicher sein kann, dass diese nicht mit giftigen Chemikalien gespritzt werden. Der trockene Boden unter den alten Bäumen ist übersät mit Mandeln. Ich sammle einige unter dem ersten Baum und knacke sie mit zwei Steinen. Die erste Mandel ist leider bitter. Auch die zweite ist eine Bittermandel. So gehe ich weiter, um noch andere Mandelkerne zu testen. Weiter oben schmecken sie hervorragend. Nach einigen Versuchen und dem Probieren von verschiedenen Bäumen finde ich heraus, dass nicht einzelne Mandeln eines Baumes bitter oder süß sind, sondern dass es süße Mandelbäume und bittere Mandelbäume gibt.

In meinem gemütlichen Schlafsack übernachte ich wunderbar unter einer riesigen alten Tanne, die mich beschützt. Am nächsten Morgen schaue ich mir die Landschaft an, die ich gestern im Dunkeln, als ich angekommen bin, noch nicht sehen konnte. Die Sonne fängt langsam an, durch die Bäume zu blinzeln. Zunächst trinke ich den letzten Rest Wasser aus meiner Flasche und mache mich dann auf den Weg, um die Umgebung zu erkunden und etwas Leckeres zu essen zu finden. Ungefähr eine Stunde lang laufe ich durch diese verlassene Landschaft, doch leider finde ich nichts, was meinen immer stärker werdenden Hunger stillen würde. So entscheide ich mich, trotzdem erst einmal mein Morgenritual zu beginnen – mein geliebtes Kundalini-Yoga. Ich suche mir dafür einen schönen Platz in der Sonne und finde eine Wiese, die von Büschen und Laubbäumen begrenzt ist.

Trotz der Anstrengung kann ich die frische Luft, die Stille und das Singen der Vögel wahrnehmen, die wunderbare Lebensenergie, die sich in allem zeigt, was um mich herum ist: die alten Bäume, die Felsen, die mit Moos bewachsen sind, das Eichhörnchen, das sich ab und an von einem der nahestehenden Bäume zeigt, das Summen der Bienen und Hummeln und andere Insekten, die mich mit etwas Abstand bei meinen Übungen betrachten.

Am Ende meiner Praxis lege ich mich auf den Rücken und genieße die tiefe Entspannung. Ich schaue in den Himmel, schließe dann die Augen und fühle einfach meinen Körper. Ich liebe diese Momente nach dem Kundalini-Yoga, wenn ich ganz tief in mich versinke. Dabei empfinde ich große Dankbarkeit für meinen Körper, für das Leben und für all das, was ich schon erlebt habe.

Mein Magenknurren holt mich schließlich wieder in meinen normalen Bewusstseinszustand zurück. Erneut mache ich mich daher auf die Suche nach etwas Essbarem. Ich wandere weiter durch die Gebirgslandschaft der französischen Alpen. Ich versuche, mich ganz auf die Schönheit der Natur zu konzentrieren und auf meine Schritte, um mich von meinem immer stärker werdenden nagenden Hungergefühl abzulenken. Immer wieder bietet sich mir ein atemberaubender Ausblick auf die Gebirgsketten in der Ferne und grüne Täler. Auf einmal höre ich das sanfte Murmeln eines Gebirgsbaches – in der Vorfreude auf Wasser und damit auf eine Waschgelegenheit beschleunige ich meine Schritte.

Der Gebirgsbach kommt aus dem darüber liegenden Felsen und zieht Richtung Tal seine verschlungenen Pfade. Ich überlege, ob ich es wagen soll, mich wirklich darin zu waschen, weil es ja schon Ende Oktober und damit in den Nächten sehr kalt ist. Das Wasser, das aus den Bergen kommt, ist dementsprechend wahrscheinlich noch kälter. Gleichzeitig bin ich durch das viele Laufen und das Yoga aber auch verschwitzt, zudem ist es schon einige Tage her, seit ich mich das letzte Mal waschen konnte. So ziehe ich mich also kurzerhand aus und wähle eine Kuhle, in der das Wasser so tief ist, dass ich mich hineinlegen und dort waschen kann. Die Kälte trifft mich wie ein Schock – trotzdem zwinge ich mich dazu, mit meinem ganzen Körper unterzutauchen. Sofort spüre ich, wie mich das Wasser erfrischt und mir neue Energie schenkt. Ich fülle meine Flasche auf und trinke so viel von diesem lebendigen Wasser, wie ich kann.

Gestärkt mache ich mich wieder auf den Weg. Durch das Wasser ist mein nagendes Hungergefühl für eine Weile verschwunden. Voller Elan und Lebensenergie wandere ich weiter und suche unablässig den Horizont, den Wegesrand und die darüber liegenden Berge nach Anzeichen von etwas Essbarem ab. Ich halte Ausschau nach Feigen, Mandeln, Apfel- und Birnbäumen, nach Walnüssen und Weintrauben. Ich finde jedoch nichts, was ich zu mir nehmen kann. Ich gönne mir keine Pause. Mittlerweile wandere ich schon viele Stunden. Die Sonne verschwindet bereits hinter dem Berggipfel. Meine Müdigkeit und Erschöpfung werden immer stärker. Das Magenknurren hat sich mehr und mehr in Magenschmerzen verwandelt. Meine Ungeduld und meine Verzweiflung wachsen, da ich den ganzen Tag noch keine Nahrung gefunden und auch nicht mehr viel Zeit habe, da ich ja ohne Kerze, Lampe oder andere Leuchtmittel unterwegs bin. Deshalb wird es für mich in der Dämmerung und in der Nacht sehr schwierig, überhaupt noch etwas Essbares zu finden, wenn nicht zufällig gerade Vollmond ist.

Während ich meine Schritte trotz der Erschöpfung immer mehr beschleunige, zermarterte ich mir den Kopf darüber, was ich tun würde, wenn ich nichts zu essen finde. Plötzlich höre ich in der Ferne das Läuten von Glocken und weiß, dass dort ein Dorf sein muss. Ich bin erleichtert, denn oft ist es viel einfacher, in einem Dorf oder an einem Dorfrand Obst und Gemüse zu finden, weil dort die Menschen Gärten haben. In der Regel betreiben die Bewohner der Gebirgsdörfer Selbstversorgung und bestreiten damit zumindest einen Teil ihres bescheidenen Lebensunterhaltes.

Das Dorf fügt sich auf schöne und natürliche Weise in das Tal ein. Ich zähle zehn Häuser. Da es schon früher Abend ist, renne ich fast in das Dorf hinein, denn mir bleibt nicht mehr viel Zeit, um noch etwas Essbares zu ergattern. Als ich auf den Klang der Glocken zulaufe, sehe ich einen kräftigen Feigenbaum voller dicker, runder und blauer Feigen. Um diese Zeit ist es eine Seltenheit, noch frische und nicht verschimmelte Feigen zu finden! Umso größer ist meine Freude darüber, dass ich so viel Glück habe. Ich danke dem Schöpfer, dass er mich auch an diesem Tag nicht im Stich gelassen hat. Es gibt jedoch einen entscheidenden Nachteil: Der Baum befindet sich in einem eingezäunten Garten.

Mich beschleichen Zweifel, ob ich es wagen soll, über den Zaun zu steigen. Doch mein Hunger ist so stark, dass ich meinen Bedenken keine weitere Beachtung schenke. Ich stelle meinen schweren Rucksack ab und klettere über den Zaun. Das Festmahl, das ich jetzt feiern darf, ist ein absoluter Genuss für mich. Jede dieser Feigen ist dick und saftig, hat blutrotes Fleisch und ist zuckersüß mit einem unvergleichlichen Aroma. Während ich unter dem Feigenbaum stehe und esse, umhüllt mich der süßliche Duft der Feigenblätter – ich gerate in einen ekstatischen Zustand, so sehr freue ich mich über die Geschmacksexplosion in meinem Mund. Auch mein Magen jubiliert, dass er jetzt nach einem langen Tag das erste Mal etwas zu essen bekommt.

Während ich meinen Feigenrausch genieße, fühle ich tiefe Dankbarkeit für diese Erde und all das, was sie uns so großzügig zur Verfügung stellt, für die Wunder, die sie uns schenkt. Und egal, wie wir uns ihr gegenüber verhalten, sie versorgt uns immer weiter mit allem, was wir für unser Leben brauchen. Gleichzeitig spüre ich aber auch eine Traurigkeit darüber, dass so viele Menschen komplett die Verbindung zu ihrem Ursprung verloren haben. Ihnen ist gar nicht mehr bewusst, dass sie sich auf einem lebendigen Organismus befinden, der ihnen wirklich alles gibt, was sie benötigen. Die Natur schenkt uns vor allen Dingen auch unendlich viel Lebensenergie.

In mir entsteht ein tiefer Wunsch, eines Tages dieses Wissen und die Einheit mit der Natur, die ich so schätzen gelernt habe, zu teilen und Menschen daran zu erinnern, dass es wichtig ist, dass wir unsere Erde und die Natur, die uns umgibt und uns nährt, auf einer tiefen Ebene achten und respektieren. Dass wir unsere Lebensgrundlagen erhalten, indem jeder Einzelne von uns sich dafür einsetzt, dass wir und unsere Kinder, aber auch die Tiere und Pflanzen dieser Welt eine wundervolle Zukunft haben, in der genug Raum und Platz für alle ist, in der wir in Frieden und Verbundenheit miteinander leben können.

Während ich mich diesen Gedanken hingebe, drehe ich mich unbewusst leicht nach rechts. Was ich dort sehe, lässt mir das Blut in den Adern gefrieren: Dort schläft ein riesiger, schwarzer Hund, der mich bislang nicht bemerkt hat. Ich bin also, ohne es zu wissen, in einem Hundezwinger gelandet! Ich war die ganze Zeit lediglich zwei Meter entfernt von diesem gigantisch großen Hund, der zwar aktuell ganz friedlich aussieht, aber mit Sicherheit nicht mehr so friedlich sein wird, wenn er erst einmal aufwacht. So leise wie ich kann verlasse ich meinen geliebten Feigenbaum und klettere so schnell über den Zaun, wie ich noch nie zuvor über einen Zaun geklettert bin. Ich danke meinem Schutzengel dafür, dass er diesen Hund trotz meines lauten Schmatzens tief und fest hat weiterschlafen lassen.

Obwohl ich noch deutlich mehr hätte essen können, ist mein Hunger doch weitestgehend gestillt. Mittlerweile beginnt es zu dämmern. Mit meinem Feigenbauch, dem überstandenen Schock und all den besonderen Erlebnissen, die ich in der letzten Stunde auf so vielen Ebenen erfahren habe, mache ich mich daran, mir einen gemütlichen und geschützten Schlafplatz für die Nacht zu suchen. Voller Erleichterung beeile ich mich auch jetzt wieder, da ich natürlich weiterhin darauf angewiesen bin, genug zu sehen, um mir den richtigen Schlafplatz aussuchen zu können, der möglichst weit weg von Häusern, Dörfern und französischen Hunden liegt.

Plötzlich landet eine Amsel direkt vor mir auf dem Boden und schaut mich an! Sie scheint überhaupt keine Angst vor mir zu haben, und so setze ich mich vorsichtig zu ihr. »Na, meine Liebe, hast du mir etwas zu sagen?«, frage ich sie.

Die Amsel neigt den Kopf leicht zur Seite – und ich bilde mir ein, ihre Antwort in meinem Kopf zu hören: »Ob du glücklich oder unglücklich bist, hängt niemals von den äußeren Umständen ab, sondern einzig und allein von deinem inneren Zustand. Deswegen spielt es keine wirkliche Rolle, wo du dich befindest oder mit wem du zusammen bist. Wenn du mit dir im Reinen bist, kannst du überall glücklich sein. Wenn du dich hingegen innerlich leer fühlst, dann versuchst du, dich mit Dingen abzulenken, die dir kurzfristige Befriedigung verschaffen. Deswegen spielt das Essen bei dir eine so große Rolle.«

Mit meinem stolzen Papa in den Wiesen des Vogelsbergs

Meine Schwester und ich – fast immer ein Herz und eine Seele

Noch freue ich mich auf die Schule   In der Natur ist es am allerschönsten

Mit meinem Bruder Daniel beim Picknicken

Auf einer Friedensdemo mit einer Freundin

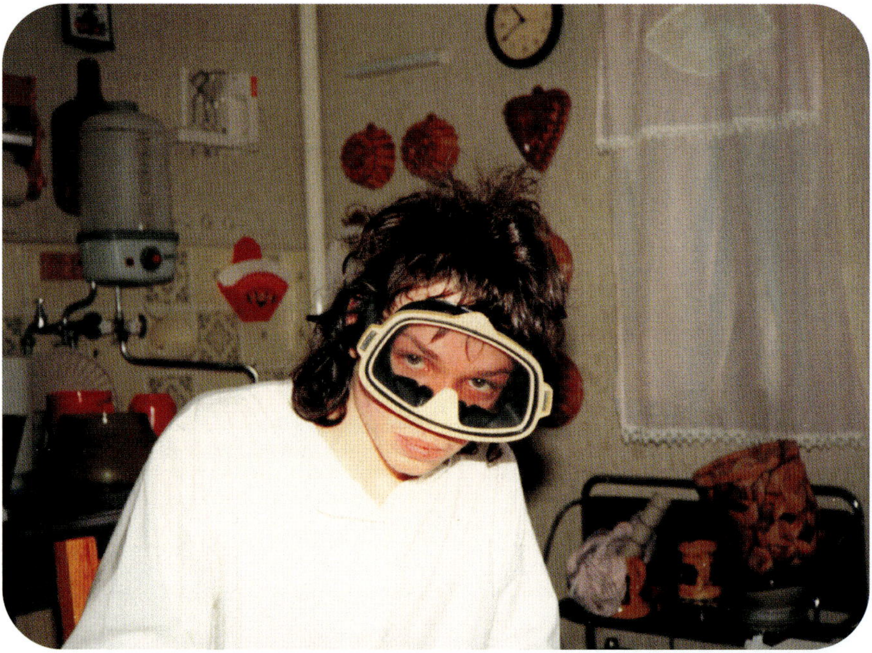

Ich verarbeite frischen wilden Meerrettich – selbst mit Taucherbrille ist es eine Qual

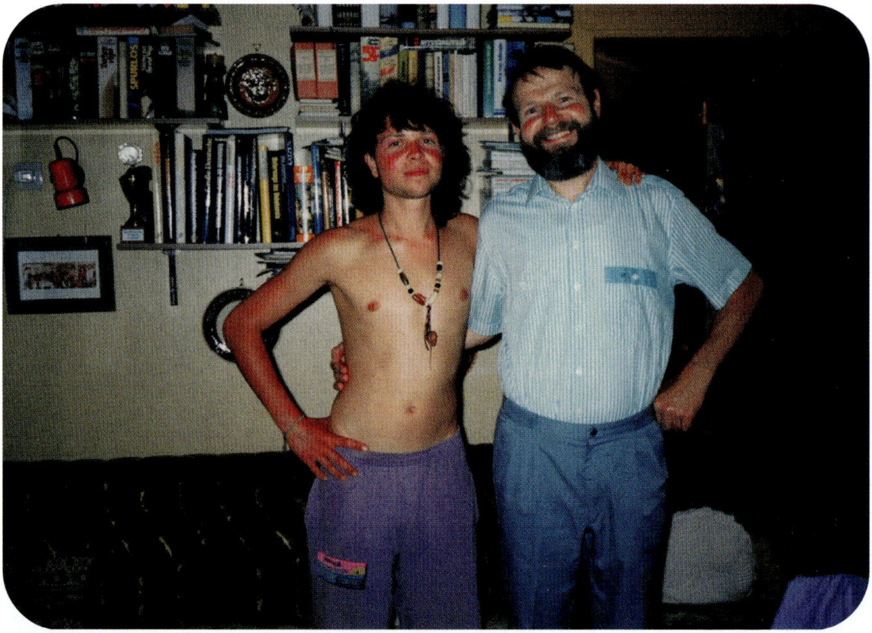

Mit meinem Papa

Mit meiner Mama

Meine Geschwister und ich beim chillen

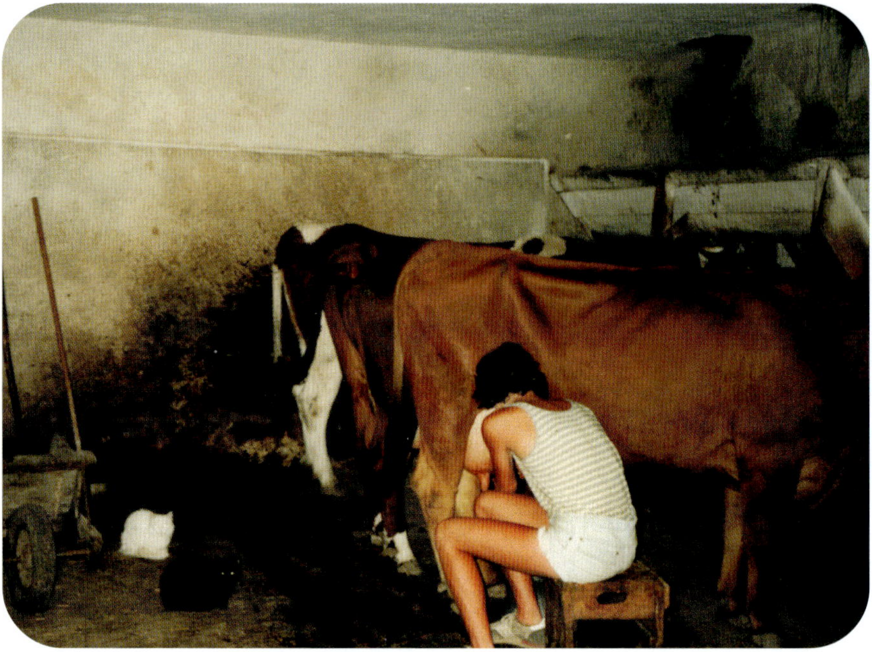

Hier melke ich die Kühe mit der Hand

In Ávila

Beim weißen Tantra   Beim Kundalini-Yoga-Festival

Nach der großen Reise – vor dem Umzug in mein neues Naturparadies

Als Selbstversorger auf meinem Permakulturgelände

Unsere Familie bei der Konfirmation meines Bruders Daniel

Brücke in den Alpes-Maritimes

Mandelblüte

Auf einem Gipfel in den Alpes-Maritimes

Beim Wassertrinken

Bergsee in den Pyrenäen

In meiner Heimat, dem Vogelsberg

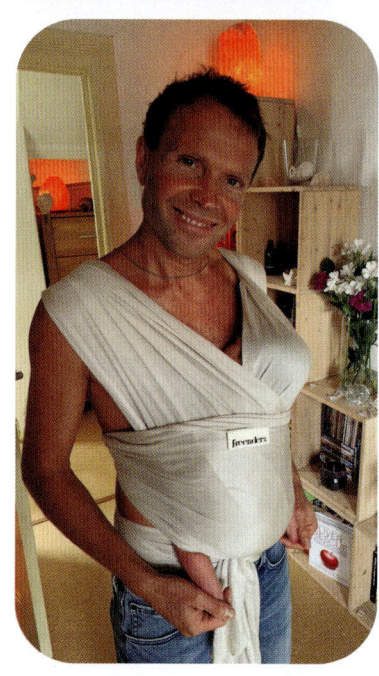

Hier wohne ich! ☺ Mit meiner Tochter Ayana

Ich drehe meinen Kopf nach hinten, um zu sehen, ob niemand in der Nähe ist, und lache, weil es doch etwas absurd ist, dass mir eine Amsel so etwas sagt!

»Da hast du recht. Entweder denke ich sehr oft ans Essen – oder ich esse einfach zu viel, weil es mir schwerfällt, damit aufzuhören. Darüber ärgere ich mich dann so sehr, dass ich in einen noch schlechteren Zustand komme und alles immer schlimmer wird. Ich bin also Gefangener meiner Gefühle und Gedanken, und ich will doch frei sein!«

Während die Amsel im Boden scharrt, vernehme ich wieder ihre Stimme: »Jetzt höre mir bitte sehr aufmerksam zu. Ich teile einen sehr wichtigen Schlüssel zum Glück mit dir: Nimm alles Schwierige an, ohne es zu verurteilen. Es ist völlig in Ordnung, dass du manchmal zu viel isst. Es ist in Ordnung, dass du dich darüber ärgerst. Es ist auch völlig in Ordnung, dass du versuchst, dich von deiner inneren Leere abzulenken.«

Irritiert erwidere ich: »Wie soll etwas okay sein, was mich unglücklich macht? Das ergibt für mich überhaupt keinen Sinn!«

Die Amsel erwidert sanft: »Du kannst diese Dinge nicht bekämpfen, weil sie dann noch stärker werden und noch mehr Macht über dich gewinnen. Du kannst sie nur in Liebe loslassen. Nimm alle Seiten an dir, die du nicht magst, liebevoll an, damit du sie gehen lassen kannst. Es ist ein Lebensgesetz in deiner Welt: Was du bekämpfst, bleibt, was du loslässt, darf gehen.«

Die Amsel wirft mir einen letzten Blick zu und fliegt davon. Ich winke ihr nach und denke, dass es unglaublich ist, dass jetzt sogar die Tiere mit mir sprechen und mir ihre Weisheit vermitteln!

Ob du glücklich oder unglücklich bist, hängt niemals von den äußeren Umständen ab, sondern einzig und allein von deinem inneren Zustand.

11
ZWEI AUSSERGEWÖHNLICHE GEMEINSCHAFTEN

Der Winter kommt immer näher. Die Tage werden kürzer, manchmal gibt es nachts schon Bodenfrost. Noch finde ich genügend Nahrung, aber ich weiß, dass diese Zeit bald zu Ende geht. Es gibt zwei Möglichkeiten für mich, diese Herausforderung zu lösen: weiter Richtung Süden und Spanien zu ziehen, wo der Winter weniger kalt ist – oder alternative Lebensgemeinschaften zu besuchen, bei denen ich lebe, arbeite und dafür Unterkunft und Verpflegung bekomme. Ich beschließe, beides miteinander zu verbinden. Um schneller vorwärtszukommen, fahre ich per Anhalter. Ich laufe auf einer wenig befahrenen Landstraße – da ich Zeit habe, ist es mir relativ egal, ob jemand anhält oder nicht. Vielleicht ist es gerade diese entspannte Haltung, die dazu führt, dass ein LKW neben mir stoppt. Ein freundlich wirkender, großer und kräftiger Mann mit Bart und Bierbauch bedeutet mir einzusteigen. Er ist Richtung Südwesten unterwegs, also genau auf meiner Route. Nach einigen Stunden Fahrt wird es langsam dunkel, und er bietet mir an, mich in seine Schlafkoje zu legen, während er weiterfährt. Dankbar mache ich es mir in seinem Bett gemütlich. Es gelingt mir aber nicht einzuschlafen.

Nach einigen Stunden hält auch er an, um eine Pause einzulegen. Ich will aufstehen, um ihm sein Bett zu überlassen, aber er meint, dass wir auch beide darin liegen könnten. Zuerst denke ich mir in meiner Naivität nichts dabei, doch dann beginnt er, mich unbeholfen anzufassen. Instinktiv wehre ich mich dagegen, aber er hält mich mit seinen dicken starken Armen fest. Ich versuche mit aller Kraft, aus seiner Koje herauszukommen. Der Kampf ist ungleich, da der Mann ungefähr doppelt so breit ist wie ich. Zum Glück kommen mir meine Beweglichkeit und mein starker Wille zugute, sodass es mir irgendwie gelingt, aus dem Bett zu entfliehen, meinen Rucksack zu packen und die Tür des LKW zu öffnen. Diese ist nicht verschlossen, und ich springe mitsamt meinem Gepäck aus dem hohen Führerhaus. Augenblicklich renne ich los, immer der Straße nach. Zum Glück kann ich auch ohne Licht den Weg erkennen, weil die Nacht sehr klar ist. Ich laufe so lange, bis ich einen Feldweg finde, der von der Straße abgeht. Ich verfolge ihn in der Hoffnung, dass mir der bärtige LKW-Fahrer nicht hinterherfährt. Als ich an einen Waldrand komme, hetze ich quer durch den Wald, um mir einen sicheren Schlafplatz zu suchen. Nach einiger Zeit erreiche ich eine Waldlichtung, an deren Rand eine riesige Kiefer steht. Ich beschließe, dort mein Lager aufzuschlagen. Aufgelöst und außer Atem brauche ich mehrere Stunden, um mich wieder zu sammeln. Ich kann immer noch nicht glauben, was mir gerade passiert ist. In meinem jugendlichen Leichtsinn bin ich überhaupt nicht auf die Idee gekommen, dass sein Angebot merkwürdig sein könnte. Nicht auszudenken, wenn ich es nicht geschafft hätte zu flüchten! Ich hätte keinerlei Hilfe bekommen, und kräftemäßig hatte ich keine Chance. So muss es manchmal Frauen ergehen, die allein reisen und von Männern mitgenommen werden.

Ich erinnere mich an eine andere Situation vier Jahre zuvor an einer Tankstelle nachts in Griechenland. Ich fragte einen Mann, ob er mich mitnehmen könnte. Er bejahte und lud mich ein, mich auf seinen Rücksitz zu setzen, was ich auch tat. Plötzlich nahm ein anderer Mann auf dem Beifahrersitz Platz, zwei weitere zwängten sich links und rechts von mir auf den Rücksitz. Bevor ich reagieren konnte, waren wir auch schon losgefahren. Ich hatte große Angst und betete die ganze Fahrt über um Schutz. Zum Glück passierte nichts. Auch damals war ich dankbar, dass ich keine Frau war.

Wenn man allein reist, kann man manchmal schnell in gefährliche Situationen geraten. Obwohl ich auch davor in meinem Leben schon oft in einer schwierigen Lage war, habe ich sie fast immer heil überstanden. Bestimmt wacht ein richtig fähiger Schutzengel über mich. Ich muss schmunzeln. Wahrscheinlich ist er total gestresst, weil ich mich immer wieder in gefährliche Situationen bringe, aus denen er mich dann retten muss ... Wie auch immer, ich danke ihm von ganzem Herzen, dass er mich auch diesmal wieder so wunderbar beschützt hat!

Auf meiner Reise ist mir oft von einer christlichen Gemeinschaft erzählt worden, die sich in den Bergen Südfrankreichs befindet. Sie orientiert sich an den Prinzipien der Gewaltlosigkeit. Ihr Gründer, Lanza del Vasto, war ein Geistlicher, der Mahatma Ghandi persönlich kennenlernte und dann die Arche-Gemeinschaft »La Borie Noble« gründete. Auf meiner Wanderung habe ich eine junge Frau getroffen, die dort als freiwillige Helferin gelebt und mir die Adresse dieser Gemeinschaft gegeben hat.

Ich werde vom Fahrer einer echten französischen »Ente«, dem alten Kultauto, bis zu einem kleinen Dorf mitgenommen, das ungefähr zehn Kilometer von La Borie Noble entfernt liegt. Ich laufe die letzte Strecke zu Fuß durch eine einsame Landschaft in den Bergen, die geprägt ist von ausgedehnten und inzwischen bunten Mischwäldern. Ich atme bewusst die frisch-feuchte Waldluft ein. Die Stille wird nur gelegentlich vom Ruf eines Vogels unterbrochen. Endlich gelange ich an ein altes, verwittertes Holzschild, auf dem in weißer Schrift auf blauem Grund in Französisch steht: »Willkommen in La Borie Noble – Gemeinschaft der Arche«. Ein geschwungener Weg windet sich leicht den Berg hinab. Vor mir liegt ein altertümliches Kloster, das aussieht, als ob die Zeit stehen geblieben wäre. Ich erkenne alte Mauern und Torbogen, schiefe Ziegeldächer und Scheunen aus Feldsteinen. Nichts lässt darauf schließen, dass hier die Zivilisation Einzug gehalten hat.

Ich gehe weiter den schmalen Pfad bergab, bis ich im Hof des Klosters ankomme. Links neben mir spielt ein kleiner Junge in einem Sandkasten, aber ansonsten ist keine Menschenseele zu sehen. In diesem Moment kommt eine ältere kleine Dame aus dem Haupteingang und steuert auf mich zu. Anscheinend hat sie mich kommen sehen. Sie heißt mich herzlich willkommen.

Ich spreche sie auf Französisch an. »Ist es möglich, bei Ihnen eine Zeit lang gegen Kost und Logis mitzuhelfen?«

Sie nickt. »Ja, wir haben immer alle Hände voll zu tun. Komm, ich zeige dir deinen Schlafplatz, und dann bekommst du eine Führung von mir. Du hast sicherlich Hunger und Durst?«

Ich nicke wortlos und freue mich über diesen persönlichen und warmherzigen Empfang.

Ich lebe mich gut ein und verbringe meine Zeit damit, im Garten mitzuhelfen. Die Menschen in dieser Gemeinschaft leben einfach und ursprünglich – sie lehnen überflüssigen Luxus ab. Es herrscht eine freundliche, offene Atmosphäre, und die abgeschiedene Lage im Bergwald führt dazu, dass man sich wirklich entspannen und auf das Wesentliche besinnen kann.

Das gemeinsame Mittagessen wird draußen unter einem alten Kastanienbaum an Holztischen eingenommen. Das Essen begeistert mich nicht, da für fast alle Gerichte billiges, raffiniertes Sonnenblumenöl aus einem großen Kanister verwendet wird. Man merkt, dass es der Gemeinschaft an Geld fehlt. Meine persönliche Überzeugung ist, dass man an allem sparen kann, aber nicht an der Qualität des Essens, weil diese sich ja direkt auf unsere Gesundheit auswirkt. Für mich ist unsere Gesundheit unser höchstes Gut, auf das wir immer besonders achtgeben sollten.

Man kann an allem sparen, aber nicht an der Qualität des Essens, weil diese sich ja direkt auf unsere Gesundheit auswirkt.

Als ich mit meinem Teller an dem Tisch anstehe, an dem das Essen ausgegeben wird, nimmt mich der Leiter der Gemeinschaft, ein älterer Herr mit einem grauen, langen Bart beiseite und flüstert mir zu: »Zu Ehren Jesu ist es nicht erlaubt, mit kurzen Hosen am gemeinsamen Essen teilzunehmen.«

Wie immer trage ich meine einzige kurze Hose, die schon etliche Löcher aufweist und viel mitgemacht hat. Mehr als einmal bin ich bereits in Brombeersträuchern hängen geblieben, und ich habe meine Lieblingshose nur notdürftig wieder genäht. Es ist das erste Mal, seit ich hier bin, dass der Leiter am gemeinsamen Essen teilnimmt.

»Es ist bei uns nur erlaubt, entweder mit Kleid oder langer Hose zum Essen zu kommen. Für heute ist es noch in Ordnung, da du unsere Regel ja nicht kanntest. Achte bitte beim nächsten Mal darauf!«

Ich nicke widerwillig. Wieder einmal merke ich, wie sich in meinem Inneren alles gegen unsinnig erscheinende Regeln auflehnt. Und auch, wenn diese Eigenschaft wahrscheinlich auch hier nicht auf Verständnis stößt, so ist sie doch ein Teil von mir, zu dem ich stehe.

Ich überlege mir, wie ich mit dieser neuen Situation jetzt umgehen soll, und denke über die Worte des Mannes nach. Er sagte, dass es nur erlaubt sei, entweder eine lange Hose oder ein Kleid zu tragen ... Da kommt mir eine Idee. Nach dem Mittagessen spreche ich eine junge Frau in meinem Alter an, die wie ich als Besucherin hier ist. »Hast du ein Kleid dabei?«

Sie schaut mich verwundert an. Mit dieser ungewöhnlichen Frage hat sie wahrscheinlich nicht gerechnet. »Ja, wieso?«

»Würdest du es mir leihen?«

Jetzt sieht sie mich an, als ob ich nicht mehr alle Tassen im Schrank hätte.

»Ich gebe dir mein großes Ehrenwort, dass du das Kleid heil zurückbekommst.«

Sie schaut mich zögernd an. »Bist du schwul oder sowas?«

Ich lache. »Nein, wirklich nicht. Ich verkleide mich nur gern.«

Sie glaubt mir natürlich kein Wort, gehört aber wahrscheinlich zu den Mädchen, die schlecht nein sagen können. Sie bittet mich, einen Moment zu warten, und kommt tatsächlich zehn Minuten später mit einem weißen Kleid, auf dem rote Rosen eingestickt sind, zurück. Ich umarme sie spontan, was sie offenbar nicht schlimm findet, da sie wohl annimmt, dass ich sowieso zum »anderen Ufer« gehöre.

Am nächsten Tag bin ich aufgeregt. Soll ich mein Vorhaben wirklich umsetzen? Mir ist es immer unangenehm gewesen, im Mittelpunkt zu stehen, da ich mich unter vielen Menschen oft unsicher fühle. Um meinen inneren Schweinehund zu überwinden, schwöre ich mir, meinem Plan treu zu bleiben. Also ziehe ich kurz vor dem Mittagessen das Rosenkleid an und gehe zum Kastanienbaum, wo wie immer alle zum gemeinsamen Essen versammelt sind.

Alle starren mich an. Mein Gesicht wird knallrot, und in dem Moment verfluche ich meine bescheuerte Idee. Jetzt bleibt mir aber nichts anderes übrig, als das durchzuziehen, was ich begonnen habe.

Auch das Gesicht des Ältesten ist rot, aber vor Zorn. Er kommt auf mich zu und zischt mich an: »Wie kannst du es wagen, hier mit Kleid aufzukreuzen! Das ist Gotteslästerung!«

Ich sehe ihn unschuldig an. »Wieso das denn? Sie haben mir doch gestern selbst gesagt, dass man hier nur mit Kleid oder langer Hose zum Essen kommen darf.«

Es ist ihm deutlich anzusehen, dass er meinen kleinen Scherz gar nicht witzig findet. »Du Narr! Die Kleider sind natürlich nur den Frauen vorbehalten!«

Ich spiele weiter den Unschuldigen. »Oh, das wusste ich nicht ...«

Er baut sich bedrohlich vor mir auf. »Ist mir auch egal. Pack deine Sachen und verschwinde von hier. Du achtest unsere Strukturen nicht und ziehst deswegen besser weiter.«

Ich sehe ihn direkt an. »Ich glaube nicht, dass Jesus Dogmen gut fand.«

Diese Aussage bringt ihn offenbar aus seinem Konzept. Er dreht sich abrupt um und nuschelt noch: »Es ist alles gesagt.«

Irgendwie tut mir der Alte leid. Es war auch nicht meine Absicht, mich mit ihm zu streiten, aber jetzt lässt sich daran nichts mehr ändern. Die Lust auf das Mittagessen ist mir vergangen, daher packe ich im Schlafzimmer meine Sachen.

Als ich nach dem Essen dem Mädchen das Kleid zurückgebe, lächelt sie. »Das war wirklich lustig. Und ziemlich mutig von dir.«

»Dafür haben sie mich rausgeworfen.«

»Oh, das ist schade.«

Ich zucke mit den Schultern. »Na ja, der Spaß war es mir wert.« Wir verabschieden uns mit einer herzlichen Umarmung. Ich packe meine Sachen, um weiter Richtung Westen zu ziehen. Obwohl ich es schön finde, unter Menschen zu sein, bin ich auch gleichzeitig erleichtert, wieder allein meinen eigenen Regeln folgen zu können und frei zu sein. Es fällt mir einfach nicht leicht, mich an fremde Strukturen anzupassen.

Ich laufe durch die fast unberührten herbstlichen Wälder und empfinde mich als lebendigen Teil der Natur. Nun bin ich schon den halben Tag unterwegs, ohne etwas zu essen gefunden zu haben. Endlich lichtet sich der scheinbar endlose Wald und gibt den Blick in ein weites Tal frei. Obwohl es tief liegt und noch einen langen Fußmarsch entfernt ist, erkenne ich eindeutig Feigenbäume! Meine Lieblingsfrucht hat mir schon unzählige sinnliche Stunden und einen vollen Magen beschert. Nun habe ich ein klares Ziel vor Augen. Mit neuer Energie wandere ich weiter und finde einen passenden Abstieg. Unten entdecke ich verschiedene leerstehende Häuser, zwischen denen mächtige Feigenbäume stehen. Ihre Blätter strömen einen süßlichen Duft aus, den ich auch aus größerer Entfernung erkennen würde. Ich habe das reinste Schlaraffenland gefunden: Obwohl es später Herbst ist, sind Bäume und Boden überfüllt mit vollreifen und teilweise angetrockneten, vergorenen Früchten. Ich finde kleine grün-gelbe, aromatische Feigen und etwas größere blaue mit saftigem, dunkelrotem Fleisch. Ich vergesse alles andere um mich herum und fühle mich so, als ob ich eins mit den süß-klebrigen Früchten werde. Bevor ich sie esse, öffne ich jede Feige sicherheitshalber und rieche an ihr. Es kommt vor, dass sich kleine weiße Maden im roten Fruchtfleisch befinden, oder dass die Frucht vergoren ist. In so einem Fall riecht sie stark nach Alkohol. Meistens weiß ich schon vor dem Öffnen intuitiv, welche Frucht essbar ist, aber sicher ist sicher.

Vollgegessen und zufrieden mit mir und meinem wilden, freien Leben lege ich mich zwischen den Feigenbäumen in die warme Herbstsonne. Ich liebe es, direkt mit meinem Rücken den Boden zu spüren. Es ist nach den Märschen mit dem Rucksack Balsam für ihn. Ich verbinde mich mit der wundervollen Erde, die mich trägt und ernährt. So wie die Indianer empfinde ich die Erde als meine Mutter, die mit ihrer bedingungslosen Liebe für uns Menschenkinder da ist – egal wie rücksichtslos und unachtsam wir uns ihr gegenüber verhalten. Die meisten haben längst die Verbindung zu ihr verloren, da sie ihr Leben in eckigen, sterilen Steingebäuden verbringen und Lebensmittel zu sich nehmen, die diesen Namen nicht verdienen und passender »Todesmittel« heißen müssten.

Wie sollen die Menschen die Natur achten und respektieren, wenn ihnen von klein auf beigebracht wird, dass sie getrennt von allem anderen sind? Wir können nur das schützen, was wir lieben gelernt haben. Die Naturvölker hingegen lehren ihre Kinder, dass sie untrennbarer Teil eines großen Ganzen sind. Sie bedanken sich für die Nahrung, die ihnen geschenkt wird, und nehmen sie sich nicht einfach. Mir kommt die Geschichte der amerikanischen Ureinwohner in den Sinn. Die weißen Eroberer in Nordamerika, die sie in ihrer Arroganz und Dummheit als »Wilde« bezeichnet haben, benahmen sich dort selbst wie Barbaren. Obwohl das riesige Land genug Platz für alle gehabt hätte, brachten sie Millionen Indianer um und sperrten die Überlebenden in Reservate. Sie nahmen ihnen nicht nur ihr Land und ihre Heimat, sondern töteten Millionen von Wildtieren aus purem Vergnügen. Es ist in Wirklichkeit fast immer genau anders herum: Diejenigen, die im Frieden und im Einklang mit der Natur leben, ohne falsch verstandenen Fortschritt und Wachstum, sind deutlich weiter entwickelt als unsere »moderne« Gesellschaft, in der sich die Menschen weitestgehend von sich selbst und der Natur entfremdet haben. Ich erinnere mich an ein einfaches indianisches Zitat: »Die Erde ist unsere Mutter, und seine Mutter bringt man nicht um.« In diesem Satz liegt mehr Weisheit als in Tausenden wissenschaftlichen Abhandlungen, die nichts dazu beitragen, die Zustände in unserer Welt zu verbessern.

Ich bin überzeugt davon, dass die Wahrheit immer einfach ist. Viele Dinge werden mit Absicht kompliziert gemacht, damit sie nur von sogenannten Experten verstanden werden, die uns dann erklären, was richtig und was falsch ist. So lernen die Menschen, die Verantwortung für ihr Leben an

Autoritäten abzugeben, die oft nicht die wahren Zusammenhänge kennen. Was weiß ein durchschnittlicher Arzt im Westen über die wirkliche Ursache von Krankheiten? Nichts. Derartiges Wissen gehört nicht zur schulmedizinischen Ausbildung. In der materialistischen Wissenschaft, die spirituelle Aspekte unseres Daseins ignoriert, gibt es viele voneinander getrennte Disziplinen, die jeweils nur ihren eigenen, begrenzten Bereich erforschen, dabei aber übersehen, dass nichts im Leben voneinander getrennt ist. Viele Menschen glauben nur an das, was »wissenschaftlich« bewiesen ist, ihnen ist aber nicht bewusst, dass auch Wissenschaft und Schulmedizin auf Annahmen beruhen, die niemand in Frage stellt. Die Schulmedizin behauptet, dass es viele unheilbare Krankheiten wie Krebs gibt, obwohl viele Menschen von Krebs geheilt wurden, wenn sie die Ursachen für ihre Erkrankung erkannt und ihr Leben entsprechend verändert haben.[1] Ich finde es wichtig, dass wir als Menschen wieder lernen, alles zu hinterfragen, auch das, von dem wir immer dachten, dass es nicht anders sein kann. Ein wahrhaft Suchender stellt alles in Frage, denn ihn interessiert nichts als die Wahrheit. Wie kann ich die Zusammenhänge der Welt und die Lebensgesetze wirklich verstehen, wenn ich nicht bereit bin, alles, woran ich bislang geglaubt habe, in Frage zu stellen? Ich möchte nicht in einer bequemen Scheinrealität leben, die mich daran hindert, die Dinge so zu sehen, wie sie wirklich sind. Wenn ich neue Informationen bekomme, die nicht zu meiner bisherigen Überzeugung passen, dann ändere ich meine Meinung – auch, wenn das Neue möglicherweise schwer zu verdauen ist und alle anderen sagen, dass ich ein Spinner sei, oder ich dadurch abgelehnt werde.

Viele Andersdenkende, die in der Vergangenheit den gesellschaftlichen Konsens hinterfragten oder neue Wahrheiten fanden, wurden zuerst verfolgt und diffamiert, bis die Menschen aufwachten und erkannten, dass diese doch recht hatten.

Ein wahrhaft Suchender stellt alles in Frage, denn ihn interessiert nichts als die Wahrheit.

Meine Gedanken sind mal wieder weit in die Ferne geschweift. Ich stehe auf, schultere den schweren Rucksack und verabschiede mich von den Feigen. Einige 100 Meter weiter komme ich an einem kleinen Steinhäuschen vorbei, in dessen Garten knallrote kleine Cherrytomaten wachsen. Ich kann nicht widerstehen und stecke mir auch davon einige in den Mund. Das ist ein großer Fehler – mein Mund fängt augenblicklich stark zu brennen an. Schnell spüle ich ihn mit den letzten Schlucken meiner Wasserflasche aus, doch es ist zu spät. Mein Mund ist entzündet und schmerzt bis zum nächsten Tag. Es scheint so zu sein, dass sich Feigen und Tomaten nicht gut miteinander vertragen. Das wird mir eine Lehre sein – ich nehme mir vor, diese beiden Früchte nur noch mit ausreichend zeitlichem Abstand zu essen.

Mittlerweile ist es Dezember. Ich friere jede Nacht und finde nicht mehr genügend Nahrung. Es wird allerhöchste Zeit, dass ich einen warmen Ort finde, wo es auch veganes Essen gibt. In der Nähe von Toulouse soll es noch eine andere Lebensgemeinschaft geben, die ein makrobiotisch ausgerichtetes Leben führt. Die Adresse habe ich in La Borie Noble von einem Praktikanten bekommen. Makrobiotik ist eine Ernährungsform, die aus Japan stammt. Viel mehr weiß ich nicht darüber, aber die Sache interessiert mich, da ich einmal gehört habe, dass man damit Krebs heilen kann. Bis zu meinem Ziel liegen noch etwa fünf Kilometer Fußweg vor mir. Ich bin gespannt auf neue Erfahrungen! Jede Lebensgemeinschaft ist wie eine eigene kleine Welt, abhängig von den Werten und den gemeinsamen Visionen.

Als ich in dem kleinen beschaulichen Örtchen Tachoires ankomme, frage ich nach der Gemeinschaft. Nachdem ich zweimal in die falsche Richtung geschickt werde, erreiche ich endlich gegen Abend mein Ziel. Ich stehe vor einem großen Gebäude mit zwei Seitenflügeln, davor parken mehrere Autos. Gerade öffnet sich die Eingangstür, eine kleine Frau mit Schürze kommt heraus und sieht mich fragend an.

Unsicher lächle ich. »Je suis Matthias et ...«

Sie unterbricht mich freundlich. »Wir können ruhig deutsch miteinander sprechen. Was kann ich für dich tun?«

»Ich würde gern eure Gemeinschaft kennenlernen und mehr über Makrobiotik erfahren. Bietet ihr sowas wie ein Praktikum an?«

Die kleine Frau runzelt die Stirn. »Normalerweise nehmen wir niemanden ohne Anmeldung an. Aber du bist jung und knackig, da machen wir eine Ausnahme.«

Nimmt sie mich auf den Arm, oder meint sie das ernst? »Ihr könnt mich also aufnehmen?«

Ein schelmisches Lächeln überzieht ihr Gesicht. »Klar, Arbeit haben wir immer mehr als ausreichend. Erstmal müssen wir aber herausfinden, ob du auch fleißig genug bist. Komm mit, ich zeige dir deinen Schlafplatz, wo du deine Sachen lassen kannst, dann führe ich dich herum.«

Ich stimme gern zu – meine Neugierde ist groß, ich kann es kaum erwarten, mehr über dieses Projekt zu erfahren.

Die Frau, die sich mir als Ella vorstellt, nimmt sich viel Zeit, um mir die Produktionsstätten zu zeigen und meine Fragen zu beantworten. Sie führt mich in einen großen, gekachelten Raum. »Das ist unsere Küche. Hier backen wir unser Kombu-Brot und stellen makrobiotische Spezialitäten wie Tofu, Tempeh, Miso, Shoyu und Amazake her. Diese Namen sind dir fremd, oder?«

Ich überlege. »Ich habe das alles schon mal probiert, aber bislang nur Tofu selbst gemacht.«

»Dann weißt du mehr als die meisten anderen, die zu uns kommen. Wenn du möchtest, kannst du mir hier in der Küche helfen, ich zeige dir alles.«

Ich denke, dass ich großes Glück habe, hierhergekommen zu sein. »Unbedingt! Lass uns gleich morgen früh anfangen!«

Ella gefällt offenbar mein Enthusiasmus. »Jung und dynamisch, solche Leute brauchen wir. Morgen ist Sonntag, da arbeiten wir nicht. Aber Montag legen wir los, versprochen.«

Wie immer habe ich natürlich keine Ahnung, welcher Wochentag gerade ist.

Ella faltet die Hände vor ihrer Schürze. »Morgen ist ein besonderer Tag. Ein Tag der Stille, an dem niemand spricht. Außerdem verzehren wir unser Essen ganz bewusst und kauen jeden Bissen so lange, wie es geht.«

Sie gibt mir einen kleinen Stups. »Komm, ich zeige dir deinen Platz. Wenn du möchtest, kannst du duschen. In einer halben Stunde gibt es Abendbrot. Du bist sicher hungrig.«

Sie führt mich in ein Vierbettzimmer, in dem noch ein Schlafplatz in einem Etagenbett frei ist. Zum Glück oben, denn da ich schon nicht mehr wie gewohnt unter dem freien Sternenhimmel schlafen kann, würde ich mich unten wahrscheinlich noch eingeengter fühlen.

Am nächsten Tag erklären die beiden Leiter der Gruppe, Hans und Maria, den knapp 20 Menschen, die hier am frühen Morgen versammelt sind, worum es geht. Maria, eine charismatische Österreicherin mit großen braunen Augen und einem strahlenden Lächeln, hält eine kleine Ansprache: »Heute sprechen wir nicht, unter keinen Umständen. Wer sich nicht daran halten möchte, kann unser Haus verlassen und heute Abend wiederkommen. Wenn ihr etwas braucht, signalisiert das durch Zeichen oder schreibt euer Anliegen auf einen Zettel. Heute legen wir einen Yang-Tag ein. Das heißt, dass wir nur Vollkornreis mit Gomasio essen. Wir kauen jeden Bissen ganz bewusst, solange es uns möglich ist – mindestens aber 20-mal. Ihr werdet erstaunt sein, wie wenig Nahrung man eigentlich braucht, wenn man sie nur ausreichend kaut! Und jetzt wünsche ich euch einen schönen Sonntag.«

Heute gibt es den ganzen Tag also nichts anderes als weich gekochten Vollkornreis mit Gomasio – gerösteten Sesam, der zusammen mit Meersalz in einem Holzmörser sorgfältig zu makrobiotischem Sesamsalz vermahlen wird. Dieses Grundgewürz der Gemeinschaft soll sehr basisch sein.

Ich fülle mir von dieser Speise etwas auf meinen Teller, nehme meine Holzstäbchen, die ich vor einigen Wochen selbst geschnitzt habe, und mache es mir auf einer Holzbank bequem. Wir haben den ganzen Tag Zeit, um einfach da zu sein und uns auf das Essen zu konzentrieren. Ich kaue meinen ersten Bissen wie vorgeschrieben so lange, bis der Speisebrei in meinem Mund immer süßer und flüssiger wird, und ich gar nicht anders kann, als ihn endlich herunterzuschlucken. Ich zähle jedes Kauen und komme auf 27 Mal. So esse ich immer weiter. Nachdem ich nach etwa 45 Minuten erst einen halben Teller Reis verzehrt habe, tun mir meine Kaumuskeln weh, und ich verspüre keine Lust, mit dieser Prozedur weiterzumachen. Ich bin zwar nicht vollständig satt, aber trotzdem am Ende meiner Geduld. So lasse ich meinen Teller für später stehen.

Bis zum Abend esse ich noch zwei weitere halbe Teller des Reises und bin dann doch erstaunt darüber, mit welch geringen Mengen man auskommen kann, wenn man gründlich kaut. Maria erklärt uns dazu: »Wenn du gründlich kaust, nimmst du mehr Nährstoffe und Energie aus der Nahrung auf. Der Speichel enthält Verdauungsenzyme, die deine Nahrung im Mund vorverdauen, sodass Magen und Dünndarm die Verdauungsarbeit erleichtert wird. Wenn der Speisebrei feiner und flüssiger ist, dann können die Nährstoffe vom Körper besser aufgenommen werden.«

Tatsächlich spüre ich, wie viel Energie ich durch ein Essen wie heute gewinne. Es ist eine tolle Erfahrung. Für die Zukunft nehme ich mir vor, immer lange und gründlich zu kauen und diese Achtsamkeit in meinen Tagesablauf zu integrieren.

Wenn du gründlich kaust, nimmst du mehr Nährstoffe und Energie aus der Nahrung auf.

Am Montag arbeite ich wie verabredet bei Ella in der Küche. Wir backen große Mengen Vollkorndinkelbrot mit Kombu-Algen, das auf den nahegelegenen französischen Wochenmärkten verkauft wird. Ella führt mich zu einem großen Trog aus Metall, in dem sich sicherlich 50 Kilogramm Teig befinden.

Sie stemmt die Hände in ihre Hüften. »Zieh deine Sandalen aus und wasche deine Füße mit Seife. Danach gehst du in den Trog und stampfst den Brotteig.«

Ich sehe sie mit großen Augen an. Habe ich da gerade richtig gehört? »Ist das ein Witz?«

Sie schüttelt den Kopf. »Ich meine das ernst. Und jetzt ab in den Trog. Ganz wichtig: Du darfst auf keinen Fall eine Pause machen. Du musst ohne Unterlass hin und her laufen und dabei den Teig bewegen und kneten.«

»Wie lange soll ich das machen?«

»Bis ich wiederkomme. Und denk an meine Worte. Wenn du vorher aufhörst, dann können wir den Teig wegschmeißen.«

Mit diesen Worten verlässt die zierliche Person den Raum. Ich wasche mir also gründlich meine Füße mit Seife und steige in den Trog, um ihren Anweisungen zu folgen. Der Teig ist extrem zäh. Ich brauche viel Kraft, um immer wieder mein Bein aus dieser klebrigen Masse herauszuheben und so durch den Teig zu stapfen. Zwischendurch ziehe ich ein Stück eingeweichte Kombu-Alge aus dem Teig und kaue es, um mich von meiner Anstrengung abzulenken. Nach ungefähr einer Viertelstunde gelingt es mir jedoch kaum noch, meine Beine aus dem Teig herauszubekommen. Und Ella kommt nicht zurück. Ob sie mich vergessen hat? Mittlerweile läuft mir der Schweiß aus allen Poren. Ob das gut für den Teig ist? Was soll ich denn jetzt tun? Ich denke an ihre Mahnung, nicht aufzuhören, also beiße ich die Zähne zusammen und mache weiter. Es wird eine der härtesten Stunden meines Lebens. Allein meine gute körperliche Kondition und meine starke Willenskraft lassen mich weitermachen.

Endlich kommt Ella zurück und grinst mich über beide Wangen an. »Na, mein Kleiner, wie geht es dir?«

Keuchend rufe ich: »Sag mal, hast du mich verarscht?«

Sie lacht, bis ihr die Tränen kommen. »Du bist der beste Teigkneter, den ich je hatte!« Am Ende kann ich nicht anders, als mitzulachen. Ich bin mal wieder zu naiv gewesen. Als ob es den Teig stören würde, wenn er nicht durchgängig geknetet wird! Immerhin sind wir beide nach dieser intensiven Erfahrung gute Kumpel – und ich lerne noch sehr viel von ihr.

Die Arbeit in der Produktion macht mir großen Spaß. Hier bin ich so richtig in meinem Element. Wir stellen Tofu aus Sojabohnen her. Dafür werden die Sojabohnen in Wasser gekocht, mit dem Wasser zu einem Brei vermischt und durch ein Tuch geseiht. Die so entstandene Sojamilch wird dann durch das traditionelle japanische Gerinnungsmittel Nigari zum Gerinnen gebracht, wodurch sich Flüssigkeit und Eiweiß voneinander trennen. Das Eiweiß, der sogenannte Bruch, wird in Blöcke gepresst, sodass daraus Tofu entsteht. Dieser ist normalerweise geschmacksneutral. Wenn man den weißen Tofu einen Tag lang über Buchenholz räuchert, entsteht Räuchertofu, der gebraten an Speck erinnert.

Diese Lebensmittel, die nur den zahlenden Kunden oder der aus drei Personen bestehenden Führungsriege und den Kindern der Gemeinschaft vorbehalten sind, werden oft heimlich entwendet. Einer der Praktikanten hat sich nachts Räuchertofu geklaut, da wir den zwar produzieren, aber nicht essen dürfen. Mir zeigt sich hier ein interessantes Phänomen: Da die »normalen« Gemeinschaftsmitglieder bestimmte Lebensmittel nicht essen dürfen, werden diese erst besonders begehrt. Besser wäre es aus meiner Sicht, wenn man den Menschen erklären würde, dass bestimmte Produkte aus wirtschaftlichen Gründen nur in Ausnahmefällen gegessen werden dürfen. Das sollte dann aber auch gleichermaßen für alle gelten.

Ich lerne, dass Tempeh, das in Indonesien traditionell regelmäßig verzehrt wird, aus gekochten Sojabohnen besteht, die mit speziellen Schimmelpilzen geimpft werden. Durch diesen Prozess entstehen feste Blöcke, die meistens gebraten werden. Besonders liebe ich Amazake. Es handelt sich um eine makrobiotische Köstlichkeit, die aus gekochtem Naturreis besteht, der mithilfe des Koji-Pilzes fermentiert wird, wodurch dieser eine besonders aromatische Süße entwickelt. Gekühlt kann Amazake als leckerer Nachtisch serviert werden. Wir produzieren auch Miso, eine braune Paste aus gekochten und gemixten Sojabohnen, die auch mit dem Koji-Pilz und Meersalz versetzt werden und dann lange in Holzfässern reifen. Miso ist ein wahres Wundermittel. Es ist in der Lage, Radioaktivität aus dem menschlichen Körper auszuscheiden, was den Menschen, die nach den barbarischen US-Atombombenangriffen auf Hiroshima und Nagasaki täglich Misosuppe aßen, das Leben gerettet hat.[2]

In der Küche erlaube ich mir, immer mal wieder zu naschen, vor allem die eingeweichten Kombu-Algen für den Vollkorn-Dinkelbrotteig haben es mir angetan. Sie geben mir viel Energie, noch dazu mag ich ihre schleimig-weiche Konsistenz.

Eines Morgens werden wir schon um 5 Uhr geweckt – wir fahren in die Bretagne, um Algen zu fischen. Der Januar ist die beste Zeit, um Kombu-Algen aus dem Meer zu ernten. Wir fahren zu viert mit einem großen Transporter und brauchen bis zum Nachmittag, um vom französischen Süden in den Nordwesten zu gelangen. An der rauen Küste angekommen, machen wir uns sofort an die Arbeit. Wir haben nicht viel Zeit, da wir den Rückweg am selben Tag zurücklegen wollen. Der Strand ist felsig und karg, eisiger Wind bläst uns entgegen. Wir ziehen hohe Gummistiefel und Regenjacken an, nehmen Eimer und Messer in die Hand und suchen nach den nahrhaften Kombu-Algen, die wir unter Wasser abschneiden müssen. Meine Hände sind schnell rot und steif vor Kälte. Trotzdem muss ich damit immer wieder unter Wasser greifen. Bald sind die Schmerzen kaum auszuhalten. Nach drei Stunden Quälerei haben wir es endlich geschafft. Verfroren und erschöpft beladen wir den Lieferwagen mit Kombu-Algen – es handelt sich um den Jahresvorrat für die ganze Gemeinschaft. Wir kommen erst spät am nächsten Morgen wieder in Lalix an. Zum Glück haben wir diesen Tag frei und können uns richtig ausschlafen. Als ich nachmittags wieder aufwache, sehe ich, dass die fleißigen Frauen der Gemeinschaft unseren Algenfang auf langen Wäscheleinen zum Trocknen aufgehängt haben.

Die makrobiotische Gemeinschaft, mit Ausnahme der Chefs, verfolgt eine strenge Diät. Alle verwendeten Lebensmittel stammen in der Regel aus eigenem Bio-Anbau, sind natürlich, vollwertig und vegan. Vollwertig bedeutet, dass kein weißer Zucker, Weißmehl oder raffinierte Fette verwendet werden. Das Grundnahrungsmittel ist gekochtes Getreide. Es gibt Vollkornreis, Dinkel, Gerste, Roggen, Buchweizen, Hafer und Hirse. Zu dem Getreide gibt es Bohnen, Algen, blanchiertes Gemüse und blanchierten Salat. Eine Spezialität sind die eingelegten Pickles – rohes, milchsauer fermentiertes Gemüse. Gewürzt wird immer mit Gomasio. Manchmal gibt es zum Nachtisch gedünstetes Obst. Die blanchierten Salate und das gedünstete Obst meide ich, da ich es als einen Frevel empfinde, diese frisch-knackigen Lebensmittel derart zu misshandeln. Süße Speisen, Rohkost, frischer Salat und frische Früchte gelten als verpönt, da sie angeblich »zu Yin« sind. Als ich nachfrage, was sie damit meinen, erklären sie mir, dass Yin dem weiblichen Prinzip, Yang dem männlichen Prinzip entspricht – und beides bestimmten Nahrungsmitteln zugeordnet sei. Vollkorngetreide wie brauner Reis soll als Nahrung für den Menschen ideal sein, da hier die Anteile von Yin und Yang in perfekter Kombination vorliegen sollen. Die Gemeinschaft ist der Meinung, dass wir uns mehr »yangig«, ernähren sollten, da wir Menschen im Westen »zu Yin« seien. Das entspricht natürlich überhaupt nicht dem, was ich in der Natur gegessen habe. Ich bin überzeugt von Rohkost und liebe die frischen Früchte, die ich noch bis zum Herbst überall gefunden habe. Vor allem von meinen geliebten Feigen wird mir immer wieder abgeraten, da diese »extrem Yin« seien und sogar unfruchtbar machen würden. Das lasse ich mir aber nicht einreden.

So sehr ich es liebe mitzuhelfen, all diese besonderen Produkte herzustellen und dabei zu erfahren, wie man es richtig macht, gibt es doch einen entscheidenden Nachteil: Sie werden ausschließlich auf den Wochenmärkten oder an den Biogroßhandel verkauft. Die normalen Mitglieder der Gemeinschaft erhalten davon nichts. Einzig die Führungsriege, die aus Maria, Hans und Daniel besteht, sowie die Kinder kommen in den Genuss der makrobiotischen Köstlichkeiten.

Die strenge Hierarchie der Gemeinschaft erschließt sich mir erst im Lauf der Zeit. Jedes Mitglied der Gruppe hat einen Rang. An erster Stelle kommt Maria, dann kommt Hans, dann Daniel, dann Ella und dann Rang für Rang die anderen. Die drei Erstgenannten bewohnen im Gegensatz zu den anderen, die mit einfachen Zimmern vorliebnehmen müssen, eine großzügig eingerichtete Wohnung. An letzter Stelle stehen die Praktikanten, so wie ich, die aber gleichwohl einigermaßen respektvoll behandelt werden, weil sie als Besucher keine festen Mitglieder der Gemeinschaft sind. Das kann man von den untersten Rängen der echten Gemeinschaftsmitglieder nicht gerade sagen. Wer hier einen Rang höher ist, lässt das in der Regel die sich darunter Befindenden auch deutlich spüren. Als ich einmal nachfrage, was es mit dieser für mich merkwürdigen Hierarchie auf sich hat, wird mir erklärt, dass die Rangniedrigen lernen sollen, sich unterzuordnen, um dadurch ihr Ego zu überwinden. So hätten sie die Chance, das Dienen zu lernen. Außerdem könnten sie sich ja jederzeit auch in ihrem Rang verbessern. Ich muss an Markus denken, einen sympathischen jungen Mann mit blonden Locken, der anscheinend den niedrigsten Rang hat, was ihn auch wirklich alle hier spüren lassen. Er wird von den anderen herumkommandiert und immer wieder auf unfreundliche Art zurechtgewiesen. Wahrscheinlich hat seine schüchterne, zurückhaltende Art dazu beigetragen, dass er an unterster Stelle steht, denn auch hier gilt offenbar das Recht des Stärkeren. Obwohl mich diese in meinen Augen ungerechte Behandlung und Verteilung wurmen, beschließe ich, das Ganze eher als Sozialstudie zu betrachten und herauszufinden, welche Lernaufgaben in dieser Gemeinschaft auf mich warten.

Bereits wenig später erfüllt sich dieses Vorhaben. Die Gruppe beschäftigt sich intensiv mit dem Thema Selbsterfahrung. Jeden zweiten Abend versammelt sie sich, um sich gegenseitig zu therapieren. Diese Zusammenkünfte werden in der Regel von Maria und Hans geleitet. Ziel der Treffen ist es, die Traumata der Vergangenheit zu heilen. Dabei meldet sich eine Person freiwillig, in die Mitte zu kommen, um durch gezielte Fragen zurück in schwierige Kindheitserlebnisse geführt zu werden. Maria wirkt dabei geschult und souverän – ihr gelingt es, die Menschen an Dinge zu erinnern, die sie scheinbar vergessen hatten. Durch das Wiedererleben eines verdrängten traumatischen Erlebnisses und den offenen Ausdruck der dabei unterdrückten Emotionen soll die Person geheilt werden und sich wieder freier und leichter fühlen. Diese Informationen sind neu für mich. Mir kommt es so vor, als ob bei diesem Prozedere besonders der Ausdruck von Wut gefördert wird. Und mir scheint, als ob die Performances an diesen Abenden maßgeblich über die Reihenfolge der Rangordnung entscheiden. Im Laufe der Zeit kommen alle an die Reihe. Besonders die Führungsgruppe schafft es, ganz aus sich herauszugehen. Für mich als Neuling ist es beeindruckend und erschreckend, wie sehr sie ihre Wut ausdrücken, und es sich erlauben, auf der Selbsterfahrungsbühne herumzutoben.

Maria sieht mich mit ihrem durchdringenden Blick an. »Was ist mit dir, Matthias?«

Alle Blicke sind auf mich gerichtet. Ich werde rot. Diese Frau macht mich unsicher. Sie ist schön und sehr selbstbewusst. Verlegen sage ich: »Ich weiß nicht.«

Diesen Satz lässt Maria nicht gelten. »Come on! Auf geht's!«
Teils widerwillig, teils neugierig begebe ich mich in die Mitte. Ich soll mich an eine ungerechte Situation mit meiner Mutter in meiner Kindheit erinnern und diese beschreiben.
Ich versuche, so gut es geht meine Erinnerung zu schildern.
Marias Stimme ist durchdringend. »Und? Was macht das mit dir? Was fühlst du?«
Unsicher stammele ich: »Ja, das war eine blöde Situation.« Mir ist es peinlich, mein Innenleben all den anwesenden Fremden zu offenbaren.
Jetzt wird Maria ungeduldig. »Hallo? Das ist doch super heftig, was da mit dir gemacht wurde. Was fühlst du denn?«
Ich kann mich einfach nicht fallen lassen. Ich spüre nichts – außer, dass ich verwirrt bin. Ich sehne mich in diesem Moment eher nach meiner Mutter, als dass ich sauer auf sie bin. Ich erinnere mich an Zeiten, als ich krank war, und sie sich liebevoll um mich gekümmert hat ... Also bin ich wohl ein hoffnungsloser Therapiefall. Maria lässt mir Kissen bringen und ermutigt mich dazu, meine Wut an den Kissen auszulassen und dabei laut zu schreien. Das versuche ich dann auch mit mäßigem Erfolg, da ich eben gerade keine Wut fühle. Maria gibt jedoch nicht auf und bohrt immer weiter, bis es mir zu bunt wird. Jetzt schreie ich: »Lass mich doch endlich mal in Ruhe! Ich habe keinen Bock auf die Scheiß-Übung!«
Maria lächelt zufrieden. »Na endlich. Ich dachte schon, dass du zu keiner Emotion fähig bist. Sehr gut.«
Alle klatschen. Verwirrt und mit gemischten Gefühlen verlasse ich den Mittelpunkt. Ich nehme mir vor, an den weiteren Therapieabenden nicht mehr teilzunehmen.
Ich gehe direkt ins Bett und denke vor dem Einschlafen intensiv darüber nach, was ich aus der Therapiestunde lernen kann. Auf einmal sehe ich mich im Schneidersitz an einem Strand sitzen, während ich aufs Meer schaue. In meinem Kopf formt sich eine Frage: »Habe ich viele Traumata erlebt?«
Eine gewaltige, dunkle Stimme antwortet mir: »Das hast du. Diese Erfahrungen haben dich zu dem gemacht, der du bist. Deine Seele hat all das so erschaffen.« Die Stimme erschreckt mich. Wo kommt sie her?
»Wer bist du?«
»Ich bin der, der immer war und immer sein wird. Ich werde dir helfen, Klarheit zu finden. Du kannst mir vertrauen.«

Überraschenderweise entspanne ich mich tatsächlich. »Kannst du mir diese Zusammenhänge genauer erklären?«

»Sehr gern. Jedes Baby kommt unschuldig auf diese Welt. Es erwartet nur das Allerbeste, nämlich umsorgt und geliebt zu werden. In eurer Gesellschaft werden allerdings viele Dinge falsch gemacht, meistens aus Unwissenheit. So erleben Babys und Kinder viele Situationen, die schlimm für sie sind. Eine häufige traumatische Erfahrung ist, dass ein Baby allein in das eigene Bett gelegt wird, obwohl es Liebe, Nähe und Wärme braucht. Wenn es dann schreit, um den Eltern zu signalisieren, dass es Körperkontakt benötigt, und die Eltern ignorieren das Schreien, entsteht ein Trauma. Der Schmerz des Nicht-Geliebtwerdens und des Verlassenwerdens ist so groß, dass etwas in dem Baby gebrochen wird. Es lernt, dass seine natürlichen Instinkte und Bedürfnisse nicht gestillt werden, und verliert dadurch Vertrauen in sich und in das Leben. Menschen sind sehr verletzliche Wesen. Nur Eltern, die verlernt haben, auf ihre eigenen Gefühle zu achten, sind in der Lage, so etwas zu tun. In aller Regel lassen sie ihr Baby allein, weil sie selbst verlassen wurden und nicht in der Lage sind, den Schmerz ihres Kindes zu fühlen. Oder sie fühlen die Not ihres Kindes, glauben aber, dass es besser sei, ihr Baby schreien zu lassen, weil sie anderen Meinungen oder Experten mehr vertrauen als ihrer eigenen Intuition.«

»So habe ich es auch erlebt«, werfe ich ein.

»Ganz genau. Das Baby besitzt einen eingebauten Überlebensmechanismus. Es schreit immer weiter, weil es ja keine andere Möglichkeit hat, seine Bedürfnisse zu äußern. Irgendwann gibt es jedoch auf, wenn es realisiert, dass sein Schreien nicht gehört wird. Das kleine Wesen resigniert. Es hat gelernt, dass seine Bedürfnisse keine Bedeutung haben, dass es nicht geliebt und nicht geschützt ist. Ab jetzt wird es seine Gefühle für sich behalten, es wird sie unterdrücken und nicht mehr zum Ausdruck bringen.«

So war es tatsächlich bei mir, denke ich. Im Alter von drei Monaten war ich einen Monat lang allein im Krankenhaus und wäre fast gestorben – meine Eltern durften mich dort nicht besuchen.

Die gewaltige Stimme fährt fort: »Das Baby bezieht all das auf sich. Es glaubt, dass mit ihm etwas nicht stimmt. Es glaubt, dass es nicht liebenswert ist. So lernt es, sich selbst nicht zu lieben und sich selbst nicht zu vertrauen. Es verlernt auch für die Zukunft, seine wahren Gefühle und Bedürfnisse zu zeigen und zieht sich in sein Inneres zurück. Ich könnte dir noch unzählige andere Situationen nennen, die zu Traumata führen. Wenn ein Kind hinfällt und weint, dann sagen die Erwachsenen oft: ›Ist doch nicht so schlimm.‹ Dadurch lernt das Kind, dass seine Bedürfnisse und Gefühle nicht wichtig sind, und es wird trainiert, seine Gefühle zu unterdrücken. Jedes Mal, wenn auf diese Weise seine natürlichen Impulse unterbrochen werden, wird ein Teil seiner Lebensenergie eingefroren. Das Kind lernt in unzähligen Situationen, dass es besser klarkommt, wenn es keine Gefühle zeigt, dass es eher akzeptiert wird, wenn es eine Maske trägt und so tut, als ob es stark ist.« Die Stimme macht eine Pause, bevor sie weiterspricht: »Resultierend aus unzähligen Verletzungen, die jeder von euch in eurer Gesellschaft erfahren hat, zeigt sich fast niemand so, wie er wirklich ist. Ihr habt euer Inneres so weit verborgen, dass ihr selbst nicht mehr wisst, wer ihr eigentlich seid. So habt ihr gelernt, über alle möglichen Dinge zu sprechen, nur nicht über das Wichtigste: über eure wahren Gefühle.«

Seine Worte wirken wie ein Schock auf mich. Unwillkürlich muss ich an die Situation mit Sabina und ihrem Freund denken, als sich keiner von uns getraut hat auszusprechen, wie es ihm wirklich geht. Ja, auch ich habe unzählige Verletzungen erfahren, so viele, dass ich wirklich keine Ahnung habe, ob das jemals heilen kann.

»Vertraue. Die Heilung kommt Schritt für Schritt. Deine Seele führt dich genau zu den Situationen, die du brauchst, um dich von alten Traumata zu lösen. Wichtig dabei ist, dass du lernst, in jeder Situation, egal wie herausfordernd sie auch sein mag, ganz du selbst zu sein. Zeige dich so, wie du bist. Sei verletzlich, riskiere, wieder verletzt zu werden. Lerne, über deine wahren Gefühle zu sprechen.«

»Aber oft weiß ich doch gar nicht, was ich wirklich fühle.«

»Mach dir nicht zu viele Gedanken. Beginne damit, das zu zeigen, was in diesem Moment wirklich in dir ist. Sei einfach authentisch, das reicht völlig aus.«

Meine nächste Frage hat mich gestern Abend beschäftigt. »Was hältst du von der Therapie, die hier praktiziert wird?«

»Es ist sinnvoll, sich mit den Traumata der Vergangenheit zu beschäftigen, um diese zu erkennen und seine eigene Geschichte zu verstehen. Es ist auch hilfreich, wenn du dich in die alten Situationen noch einmal hineingibst und dir erlaubst, alles zu fühlen, was du damals nicht fühlen konntest. In vielen Therapien wird allerdings ein großer Fehler begangen: Die Klienten werden ermutigt, sich mit ihrer Geschichte und ihrem Schmerz zu identifizieren. Sie gehen immer und immer wieder in alte traumatische Situationen, wodurch sie sich diese immer wieder aufs Neue erschaffen. Ein erwachter Mensch durchlebt seine Vergangenheit, durchfühlt sie, um sie dann vollständig loszulassen und befreit weiterzugehen. Er erkennt, dass er sich all diese Situationen selbst erschaffen hat, um die Erfahrungen zu machen, die sich seine Seele vorgenommen hat. Er ehrt seine Erfahrungen als unverzichtbaren Teil seiner Geschichte. Er nimmt sie in Liebe an und lässt sie in Liebe wieder los.«

Ich wache auf. Es dämmert, die Nacht ist vorüber. Immer wieder bin ich erstaunt darüber, wie reich meine innere Welt ist und auf welch wundersame Weise ich Antworten auf meine Fragen bekomme. Ich erinnere mich noch an jedes einzelne Wort der machtvollen Stimme, die gerade zu mir gesprochen hat. Daraus schließe ich, dass es wichtig ist, dass ich mich intensiv mit meiner Vergangenheit beschäftige, um mich selbst besser zu verstehen. Gleichzeitig erkenne ich, dass ich viel mehr bin als meine Geschichte, und dass ich meine Vergangenheit in Liebe gehen lassen darf. Wir erleben das, was wir glauben. Wenn wir daran glauben, dass wir jahrelange Therapie brauchen, um zu heilen, dann wird es genauso sein. Wenn wir glauben, dass es viel effektivere Methoden gibt, Geschehenes zu bewältigen, dann werden wir auch genau das erleben. Wie so oft geht es darum, ein goldenes Mittelmaß zu finden und nicht einer bestimmten Richtung ein zu großes Gewicht zu geben.

Am Abend findet ein Vortrag statt. Ein Experte ist extra angereist, um uns die Vorteile der Makrobiotik nahezubringen. Er erzählt von einem japanischen Ehepaar, das täglich die Früchte aus seinem großen Obstgarten genießt. Eines Tages erkrankt die Ehefrau an Krebs. Der Mann trifft einen alten Japaner, der ihm sagt, dass der Krebs mit den Früchten im Garten zu tun habe. Also stellen die beiden ihre Ernährung auf makrobiotisch um und essen fortan keine Früchte mehr. Als die Frau ihren Krebs durch die Ernährungsumstellung besiegt, sägt ihr Mann alle Obstbäume im Garten ab.

Diese Geschichte regt mich richtig auf. Ich stehe auf und sage zu dem Vortragenden: »Es ist ja okay, wenn die Frau sich entscheidet, kein Obst mehr zu essen. Aber deswegen alle Obstbäume abzusägen und damit den schönen Garten zu zerstören, das ist ein Frevel! Wo bleibt da die Achtung vor der Natur? Das ist eine wirklich blöde Geschichte!«

Der Experte ist stark verunsichert und weiß nicht, wie er sich verhalten soll. So murmelt er entschuldigend: »Die Geschichte ist ja eher symbolisch gemeint und soll verdeutlichen, dass es ungesund ist, Obst zu essen.«

Das kann ich so nicht stehen lassen. »Hat uns Gott nicht die Früchte geschenkt, um uns eine große Freude zu machen und uns mit wichtigen Vitaminen, Mineralien und Enzymen zu versorgen?«

Maria greift ein. »Lass gut sein, Matthias. Die makrobiotische Diät hat schon viele Krebskranke wieder gesund gemacht und besitzt eine alte Tradition. Unser Freund hier ist extra gekommen, um uns die Vorteile dieser Lebensform aufzuzeigen und nicht, um eine Grundsatzdiskussion zu führen.«

Ich habe aber genug. Ich finde, dass viel zu viele Bäume täglich gefällt werden, weil die Menschen einfach nicht erkennen, dass uns die Bäume nicht nur ihre Früchte und Nüsse, sondern auch Lebensenergie und ein stabiles Ökosystem schenken.

Wie kann man nur so blind dafür sein? Unsere Vorfahren, die Kelten, haben Bäume als heilig verehrt, es wäre ihnen niemals in den Sinn gekommen, sie einfach so abzusägen. Mir ist die Lust daran vergangen, heute Abend noch mehr über die makrobiotische Ernährungslehre zu erfahren. Ich stehe auf und verlasse den Raum. Im Bett denke ich noch einmal über den Abend nach. Ich entscheide mich dafür, die Geschichte wieder loszulassen, da ich nur Energie verliere, wenn ich mich weiter aufrege. Hoffentlich konnte ich den Anwesenden wenigstens einen Impuls geben, darüber nachzudenken, wie wichtig die Bäume für die Menschen sind.

Ich bin dankbar für alles, was ich hier gelernt habe. Es ist beeindruckend, wie viel Menschen zusammen aufbauen können, wenn sie als Gemeinschaft an einem Strang ziehen und eine gemeinsame Vision haben. Ich halte mich zweieinhalb Monate hier auf, was auch damit zusammenhängt, dass ich in Frankreich während des Winters in der Natur kaum überlebt hätte. Im Februar jedoch merke ich, dass die Zeit gekommen ist weiterzuziehen. Freiheit ist ein wichtiges Gut für mich. Ich freue mich schon darauf, wieder meinem Fluss zu folgen und mich ohne Regeln von außen treiben zu lassen, allein meiner inneren Stimme vertrauend. Ist es wirklich so, dass es Menschen leichter fällt, ein Zusammenleben zu organisieren, wenn es strenge Regeln und Führer gibt? Vielleicht fühlen sich die Menschen sicherer, wenn sie einen klaren Rahmen haben, der ihnen im Außen genau vorgibt, was richtig ist und was nicht. Meine Vision ist, in einer Gemeinschaft von freien, gleichberechtigten Personen so zusammenzuleben, dass jeder die Möglichkeit hat, sich selbst zu verwirklichen, und gleichzeitig auch die Kraft der Gemeinschaft da ist, die den Menschen Geborgenheit und Zusammenhalt schenkt. Wie wäre es denn, einen Ort aufzubauen, in dem die Gemeinschaft auf Vertrauen basiert? Das Vertrauen, dass jeder das Richtige tut, im Einklang mit seiner Seele, und zur gleichen Zeit zum Wohle aller anderen? Ich glaube, dass eine solche Lebensgemeinschaft nur von Menschen gebildet werden kann, die ein sehr hohes Bewusstsein haben, und die es gelernt haben, ein Leben in Balance zu leben: Wo das eigene Wohl und das Wohl der Gruppe eins sind, und alle in der Tiefe ihres Herzens verstanden haben, dass wir miteinander verbunden sind. Vielleicht hat genau das Jesus mit den Worten gemeint: »Liebe deinen Nächsten wie dich selbst.« Wenn wir uns selbst bedingungslos lieben genauso wie alle anderen, dann brauchen wir keine künstlichen und dogmatischen Regeln, die das Zusammenleben organisieren.

Ich denke, dass viele Gemeinschaften, ob es Lebensgemeinschaften oder Beziehungen sind, daran scheitern, dass sie nicht auf konstruktive Art mit Konflikten umgehen. Es wäre schön, wenn man Kindern so früh wie möglich beibringen würde, wie man von seinen Gefühlen und Bedürfnissen spricht und dabei wirklich bei sich bleibt, ohne die anderen zu bewerten oder anzugreifen – denn je früher wir das lernen, desto selbstverständlicher wird es in unserem Leben. Wir müssen wieder lernen zuzuhören, nicht nur uns selbst, sondern auch den anderen, und versuchen, sie und ihre Bedürfnisse wirklich zu verstehen. Vielleicht dauert es länger, auf einen gemeinsamen Konsens zu kommen, mit dem sich alle Beteiligten wohlfühlen, aber das uralte Prinzip, dass sich der Stärkere durchsetzt, ist nicht nur völlig überholt, sondern hat auch unsere Welt an den Rand des Abgrunds gebracht. Wir brauchen dringend ein neues Miteinander!

Wir müssen wieder lernen zuzuhören, nicht nur uns selbst, sondern auch den anderen, und versuchen, sie und ihre Bedürfnisse wirklich zu verstehen.

12
ZWISCHEN GESTANK UND EISESKÄLTE

Seit Tagen plagen mich immer wieder Fantasien von veganen Schlemmerbuffets. Das liegt daran, dass der Proviant, den ich mir aus Lalix mitgenommen habe, längst aufgebraucht ist. Das Einzige, wovon ich mich in der letzten Zeit ernähren konnte, sind Mandeln vom letzten Herbst, die noch an Bäumen hängen, und deren Schale so dick ist, dass sie den Regen unbeschadet überstanden haben. Außerdem esse ich täglich Wildkräuter wie Löwenzahn oder Vogelmiere, die ich frisch pflücke und direkt in den Mund stecke. Löwenzahn gehört zu meinen Lieblingskräutern. Die frischen Blätter enthalten nicht nur große Mengen an Vitamin A, C und E, sondern auch Calcium, Magnesium, Eisen und Proteine. Außerdem wirkt dieses Kraut heilsam auf die Verdauung und unterstützt die Arbeit von Leber und Galle. Vogelmiere ist ein nussig schmeckendes Wildkraut mit hohem Vitamin-C-Gehalt, das ich aus Deutschland kenne, und das seinen Namen wohl daher hat, dass Hühner es lieben ... Man kann leckere Salate aus Vogelmiere zaubern, es aufs Brot schneiden oder Pestos daraus machen. Außer Vitamin C enthält es Eisen und Kalium, wirkt entzündungshemmend und antibakteriell. Beides reicht aber bei weitem nicht aus, um richtig satt zu werden.

Bei einer meiner Wanderungen durch die Pyrenäen fällt mir ein großer Mandelbaum auf, der an einem felsigen Hang wächst. An seinen Zweigen hängen noch Mandeln! Stück für Stück hangele ich mich den Abhang hoch. Auf halber Höhe geben plötzlich die Steine unter meinem linken Fuß nach, ich rutsche ab, und mir gelingt es nicht mehr, mich festzuhalten. Auf einmal gibt es ein lautes »Ratsch« – ich bleibe an einem Felsvorsprung hängen. Wie durch ein Wunder ist mir nichts passiert, außer dass ich einige Kratzer und Schürfwunden abbekommen habe. Erleichtert verharre ich eine Weile auf dem Fels, um mich von meinem Schock zu erholen. Beim Aufstehen merke ich, dass meine lange Hose am rechten Oberschenkel der Länge nach aufgerissen ist. Zusammen mit den vielen Flicken und Löchern, die meine Hose nach der bisherigen Reise aufweist, komme ich zu einer herben Schlussfolgerung: Sie ist nicht mehr zu reparieren, und ich kann sie auch so nicht mehr tragen. Wegen der Kälte sind auch meine ebenso ramponierten kurzen Shorts viel zu dünn. Aber wo um Himmels Willen soll ich in dieser gottverlassenen Gegend eine neue Hose finden? Ich stelle mich darauf ein, mich künftig noch mehr bewegen zu müssen, um nicht zu frieren.

Nachdem ich mich mit Mandeln satt gegessen habe, wandere ich weiter Richtung Süden, der Wärme entgegen. Vermutlich bin ich nicht mehr weit von der spanischen Grenze entfernt. Ich komme durch ein kleines, verlassen wirkendes Dorf, das sich mit seinen Felssteinhäusern malerisch in die Berglandschaft einfügt. An seinem Ende entdecke ich einen Brunnen, an dem ich mich erfrische, trinke und meine Wasserflasche auffülle. Ich ruhe eine Weile aus und genieße die Stille und das sanfte Plätschern des Wassers, dann schließe ich die Augen und genieße es, einfach da zu sein.

Plötzlich tippt jemand an meine Schulter. Eine Frau mittleren Alters mit langen Rastazöpfen lächelt mich an und sagt auf Englisch: »Ich habe etwas für dich.«

Überrascht drehe ich mich um.

Sie winkt mir zu. »Folge mir!«

Ich nehme meine Wasserflasche, setze meinen schweren Rucksack auf und laufe hinter ihr her. Welches Abenteuer mich jetzt wohl erwartet? Sie führt mich zu einem kleinen Steinhaus und bedeutet mir, draußen auf sie zu warten. Nach einigen Minuten kommt sie wieder heraus und hält eine Jeans in ihren Händen!

»Die ist von meinem Sohn. Vielleicht passt sie dir?«

Ich stehe wie versteinert da. Wie ist so etwas möglich? Woher weiß diese Frau, dass ich eine neue Hose brauche?

Sie unterbricht meine Gedanken. »Es ist okay, wenn du sie nicht haben willst.«

Ich reagiere schnell. »Oh nein, entschuldige, ich habe mich nur gerade gefragt, wie du wissen konntest, dass meine Hose gerade so kaputtgegangen ist, dass ich sie nicht mehr anziehen kann ...«

Jetzt strahlt sie über das ganze Gesicht. »Ich habe das nicht gewusst, aber Gott wusste es, mein Freund. Als ich dich an dem Brunnen sah, musste ich an die Jeans meines Jungen denken und hatte das Gefühl, dass du sie brauchen könntest.«

Ich bin sprachlos angesichts der Magie des Lebens, die sich in diesem Moment zeigt. Da schießt ein Gedanke in meinen Kopf. Was, wenn die Hose nicht passt?

»Vielen Dank!«, sage ich daher. »Kann ich sie anprobieren?«

Ich ziehe sie direkt vor der Frau an – und natürlich passt sie perfekt! Wie konnte ich auch nur daran zweifeln?

Die Frau grinst. »Warte einen Moment.« Sie verschwindet im Haus. Als sie wieder nach draußen kommt, trägt sie zwei Papiertüten – in der einen Tüte befinden sich getrocknete Feigen, in der anderen Haselnüsse! Sie zwinkert mir zu. »Ich bin ziemlich sicher, dass du diese hier auch brauchen kannst.«

Bevor ich überlegen kann, falle ich ihr um den Hals. »Ich danke dir so sehr!«

Sie zieht spanische Peseten aus der Tasche. »Bist du nach Spanien unterwegs? Ich habe hier noch etwas spanisches Geld, das ich nicht mehr brauche. Nimm es gern mit, dann hast du einen Notgroschen für schlechte Zeiten.« Sie steckt das Geld in meine Hosentasche und klopft mir lächelnd auf die Schulter. »Keine Widerrede!«

Wir sitzen noch eine Weile auf den Treppenstufen vor ihrem Haus und erzählen uns aus unserem Leben. Ich erfahre, dass sie Holländerin ist und schon seit 15 Jahren hier oben in der Einsamkeit zusammen mit ihrem Mann lebt. Ihr Sohn ist weggezogen, weil es ihm zu langweilig war. Sie aber wirkt sehr zufrieden und erzählt mir von ihrem tiefen Glauben an Gott. Ich berichte von meinem wilden Wanderleben und von meinen spirituellen Erfahrungen. Nach unserem inspirierenden Austausch umarmen wir uns noch einmal, und ich ziehe überglücklich weiter.

Dieses berührende Erlebnis beschäftigt mich noch lange. Ich kann es mir nicht anders erklären, als dass es eine verborgene Welt gibt, die uns meistens nicht bewusst ist. Gibt es unsichtbare Ebenen, auf denen wir miteinander in Verbindung sind, ohne es zu wissen? Gibt es einen Schutzengel, der nach einer passenden Hose in der nächsten Umgebung für mich gesucht hat und der Frau dann eingab, sie mir anzubieten? Oder hat Gott die Frau direkt zu mir geschickt und ihr gleich noch mitgeteilt, dass ich außerdem hungrig bin? So etwas kann ja schließlich kein Zufall sein! Ich werde wohl nie erfahren, wie es wirklich zu dieser schicksalhaften Begegnung kam. In diesem Moment wird mir jedoch bewusst, dass sich uns die Magie des Lebens dann offenbart, wenn wir voller Vertrauen durchs Leben gehen. Ich glaube, dass diese Fügungen nur dann geschehen, wenn wir offen und entspannt sind. Es braucht unsere Bereitschaft, einzutauchen in den Fluss des Lebens, loszulassen, um Zeichen und Fügungen erkennen und annehmen zu können.

Es gibt viele Wunder in dieser Welt, die wir Menschen im Westen mit unserem begrenzten Verstand nicht erklären können. Das interessiert die Wunder aber wenig, sie sind trotzdem da, und es ist ihnen egal, ob wir an sie glauben oder nicht.

Noch eines ist mir klar geworden: Wir Menschen sollten Engel füreinander sein. Wir sollten uns gegenseitig helfen und unterstützen, denn alles, was wir anderen schenken, schenken wir uns gleichzeitig selbst. Wir sind nicht voneinander getrennt, sondern durch unsichtbare Fäden miteinander verbunden. Wie schön wäre es, wenn immer mehr von uns realisieren würden, dass es uns selbst langfristig nur dann wirklich gut gehen kann, wenn es auch allen anderen gut geht!

Wir sollten uns gegenseitig helfen und unterstützen, denn alles, was wir anderen schenken, schenken wir uns gleichzeitig selbst.

Mein nächstes Ziel ist Ávila, eine Provinzhauptstadt nordwestlich von Madrid – ich will dort nach langer Zeit endlich meine Schwester Christiane wiedertreffen! Im Rahmen ihres Studiums als Übersetzerin macht sie einen Spanisch-Intensivkurs in Ávila und hat dort eine Gastfamilie gefunden, bei der sie einen Monat lang wohnt. Nach langem und einsamem Wandern entlang einer verlassenen Landstraße hält unerwartet ein kleiner alter Laster neben mir, auf dessen Ladefläche ich mich zusammen mit meinem schweren grünen Rucksack schwinge. Dankbar dafür, mich endlich einmal ausruhen zu können und meinen schmerzenden Rücken zu entlasten, genieße ich die Geschwindigkeit und einen atemberaubenden Ausblick über Berge und Wälder.

Von weitem kann ich schon die mittelalterliche Stadt Ávila erkennen, die auf einem kargen Plateau liegt, das von einer steppenähnlichen Landschaft umgeben ist. Je näher wir der Stadt kommen, desto mehr kann ich links und rechts neben der Straße achtlos weggeworfenen Müll erkennen, der das malerische Panorama erheblich stört. Fassungslos und wütend versuche ich zu verstehen, was in Menschen vorgeht, denen die Natur anscheinend gar nichts bedeutet, und die aus reiner Faulheit und Bequemlichkeit ihre Heimat zu einer Müllkippe machen.

In dem Städtchen angekommen, bedanke ich mich bei dem netten Lastwagenfahrer für seine Hilfsbereitschaft und beginne, die Stadt zu erkunden. Die Wahrscheinlichkeit, hier in den winterlichen Bergen Obstbäume mit frischen Früchten oder Nüsse zu finden, liegt bei null, deshalb muss ich eine andere Lösung gegen meinen quälenden Hunger finden. Ich frage eine alte Frau mit schwarzem Kopftuch: »Organico?« Ich habe nicht viel Hoffnung, dass sie mich versteht – einen viel größeren Wortschatz besitze ich zu diesem Zeitpunkt noch nicht, und woher soll die Dame denn so ein spanisches Öko-Wort kennen? Doch das Wunder geschieht: Sie lächelt mich an und deutet immer wieder in eine Richtung, der ich dann nach mehreren »Gracias« folge, so schnell es mir möglich ist.

Und tatsächlich: Am Ende der Gasse sehe ich einen winzigen, schmalen Laden, der mich an die kleinen Naturkostläden in Deutschland erinnert, die ich hier schmerzlich vermisse. Ich trete ein und bin begeistert. Es riecht nach frischem Reis, und die Ladeneinrichtung besteht aus einfachen Holzregalen. Ich sehe als Erstes weiße Baumwollsäcke mit Bio-Naturreis aus Calasparra, Olivenöl aus Andalusien und kleine Beutel mit Meersalz. Zum Glück habe ich das Geld der hilfsbereiten Holländerin bei mir und kaufe kurzentschlossen und überglücklich alle drei Produkte, die es in diesem originellen spanischen Ökoladen gibt.

Nun stehe ich vor der nächsten Herausforderung: Ich habe kein Kochgeschirr – und es ist sicherlich nicht so erfüllend, den rohen Reis ungekocht zu kauen. Ich schaue den jungen schwarzhaarigen Ladenbesitzer an, deute abwechselnd auf den Reis und meinen Magen und mache dabei ein fragendes Gesicht. Meine Strategie geht zum Glück auf: Nach einiger Zeit des Nachdenkens lächelt er und führt mich in eine Miniküche, in der ein kleiner Gasherd und einige Alutöpfe stehen. Ich bin glücklich, da nicht nur das Ende meiner Hungerszeit naht, sondern ich seit Langem endlich wieder eine Gelegenheit habe, meiner Koch-Leidenschaft nachzugehen!

Jetzt ist es endlich Zeit zu essen. Oder doch nicht? Mir kommt die Idee, vor den Toren Ávilas nach frischen Wildkräutern zu suchen, um meinen mit Liebe gekochten Reis zu perfektionieren. Also packe ich wieder alles zusammen, fülle den Reis in eine Plastiktüte und verabschiede mich herzlich von dem hilfsbereiten Ladenbesitzer. Außerhalb der Stadt halte ich Ausschau nach frischen grünen Flecken auf den gelblichen Wiesen, die sich weitläufig bis in die höherliegenden Berge erstrecken. Und tatsächlich! Ich finde erneut Vogelmiere, die ich voller Begeisterung einsammle. So kann ich mir endlich gegen Abend aus all meinen wundervollen Zutaten einen superleckeren Salat zaubern, den ich die nächsten vier Tage essen werde.

Ich mache immer wieder die Erfahrung, dass es vom Einsetzen des ersten Hungergefühls morgens bis zu dem Zeitpunkt, an dem ich tatsächlich Nahrung finde, oft bis zum Abend dauert. Durch den quälenden Hunger bin ich in dieser Zeit ziemlich gereizt und ausschließlich darauf fokussiert, mein Loch im Magen endlich zu füllen. Dadurch, dass ich nie weiß, ob und wann ich wieder Nahrung finden werde, ist mein Überlebenstrieb stark aktiviert, ich entwickle ungeahnte Reserven und Kräfte. Wenn mein Magen vor Hunger richtig wehtut, ruhe ich mich weder aus, noch wasche ich mich im Bach am Wegesrand – egal wie wund meine Füße sind, wie sehr mein Rücken vom Tragen des schweren Rucksacks schmerzt oder wie verschwitzt ich bin.

Nach meinem Festessen, das ich genüsslich auf einer Bank mit meinen selbstgeschnitzten Holzstäbchen verzehre, freue ich mich darauf, meine Schwester wieder zu treffen. Meine Mutter hat mir die Adresse ihrer Gastfamilie in einem Brief, den ich in Lalix bekommen habe, geschrieben. Zum Glück ist das Haus ganz in der Nähe – ich hoffe, dass Christiane auch da ist. Die Freude über unser Wiedersehen nach fast einem Jahr ist groß, wir umarmen uns lange. Sie sieht mich aufmerksam an. »Unglaublich, wie braun du bist! Deine Haut ist ja fast lederartig, weil du die ganze Zeit draußen lebst.«

Ich lächle sie an. »Ich weiß schon gar nicht mehr, wie ich aussehe. Habe schon lange keinen Spiegel mehr gesehen.«

Meine Schwester lädt mich ein, mit ihr und einigen ihrer neuen spanischen Freunde in eine Bar zu gehen. Die Luft dort ist verraucht – mir fällt es schwer, mit den Menschen dort in Kontakt zu kommen, die alle Alkohol trinken und sich über oberflächliche Dinge unterhalten. Ich fühle mich dabei unwohl und weiß nicht, wie ich mich verhalten soll. Es wäre schön gewesen, Zeit mit Christiane alleine zu haben. Ich entscheide mich dafür, mir jetzt lieber einen Schlafplatz zu suchen, da es mittlerweile dunkel geworden ist. Zu meiner Schwester kann ich leider nicht gehen, ihre Gastfamilie hat dies unmissverständlich abgelehnt. So umarme ich sie und wünsche ihr alles Gute, da ich aufgrund der Kälte morgen früh schon weiterziehen will.

Da Ávila auf einem ungeschützten Bergplateau liegt, weht ein eisiger Wind durch jede auch noch so enge Gasse. Obwohl ich es liebe, in unberührter Natur die Nacht zu verbringen, ist es wegen der beißenden Kälte undenkbar, mich außerhalb der Stadt schlafen zu legen.

Nach langem Suchen finde ich endlich einen kleinen, heruntergekommenen Schuppen in einem verlassenen Innenhof, neben dem ich meine Isomatte ausrolle. An Nacktschlafen ist wegen der Kälte nicht zu denken, deswegen ziehe ich lediglich meine Schuhe und Regenjacke aus, krieche in meinen Daunenschlafsack und versuche, warm zu werden. Ich stelle mir ein gemütliches, warmes Lagerfeuer vor, an dem ich meine eiskalten Füße erwärme, doch leider funktioniert dieser Trick nicht. Da ich weiterhin in meinem Schlafsack friere und deshalb nicht einschlafen kann, packe ich meine Sachen wieder zusammen.

In meiner Verzweiflung klopfe ich an mehrere Haustüren und frage mit Gesten nach einem Schlafplatz, indem ich meine beiden Hände unter meinen geneigten Kopf halte. Die Menschen sind leider ziemlich abweisend, sodass meine Stimmung immer mehr sinkt. Ein korpulenter Mann schlägt mir direkt die Tür vor der Nase wieder zu, bevor ich überhaupt etwas sagen kann. Endlich deutet eine ältere Dame immer wieder in eine bestimmte Richtung und gibt mir zu verstehen, dass ich dort hingehen solle. Nach langem Suchen und mehrfachem Nachfragen komme ich an ein großes, altes und graues Haus, das sich als Obdachlosenasyl entpuppt.

Kurz entschlossen klopfe ich an die massive Eichenholztür. Auf meiner Reise habe ich inzwischen gelernt, meine Schüchternheit abzulegen, da diese in der Vergangenheit nur zu oft dazu geführt hat, dass ich nicht das bekam, was ich dringend brauchte. Ein Mann mit strähnigen grauen Haaren und einem griesgrämigen Gesichtsausdruck öffnet die Tür halb und sagt mit einem genervten Unterton in seiner Stimme: »Hola. Qué quieres?« Ich mache wieder mein übliches Schlaf-Zeichen, woraufhin er mir zu verstehen gibt, dass ich ihm folgen soll. Er führt mich in einen Raum mit acht Etagenbetten, von denen ich mir eins aussuche. Ich bin erleichtert, mich nach diesem anstrengenden Tag endlich schlafen legen zu können. Dankbar, dass ich den warmen Raum für mich allein habe, krieche ich auf dem Bett in meinen Schlafsack.

Ich entgleite bereits sanft ins Traumland, als eine Gruppe älterer Männer lautstark ins Zimmer kommt, um sich offenbar dort zur Nachtruhe zu begeben. Dass sie stark nach Alkohol riechen, ist schon ziemlich heftig für mich, aber der beißende Gestank, der den Raum erfüllt, nachdem sich die Herren ihre Turnschuhe ausziehen, ist unerträglich! Ich öffne sofort das Fenster neben meinem Bett, woraufhin ärgerliche Worte ertönen, die ich aber nicht verstehe. Ein Obdachloser schließt mein Fenster, ich öffne es wieder. Das geht so eine ganze Stunde hin und her, bis meine Zimmernachbarn die Heimleitung holen. Diese gibt mir unmissverständlich zu verstehen, dass die Fenster geschlossen bleiben sollen. Aufgebracht und übermüdet packe ich erneut meine Sachen zusammen und verlasse den Ort des schlechten Geruchs.

Als ich wieder in der kalten Winterluft allein unter dem klaren Sternenhimmel stehe, denke ich mir: Nie wieder werde ich einen solchen Ort betreten! Lieber ertrage ich die Kälte, als mir so meine kostbare Atemluft verpesten zu lassen!

Um endlich warm zu werden, renne ich mitsamt meinem schweren Rucksack so lange durch die menschenleeren Straßen, bis ich schwitzend an meinem alten Schuppen ankomme, mich zum nunmehr dritten Mal in meinen geliebten Schlafsack lege und sofort einschlafe.

Irgendwann in der Nacht spüre ich, wie sich von hinten eine riesige dunkle Gestalt nähert, um mich anzugreifen. Voller Panik versuche ich, wach zu werden, um mich zu verteidigen. Ich bin jedoch vor Angst wie gelähmt. Die unheimliche Gestalt kommt immer näher und springt mir plötzlich mit einem riesigen Satz in den Nacken.

Mit einem gellenden Schrei wache ich auf. Was war das? Ein Alptraum? Oder ist das wirklich passiert? Ich liege auf dem Bauch und merke, dass ich Gänsehaut am ganzen Körper habe. Ich fühle noch mit jeder Zelle die bösartige Energie des Wesens. Das Ganze hat sich nicht wie ein normaler Traum angefühlt, sondern sehr real gewirkt. Für den Rest der Nacht bekomme ich kein Auge mehr zu. Zu groß ist meine Angst, wieder von diesem Ungeheuer angegriffen zu werden und nicht rechtzeitig wach zu werden. Gibt es böse Wesen in der Natur, die normalerweise unsichtbar sind? Bislang habe ich mich ja immer sicher und geborgen gefühlt, wenn ich draußen geschlafen habe. Vielleicht wäre es doch gut, ein Zelt als Schutz zu haben? Diesen Gedanken verwerfe ich aber gleich wieder. Ich entscheide mich dafür, mich weiterhin auch nachts sicher zu fühlen und darauf zu vertrauen, dass ich immer behütet und beschützt bin.

Plötzlich fliegt ein riesiger Schatten an mir vorbei und setzt sich auf einen kleinen Baum in der Nähe. An den Umrissen erkenne ich, dass es sich um eine Eule handeln muss. Scherzhaft sage ich laut: »Du bist doch für deine Weisheit bekannt. Vielleicht kannst du mir erklären, was da gerade geschehen ist.«

Wie eine Antwort ertönt eine Stimme in meinem Kopf. »Höre gut zu!« Ich frage mich, ob ich mir das gerade eingeredet habe. »Hast du nicht. Höre zu! Ich bin gekommen, um dir zu helfen. Es gibt böse Wesen in dieser Welt. Eines davon hat dich gerade angegriffen.«

»Wieso ist mir nichts passiert?«, frage ich laut.

Die Antwort kommt prompt. »Dein Schutzengel und deine geistigen Helfer passen gut auf dich auf. Diese Wesen existieren auf einer anderen Energieebene. Sie können dir nur etwas anhaben, wenn du an sie glaubst. Erst in dem Moment, in dem du sie einlädst, Teil deiner Realität zu werden, können sie in deine Energieebene kommen und dort Schaden anrichten.«

Ich sitze aufrecht in meinem Schlafsack. »Ich verstehe das nicht. Wie habe ich denn dieses Wesen eingeladen? Kannst du es mir genauer erklären?«

Die Eule nickt. »Du lebst in deiner eigenen Welt, die du dir geschaffen hast aufgrund deiner Handlungen, deiner Gedanken und deiner Gefühle. Du bist der Schöpfer deiner eigenen Realität, ob du dir darüber bewusst bist oder nicht. Auch dieses dunkle Wesen lebt in seiner eigenen Welt. In dem Moment, in dem es dich angreift, versucht es, in deine Welt einzudringen. In gewisser Weise fordert dich dieses Wesen auf, mit ihm zu spielen, auch, wenn dies für dich merkwürdig klingen mag. Wenn du seine Realität und seine Existenz anerkennst, dann hast du dem Spielangebot zugestimmt. Dann befindet ihr euch auf einmal in der gleichen Dimension. Erst dadurch bekommt es Macht über dich. Wenn du ihm jedoch keinerlei Beachtung schenkst, dann hast du sein Angebot nicht angenommen, es kann dann in deine Realität nicht eindringen.«

Die Eule legt ihren Kopf schief. »Du kannst dein Erlebnis auf unzählige andere Lebenssituationen übertragen. Jeder Mensch lebt in seinem ganz eigenen Universum. Jeder Mensch schwingt auf seiner ganz eigenen Frequenz. Andere Menschen treten erst dann in dein Leben, wenn ihr auf der gleichen Frequenz schwingt. Ansonsten würdet ihr euch niemals begegnen.«

Ich versuche angestrengt, seinen Ausführungen zu folgen. »Aber ich begegne doch zum Beispiel in meinem Heimatdorf genügend Menschen, die in einer völlig anderen Welt leben.«

»Ja, das ist richtig. Deswegen spielen sie auch in deinem Leben keine Rolle. Du siehst sie zwar, aber ihr sprecht noch nicht einmal miteinander. Wenn dich jemand angreift, mit Worten oder körperlich, dann hast du die Wahl, damit in Resonanz zu gehen oder nicht. Ich gebe dir ein konkretes Beispiel: Du fährst mit deinem Auto in einer engen Straße. Ein anderes Auto kommt dir entgegen. Der Autofahrer, der in ihm sitzt, kurbelt sein Fenster herunter und beschimpft dich wüst, weil er warten muss. Du hast jetzt die Wahl, einen Streit mit ihm zu beginnen oder ihn einfach nicht in deine Welt zu lassen. Verstehst du?«

Ich nicke. Das ergibt Sinn.

»Du allein erschaffst deine Welt. Es findet alles in dir statt. Deine Wirklichkeit entsteht durch deine Aufmerksamkeit, durch deine Anerkennung und deine Gedanken. Erst wenn du dich bewusst oder unbewusst dafür entscheidest, eine Situation, eine Sache oder Menschen durch deine Intention zu erschaffen, werden sie für dich real. Ich weiß, dass es nicht einfach für dich ist, diesen Zusammenhang zu verstehen, da dir beigebracht wurde, dass die Realität unabhängig von dir existiert und du sie deswegen wahrnimmst. In Wirklichkeit aber ist es genau andersherum. Deine Realität entsteht erst dann, wenn du dich bewusst oder unbewusst für sie entscheidest.«

Ich sehe nach oben. Über mir erstreckt sich der klare Sternenhimmel mit unzähligen Sternen. »Diese Sterne dort sind doch real, oder nicht?«

»Du siehst sie nur, wenn du nach oben schaust. Wenn du niemals nach oben schauen würdest, wären sie für dich nicht existent.«

Ich versuche, mir eine Welt ohne Sterne vorzustellen. »Aber sie wären doch trotzdem existent, auch wenn ich nicht nach oben schaue.«

Die Eule neigt den Kopf zur anderen Seite. »Ist das so? Sie wären nicht Teil deiner Realität. Ich gebe dir ein anderes Beispiel. In einem Haus wohnen vier verschiedene Familien. Von außen betrachtet, führen sie ein ähnliches Leben, im gleichen Haus, mit ganz vielen Gemeinsamkeiten. Aber jeder von ihnen erlebt seine Realität vollkommen unterschiedlich. Menschen können in ähnlichen äußeren Umständen leben, während die einen glücklich und die anderen unglücklich sind. Das ist abhängig von der Realität, die sie wählen.«

Der große Vogel schlägt mit seinen Schwingen. »In dem Moment, in dem du erkennst, dass du der bewusste Schöpfer deiner Wirklichkeit bist und dich dafür entscheidest, dass deine Handlungen, deine Gedanken und Gefühle nur noch Ausdruck deines göttlichen Selbst sein sollen, entscheidest du dich für die höchstmögliche Schwingung. Je mehr du lernst, konsequent auf diese Weise zu leben, desto mehr Energie bekommst du. Das ruft jedoch viele Neider auf den Plan, die von deiner Energie profitieren oder verhindern wollen, dass du ein Licht für die Welt bist. Sie werden mit allen ihnen zur Verfügung stehenden Mitteln versuchen, dich in ihre Realität hineinzuziehen. Deine Aufgabe ist es dann, dieser Versuchung zu widerstehen und deiner Wahrheit und deinen Idealen treu zu bleiben, egal was geschieht.«

Es beginnt langsam, hell zu werden. Zwinkert die Eule? »Ich weiß, dass dieses Wissen neu für dich ist und allem widerspricht, was dir bisher beigebracht wurde. Präge dir meine Worte gut ein und betrachte die Welt mit neuen Augen. Die Wahrheit wird sich dir Stück für Stück erschließen.«

Mit diesen Worten erhebt sich der große Vogel und fliegt lautlos davon.

Ich bleibe zurück, tief in meinen Gedanken versunken. Das eben Gehörte stellt so ziemlich alles auf den Kopf, was ich gelernt und wie ich bislang gelebt habe. Mir wird bewusst, dass ich meistens auf die Dinge im Außen, die mir begegnet sind, reagiert habe. Ich habe gelernt, alles zu bewerten und zu beurteilen – nach gut und schlecht, richtig und falsch. Wenn ich etwas als falsch bewertet habe, dann habe ich dagegen meistens Widerstand entwickelt. Ich nehme mir vor, ab jetzt die Dinge im Außen so zu betrachten, wie sie sind, ohne sie zu bewerten. Ich möchte lernen, mehr bei mir, in meiner Mitte zu bleiben, weniger zu reagieren und mehr durch die bewusste Wahl meiner Gedanken genau das im Außen zu erschaffen, was ich wirklich erfahren möchte.

In dem Moment, in dem du erkennst, dass du der bewusste Schöpfer deiner Wirklichkeit bist und dich dafür entscheidest, dass deine Handlungen, deine Gedanken und Gefühle nur noch Ausdruck deines göttlichen Selbst sein sollen, entscheidest du dich für die höchstmögliche Schwingung.

13
MEIN HÄUSCHEN IN EINEM SPANISCHEN TAL

Da es in diesem Teil Spaniens noch sehr kalt ist und ich zu wenig Essen finde, trampe und wandere ich weiter Richtung Süden. Die Landschaft ist atemberaubend. Mittlerweile ist es Mitte März und die Obst- und Mandelbäume blühen – ganze Täler bestehen aus einem Blütenmeer aus weißen und rosa Blüten. Bienen, Hummeln und andere Insekten fliegen von Blüte zu Blüte, um sich den kostbaren Nektar zu holen und gleichzeitig die Blüten zu bestäuben. Ein tiefes Gefühl von Dankbarkeit erfüllt mich, dass ich das alles erleben darf. In der Natur zu sein gibt mir so viel Lebensenergie! Die Bewegung an der frischen Luft und das einfache Leben helfen mir dabei, immer mehr in meine Mitte zu kommen, und bringen mich in einen Zustand von innerem Frieden. Ich wandere in einem einsamen Tal an einem ausgetrockneten Flussbett entlang. Die einzigen Geräusche, die ich wahrnehmen kann, sind das Rascheln der Blätter im Wind, ein gelegentlicher Ruf von Vögeln und das Summen der Insekten. Eines Tages möchte ich an einem solchen Ort leben, jeden Morgen voller Dankbarkeit aufwachen, mich wach, lebendig und als besonderer Teil eines großen Ganzen und von Mutter Erde fühlen.

Die Sonne verschwindet langsam hinter den naheliegenden Bergen. Sofort beginnt die Luft, kühler zu werden. Vom vielen Laufen tun mir die Füße weh, und ich beschließe, es für heute gut sein zu lassen und mich für die Nacht vorzubereiten. Vor mir kann ich auf einer Anhöhe eine Wiese erkennen, zu der es mich hinzieht. Das frische, weiche Gras ist perfekt für mein Nachtlager. Ich halte Ausschau nach der Stelle mit der besten Energie, denn ich habe wiederholt die Erfahrung gemacht, dass der optimale Platz entscheidend dafür ist, wie gut ich schlafe. Manchmal brauche ich zwei Stunden, um ihn zu finden und mich richtig wohlzufühlen. Jeder Ort hat seine ganz eigene Schwingung, und ich lerne, diese Nuancen immer feiner wahrzunehmen. Es erstaunt mich, wie unterschiedlich sich bestimmte Plätze anfühlen können, selbst wenn sie nahe beieinander liegen. So gibt es unzählige kleine Welten mit ihrem eigenen Mikrokosmos und ihren eigenen Besonderheiten. Im ausgetrockneten Flussbett nehme ich eine vollständig andere Energie wahr als auf der Wiese mit dem frischen, grünen Gras, wo ich schlafe. Obwohl sich beide direkt nebeneinander befinden, sind sie so unterschiedlich, dass ich kaum glauben kann, dass sie nur 200 Meter voneinander entfernt sind. Es ist faszinierend, wie wunderbar und abwechslungsreich unsere Erde ist!

Meine Augen werden zu einer kleinen Senke in der Wiese geführt. Intuitiv weiß ich sofort, dass dort mein Schlafplatz für diese Nacht ist. So breite ich meine Isomatte und meinen Schlafsack aus und mache mich daran, die Gegend nach etwas Essbarem zu erkunden. Nach einer Stunde kehre ich erfolglos zurück. Nach dem Tagesmarsch bin ich total ausgehungert. Zum Glück habe ich gestern Mandeln vom letzten Jahr entdeckt, die den Winter überstanden haben, und sie auf Vorrat geknackt. Ich verzehre sie genüsslich und kaue sorgfältig, wie ich es in Lalix gelernt habe. Je mehr Zeit ich mir lasse, desto besser kann ich die Nährstoffe aufnehmen, die mir jetzt Kraft und Energie geben. Nachdem ich alle Mandeln gegessen habe, bin ich zwar nicht wirklich satt, aber es sollte bis zum nächsten Tag reichen. Erschöpft und zufrieden steige ich in meinen Schlafsack. Über mir sind schon die ersten Sterne zu sehen, die ich noch eine Weile beobachte, bevor ich einschlafe.

Am nächsten Tag erreiche ich ein einsames Tal mit Oliven- und Mandelhainen. Auch hier stehen die Mandeln in voller Blüte und verströmen einen süßlichen Duft. Immer wieder muss ich stehen bleiben, um die rosafarbenen Blüten zu bewundern und an ihnen zu riechen. Nach jedem tiefen Einatmen fühle ich mich lebendiger. Von weitem sehe ich am anderen Ende des Tals ein weißes Steinhaus, vor dem ein Trecker und Mofas stehen. Beim Näherkommen erkenne ich mehrere Menschen, die an einem Tisch sitzen und essen. Es handelt sich um eine fröhliche Runde aus Männern, Frauen und Kindern, die laut erzählen und immer wieder lachen. Als sie mich entdecken, bedeuten sie mir, näher zu kommen und mich zu ihnen zu setzen. Sofort bin ich der Mittelpunkt der Runde. Sie freuen sich sichtlich, einen Exoten wie mich getroffen zu haben, der als Vagabund unterwegs ist. Sofort bieten sie mir ihr Essen an und packen mir gegrilltes Fleisch auf den Teller. Es fällt mir schwer, ihnen mit meinem schlechten Spanisch zu erklären, dass ich kein Fleisch esse. Als sie verstehen, was ich ihnen sagen will, leuchten ihre Augen auf, und sie stellen mir einen großen Teller aus Oliven, Eisbergsalat mit Tomaten, gekochten Kichererbsen, den »Garbanzos«, und Weißbrot zusammen. Dankbar verschlinge ich bis auf das Weißbrot alles, was sie sichtlich erfreut.

Ihre gute Stimmung wird durch den Rotwein, der reichlich fließt, weiter angefeuert. Der Vater des Clans, Julio, erklärt mir, dass der Wein aus diesem Tal stammt und von ihm selbst gekeltert wird, wie es schon Generationen vor ihm so gemacht hätten. Später erfahre ich, dass er seinen Wein so sehr liebt, dass er nichts anderes trinkt – abgesehen von einer Tasse Kaffee am Morgen. Wasser ist für ihn allein zum Waschen da, aber auf keinen Fall zum Trinken gedacht. Ich finde es erstaunlich, dass sein Körper das so lange durchgehalten hat und er es dennoch schafft, täglich sein Land zu bestellen! Außer ihm sind noch seine Frau, seine beiden Kinder und seine zwei Brüder dabei. Sie sind neugierig und stellen mir tausend Fragen, die ich in meiner Not versuche, auf Französisch zu beantworten. So bekommen sie doch einiges aus mir heraus und verstehen, dass ich aus Deutschland komme, keine tierischen Produkte esse und ohne Geld durch die Wildnis wandere.

Julio und sein Bruder diskutieren angeregt und zeigen dabei immer wieder auf mich. Nach etlichem Hin und Her sieht mich Julio aufgeregt an. Er deutet auf das weiße Haus und überschüttet mich mit einem Schwall Spanisch. Ich verstehe aber immerhin den Sinn von dem, was er sagt: »Das ist unser Landhaus, unser Cortijo. Wir leben in Padul, ungefähr sieben Kilometer von hier. Dieses Haus steht leer, wir benutzen es selten, nur dann, wenn wir an den Bäumen arbeiten. Zieh hier ein und lebe hier. Wir besorgen dir so viel Gemüse, wie du willst, und päppeln dich ein bisschen auf.« Dabei grinst er und zwickt mich in meinen linken Oberarm, der ungefähr halb so dick wie seiner ist.

Alle schauen mich erwartungsvoll an. Ich bin berührt von diesem Angebot und von der Herzlichkeit dieser Leute, die mich gerade wie ein Familienmitglied aufnehmen. Tränen schießen mir in die Augen. Ich hoffe, dass es niemand bemerkt, aber leider vergebens. Mangels der richtigen Worte, mit denen ich meine Dankbarkeit und Freude ausdrücken könnte, nicke ich nur mehrfach mit dem Kopf. Die Familie lacht. Julio führt mich durch das Cortijo. Es ist geräumig und besteht aus einem großen Wohnzimmer mit Küche, einem Schlafzimmer und einer Toilette. Eine Dusche gibt es nicht. Das saubere Steinhaus sieht aus, als ob es erst vor wenigen Jahren gebaut wurde.

In der Mitte des großen Raumes befindet sich ein offener Kamin mit einem Eisengestell, um dort Pfannen oder Töpfe über dem Feuer zu befestigen. Julio und ich sind in diesem Moment wie kleine Kinder – er zeigt mir begeistert sein Haus, das er selbst gebaut hat, und ich höre ihm mit leuchtenden Augen zu und freue mich darauf, ganz unerwartet ein eigenes Reich in diesem einsamen Tal gefunden zu haben.

Ich kann mich nicht erinnern, jemals so großzügige und offene Menschen getroffen zu haben – sie sind etwas ganz Besonderes. Bevor sie fahren, lassen sie mir ihr gesamtes veganes Essen da und versprechen mir, morgen noch mehr zu bringen. Sie freuen sich offensichtlich aus ganzem Herzen, mich beschenken zu können. Da ist keine Spur von Misstrauen oder Zurückhaltung. Ich bin dankbar, dass mich meine Bestimmung genau zur richtigen Zeit in dieses Tal zu diesen Menschen geführt hat. Ich nehme mir vor, schnellstmöglich Spanisch zu lernen, damit ich mich besser mit ihnen unterhalten kann. Manchmal versuche ich, französische Worte etwas abzuwandeln, sodass sie Spanisch klingen. Häufig klappt es auch.

Als ich von der Veranda ins Haus gehe, hupt es draußen. Julio sitzt auf seinem Trecker und fragt mich, ob er mir am nächsten Tag noch etwas mitbringen könne, was ich brauche. Da kommt mir eine Idee. Mit fuchtelnden Händen und Füßen versuche ich, ihm zu erklären, dass es toll wäre, wenn er ein deutsch-spanisches Wörterbuch finden könnte. Ich glaube zwar nicht, dass es so etwas hier gibt, aber man weiß ja nie ...

Die folgende Nacht ist wundervoll. Ich schlafe glücklich und dankbar über dieses unerwartete Geschenk ein. Nachdem ich meine morgendlichen Yogaübungen gemacht habe, beginne ich erst einmal damit, die Landschaft zu erkunden, vor allem nach Früchten, Nüssen und Kräutern. In der grünen und blühenden Frühlingslandschaft finde ich so allerlei – wilden Fenchel, wilden Lauch, Borretsch, Thymian und Vogelmiere. Ich finde auch Mandeln vom letzten Jahr, die noch an den rosa blühenden Bäumen hängen, Mandarinen, Zitronen und Orangen, die an vereinzelt stehenden Zitrusbäumen wachsen.

Als ich sattgegessen und vollgepackt mit meiner Ernte, die ich in einer Baumwolltasche trage, zurückkomme, ist Julio bereits da. Er hat tatsächlich ein kleines Taschenwörterbuch für mich gefunden! Ich nehme mir fest vor, jetzt jeden Tag Spanisch zu lernen, damit ich mich besser mit ihm unterhalten kann. Außerdem hat er mir getrocknete Kichererbsen (Garbanzos), Linsen (Lentejas) und frische dicke Bohnen (Habas) sowie eigenes Olivenöl mitgebracht. Eine solche Fülle an Essen hatte ich schon lange nicht mehr! Spontan umarme ich ihn, was ihn etwas verlegen macht.

Ab jetzt beginnt für mich eine wahrhaft wunderbare Zeit. Ich genieße es, in meinem eigenen kleinen Haus in der Natur wieder sesshaft zu sein. Mit mitgebrachten und selbst gesammelten Lebensmitteln bereite ich mir abends oft mein Essen über dem Feuer zu. Jetzt kann ich meine Leidenschaft fürs Kochen ausleben und neue Kreationen entwickeln. Besonders liebe ich es, die Habas mit Olivenöl in der Pfanne zu braten, mit Meersalz zu würzen und mit frischen Kräutern wie wildem Knoblauch (Ajo) und Fenchel zu verfeinern. Danach sitze ich oft noch lange allein vor dem Feuer. Ich finde es beruhigend, in die Flammen zu schauen, die sich ständig verändern und immer wieder neue Formen hervorbringen. Oft singe ich dabei meine indischen Mantras aus dem Kundalini-Yoga. Mein Frühstück besteht meistens aus selbst gesammelten Orangen und Mandeln. In weiter Ferne kann ich die schneebedeckten Berge der Sierra Nevada sehen.

Im Laufe der Zeit finde ich heraus, dass auch mein einsames Tal seine Schattenseiten hat. Eines Tages bekomme ich mit, wie Carlos, Julios Sohn, die alten Olivenbäume, die »Olivos«, verstümmelt, indem er ihre Äste stark einkürzt oder sogar ganz abschneidet. Die Bäume sehen danach wirklich traurig aus. Auf meine Frage, warum er das den Bäumen antut, antwortet er, dass sie dann mehr Früchte bringen würden. Vielleicht ist es ja so, dass der Baum so sehr verletzt wird, dass er aus purem Stress und Selbsterhaltungstrieb mehr Früchte erzeugt? Anders kann ich es mir nicht erklären. Ich kenne viele alte Obst- und Nussbäume in Deutschland, die nie geschnitten werden und trotzdem voller Früchte sind ...

Ein anderes Mal stellen mir Julio und Carlos einen »Doktor der Chemie« vor. Es handelt sich um den Berater eines deutschen Chemiekonzerns, der den gutgläubigen Spaniern seine giftigen Spritzmittel andrehen will. Offensichtlich erfolgreich, denn nach dem Besuch laufen Julio und zwei Helfer mit der Giftspritze auf dem Rücken durch das schöne Tal und nebeln die Oliven- und Mandelbäume mit einem bläulichen Mittel ein, wodurch sich ein beißender Gestank verbreitet. Ich kann es nicht ertragen, mir das anzuschauen. Und vor allem will ich nicht die giftigen Spritzmittel einatmen, die von den Spaniern ohne jeglichen Schutz versprüht werden. Deswegen beschließe ich spontan, mich den Rest des Tages auf Wanderung zu begeben. Ein anderes Mal muss ich sogar erleben, wie der Bruder von Julio, Josue, seinen Eisbergsalat mit dem Abwasser der Gemeinde bewässert. Das Wasser stinkt bestialisch nach einer Mischung aus Fäkalien und chemischen Waschmitteln. Josue aber sagt, dass dies der perfekte Dünger für seinen Salat sei. Unfassbar, wie unbewusst meine Freunde besonders in Bezug auf Umweltschutz sind!

Um mich mit ihnen darüber besser unterhalten zu können, habe ich immer mein kleines Wörterbuch dabei, damit ich es schnell hervorholen und darin nach den passenden Worten suchen kann. Auf diese Weise lerne ich ziemlich schnell die neue Sprache und beginne, mich immer mehr mit den Menschen auszutauschen, besonders über vegetarische Ernährung und Umweltschutz. Mit Leidenschaft versuche ich, ihnen beizubringen, dass die Pestizide, von denen sie so viel halten, hochgiftig sind, und nicht nur das Grundwasser, sondern auch die Böden und die Menschen verseuchen, die mit Spritzmitteln behandelte Nahrung essen. An ihrem Erstaunen kann ich erkennen, dass sie von diesen Dingen noch nie zuvor gehört haben. Sie sind der Meinung, dass es so schlimm schon nicht sein könne, dass davon noch keiner gestorben sei und es außerdem ja alle so machten, also nicht alles falsch daran sein könne. Sie sind wirklich wie Kinder, die sorglos durchs Leben gehen. Sie denken sich einfach nichts dabei. Diese Leute sind tiefenentspannt, egal in welcher Hinsicht, wovon ich sicherlich auch viel lernen kann. Ich finde es jedoch traurig, dass sie ohne Bewusstheit durchs Leben gehen, der Natur schaden und sich über die Konsequenzen ihres Handelns keine Gedanken machen. Ich kann nicht sagen, ob meine Worte etwas bewirken. Zumindest so lange, wie ich mit ihnen lebe, verändern sie ihr Verhalten weder in Bezug auf die Ernährung noch auf die Landwirtschaft. Aber wer weiß, vielleicht geht meine Saat ja später auf, wenn noch mal jemand wie ich den Menschen ins Gewissen redet oder sie ähnliche Informationen von einem Landsmann bekommen ...

An einem sonnigen Morgen nehme ich mir vor, mich um viele Dinge zu kümmern, die in der letzten Zeit liegen geblieben sind. Nach dem Yoga, dem morgendlichen Fegen meines Häuschens und einem nahrhaften Frühstück aus Orangen, Mandeln und auf dem Feuer gekochten Naturreis schreibe ich die Erlebnisse der letzten Woche in meinen kleinen Naturkostkalender, in den ich meine wichtigsten Erlebnisse und Erkenntnisse in winzigen Buchstaben in die Spalte für den jeweiligen Tag schreibe, da ich nicht mehr Platz habe. Anschließend sind meine Shorts an der Reihe. Da selten jemand hier ist, bin ich oft nackt. Meistens höre ich rechtzeitig die Motorengeräusche, um mir schnell meine Shorts überzuziehen, die schon mehrere Löcher aufweisen. Dadurch bin ich meiner Meinung nach nicht mehr so richtig gesellschaftsfähig. Meine Mutter würde jetzt sicherlich sagen, dass ich auch mit geflickten Hosen nicht gesellschaftsfähig sei ... Ich habe Nadel und Faden dabei und versuche, die Löcher meiner Shorts zu stopfen. Leider habe ich meine Mutter nie danach gefragt, wie man näht. Also muss ich auch jetzt autodidaktisch vorgehen. Die Hose ist mittlerweile so dünn, dass sie an den gestopften Stellen gleich wieder aufreißt. Wie soll ich Löcher zusammennähen? Nach etwa zwei Stunden gelingt es mir endlich, die Hose notdürftig so zu stopfen, dass sie hoffentlich für eine weitere Woche halten wird. Als Nächstes kommen alle meine anderen Klamotten an die Reihe, die dringend eine Wäsche nötig haben: meine lange Hose, mein T-Shirt, mein Pullover und meine Strümpfe. Ich weiche sie mit etwas Kernseife für einige Stunden im Wasser ein, schrubbe sie dann in der Sonne wieder sauber und hänge sie über das Verandageländer zum Trocknen auf. Auf diese Weise macht Wäsche waschen Spaß!

Jetzt kommt etwas, worauf ich mich schon lange freue: Die Tochter von Julio, Isabella, hat mir einen *Asterix*-Comic auf Spanisch mitgebracht! Als Kind habe ich diese Comics immer geliebt, und jetzt kann ich den lange entbehrten Lesegenuss damit verbinden, mein Spanisch zu verbessern. Zum Abschluss dieses wirklich gelungenen Tages koche ich mir auf meinem Feuer Linsensuppe, die ich mit wildem Thymian würze.

Nach unruhigem Schlaf wache ich mitten in der Nacht auf. Ich höre leise Männerstimmen und ein schabendes Geräusch. Sofort schrecke ich hoch. Das können nur Einbrecher sein! Was soll ich jetzt tun? Das Einzige, woran ich denken kann, ist leise und so schnell wie möglich zur Küche zu kriechen, damit ich nicht gesehen werde. Dort will ich mir das größte Messer holen, um bewaffnet zu sein. Ich zwinge mich, meine Schockstarre zu überwinden und Richtung Küche zu krabbeln. Dummerweise bleibe ich an einem Blecheimer hängen, der mitten im Weg steht. Mit lautem Poltern fällt er um. Mist! Jetzt habe ich mich verraten. Das müssen die Einbrecher bemerkt haben, denn ich höre, wie sich schnelle Schritte eilig entfernen. Ich hechte zum Fenster und erkenne zwei Gestalten, die im Mondlicht davonlaufen. Ein Glück! Ich bin erleichtert, dass sie nicht ins Haus eingedrungen sind. Allein hätte ich wahrscheinlich keine Chance gegen sie gehabt. Auch dieses Mal hat mein Schutzengel wieder gut auf mich aufgepasst.

Ich muss an die Botschaft der Eule denken. Sind die Einbrecher deswegen geflüchtet, weil ich keine Resonanz zu ihnen hatte, und sich deswegen unsere Welten nicht verbinden konnten? Andererseits habe ich ihnen durch meine Angst vielleicht doch einen Zugang zu meinem Energiefeld ermöglicht. Trotzdem ist nichts passiert. Ich werde wohl nie herausfinden, warum. Es gibt so viele Dinge, die in unserem Leben geschehen, deren wahre Hintergründe wir nicht kennen. Ich muss an viele gefährliche Situationen auf meiner Reise denken, die alle gut ausgegangen sind, auch wenn ich Angst hatte. Dadurch ist mein Vertrauen gewachsen, dass es wirklich eine Macht gibt, die mich führt und beschützt.

Mein Körper ist jedoch immer noch voller Adrenalin, sodass an Einschlafen nicht mehr zu denken ist. Ich beschließe daher, intensiv Kundalini-Yoga zu machen, um wieder in meine Mitte zu kommen.

Am nächsten Tag will ich die umliegende Berglandschaft erkunden. Bei meiner Wanderung durch die Berge entdecke ich einen uralten Olivenbaum, den ich auf ein Alter von ungefähr 1000 Jahren schätze. Er ist knorrig, krumm und schief gewachsen – was er wohl schon alles erlebt haben mag? Er sieht nicht so aus, als ob er beschnitten oder seine Früchte geerntet werden würden. An seinen Ästen hängen Tausende großer schwarzer Oliven – sie sind also schon reif, während grüne Oliven noch unreif sind. Ungenießbar sind beide, da sie extrem viele Bitterstoffe enthalten. Julio hat mir erzählt, wie man Oliven selbst einlegt. Bislang habe ich das noch nicht ausprobiert, da ich seine gespritzten Oliven dafür nicht nehmen will. Mit diesem wundervollen Olivengigant bietet sich mir aber die perfekte Gelegenheit, wilde, gesunde und ungespritzte Oliven selbst einzulegen. So pflücke ich mir eine ganze Baumwolltasche voll, bekomme dabei schwarze Hände und trage die Früchte voller Stolz nach Hause. Dort wartet die Hauptarbeit auf mich. Ich setze mich gemütlich in die Sonne und ritze beide Enden jeder Olive mit einem Messer ein. Dann lege ich sie in Wasser ein. Durch die Einschnitte gelangen die Bitterstoffe in das Wasser, das ich jeden Tag auswechsele. Diese Prozedur muss ich vier Wochen lang wiederholen, bis meine Oliven vollständig »entbittert« sind und dann in Salzlake oder Olivenöl eingelegt werden können. Leider muss ich jetzt noch einen Monat warten, bis ich meine ersten eigenen Oliven probieren kann!

Am nächsten Morgen bin ich mit Julio und Carlos verabredet, um ihnen beim Hacken ihrer Weinreben zu helfen. Wir fangen sehr früh an, da der

Tag wieder heiß werden soll. Julio holt mich mit dem Trecker ab, da sein Weinberg nicht in der Nähe »meines« Tals liegt. Unsere Aufgabe bei dieser Arbeit ist es, mit einer breiten Hacke Wildkräuter und Grassoden zwischen den Weinstöcken zu entfernen und sie zum Vertrocknen auf die Erde zu legen. Ich habe dabei gemischte Gefühle. Einerseits macht es Spaß, mit den beiden zusammen zu sein, Geschichten zu erzählen und die Erfahrung zu machen, als Team vorwärtszukommen. Wir drei harmonieren miteinander und haben einfach Freude an der gemeinsamen Arbeit. Andererseits hacken wir die Erde auf und zerstören dabei Wildkräuter, die die meisten Menschen als »Unkraut« bezeichnen – diesen Begriff lehne ich ab, da für mich jede Pflanze eine sinnvolle Aufgabe im Ökosystem der Erde erfüllt. Zudem unterstütze ich mit meiner Arbeit einen Weinanbau, der nicht biologisch, sondern konventionell ist, und durch die Verwendung von giftigen »Pflanzenschutzmitteln« der Natur schadet. Um Julio etwas für seine großzügige Gastfreundschaft zurückzugeben, versuche ich jedoch, diesen kritischen Teil in mir auszublenden und trotzdem mit vollem Einsatz mitzuhelfen.

Am Ende bin ich froh, als es vorbei ist. Wieder einmal wird mir klar, dass es mir Energie raubt, wenn ich Kompromisse eingehe, die nicht im Einklang mit meinen Werten stehen. Ich spüre immer deutlicher, dass ich künftig Tätigkeiten finden und ausüben möchte, hinter denen ich zu 100 Prozent stehe und zu denen ich aus ganzem Herzen Ja sagen kann.

Am darauffolgenden Tag laufe ich nach meinem Morgenritual ungefähr sieben Kilometer durch die Berge nach Padul, wo »meine Familie«, wie ich sie liebevoll nenne, wohnt. Ich schaue mir ein wenig die Stadt an und besuche sie abends. Julio, Carlos und die drei Frauen freuen sich riesig, dass ich zu ihnen komme. Als Erstes tischen sie mir ihre veganen Lebensmittel auf. Mir zu Ehren haben sie sogar »Pan integral«, also Vollkornbrot gekauft, das in Spanien eine absolute Seltenheit ist. Wir essen gemeinsam, lachen viel, und ich genieße dabei spanische Köstlichkeiten wie Oliven, selbst geerntete Walnüsse, getrocknete Feigen, Habas und Garbanzos mit unvergleichlich aromatischem Olivenöl, auf das Julio sehr stolz ist. Ihnen gelingt es sogar, mich dazu zu bringen, am selbst gekelterten Rotwein zu nippen. Ich verstehe einfach nicht, warum Menschen so ein Getränk mögen können. Wie konnte man es dem süßen, fruchtigen und gesunden Traubensaft nur antun, ihn solange zu vergären, bis er faul und gesundheitsschädlich wird? Ich muss bei dem Gedanken innerlich lächeln, dass meine spanische Familie so einen Exoten wie mich bestimmt noch nie gesehen hat.

Am Ende dieses wunderschönen Abends mache ich mich auf den Nachhauseweg. Es ist schon Nacht und leider bewölkt. Zu allem Unglück ist gerade auch noch Neumond, sodass ich nur etwa einen halben Meter weit blicken kann. Da ich aber einen guten Orientierungssinn besitze und mir die Naturlandschaft auf dem Hinweg gut gemerkt habe, vertraue ich darauf, dass ich den Weg zu meinem Landhaus finde. Ich muss jedoch aufpassen, dass ich nicht an Steinen hängen bleibe oder umknicke. Bald tun mir meine Beine weh, ich fühle mich müde und erschöpft. Nach einer ganzen Weile erreiche ich eine Stelle, die mir irgendwie bekannt vorkommt. Ich setze mich auf einen Stein und versuche, mich zu erinnern. Plötzlich durchfährt mich die Erkenntnis: Ich war hier gerade eben schon mal! Vor lauter Frustration stoße ich einen lauten Schrei aus, der durch die Berglandschaft hallt: »Scheiße!« Meine Wut gibt mir aber auch neue Energie. Wild entschlossen, jetzt endlich nach Hause zu kommen und den Umweg wieder wett zu machen, laufe ich immer schneller. Zum Glück finde ich diesmal den richtigen Weg und falle glücklich darüber, es endlich geschafft zu haben, in mein Bett.

Auf einer meiner Wanderungen an den folgenden Tagen sehe ich in der Ferne einen grünen Fleck, den eine Art Leuchten umgibt. Beim Näherkommen erkenne ich alte Steinmauern, hinter denen große Bäume wachsen. Ich gehe durch ein halb zugewachsenes Steintor. Vor mir öffnet sich eine einzigartige grüne Welt: ein alter Obstgarten, der anscheinend seit vielen Jahren nicht mehr bewirtschaftet worden ist. Zahllose Bäume blühen, der Gesang von Vögeln hüllt mich ein. In der Mitte des Gartens befindet sich eine schiefe, von Algen bewachsene Felssteinmauer. Aus einem verrosteten Metallhahn in ihrer oberen Hälfte plätschert Wasser in ein etwa zwanzig Meter langes und zehn Meter breites Wasserbecken, in dem sich sogar einige Seerosen befinden. Das Wasser selbst ist glasklar. Ich ziehe mir sofort meine Shorts aus und springe in das Bassin. Ich hätte nicht damit gerechnet, dass das Wasser so kalt ist! Es ist wunderbar erfrischend. Ich fühle, wie jeder Teil meines Körpers belebt wird. Ich tauche immer wieder unter und wasche mich gründlich. Nachdem der Schmerz aufgrund der Kälte zu groß wird, klettere ich wieder heraus und lasse mich tief atmend auf dem breiten Steinrand des Bassins in der Sonne trocknen. Es ist einer der Momente in meinem Leben, in denen sich alles richtig anfühlt. Zufrieden mit mir und meiner Welt gleite ich langsam in einen tiefen Schlaf.

Das sanfte Plätschern der Quelle wird zu einem Flüstern. »Matthias! Ich habe eine Botschaft für dich.«

Auch die Quelle hat anscheinend ein eigenes Bewusstsein! Wie wundersam die Welt doch ist ...

»Dieser Ort ist ein heiliger Ort. Hier ist alles so, wie es eigentlich sein sollte. Es gibt noch Naturwesen, die für die meisten Menschen nicht sichtbar sind, jedoch häufig von kleinen Kindern wahrgenommen werden können. Alle Wesen leben hier in vollkommenem Frieden und in Harmonie miteinander. Auch du kannst Frieden und Heilung erfahren, weil hier die Energie besonders hoch ist. An einem solchen Platz ist es fast unmöglich, sich schlecht zu fühlen, weil man förmlich mit Lebensenergie aufgeladen wird.«

Ich nicke. »Oh ja, es ist so heilsam, hier zu sein. Das ist ein kleines Paradies.«

»So ist es. Dieses Paradies wurde einmal vor langer Zeit von einem Menschen erschaffen. Es zeigt dir, dass die Menschen dazu in der Lage sind, wundervolle Orte der Kraft und der Schönheit anzulegen. Wenn die Menschen wieder lernen, im Einklang mit der Natur zu leben und die Lebensgesetze zu achten, dann kann auch diese Erde wieder zu dem Paradies werden, das sie früher einmal war.«

Diese Worte lösen eine Frage in mir aus. »Woran liegt es denn, dass die Menschen so viel Zerstörung auf der Erde anrichten?«

Das Plätschern verstummt eine Weile. Dann flüstert es wieder: »Vor langer Zeit haben die Menschen im Einklang mit der Natur und sich selbst gelebt. Für sie war alles um sie herum lebendig, sie kommunizierten mit den Wesen, sogar mit Felsen oder dem Wasser, so wie du es jetzt tust. Sie hatten tiefe Ehrfurcht vor dem Leben und betrachteten jeden Teil der Schöpfung als heilig. So nahmen sie nichts von Mutter Erde, ohne sich vorher zu bedanken. Sie wussten um die vollkommene Einheit der Dinge. Sie wussten, dass der große Organismus Erde nur leben kann, wenn alle Wesen auf ihr zusammenarbeiten und sich gegenseitig unterstützen. Sie fühlten, dass alles Leben untrennbar miteinander verbunden ist, und dass alles voneinander abhängt. Sie kannten keinen Egoismus, da sie wussten, dass ein persönlicher Vorteil auf Kosten anderer ihnen selbst schaden würde. Sie haben sich auch nicht als einzelnes, von den anderen getrenntes Wesen wahrgenommen, sondern als Teil einer großen Gemeinschaft. Sie verehrten die Schöpfung und Mutter Erde genauso wie alles Weibliche, da es Leben gebärt. Sie achteten darauf, besonders die schwächeren Lebewesen zu schützen, und sie kannten keine Gewalt. Gewalt war für sie ein Ausdruck von Unwissenheit. Da sie im vollkommenen Einklang mit sich und ihrer Umgebung lebten, waren sie zufrieden. Sie lebten in absoluter Fülle. Mutter Erde beschenkte sie reichlich mit Früchten, Nüssen und vielen Kräutern, und sie mussten dafür kaum arbeiten, da sie die Geheimnisse der Kooperation mit der Natur kannten. Sie wussten, dass Liebe der Dünger ist, der die Pflanzen am meisten wachsen lässt, und dass eine intakte Natur der Schlüssel für reiche Ernten ist. Sie wussten, dass Dankbarkeit den Bäumen gegenüber diese dazu brachte, zu wachsen und zu gedeihen und die Menschen mit einer Fülle an Früchten zu beschenken. Sie wussten, dass die liebevolle Zuwendung ihre Nahrungspflanzen kräftig und gesund wachsen ließ, sodass sie im Gegenzug Heilnahrung erhielten, die ihre Körper stärkte.«

Ich bin tief beeindruckt. So habe ich es noch nie gesehen, aber irgendwie schon immer gefühlt, dass es genauso sein muss. Ich höre der Quelle weiter zu.

»Diese Menschen kannten ein einfaches, aber sehr wirkungsvolles Geheimnis: Je mehr du gibst, desto mehr bekommst du. Sie kannten keine Krankheit und keinen Tod. Sie waren wie Götter, die sich selbst erkannt hatten.«

Nun bin ich überrascht. »Keinen Tod? Wie kann das sein?«

»Der Mensch, der im Bewusstsein seiner absoluten Schöpfermacht ist, erkennt, dass er ein Ebenbild Gottes ist, der genau wie Gott alles erschaffen kann, was auch immer er erschaffen möchte. So kann er sich auch physische Unsterblichkeit manifestieren. Er erkennt, dass es auf keiner Ebene Grenzen gibt. Die Urmenschen waren zufrieden mit sich und der Welt. Sie brauchten keine Ziele, denn sie lebten im Moment. Sie kannten keine Vergangenheit und keine Zukunft. Sie waren wie Kinder, weise und unschuldig zugleich.«

»Was geschah dann?«

Das Plätschern verstummt. Es ist, als ob die Quelle tief Luft holt. Eine lange Pause entsteht.

»Es gab Menschen, die sich von dieser göttlichen Einheit abwandten und den Weg der Dunkelheit einschlugen. Ihnen ging es einzig und allein darum, mehr Reichtum und mehr Macht anzuhäufen. So entstanden nach und nach immer mehr negative Hierarchien, in denen es Herrscher und Unterdrückte gab. Im Laufe der Menschheitsgeschichte bis hin zur Neuzeit verfeinerten die Mächtigen der dunklen Seite ihre Methoden, um noch mehr Macht zu bekommen. Sie überlegten sich, wie sie die Menschen am wirkungsvollsten beherrschen könnten. Denn sie fanden heraus, dass Diktaturen früher oder später immer gestürzt werden, weil jeder Mensch das tiefe Bedürfnis hat, frei zu sein und selbst über sein eigenes Leben zu entscheiden. Also planten sie ein System, das die Menschen unterdrücken würde, ihnen aber gleichzeitig die Illusion geben würde, dass sie frei wären. Wie konnten sie das erreichen? Sie schufen hervorragend organisierte Staatsgebilde, die zentral gesteuert wurden und dafür da waren, die Gedanken der Menschen zu manipulieren. Das Ziel dieses Systems war, den Menschen Lügen über die Realität der Dinge zu erzählen und ihnen ein falsches Bild von sich selbst zu vermitteln. Die Mächtigen fanden heraus, dass, wenn man eine Lüge stetig wiederholt, die Menschen irgendwann daran glauben.

Ich sinniere über die Worte nach, die ich gerade vernommen habe. »Denkst du wirklich, dass diese Form der Manipulation bewusst erfunden wurde? Ich kann mir das kaum vorstellen.«

»Leider ist es so ... Da die Mächtigen wussten, dass man die Kinder am leichtesten beeinflussen kann, da deren Denken noch nicht geformt ist, schufen sie Schulen, in denen sie von Anfang an darauf vorbereitet werden sollten, in ihrem Gesellschaftssystem gut zu funktionieren und dieses nicht in Frage zu stellen. Ziel dieser Erziehung war, dass die Kinder den Kontakt zu sich selbst und ihrem wahren Wesen verlieren.

Unter dem Vorwand, dass die Kinder Dinge über das Leben lernten, wurden sie gezielt darauf konditioniert, sich als getrennt von sich selbst und allen anderen zu empfinden. So wurde ihnen beigebracht, dass spielen nicht gut ist, dass nur die belohnt werden, die besser als die anderen sind und sich anpassen. Sie wurden dazu gebracht, ihre Bedürfnisse zu unterdrücken, und mussten sinnlose Dinge tun, um keine Strafen zu bekommen. Sie mussten wie ein Roboter alles wiederholen, was ihnen gesagt wurde. Sie lernten auch, dass die Welt eine tote Welt ist, dass nur das wahr ist, was man mit seinen fünf Sinnen wahrnehmen kann und was die Wissenschaft sagt.«

Die Quelle schweigt. Nach einer Weile fährt sie fort: »Die Kinder wurden dazu gezwungen, ihre Lebensfreude und ihre Lebendigkeit zu unterdrücken. Indem man ihnen Lügen über sie selbst erzählte, wurden sie ihrer Kraft beraubt. Die magische wahre Welt, die sie noch erlebten, bevor sie in die Schule gehen mussten, verschwand und wurde ersetzt durch eine tote, graue Welt ohne jeden Sinn. Sie lernten, ihre wahren Gefühle zu unterdrücken und Masken aufzusetzen. So zeigten sie niemandem, was sie wirklich fühlten, aus Angst, deswegen bestraft zu werden.

Das System war darauf ausgelegt, dass die Menschen niemals die Wahrheit über die Natur der Dinge oder über ihre eigene Macht erfahren sollten. Denn nur so konnten sie vollständig kontrolliert werden, ohne es überhaupt zu bemerken. Das Teuflische an diesem System war, dass die Menschen sich sogar selbst kontrollierten, indem sie diejenigen bekämpften, die es wagten, die Wahrheit zu sagen.«

Ich unterbreche die plätschernde Stimme. »Das erinnert mich auch an unsere Gesellschaft, in der man der Bevölkerung über die Massenmedien suggeriert, dass sie in einem demokratischen System leben würde, in dem jeder frei seine Meinung äußern dürfe und alle gleichberechtigt seien ...«

»Das ist richtig. Lass mich weitererzählen: Die wenigen, die es trotz der gesellschaftlichen Sanktionen wagten, eine andere Meinung zu äußern, und das Potenzial hatten, das wahre Gesicht dieses Systems vielen Menschen aufzuzeigen, wurden häufig aus dem Verkehr gezogen, in dem man sie umbringen ließ, in Irrenhäuser steckte oder gesellschaftlich isolierte. Die Morde wurden dann als Selbstmord bezeichnet, als Attentate von Verrückten oder als Unfall, sodass niemand merkte, welches Spiel gespielt wurde.«

Jetzt muss ich die Quelle noch einmal unterbrechen: »Worauf willst du eigentlich hinaus?«

»Hab Geduld und höre mir bitte weiter zu. Die dunklen Mächte hatten ein einziges Ziel: Ihre Macht immer mehr auszuweiten und zu verhindern, dass die Menschen erkennen, dass sie als Ebenbild Gottes geschaffen wurden und Kräfte besitzen, von denen sie nicht einmal träumen. Aufgrund der permanenten Falschinformationen wurden die Menschen immer stumpfer. Ihre einzigen Ziele waren materielle Dinge: Erfolg, Geld, Konsum von unwichtigen Dingen. Sie wurden erzogen, die Verantwortung für ihr Leben sogenannten Experten zu geben. So glaubten sie dem, was ihnen Politiker, Ärzte und Wissenschaftler sagten, egal wie unlogisch es war. Sie lernten unendlich viele falsche Dinge: dass man Krankheiten bekämpfen müsse, dass es Nützlinge und Schädlinge sowie gute Pflanzen und Unkräuter gebe, dass Viren ansteckende Krankheitserreger seien, die man nur durch Impfungen bekämpfen könne, dass Krebs wie viele andere Krankheiten unheilbar sei, dass man im Alter kränker und schwächer werden würde, dass man eine begrenzte Lebensspanne habe, dass Babys ihr eigenes Bett bräuchten, dass Fleisch ein Stück Lebenskraft und die Evolution eine reine Verkettung von Zufällen sei und vieles mehr. So kam eine große Verwirrung über die Menschen, und sie begannen, die Natur zu zerstören und sich gegenseitig zu bekämpfen. Sie wurden immer unglücklicher, da sie keinen Sinn mehr in ihrem Leben fanden. Viele Menschen lebten wie Roboter, die ihre kostbare Lebenszeit gegen Geld tauschten und ihre übrig gebliebene Freizeit damit verbrachten, sinnlose Dinge zu tun, überflüssige Produkte zu kaufen und sich mit Fernsehsendungen über Morde, Dramen, oberflächliche Unterhaltungen und negativen Nachrichten abzulenken.«

Ich empfinde einen ungeheuren Schmerz darüber, dass diese Mächte die Erde übernommen haben, und dass das Paradies, das es hier vor langer Zeit gab, nicht mehr existiert.

Wieder höre ich die Quelle sprechen. »Die negativen Kräfte wussten, dass sie nur dauerhaft an der Macht bleiben konnten, wenn sie das Wissen um die Einheit mit dem Göttlichen zerstören würden. Aus diesem Grunde erfanden sie Religionen, die den Menschen lehrten, nicht mehr an sich selbst zu glauben und seine Macht an andere abzugeben. Vor allem erschufen sie Angst und Mangel, der dazu führte, dass die Bevölkerung ums bloße Überleben kämpfen musste. Wie eine Seuche breitete sich die Dunkelheit mehr und mehr auf der Erde aus, bis es nur noch wenige Naturvölker gab, die mit ihr im Einklang lebten.«

Ich fühle den Schmerz der Erde. Wenn ich mir die Zustände in unserer Welt bewusst mache, dann frage ich mich, wie es jemals möglich sein soll, das Böse zu überwinden.

Die Quelle stockt, bis sie auf einmal wieder ganz leise weiter flüstert: »Der neue Geist der Trennung und die damit verbundene unersättliche Gier der Menschen nach mehr Macht und mehr Reichtum führte dazu, dass immer mehr Wälder abgeholzt, Tiere ausgerottet und Gewässer verseucht wurden. Der blinde Glaube an Fortschritt und grenzenloses Wirtschaftswachstum verwandelte riesige Flächen in Wüsten aus Beton, industrieller Landwirtschaft und Monokulturen, die nur unter Einsatz von gigantischen Mengen an Giften überlebensfähig waren. Dies alles führte dazu, dass immer mehr Menschen hungerten und krank wurden, es immer weniger sauberes Trinkwasser gab und immer mehr Tierarten ausstarben, während einige Wenige unvorstellbare Mengen an Reichtum anhäuften. Ganze Ökosysteme begannen zu kollabieren, und es wurde immer deutlicher, dass die Menschheit sich selbst zerstören würde, wenn es so weiterginge. Obwohl das Wissen darüber, wie sehr das gesamte Überleben auf der Erde gefährdet war, allgemein bekannt war, waren die Mächtigen nicht bereit umzudenken. Das ist der Zustand, in dem deine Welt sich heute befindet.«

Wenn die Menschen wieder lernen, im Einklang mit der Natur zu leben und die Lebensgesetze zu achten, dann kann auch diese Erde wieder zu dem Paradies werden, das sie früher einmal war.

Wut steigt in mir auf. »Es muss doch einen Weg geben, diesen Wahnsinn zu beenden. Diejenigen, die am wenigsten über das Leben wissen, sind an der Macht und treffen Entscheidungen über alle anderen.«

Die Quelle bestärkt mich. »Das sieht die geistige Welt genauso wie du. Deswegen hat sie sich entschieden, diesem Treiben ein Ende zu bereiten. Du musst wissen, dass mit der Ausweitung der Zerstörung auf eurem Planeten auch immer weniger Lebensenergie vorhanden war, sodass sich immer mehr Angst und Hoffnungslosigkeit ausbreitete. So beschlossen die Lichtkräfte, die Schwingung auf der Erde immer weiter zu erhöhen, was dazu führt, dass sich immer mehr Menschen an ihre wahre Natur erinnern. Dadurch sind sie in der Lage zu fühlen, was richtig und was falsch ist. Es findet ein Bewusstseinswandel statt, der nach und nach alle Bereiche der Gesellschaft erfassen wird. Da die Herrscher der alten Welt ihre Macht nicht verlieren wollen, versuchen sie mit allen Mitteln, die Menschen weiterhin in Angst und Mangel zu halten, damit sie sie weiter kontrollieren können.«

Ich denke darüber nach, doch die Quelle spricht schon weiter. »Die lichtvollen Kräfte schicken auch erwachte Seelen, die sich in den verschiedenen Lebensbereichen für die Befreiung der Erde einsetzen. Das sind Menschen, die sich an ihre wahre Natur erinnern, die gegen die bestehenden Systeme kämpfen und neue, ganzheitliche Lebensmodelle in die Welt bringen. Das geschieht in allen erdenklichen Bereichen. Diese Menschen sind Umweltschützer, Friedensaktivisten, Menschenrechtler, Heiler, Naturheilkundler, Bio-Landwirte, Ernährungsspezialisten für pflanzliche Nahrung, spirituelle Lehrer, Forscher für neue umweltfreundliche Technologien, Gründer von freien Schulen, Verfechter einer neuen sozialverträglichen Ökonomie und unzählige mehr. Sie alle tragen dazu bei, dass sich das Bewusstsein verändert und immer mehr Menschen aufwachen. Allerdings gibt es eine große Falle, in die viele von ihnen leider immer wieder tappen.«

»Welche ist das?«, frage ich neugierig.

»Viele von ihnen leben sehr in ihrer eigenen Welt und sind so von ihren Idealen überzeugt, dass sie nur ihre eigenen Erkenntnisse sehen und alles andere als falsch verurteilen. Sie sind Einzelkämpfer und haben oft einen Absolutheitsanspruch. Dabei müssen sie unbedingt verstehen, dass sie mit den anderen besonderen Seelen zusammenarbeiten müssen, damit der dringend notwendige Wandel erreicht werden kann. Erst wenn die Menschen realisieren, dass sie nur gemeinsam die Feinde des Lebens besiegen können, werden sie erfolgreich sein. Ein weiser Mensch erkennt, dass alle, die sich in ihrem persönlichen Bereich für eine bessere Welt engagieren, wichtig und wertvoll sind, und dass man sie nicht verurteilen sollte, nur weil sie in bestimmten Punkten anderer Meinung sind. Wenn die Menschen diese Erde retten wollen, dann müssen sie lernen zusammenzuhalten. Und sie müssen verstehen, dass die alten Mächte bis zuletzt versuchen werden, die Menschen gegeneinander aufzubringen.«

Nach einer Weile frage ich: »Was ist meine Aufgabe dabei?«

Die Antwort kommt sofort. »Du bist auch eine erwachte Seele. Du hast erkannt, dass alle Lebensbereiche verändert werden müssen, damit die Vision einer paradiesischen Welt für alle Wirklichkeit werden kann. Du hast verstanden, dass die Manipulation jeden Bereich des menschlichen Lebens erfasst hat und dass sich zuerst das Bewusstsein der Menschen verändern muss, damit sie wieder im Einklang mit sich und ihrer Umwelt leben können. Dazu ist es wichtig, alle falschen Programme im System der Menschen zu löschen, damit sie überhaupt in der Lage sind, sich zu erinnern und neue Entscheidungen im Sinne des Höchsten zu treffen. Du bist auf dieser Reise, damit du dich umfassend erinnern kannst, wer du wirklich bist und warum du wieder auf diese Erde gekommen bist. Wenn deine Vorbereitungen abgeschlossen sind, wirst du Millionen Menschen zu einer neuen Lebensweise im Einklang mit ihrer inneren und äußeren Natur inspirieren.«

Ich schlage meine Augen auf. Habe ich das gerade geträumt? Ich erinnere mich noch an jedes Wort. In mir fühlt sich alles wahr an, auch wenn ich es so noch nie gehört oder gelesen habe. Wie würden die Menschen wohl darauf reagieren, wenn ich das erzählen würde? Wahrscheinlich würden sie mich verspotten, deswegen beschließe ich, diese Botschaft zunächst für mich zu behalten.

Ich denke an meine Jugendzeit zurück. Egal woher ich Informationen bekam, ob von meinen Eltern, aus der Schule, aus Zeitungen oder Fernsehen, ich hatte immer das Gefühl, dass etwas Entscheidendes fehlt. Manchmal dachte ich, dass ich verrückt werde, weil ich jedes Mal, wenn ich meine Zweifel offen ausgesprochen hatte, auf Unverständnis stieß. Ganz oft überlegte ich halb ernst, halb scherzhaft, ob ich wohl aus Versehen auf dem falschen Planeten abgeworfen wurde, weil ich einfach anders dachte und fühlte als meine Mitmenschen.

Ich danke der Quelle aus tiefstem Herzen für ihre inspirierenden Worte und beschließe, dass dieser heilige Ort hier mein neuer Zufluchtsort wird, an dem ich so oft wie möglich Zeit verbringen werde.

Ein weiser Mensch erkennt, dass alle, die sich in ihrem persönlichen Bereich für eine bessere Welt engagieren, wichtig und wertvoll sind, und dass man sie nicht verurteilen sollte, nur weil sie in bestimmten Punkten anderer Meinung sind.

Ich spüre Hunger und beschließe, mir den verwunschenen Garten genauer anzuschauen. Ich entdecke riesige Feigenbäume, die schon ganz kleine grüne Früchte tragen. Leider werden die aber erst im Spätsommer reif. Zum Glück finde ich auch Orangen- und Mandarinenbäume, deren Früchte wundervoll süß und saftig sind, außerdem Apfel-, Birn-, Kirsch-, Walnuss-, Zitronen- und Olivenbäume. Als ich einen alten, großen Quittenbaum sehe, der gerade blüht, wird mir bewusst, dass aus jeder der Tausenden Blüten wahrscheinlich eine Frucht wird! So zeigt sich die Natur in ihrer schier unerschöpflichen Fülle.

Am oberen Ende des Gartens steht ein riesiger, uralter Mandelbaum, der auch gerade in voller Blüte steht. Ich klettere an ihm hoch. Neben den Blüten hängen noch alte Mandeln an den Ästen, die so groß sind, wie ich sie noch nie gefunden habe. Stück für Stück klettere ich von Ast zu Ast, bis nach ganz oben, pflücke dabei alle Mandeln, die ich mit meiner Hand erreichen kann, und werfe sie auf den Boden. Anschließend sammle ich sie dann in Ruhe auf. Jetzt brauche ich nur noch zwei passende Steine, um sie zu knacken und zu essen. Auf meiner Suche komme ich sogar an einem Carobbaum vorbei. Er trägt lange, braune Schoten, deren süßlich-braunes Inneres richtig lecker schmeckt. Carob oder Johannisbrot ist eine süße, nicht anregende Alternative zu Kakao. Am Schluss sammle ich noch Vogelmiere, um sie mitzunehmen und später einen nahrhaften Salat daraus zu machen. Ich bedanke mich bei dem Paradiesgarten und seiner Quelle und verspreche, morgen wiederzukommen.

Einige Tage später ist Julio schon früh am Morgen da, um nach seinen Bäumen zu schauen. Wir begrüßen uns herzlich. Für einen Moment sieht er mir direkt in die Augen. Dann beginnt er zu sprechen: »Matthias, wir freuen uns sehr, dass du unser Haus bewohnst und dafür sorgst, dass dieses Tal belebt wird. Du bist uns ans Herz gewachsen. Jetzt brauchst du nur noch eine Frau.« Bei diesen Worten lacht er und schlägt mir auf meine Schulter. »Wie gefällt dir eigentlich Isabella?«

Seine hübsche Tochter mit langen braunen Haaren ist einige Jahre jünger als ich. Wir beide mögen uns. Einmal hat sie mir Padul gezeigt und mich auf eine Art Kirmes mitgenommen. Dabei meinte ihre Freundin, dass ich hübsch sei, was mich freute und gleichzeitig auch verlegen machte. Allerdings lebt sie in einer völlig anderen Welt als ich und steht wie die meisten Mädchen auf schicke Kleidung, Partys und andere Äußerlichkeiten. Ich als wandernder Vagabund und Naturliebhaber hingegen suche nach meiner Aufgabe und nach dem Sinn des Lebens. Wir haben also sehr unterschiedliche Werte. Mit anderen Worten: Ich kann mir nicht vorstellen, dass wir beide als Paar zusammenkommen. Diplomatisch antworte ich: »Sie ist sehr hübsch.«

Das ist wahrscheinlich genau das, was er hören wollte, denn er grinst über beide Ohren. »Wunderbar. Ich biete dir an, dass du hier für immer leben kannst. Wir schenken dir das Haus, du nimmst sie dir zur Frau und gründest deine eigene Familie. Wie findest du das?«

Damit hätte ich nicht gerechnet! Es ist wirklich ein besonderes, von Herzen kommendes Angebot, das spüre ich. Ich lächle ihn an. »Julio, ich danke dir sehr für dieses besondere Angebot. Gib mir einige Tage Zeit, ich denke darüber nach, ja?«

Er lacht zurück, klopft mir noch mal auf meine Schultern und meint, dass wir am nächsten Tag noch mal drüber sprechen können. Dann schwingt er sich auf seinen Trecker und fährt davon, eine Staubwolke hinter sich lassend.

Jetzt habe ich einiges zu verdauen. So wandere ich direkt zu meinem heiligen Garten, um nach innen zu gehen und meine Seele zu fragen, welchen Weg ich jetzt gehen soll. Nachdem ich wieder in meinem Naturbassin gebadet habe, lege ich mich auf die Felssteine, um mich zu trocknen und dabei zu meditieren. Ich verbinde mich gedanklich mit der Quelle und frage sie: »Liebe Quelle, kann ich dir Fragen stellen?«

Die Quelle plätschert weiter, ich kann jedoch keine Antwort hören. Ich wiederhole meine Frage, es kommt aber wieder keine Reaktion. Etwas enttäuscht schließe ich meine Augen und stelle mir selbst die Fragen, die mich gerade beschäftigen: Soll ich meine Reise jetzt schon abbrechen? Könnte mein Landhaus mein dauerhaftes Zuhause werden? Möchte ich in einem Tal leben, in dem ständig Spritzmittel versprüht und Bäume verstümmelt werden? Ein Teil in mir fühlt sich dort zu Hause, ein anderer Teil möchte weiterziehen und noch mehr erleben. Außerdem habe ich Lust, an dem Kundalini-Yoga-Festival in Frankreich teilzunehmen, von dem ich schon viel gehört habe.

Während ich nachdenke, schlafe ich ein. Das gleichmäßige Fließen der Quelle ist einfach so beruhigend. Auf einmal wird das Geräusch des Wassers wieder zu einem Flüstern: »Dein Inneres kennt bereits die Antwort. Dein Haus ist ein wunderbarer Ort für jetzt, aber nicht für deine Zukunft. Dein Weg geht weiter. Du kannst jederzeit wieder zu Besuch kommen, wahrscheinlich wird das aber nicht passieren, da dein Weg dich woanders hinführt.«

Während ich ihre Worte vernehme, sehe ich mich meine Sachen im Cortijo zusammenpacken. Ihre Worte machen mich traurig. »Das würde aber bedeuten, dass ich auch dich verlassen muss.«

»Ja, mein Lieber, leider ist das so. Du kannst nicht verschiedene Leben gleichzeitig leben und nicht an verschiedenen Orten gleichzeitig sein. Du musst als Mensch eine Wahl treffen und dich für einen der vielen Tausend möglichen Wege entscheiden. Wichtig ist einzig, dass du deinen Seelenweg gehst, den Weg, den sich deine Seele vor langer Zeit vorgenommen hat. Aber sei gewiss: Alles, was du jemals erlebt hast, ist ein Teil von dir und lebt in dir weiter. Du wirst mit mir und mit allen Menschen, mit denen du schöne Begegnungen hattest, verbunden bleiben. Wir werden niemals getrennt voneinander sein.« Das sind die letzten Worte der Quelle, die ich vernehmen kann.

Ich wache auf und merke, wie mir Tränen an meinen Wangen hinunterlaufen. Es fällt mir wirklich schwer, dieses Leben hier loszulassen, in dem ich mich schon so zuhause fühle und das ich lieben gelernt habe. Ich spüre aber, dass mein Weg mich schon morgen weiterführt, neuen Abenteuern entgegen.

Ich verabschiede mich von meinem geliebten Garten und der Quelle, die mir so viel Inspiration geschenkt hat, und wandere nach Padul, um meiner spanischen Familie Adieu zu sagen. Als ich sie in ihrem Zuhause antreffe, erzähle ich ihnen von meiner Entscheidung weiterzureisen. Im ersten Moment sind alle still, ich merke ihnen deutlich an, dass sie nicht damit gerechnet haben, dass ich so schnell weggehen würde. Julio ist ungewöhnlich ernst. Ich hoffe, dass er nicht enttäuscht von mir ist. Isabella sieht traurig aus. Auch mir fällt dieser Abschied schwer, da ich nicht weiß, ob wir uns jemals wiedersehen werden. Ich umarme jeden Einzelnen von ihnen lange und bedanke mich für ihre Gastfreundschaft und ihre Großzügigkeit, die ich nie vergessen werde. Es sind wundervolle Menschen mit einem großen Herzen. Ich wünsche ihnen, dass sie glücklich sind und dass Julio trotz seines Lebenswandels gesund bleibt. Mit Tränen in den Augen winke ich ihnen ein letztes Mal zu. Die ganze Familie steht auf der Veranda und winkt mir zurück. Ich mache mich auf den Fußweg zurück zu meinem Landhaus, das ich schon bald verlassen werde.

Am nächsten Morgen verzichte ich auf mein Yoga und mache mich sehr früh auf den Weg, wieder Richtung Norden. Bevor ich losgehe, breite ich meine Arme aus, nehme noch ein letztes Mal alles, was ich hier gesehen und erlebt habe, tief in mich auf und danke dem Geist des Tals, dass ich so lange hier leben durfte.

Wichtig ist einzig, dass du deinen Seelenweg gehst, den Weg, den sich deine Seele vor langer Zeit vorgenommen hat.

14
MEIN LEBEN IN EINER CHRISTLICHEN SEKTE

Ich laufe auf einer Landstraße in der Nähe von Granada in Südspanien. Plötzlich hält ein gelber, mit bunten Blumen bemalter VW-Bus neben mir. Eine freundliche Männerstimme ruft mir auf Deutsch zu: »Hey, sollen wir dich mitnehmen?«

Das ist eine willkommene Abwechslung für mich, da ich schon seit einem halben Tag ohne Pause in der Hitze mit meinem schweren Rucksack wandere. Ich rufe: »Gern!«

Die Seitentür geht auf, und eine hübsche, schlanke Frau mit Dreadlocks bittet mich einzusteigen. »Wohin möchtest du denn?«

Ich lache. »Ich habe keine Ahnung. Nehmt mich einfach mit, ich habe keine Lust mehr zu laufen. Wohin fahrt ihr?«

»Zum Rainbow Gathering in der Sierra Nevada.«

»Was ist das?«

Ihre blauen Augen strahlen mich an. »Jedes Jahr treffen sich Hippies aus ganz Europa – immer in einem anderen Land. Dieses Jahr ist die Wahl auf Spanien gefallen. Wir brauchen noch etwa zwei Autostunden.«

Ich stimme gern zu und freue mich über die Abwechslung. Zwischen dem jungen Paar und mir entwickelt sich ein lebhaftes Gespräch. Die beiden kommen aus Berlin und sind schon seit knapp einem Jahr mit ihrem Bus auf Tour. Ich bin sehr gespannt auf das Rainbow-Festival.

Das Festivalgelände liegt in den Bergen der Sierra Nevada, dem zweithöchsten Gebirge Europas nach den Alpen. Dort oben, weit weg von jeglicher Zivilisation, haben sich einige Hundert Menschen versammelt, um sich auszutauschen, neue Bekanntschaften zu schließen und vor allem um zu feiern. Ich sehe ungefähr 15 Tipis, jene großen Zelte, wie sie die Präriеindianer in

Nordamerika verwendet haben. Kreuz und quer stehen meist ältere, bunte Autos, Kleinbusse und ausgebaute Trucks. Dazwischen verteilt finden sich verschiedene Campingzelte. In der Mitte liegt ein großer Platz, an dem die Menschen sich versammeln, um gemeinsam am Lagerfeuer zu sitzen und zu tanzen. Jeden Abend trommeln etwa 10 bis 15 Leute, während andere zu diesen Rhythmen mehr oder weniger ekstatisch um das große Feuer herumtanzen, meist bis spät in die Nacht. Ich genieße es, seit langer Zeit wieder einmal tanzen zu können.

In der Nähe des großen Feuers gibt es noch ein kleines Lagerfeuer, an dem einige Menschen sitzen. Um dem Trubel ein wenig zu entfliehen, geselle ich mich dazu und schaue gedankenverloren in die Flammen. Neben mir sitzt ein südamerikanisch aussehender Mann mit Bart und langen schwarzen Haaren, die zu zwei Zöpfen zusammengeflochten sind. Er neigt sich mir freundlich zu und fragt in gebrochenem Englisch: »Wie gefällt es dir hier?«

Ich grinse. »Möchtest du lieber eine oberflächliche Antwort bekommen oder die Wahrheit hören?«

Er lässt ein äußerst sympathisches Lachen ertönen. »Die Wahrheit.«

Ich nicke. »Okay. Ich finde es schön hier – und gleichzeitig fällt es mir schwer, mich mit den Menschen zu verbinden. Fast jeder hier ist auf irgendwelchen Drogen. Entweder die Leute trinken, kiffen, rauchen oder nehmen andere Sachen, die ich nicht kenne. Dadurch habe ich das Gefühl, dass ich nicht wirklich mit ihnen in Kontakt kommen kann, da ich selbst Drogen jeder Art ablehne. Ich weiß gar nicht, warum ich dir das jetzt erzähle ...«

Der Mann hat mir aufmerksam zugehört. »Ich verstehe dich. Mir geht es genauso.«

»Wirklich?«, rufe ich erfreut aus. »Dann sind wir ja Gleichgesinnte!«

Wir stellen uns einander vor. Er heißt Yaron. Neben ihm macht sich nun sein Begleiter Levin bemerkbar. Ich rate richtig, dass er aus dem Raum Frankfurt kommt – ich habe es sofort an seinem »Äppelwoi-Dialekt« erkannt. Die beiden erzählen mir, dass sie in Sus, einem kleinen Dorf in den französischen Pyrenäen, in einer spirituellen Gemeinschaft leben, die sich Tabitha's Place nennt. Die beiden erzählen lange und ausführlich über ihre Lebensgemeinschaft. Wenn das stimmt, was sie mit mir teilen, scheint dieser Ort fast paradiesisch zu sein. Wir philosophieren noch einige Stunden über Gott und Religion. Sie sagen mir, dass sie sich sehr freuen würden, wenn ich sie besuchen käme. Begeistert sage ich ihnen zu. Ich schreibe die Adresse ihrer Gemeinschaft in meinen kleinen Naturkost-Kalender und verabschiede mich von den beiden, die am nächsten Morgen sehr früh nach Hause fahren wollen.

Mittlerweile ist es in Südspanien so heiß und drückend geworden, dass ich beschließe, wieder Richtung Norden zu trampen. Das Gespräch mit den beiden Männern bewegt mich immer noch. Sie sind anders als die meisten Menschen, die ich kenne – und gerade für Männer außergewöhnlich warmherzig und einladend. Der Kontakt mit ihnen kam mir vertraut vor, so, als ob ich sie schon lange kennen würde. Besonders zu Levin fühle ich eine besondere Verbindung, was bestimmt nicht nur daran liegt, dass wir beide aus Hessen kommen. Mithilfe meiner mittlerweile stark ramponierten Landkarte komme ich nach einer Woche trampen und laufen in Sus an. Das Gemeinschaftsgelände ist umgeben von hohen alten Steinmauern. Ich gehe durch das offene Tor und frage eine ältere Frau nach Levin und Yaron. Sie bedeutet mir zu warten. Währenddessen schaue ich mich um. Direkt vor mir steht ein altes, schlossähnliches Gebäude. Das Gelände wirkt gepflegt, Kieswege wechseln sich ab mit Rosensträuchern und Obstbäumen. Überall laufen geschäftig Menschen hin und her.

Da kommt Levin auf mich zu. Er strahlt übers ganze Gesicht und umarmt mich herzlich. »Ich wusste, dass du kommst!«

Überrascht lächle ich ihn an. »Woher wusstest du das?«

»Ich weiß, dass du einer von uns bist und Gott dich erlösen wird.«

Diese Worte irritieren mich etwas, aber bevor ich weiter darüber nachdenken kann, legt er seinen Arm um mich. »Komm, ich zeige dir alles.«

Während mich Levin über das Gelände der Gemeinschaft führt, stellt er mich allen Menschen vor, denen wir begegnen, als ob ich ein alter Freund von ihm wäre. Alle sind ausgesprochen freundlich und wirken glücklich. Ich erfahre, dass sich die Gemeinschaft »Zwölf Stämme« nennt, nach den zwölf Stämmen Israels, und in den 1970er-Jahren von Elbert Eugene Spriggs in den USA gegründet wurde. Sie hat weltweit verschiedene Standorte und zählt mehr als 1000 Mitglieder.

Das Schloss ist das Haupthaus, dort wohnen die meisten Gemeinschaftsmitglieder. In dem riesigen Gebäude befinden sich auch die Gemeinschaftsküche und der große Speisesaal. Das Schloss ist schon überfüllt, deswegen leben viele der 200 Mitglieder in Zelten und Tipis. Dann gibt es in Tabitha's Place, wie die Gemeinschaft sich nennt, noch eine große Bio-Bäckerei, die aus frisch gemahlenem Getreide Vollkornbrot herstellt, das auf regionalen Wochenmärkten verkauft wird. Die Menschen in der

Gemeinschaft sind Selbstversorger. Fast alles, was sie zum Leben brauchen, stellen sie selbst her. Levin zeigt mir mehrere große Gemüsegärten, in denen viele verschiedene Arten Gemüse angebaut werden: Ich sehe Kräuter, Salate, Tomaten, Paprika, Kartoffeln, Brokkoli, Blumenkohl und Wurzelgemüse.

Levin zeigt mir meinen Schlafplatz in einem großen Tipi, das auf dem hinteren Teil des Geländes in der Nähe der Natursteinmauer steht, die das Gemeinschaftsland begrenzt. Ich teile das Tipi mit einigen anderen überwiegend jungen Besuchern, die wie ich die Gemeinschaft kennenlernen wollen. Den nächsten Morgen beginne ich mit Kundalini-Yoga in der Nähe meines Tipis. Als ich meine Isomatte zusammenrolle, kommt ein älterer, dünner Mann mit langen grauen Haaren und Bart auf mich zu. Wie alle Männer hier trägt er die Haare zurückgekämmt und am Hinterkopf zusammengebunden. Auch er spricht mich freundlich an. »Du bist wohl neu hier? Mein Name ist Yosef.«

»Genau. Ich heiße Matthias.«

»Hast du gerade Yoga gemacht?«

»Das stimmt«, bestätige ich. »Kundalini-Yoga. Machst du auch Yoga?«

Yosef schüttelt den Kopf. »Ich habe viele Jahre als Yogi in Indien gelebt. Das ist zum Glück vorbei. Ich habe erkannt, dass Yoga uns von unserem Schöpfer wegführt.«

Die Aussage überrascht mich. »Wie meinst du das?«

»All diese Wege wie Yoga, Meditation, Astrologie oder Esoterik wurden bewusst erschaffen, um die Menschen von dem wahren Glauben an Gott wegzubringen. Das kannst du jetzt vielleicht noch nicht verstehen, aber wenn du unseren Weg besser kennengelernt hast, wirst du diese Wahrheit auch in deinem Herzen fühlen können.«

Ich bin leicht verwirrt. Während ich noch überlege, was ich dazu sagen kann, lächelt Yosef mir beruhigend zu. »Komm, ich zeige dir, wo du Frühstück findest. Es ist übrigens besser, wenn du künftig deine Yoga-Übungen außerhalb von Tabitha's Place machst, da du sonst die Reinheit unseres Ortes störst.«

Ich spüre, wie sich mein Magen zusammenzieht. »Für mich ist Yoga sehr wichtig. Es ist ein elementarer Teil meines Tagesablaufs.«

Yosef legt mir eine Hand auf meine Schulter. »Du kannst deine Übungen ja weiter machen. Nur bitte außerhalb unseres Geländes. Das ist eine wichtige Regel bei uns.«

Dann muss ich das wohl oder übel so hinnehmen, denke ich. Ich beschließe, nichts weiter dazu zu sagen.

Auf dem Weg zum Schloss fällt mir auf, dass Frauen und Männer einheitlich gekleidet sind, alle tragen einfache Kleider und die Frauen ein Kopftuch. Meine Oma, die auf einem Bauernhof lebte, war ähnlich gekleidet. Es gibt auch eine strikte Rollenteilung zwischen Frauen und Männern: Die Frauen sind für Essen, Küche, Haushalt, Kleidung und Kinder zuständig, während die Männer Arbeiten außerhalb des Hauses verrichten – etwa in der Vollkornbäckerei, im Garten oder handwerkliche Tätigkeiten. Ich erfahre, dass die Mitglieder der Gemeinschaft überzeugt davon sind, dass diese klare Aufgabenteilung zwischen den Geschlechtern gottgewollt ist. Obwohl ich verstehen kann, dass eine solche Rollenverteilung früher in Europa so üblich war, empfinde ich sie als zu streng. Für mich ist diese Aufteilung auch persönlich von Nachteil, da ich es liebe, in der Küche zu arbeiten und auch gerne Zeit mit Kindern verbringe.

Nachdem ich ein leckeres Frühstück aus frischem Dinkelvollkornbrot, Obst und Haferbrei genossen habe, hält der Anführer der Gemeinschaft im Versammlungssaal eine Predigt. Wie ich später erfahre, sind alle Veranstaltungen für Stammesmitglieder Pflicht, und so ist der Saal überfüllt. Die Menschen stehen dicht an dicht, die frische Luft ist daher schnell verbraucht.

Der Anführer ist ein Farbiger mit kurzen krausen Haaren. Sein Name ist Nathanael. Er wirkt sehr ernst und kann sich sehr gut ausdrücken, sodass ihm die Zuhörer aufmerksam folgen. Er spricht davon, dass die weiße Menschenrasse im Gegensatz zu der schwarzen von Gott auserwählt wurde. Außerdem erklärt er, dass es der Wille Gottes sei, dass Männer einen langen Bart und straff zurückgekämmte Haare mit Zopf tragen.

Ich traue meinen Augen und Ohren nicht und schaue mich vorsichtig um. Alle lauschen ihrem Ältesten aufmerksam. Merkt denn keiner diesen unglaublichen Widerspruch? Nathanael spricht erstens eindeutig negativ über Schwarze, obwohl er selbst farbig ist, und hat zweitens weder lange glatte Haare noch einen Bart! Ich überlege schon, ob ich was sagen soll, traue mich dann aber nicht, da ich noch neu hier bin. Nathanael kommt aus den USA und ist der Meinung, dass seine Regierung die beste Regierung der Welt ist – und dass es wichtig sei, den Kommunismus zu bekämpfen. Nach der Predigt sprechen die Anwesenden von ihrem

Glauben und ihren Verfehlungen. Sie teilen ihre Sünden und besprechen gemeinsam, was sie in Zukunft besser machen können, um nicht mehr zu sündigen.

Ich kann mit dem Begriff »Sünde« nicht viel anfangen. Meine Eltern haben zwar regelmäßig mit uns vor den Mahlzeiten und vor dem Schlafengehen gebetet, ansonsten bin ich aber nicht christlich aufgewachsen, und die evangelische Kirche haben wir auch nur zu Weihnachten besucht. Gleichzeitig bin ich aber offen und neugierig, Neues zu entdecken. Im Laufe meiner Reise ist mir bewusst geworden, wie wenig ich über das Leben weiß. Aus diesem Grund versuche ich, Menschen solange nicht zu beurteilen, bis ich sie intensiv kennengelernt habe.

Die Gemeinschaft ist nach strengen Regeln organisiert, die für alle verbindlich gelten. Bei den Gästen wird schon eher mal ein Auge zugedrückt. Alle Aktivitäten und Mahlzeiten finden immer zur gleichen Uhrzeit statt, Verspätungen erlebe ich nie. Die Menschen arbeiten hart, auch die Kinder helfen mit. So etwas wie ein Individuum, wie wir es aus unserer Gesellschaft kennen, gibt es hier nicht. Man darf keine eigenen Hobbys haben oder Dinge für sich machen. Das ganze Leben ist der Gemeinschaft und dem Dienst an Gott gewidmet. Ich erkenne schnell, dass die Mitglieder davon überzeugt sind, den einzig wahren Weg zu gehen und Auserwählte zu sein. Sie leben streng nach der Bibel und nehmen jeden einzelnen Satz daraus wörtlich. Es obliegt den Ältesten, einem Rat aus angesehenen männlichen Stammesmitgliedern, die Regeln Jahschuas, das ist ihr Name für Jesus, auszulegen. Ich beschließe, mir das einfach anzuschauen und nicht zu bewerten. Solange die Nachfolger Jahschuas glücklich sind, können sie von mir aus an alles glauben, was ihnen guttut.

Heute arbeite ich in der Bäckerei. Es macht mir Freude, den ganzen Tag aus großen Teigwannen den Teig zu nehmen, daraus kleine Brötchen mit meinen Händen zu formen und diese auf große Bleche zu legen. Neben mir steht Yaron. Er ist sehr interessiert an meinem Leben und ermutigt mich immer wieder, ihm von meinen Abenteuern und Reisen zu erzählen. Ich freue mich, so einen aufmerksamen Gesprächspartner zu haben. Da macht die Arbeit mit dem klebrigen Teig gleich doppelt so viel Spaß! Ich berichte Yaron von der Suche nach meiner Lebensaufgabe und dem Sinn des Lebens, von meiner tiefen Verbundenheit zur Natur und den schmerzhaften Erfahrungen von Einsamkeit. Er hört mir aufmerksam zu. Zwischendurch stellt er immer wieder neue Fragen oder nickt zustimmend. Ich empfinde das als Wohltat – ist es doch selten, dass Menschen wirklich zuhören können. Ich habe immer wieder die Erfahrung gemacht, dass vor allem bei Männern die Fähigkeit, sich ernsthaft auf andere einzulassen, oft nicht stark ausgeprägt ist. Das ist vielleicht auch einer der Gründe, warum ich meistens mehr Zeit mit Frauen verbracht habe. Möglicherweise liegt es daran, dass ich ein gefühlvoller Mann bin und mich deshalb oft sehr gut mit Frauen verstehe, weil ich mit ihnen auf einer Wellenlänge bin.

Ich habe meine Yogaübungen außerhalb der Gemeinschaftsmauer beendet und will meine Isomatte zum Tipi bringen. Einer der älteren Brüder kommt auf mich zu. »Matthias, kann ich dich einen Moment sprechen?«

Ich nicke stumm.

Er sieht mich mit einem ernsten Gesichtsausdruck an und räuspert sich. »Es geht um deine engen Hosen. Man kann deine Geschlechtsorgane darunter erkennen. Das erregt unsere Frauen, wodurch sie verleitet werden könnten, vom rechten Weg abzukommen. Ich bitte dich, andere Hosen anzuziehen.«

Mein Gesicht wird rot. Ich bin stolz auf meine selbstgenähte kurze Hose. Der Stoff ist zugegebenermaßen sehr dünn, weil ich ja nur diese eine Hose habe, und ich trage keine Unterhose, da ich es so bequemer finde und auch keine dabeihabe. Bislang habe ich mir nie Gedanken darüber gemacht, ob man darunter etwas sehen kann. Unsicher frage ich ihn: »Wurdest du denn von einer Frau darauf angesprochen?«

»Nein, das würden sie nie tun. Aber wir wissen, welchen Verführungen unsere Gemeinschaft immer wieder ausgesetzt ist.«

Tja, was soll ich jetzt tun? Ich möchte auf keinen Fall auf meine geliebte Hose verzichten. Deswegen bleibt meine Antwort vage. »Alles klar, vielen Dank für den Tipp.« Ich verabschiede mich und gehe Richtung Tipi. Meine Hose ziehe ich natürlich weiterhin an, werde aber zum Glück nicht mehr darauf angesprochen.

In Begegnungen wie dieser wird mir wieder klar, dass der Rahmen, in dem die Menschen hier ihren Individualismus ausdrücken können, sehr eng ist. Zum ersten Mal denke ich darüber nach, ob es nicht doch besser wäre, weiterzureisen und wieder frei zu sein. Menschen, die mir Vorschriften darüber machen, wie ich leben soll, hatte ich in meiner Vergangenheit genug.

Samstag ist Sabbat, ein Feiertag bei den Zwölf Stämmen. An diesem Tag darf nicht gearbeitet werden. Dafür findet ein großes Fest statt, auf das sich alle freuen. Der große Saal ist festlich dekoriert. Die Holztische sind mit bestickten weißen Tüchern bedeckt, auf denen Kerzen in goldenen Ständern stehen. Es gibt besonderes Essen: Gemüse mit einer leckeren Soße, Kartoffeln, Tofusalat und verschiedene Kuchen. Nach dem Essen werden die Tische weggeräumt, um Platz für die Musiker mit ihren Instrumenten zu machen. Wir tanzen ausgelassen zu jiddischer Musik. Dabei entsteht eine schöne Stimmung, die Menschen lachen und genießen die Gemeinschaft. Mir gelingt es, die schwierigen Begegnungen der letzten Zeit auszublenden und mich ganz auf den Moment einzulassen. Vor allem die Kreistänze haben es mir angetan. Dabei fassen sich alle an der Hand, bilden einen Kreis und tanzen gemeinsam nach bestimmten Schrittfolgen. Ich vergesse die Zeit und bin wie berauscht. Es ist so schön, Teil einer Gemeinschaft zu sein! Die Freude und Leichtigkeit meiner Mittänzer ist ansteckend. Die Gemeinschaft der Zwölf Stämme ist schon etwas Besonderes.

Ich bin tief beeindruckt von der Ausstrahlung, die die meisten Menschen hier haben. Sie wirken, als ob sie bei sich angekommen sind. Ihre Freundlichkeit und Offenheit empfinde ich als außergewöhnlich. Sie interessieren sich für mich und mein Leben und fragen immer wieder nach, wie es mir geht.

Am nächsten Morgen nach dem schönen Fest lerne ich die Arbeit im Gemüsegarten kennen. Ich knie mit nackten Beinen auf der trockenen Erde und zupfe die zarten kleinen Salatpflanzen von Wildkräutern frei. Den Begriff »Unkraut« verwende ich bewusst nicht, da jede Pflanze eine sinnvolle Aufgabe auf unserem Planeten hat. Viele der sogenannten Unkräuter, wie Gartenmelde, Löwenzahn, Giersch, Vogelmiere und Brennnesseln sind essbar und enthalten mehr Vitamine, Mineralien und Spurenelemente als gezüchtete Salatpflanzen.

Den Begriff »Unkraut« verwende ich bewusst nicht, da jede Pflanze eine sinnvolle Aufgabe auf unserem Planeten hat.

Neben mir spielt eine Gruppe Jungs fangen. Die Kinder hier sind anders als die meisten Kinder, die ich bisher kennengelernt habe. Sie sind sehr gut erzogen, freundlich und hilfsbereit. Sie gehorchen den Erwachsenen aufs Wort. Auffällig ist, dass ich noch nie erlebt habe, dass sie miteinander streiten oder eifersüchtig aufeinander sind. Wahrscheinlich liegt es daran, dass sie nicht zu Individualisten erzogen wurden, sondern zu Gemeinschaftsmenschen. Da kommt ein dunkelhaariger Mann mit ernstem Gesichtsausdruck zu den Jungen. Mit strenger Stimme ruft er einen von ihnen und befiehlt ihm mitzukommen. Schlagartig hören die Kinder auf zu spielen, und der Junge folgt dem Mann mit gesenktem Kopf. Die Stimmung wirkt sehr angespannt. Ich versuche zu verstehen, was gerade vor sich geht. Da keiner auf mich achtet, folge ich den beiden, die hinter einem Holzhaus verschwinden. Ich verstecke mich hinter einem Holzstapel und sehe zu. Der Mann ruft dem Jungen etwas zu, woraufhin dieser seine Hände ausstreckt. Dann geschieht das Unglaubliche: Der Mann nimmt eine Weidenrute und beginnt, mit voller Wucht auf die Hände des Jungen zu schlagen, der bei jedem Schlag zusammenzuckt. Ich bin geschockt und kann einfach nicht glauben, was ich da gerade sehe! Doch was soll ich jetzt tun? Als ich den Anblick nicht weiter ertrage, trete ich aus meinem Versteck hervor und sage laut: »Salut!« Beide halten erschrocken inne. Ich höre das Pochen meines Herzens. Meine Hände sind nassgeschwitzt. »Warum schlagen Sie den Jungen?«, höre ich mich sagen.

Der Peiniger verzieht unmutig sein Gesicht. »Was geht dich das an?«
»Sehen Sie nicht, dass Sie ihm wehtun?«
Das Gesicht des Jungen ist tränenüberströmt. Er tut mir unendlich leid.
Der Mann mit der Rute sieht mich jetzt etwas freundlicher an. »Es ist mein Sohn. Er hat gesündigt, und dafür muss er bestraft werden.«
»Was hat er denn getan?«
»Das tut nichts zur Sache. Er hat seine gerechte Strafe erhalten und wird es nicht wieder tun.«
Wie soll ich mich jetzt verhalten? Geht es mich überhaupt etwas an? Darf ich mich in die Beziehung zwischen Vater und Sohn einmischen? Schließlich kenne ich nicht die ganze Geschichte. Auf der anderen Seite habe ich es schon immer gehasst, wenn Stärkere Gewalt gegen Schwächere ausüben, und mir geschworen, bei solchen Situationen nicht feige zuzuschauen. Aufgeregt stoße ich hervor: »Wie können Sie ihrem Sohn nur so wehtun? Was hat das mit Liebe zu tun?«

Er sieht mich wütend an. »Das verstehst du nicht. Gott ist Liebe und Gott ist auch Strenge. Gott will, dass wir für unsere Sünden bestraft werden, damit wir ein gottgerechtes Leben führen können.«

Ich schaue voller Mitgefühl den hilflosen kleinen Jungen an und erwidere: »Euer Gott ist ein merkwürdiger Gott. Mit dem werde ich mich wohl nie anfreunden. Ist das bei euch so üblich, dass ihr eure Kinder verprügelt?«

Der Vater atmet tief ein. »Wir verprügeln unsere Kinder nicht. Wir züchtigen sie nach festen Regeln, um ihnen das Böse auszutreiben.«

Ich traue meinen Ohren nicht. Was hat er da gerade gesagt? »Schlagen hier alle ihre Kinder?« Ich merke dem Vater an, dass er so eine Diskussion wahrscheinlich noch nie geführt hat.

»Wir erziehen sie, indem wir ihnen ihre gerechte Strafe zukommen lassen. So ist es von Gott gewollt.«

Habe ich gerade richtig gehört? Ich atme tief ein. »Es kann niemals von Gott gewollt sein, dass ihr eure Kinder verletzt und sie unglücklich macht!« Der Junge sieht mich durch seine verweinten Augen an. Wahrscheinlich kann er nicht einordnen, was hier gerade geschieht. Da ist ein junger Mann, der die Autorität seines Vaters In Frage stellt. Ich richte mich auf. »Wenn ich einmal Vater bin, dann werde ich meine Kinder lieben und achten und niemals meine Hand gegen sie erheben!« Mit diesen Worten drehe ich mich um und lasse Vater und Sohn stehen.

Nach diesem schockierenden Erlebnis bin ich ziemlich durcheinander. Viele Gedanken gehen mir durch den Kopf. Wie kann es sein, dass die Kinder so glücklich wirken, wenn sie geschlagen werden? Oder war es nur eine Ausnahme? Das würde aber dem widersprechen, was der Vater gesagt hat. Vielleicht entspricht meine Wahrnehmung der Kinder auch nicht der Wirklichkeit. Sind sie nur deswegen so sozial und gut erzogen, weil sie Angst vor den Strafen haben, wenn sie sich anders verhalten? Ich stelle im Nachhinein auch mein Verhalten in Frage. War ich angesichts der Situation zu nett? Ich komme zu keinem klaren Ergebnis und beschließe, diese Fragen mit meinen beiden Freunden vom Rainbow-Festival zu klären, wenn ich wieder mit ihnen zusammen bin.

Auf dem Weg zu meinem Tipi begegnet mir Yosef, der alte Yogi. Er grüßt mich freundlich und fragt mich, ob ich etwas Zeit hätte. Nachdem ich bejahe, fragt er mich wiederum, ob er seine Lebensgeschichte hören möchte. Da kann ich nicht Nein sagen und setze mich mit ihm in den Obstgarten unter einen alten Apfelbaum. Er beginnt zu erzählen: »Wie du war ich in jungen Jahren auf der Suche nach dem Sinn des Lebens. Ich bin durch die halbe Welt gereist und schließlich in Indien gelandet, wo ich Mitglied in einem Ashram wurde. Dort fand ich einen alten Yoga-Meister und lernte von ihm eine bestimmte Art des Yoga, die ich jeden Tag praktizierte. Ich glaubte, endlich angekommen zu sein, war aber tief in meinem Herzen nicht wirklich glücklich. Obwohl ich dort viele interessante Dinge lernte, hatte ich immer das Gefühl, dass etwas fehlt. Nach drei Jahren in dem Ashram entschied ich mich dazu, wieder zurück nach Europa zu gehen. Ich hatte von einem Hippiedorf in den französischen Pyrenäen gehört, wo es sehr schön sein soll. Dort lebte ich insgesamt sechs Monate, bis bei uns ein Rainbow-Festival stattfand, wo ich zwei Männer der Zwölf Stämme kennenlernte, die mich zu sich einluden. Als ich vor vier Jahren hierherkam, wusste ich sofort, dass mein Suchen ein Ende hatte. Nicht auszudenken, wenn ich die beiden Jungs nicht getroffen hätte! Dann wäre ich immer noch in der Welt des Satans.«

Ich unterbreche ihn. »Was meinst du mit der Welt des Satans?«

Yosef atmet tief aus. »Der Satan ist der große Verführer. Er denkt sich unendlich viele Dinge aus, um die Menschen von dem wahren Weg abzulenken. Es ist unmöglich, Gott zu finden, solange man in der Welt des Satans lebt.«

Ich kann ihm immer noch nicht richtig folgen. »Welche ist denn die Welt des Satans – und welche ist die Welt Gottes?«

Yosef räuspert sich. »Das ist ganz einfach. Die Welt Gottes ist hier bei uns, bei den Zwölf Stämmen. Wir sind das auserwählte Volk. Wir sind die Nachfolger Jesu, wir sind seine Jünger. Alle anderen leben in der Welt des Satans und werden einst für immer im Fegefeuer brennen, wenn es ihnen nicht gelingt, zu uns zu finden.«

»Aber das ist ja völlig verrückt!«, rufe ich aus. »Was ist mit all denen, die nie von euch erfahren werden, weil sie zum Beispiel irgendwo im Regenwald leben? Vielleicht glauben die ja auch an Gott.«

Mit deutlicher Stimme antwortet Yosef: »Ich kann es leider nicht ändern. Wir versuchen, so viele Menschen wie möglich zu retten. Es gibt nur den einen wahren Gott und nur den einen wahren Weg: Und das ist Jahschua.«

Ich sehe ihn nachdenklich an. »Woher willst du das wissen? Wo ist der Beweis, dass deine Worte wahr sind?«

»Du kannst es nur im Herzen fühlen. Unser Führer ist in direkter Verbindung mit Jahschua und erhält seine Weisungen direkt von ihm. Nur wer von uns getauft wurde, wurde dem ewigen Fegefeuer entrungen und erlangt wahren Frieden und wahre Freude.« Yosef holt tief Luft und fährt fort: »Nur bei uns kannst du in wahrer Einheit und in echtem Frieden leben. Du wirst eine solche Harmonie nirgendwo sonst finden. Verstehst du, es ist gar nicht möglich, da in einer Welt, die von Satan beherrscht wird, Frieden und Einheit gar nicht erlangt werden können. Erst durch die Taufe bist du dem verführerischen Banne Satans entzogen und erlangst ewiges Leben.«

»Ich kann mir das nicht vorstellen«, erwidere ich. »Ich habe viele glückliche Menschen getroffen, die wirklich reinen Herzens sind. Natürlich gibt es auch woanders solche, die in Frieden und Liebe zusammenleben.«

Er macht eine unwillige Bewegung mit seiner rechten Hand. »Das sieht nur so aus. Es mag jetzt so wirken, wenn du Menschen oberflächlich kennenlernst. Aber weißt du, wie es hinter den Kulissen aussieht? Weißt du, ob sie in einem halben Jahr noch glücklich sind? Nein, sie leben in der Welt des Verführers, und er wird es niemals zulassen, dass Menschen Erfüllung erfahren.«

Yosef wirkt auf mich absolut überzeugt. Da gibt es nicht den Schatten eines Zweifels an seinen Aussagen. Ich bin hin- und hergerissen. Seine Worte besitzen zweifelsohne Kraft, und er wirkt so, als ob er wirklich in sich angekommen ist. Andererseits gibt es diese leise Stimme in mir, die mir sagt, dass hier irgendetwas nicht stimmt. Ich kann aber nicht benennen, was es ist. Mir ist bewusst, dass seine Aussagen allem widersprechen, was ich bisher gelernt habe. Andererseits möchte ich natürlich immer die Wahrheit herausfinden, und das ist nur möglich, wenn ich erst einmal für alle Möglichkeiten offen bin.

Da läutet die Glocke zum Abendessen. Irgendwie bin ich erleichtert, dass unsere Unterhaltung auf diese Weise beendet wird, da ich mir erst einmal Zeit nehmen will, über seine Worte nachzudenken.

Nach dem Abendessen, das aus Möhren-Apfelsalat, Vollkornreis und einer Gemüse-Currysoße besteht, gehe ich hinunter zum Fluss. Der wilde, nicht begradigte Strom bildet die Grenze zum hinteren Teil des Gemeinschaftsgeländes. Dort finden auch die Taufen statt, die genau wie das Heiraten für die Nachfolger Christi einen sehr hohen Stellenwert haben. Ich setze mich auf einen großen dunkelgrauen Stein am Flussufer. Ich will mir die Zeit nehmen, um über die Worte Yosefs nachzudenken, die stellvertretend für den Glauben stehen, der mir hier in den Gesprächen vermittelt worden ist.

Dafür, dass sie recht haben, spricht, dass die Menschen in Tabitha's Place zufrieden und glücklich zu sein scheinen. Ihre Suche hat ein Ende, sie fühlen sich angekommen. Sie haben eine sehr gut funktionierende Gemeinschaft aufgebaut, versorgen sich weitestgehend selbst mit Bio-Lebensmitteln und führen ein einfaches, natürliches Leben. Sie haben eine gemeinsame Vision und Mission. Die Stammesmitglieder leben nach klaren Regeln und unterstützen sich gegenseitig. Viele Werte, die mir wichtig sind, haben sie verwirklicht: kein Konsum von unnützen, künstlichen Dingen, weitestgehende Unabhängigkeit von staatlichen Strukturen, ein nachhaltiges, natürliches Leben, Gemeinschaft, gemeinsame Werte und Rituale sowie ein gemeinsamer Glaube an eine höhere Kraft oder Gott.

Dafür zahlen sie aber auch einen hohen Preis: Verzicht auf jegliche Individualität, was bedeutet, dass sie keinen eigenen Besitz oder eigene Hobbys und Rituale haben und nur dann reisen dürfen, wenn es ihnen erlaubt wird. Sehr strenge Regeln, das bedingungslose Befolgen der Anweisungen der Ältesten, keine Zeit für Spiel oder Spaß, außer in einem eng vorgegebenen Rahmen am Sabbat. Das Schlimmste für mich ist, dass sie offenbar keine Möglichkeit haben, ihrer eigenen inneren Stimme zu folgen, da alle Handlungen oder Wege bereits vorgegeben sind. Mir würde es sehr schwerfallen, kein Yoga mehr zu machen, nicht mehr zu meditieren, nur dann Wildkräuter oder Obst sammeln zu dürfen, wenn es mir erlaubt wird, und für alles außerhalb der festgelegten Regeln und Strukturen um Genehmigung bitten zu müssen. Es gibt auch einige Dinge, die mir merkwürdig vorkommen: Ich erinnere mich an einen großen, dunkelblonden Mann, der die meiste Zeit allein in seinem Zimmer im ersten Stock verbringt und nur selten in den Speisesaal kommt, um sich Essen abzuholen. Als ich, neugierig wie ich bin, meinen Tischnachbarn frage, wieso der Mann immer allein isst, bekomme ich zur Antwort: »Er hat eine schwere Zeit. Er hadert mit Gott. Wir beten jeden Tag für ihn, dass er wieder zum rechten Glauben zurückfindet.«

Ich wundere mich, wieso niemand mit ihm spricht oder liebevoll mit ihm umgeht. Später erfahre ich von einer Besucherin, dass er eine Entscheidung der Ältesten in Frage gestellt habe und aus diesem Grunde von der Gemeinschaft isoliert worden sei. Und obwohl ich nicht weiß, ob ihre Aussage stimmt, kommt mir die Sache merkwürdig vor.

Und dann ist da der Junge, der so brutal von seinem Vater geschlagen wurde. Möglich, dass das nur ein Einzelfall war. Mein Gefühl ist aber eher, dass diese Form der Bestrafung hier öfters vorkommt, da der Vater nicht den

Eindruck erweckte, Schuldgefühle zu haben. Außerdem nahm er die Bestrafung nicht heimlich vor, sondern an einem Ort, an dem Menschen vorbeikommen. Ebenfalls seltsam ist der Anführer, der Schwarze als schlechtere Menschen dargestellt hat, obwohl er selbst einer ist.

Nach Sus kommen hauptsächlich Leute wie ich, die auf der Suche sind. Solche, die einen tieferen Sinn suchen und sich die Frage nach ihrer Lebensaufgabe stellen. Natürlich verunsichert es mich, wenn sie mir von allen Seiten immer wieder sagen, dass ich außerhalb ihrer Gemeinschaft niemals wahres Glück finden werde. Denn bislang habe ich nicht das gefunden, wonach ich gesucht habe. Aber was ist schon wahres Glück? Ist es nicht normal, dass es genauso wie Tag und Nacht gute und schlechtere Zeiten gibt? Geht es nicht eher darum, dass wir lernen, die Dinge liebevoll anzunehmen, wie sie gerade sind? Ist es nicht unser Widerstand gegen das, was wir ablehnen, der uns leiden lässt?

Die für mich entscheidende Frage ist aber: Was, wenn sie recht haben? Was, wenn es wirklich so ist, dass ich hier die einmalige und möglicherweise nicht wiederkehrende Chance meines Lebens habe, wirkliche Erfüllung und echten Frieden zu finden? Was, wenn ich diese Chance nicht nutze und verstreichen lasse? Gäbe es dann noch ein Zurück? Oder würde ich mich in weltlichen, aus Sicht der Zwölf Stämme satanischen, Dingen verstricken, sodass mir eine Rückkehr unmöglich wäre? Ich erinnere mich an das, was mir die Engelsfrau vor meiner Reise sagte:

»Vertraue deinem Herzen. Was sich gut anfühlt, ist das, was dein Herz dir sagt. Was sich schlecht anfühlt, widerspricht deinem Herzen. Warte auf die Zeichen deiner Seele, die dir den Weg weisen.«

Ich entscheide mich zu warten und bitte meine Seele, mir Zeichen zu schicken, an denen ich klar erkennen kann, welchen Weg sie für mich vorgesehen hat.

Am nächsten Morgen beim Frühstück fällt mir eine junge Frau auf, die am anderen Ende des langen Tisches sitzt. Ich habe sie schon einige Male gesehen, doch jetzt gibt es irgendetwas, was mich an ihr interessiert. Sie trägt nicht die typische Kleidung der Frauen hier, daraus schließe ich, dass sie wie ich zu Besuch ist. Sie ist groß, schlank und trägt kurze dunkelblonde Haare. Ihr Gesichtsausdruck lässt darauf schließen, dass sie traurig ist. Sie isst teilnahmslos und starrt dabei ins Leere. Einem inneren Impuls folgend, stehe ich auf und frage, ob ich mich zu ihr setzen darf. Sie nickt wortlos und sieht mich an.

Ich versuche es mit einem Lächeln. »Ich heiße Matthias.«
Sie hebt kurz den Kopf, um ihn dann gleich wieder zu senken. »Elisabeth.«

Das kann ja heiter werden, denke ich im Stillen und versuche, mir nichts anmerken zu lassen und mit ihr ein Gespräch zu beginnen. »Wie lange bist du schon hier?«

»Drei Wochen.«

»Wie gefällt es dir hier?«

»Ich weiß nicht.«

Diese Begegnung ist mir unangenehm, ich fühle mich unsicher. So stehe ich auf und will gerade gehen, da sagt sie leise: »Bitte geh nicht weg.«

Fast glaube ich, mich verhört zu haben. Überrascht setze ich mich wieder hin. »Geht es dir gut?«

Ihr fällt es offensichtlich schwer zu antworten, ich sehe Tränen in ihren Augen. Beunruhigt sieht sie sich um, als ob sie Angst hat, beobachtet zu werden. Dann erzählt sie mir leise ihre Geschichte.

»Wie gesagt, ich bin seit drei Wochen hier. Ich habe mit Depressionen zu kämpfen. Als ich Yaron und Levin auf einem Rainbow-Camp kennenlernte, sagten sie mir, dass sie mir helfen könnten, meine Depressionen zu verlieren. So bin ich voller Hoffnung hierhergekommen. Einer der Ältesten kümmert sich um mich und betreut mich täglich. Leider geht es mir nicht besser. Ich fühle mich verwirrt und weiß nicht, was ich jetzt tun soll.«

Elisabeth wirkt verloren und traurig. Ich beuge mich etwas näher zu ihr. »Welche Frage quält dich denn?«

Oft ist es so, dass ich mich gut in andere hineinversetzen kann, dass ich fühle, was in ihnen vorgeht. Wenn mir jemand wirklich von seinem Inneren erzählt, dann tauche ich so in dessen Geschichte ein, dass ich mich selbst dabei vergesse. Dadurch bin ich in der Lage, mit meiner vollen Aufmerksamkeit bei meinem Gesprächspartner zu sein und ihn wirklich zu verstehen.

Elisabeth flüstert: »Ich weiß nicht, ob ich hierbleiben oder abhauen soll.«

Spontan kommt mir ein Gedanke. »Wenn du dich jetzt entscheiden musst und keine Sekunde Zeit hast, um nachzudenken, was würdest du tun? Sag es sofort!«

Ihre Antwort kommt spontan. »Ich würde gehen.«

»Dann solltest du das tun.«

»Aber ich kann nicht«, sagt sie verzweifelt. »Die würden mich nie gehen lassen. Sie sind der Meinung, dass ich vom Satan besessen wäre und nicht selbst entscheiden könne.« Jetzt bricht es aus ihr heraus: »Jacob, einer der Ältesten, bearbeitet mich jeden Tag. Er sagt mir, dass ich für immer verloren bin, wenn ich mich nicht von ihnen taufen lasse. Immer, wenn ich ihm sage, dass ich nach Hause will, verbietet er es mir mit der Begründung, dass ich zu verwirrt sei, das allein zu entscheiden. Ich bin jetzt auch total durcheinander und weiß einfach nicht mehr, was richtig und was falsch ist.«

Ich nehme vorsichtig ihre Hand. »Wie würdest du dich fühlen, wenn ich dich morgen mitnehme?«

Mit großen Augen sieht sie mich an. »Das würdest du tun?«
Ich nicke.
Sie schluckt. »Ich würde mitkommen.«

Ich stehe auf. »Dann ist es entschieden. Morgen früh nehme ich dich mit. Das verspreche ich dir. Lass uns um 5 Uhr am großen Tor treffen, dann schlafen bestimmt noch alle.«

Elisabeth steht auch auf und sieht sich beunruhigt um. »Kann ich mich wirklich auf dich verlassen?«

Ich schaue ihr direkt in die Augen. »Welchen Eindruck mache ich auf dich?«

Es ist das erste Mal, dass ich auch auf ihrem Gesicht einen Anflug von Lächeln erkennen kann. »Okay, der Deal steht.« Sie reicht mir ihre Hand.

Ich schlage ein und lege ihr beruhigend meine Hand auf ihre Schulter. »Bis morgen!«

Vertraue deinem Herzen. Was sich gut anfühlt, ist das, was dein Herz dir sagt.

In dieser Nacht mache ich kein Auge zu. Es ist unglaublich, ich habe meine Zeichen bekommen! Es sollte anscheinend so sein, dass ich Elisabeth begegne. Während ihren Erzählungen ist mir klar geworden, dass dies nicht der richtige Ort für mich ist. Ich habe gefühlt, dass ich wahrscheinlich ihre letzte Chance bin, hier wegzukommen, und sofort das Bild vor Augen gesehen, morgen gemeinsam mit ihr abzureisen.

Ich bin aufgewühlt von all dem, was mir Elisabeth erzählt hat. Außerdem weiß ich nicht, was mich morgen früh erwartet. Wird sie wirklich kommen? Oder ist ihre Angst zu groß? Ich kann es nicht einschätzen. Mein Gefühl ist eher, dass sie nicht mitkommt, da ich schon oft erlebt habe, dass Menschen, die nicht in ihrer Kraft sind, meistens der Angst folgen. Wir werden sehen. Ich bleibe bei meiner Zusage, die ich ihr gegeben habe. Und eins ist mir selbst klar geworden, nachdem sie mir ihre Geschichte erzählt hat: Ich will nicht einen Tag länger hierbleiben! Die ganze Sache fühlt sich für mich nach Manipulation und Machtmissbrauch an, und so etwas kann ich auf keinen Fall unterstützen. Es ist, als ob ein Schleier von meinen Augen genommen wurde. Unfassbar, was Ideologien mit Menschen machen können.

Da ich nicht einschlafen kann, fasse ich in Gedanken die Dinge zusammen, die mir die Angehörigen der Zwölf Stämme erzählt haben: Ihre Existenz gründet sich auf die Prophezeiung in der Bibel, wonach das Ende der Welt genau 50 Jahre nach dem Existieren der zwölf Stämme Israels kommen wird. Sie sind Nachfolger Jahschuas und werden von Gott geführt. Für sie existiert nur eine Lehre, die von Jahschua alle anderen Wege sind Irrwege, die nur dem Satan dienen. Es gibt nur Gut und Böse, nichts dazwischen. Wahres Glück kennen nur die Mitglieder der Zwölf Stämme, alle anderen Menschen leben im Tod und werden kein ewiges Leben erhalten. Nach dem Ende der Welt wird ein Tausendjähriges Reich auf der Erde entstehen, in dem die Menschen in Frieden und Harmonie leben. Nach tausend Jahren kommt das Jüngste Gericht, bei dem alle Menschen entweder ewiges Leben erhalten oder ewigen qualvollen Tod erleiden müssen. Alles, was man in der Welt außerhalb der Zwölf Stämme lernt, ist falsch, verlogen und kann nichts an der grundlegenden Schlechtigkeit der Menschen ändern. Das Böse im Menschen kann nur durch die Vergebung der Sünden erlöst werden, und das ist nur möglich, wenn man von den Zwölf Stämmen getauft wird. Nur dann erlangt man ewiges Leben.

Diese Dinge werden mir immer und immer wieder von allen erzählt, die ich in Sus treffe. Nach zwei Wochen bin selbst ich soweit, dass ich anfange, daran zu glauben oder zumindest in Erwägung zu ziehen, dass sie wahr sind. Ich weiß genau, dass niemand, der das Gleiche zum ersten Mal hört, ernsthaft daran glauben würde, weil es auf den ersten Blick keinen Sinn ergibt. Wir Menschen haben einen natürlichen Abwehrmechanismus, der neue Informationen filtert und prüft. Wenn man aber die gleichen Informationen Hunderte oder Tausende Male hört, dann schaltet das Gehirn ab und filtert die Informationen nicht mehr. Genauso verhält es sich mit den Massenmedien. Wenn ich, der diese nie konsumiert, bestimmte Schlagzeilen sehe, dann habe ich sofort große Zweifel an der Richtigkeit dieser Informationen. Wenn diese aber auf allen Kanälen permanent wiederholt werden, dann glauben die Menschen am Ende fast alles, »weil es ja stimmen muss, wenn alle es sagen oder wenn es in den Nachrichten kommt.« Logisches Denken spielt hier leider keine Rolle mehr. Genau so funktioniert Gehirnwäsche: gezielte Manipulation durch permanente Wiederholung.

So gesehen ist das Überzeugungssystem der Nachfolger Jahschuas genial. Wenn man sich ihnen nicht anschließt, erlebt man ewige Verdammnis mit unendlichen Qualen. Wenn man sich ihnen anschließt, dann bekommt man ewiges Leben. Wenn das wirklich wahr wäre, dann würde jeder zu den Zwölf Stämmen gehen, das ist doch klar. Mit diesem simplen Trick gelingt es ihnen offenbar, immer mehr Anhänger zu gewinnen. Was dazu kommt: Wer einmal von ihnen getauft wurde und sich dann wieder von ihnen abwendet, der muss zur Strafe ewiges Fegefeuer ertragen. Das glauben die Menschen in Tabitha's Place wirklich, und diese Angst bringt sie dazu, alles zu tun, was ihnen die Ältesten sagen.

Was ich hier erlebe, zeigt mir, wozu Dogmen, Ideologien oder Religionen führen können. Das Prinzip ist immer das Gleiche: Wir sind die Guten, und die anderen sind die Schlechten. Durch diesen Wahnsinn sind unzählige Menschen weltweit umgekommen. Jemand erfindet eine Ideologie, und schafft es, viele Menschen davon zu überzeugen. Er verspricht den Menschen die Lösung all ihrer Probleme und erfindet gleichzeitig ein passendes Feindbild. Mit einfachen, aber hochwirksamen psychologischen Tricks und permanenter Wiederholung, verbunden mit der Zensur kritischer Meinungen, entsteht ein diktatorisches System, an dessen Ende meistens Krieg und Zerstörung stehen. All diese absoluten Ideologien, egal unter welchem Deckmantel, sind Werkzeuge des Bösen, ob es den Menschen bewusst ist oder nicht. Jede Form von Gewalt gegen andere, egal ob physisch oder psychisch, schafft unendlich viel Leid und Zerstörung auf unserer Erde. Ich beschließe, mich künftig dafür einzusetzen, über solche Machenschaften aufzuklären und die Menschen daran zu erinnern, dass wir hier sind, um in Frieden und Freiheit miteinander zu leben.

Ich bin überzeugt davon, dass wir alle anderen Lebewesen achten und respektieren sollten, da sie auch ein vollkommener Ausdruck der Schöpfung sind. Wir alle sind Teil eines großen Ganzen und dürfen uns daran erinnern, dass wir nicht getrennt voneinander sind, auch wenn uns das immer wieder erzählt wird.

Neben der physischen Gewalt gegen andere gibt es auch die psychische Gewalt, die oft unterschätzt wird. Dazu gehören Rechthaberei um jeden Preis und die damit verbundene Verurteilung von Andersdenkenden. Wir wurden dazu erzogen, diejenigen, die anders, außergewöhnlich und unbequem sind, abzulehnen, auszustoßen und zu diffamieren. Das Verurteilen von Menschen aufgrund ihrer Meinung, ihrer Hautfarbe oder ihrer Religion war immer die Vorstufe von physischer Gewalt, da man ja dadurch eine Rechtfertigung für noch rabiatere Maßnahmen hatte. Deswegen ist es so wichtig, dass wir lernen, einander zu verstehen, uns zuzuhören und uns mehr auf unsere Gemeinsamkeiten zu beziehen als auf das Trennende.

Mein innerer Wecker funktioniert. Es wird langsam hell. Ich habe einige Stunden geschlafen. Niemand außer Elisabeth weiß von meiner geplanten Abreise. Meine beiden Mitbewohner schlafen tief und fest. Den Rucksack habe ich schon gestern gepackt, also bin ich schnell fertig und gehe mit eiligen Schritten zum großen Tor. Da ich keine Uhr habe, weiß ich nicht, wie spät es ist. Unruhig stelle ich meinen Rucksack am Torbogen ab und setze mich halb auf ihn. Warten war noch nie meine Stärke. Ich versuche, meine Gedanken zu beruhigen und mir klarzumachen, dass mir nichts geschehen kann. Die Stammesmitglieder würden mich bestimmt nicht mit Gewalt von der Abreise abhalten. Bei Elisabeth bin ich mir nicht so sicher. Hoffentlich kommt sie. Die Kirchenglocke des Dorfes Sus schlägt zwei Mal. Ob es jetzt schon halb sechs ist? Ich beschließe, noch eine Weile zu warten. Vielleicht sollte ich ins Schloss gehen, um zu sehen, ob ich Elisabeth dort finden kann. Allerdings ist das Gebäude wirklich groß, und ich kann ja nicht jede verschlossene Tür öffnen und nach Elisabeth fragen...

Irgendwann drängt mich meine innere Stimme aufzubrechen, da ich schon die Stimmen einiger Bewohner höre. Ich schwinge meinen Rucksack auf den Rücken und gehe los. Da ertönt eine Stimme hinter mir. »Warte! Ich bin da.« Ganz unerwartet steht Elisabeth hinter mir. Sie sieht verweint aus. Ich nehme sie bei der Hand: »Schön, dass du da bist. Komm!« Gemeinsam laufen wir los, ohne uns noch einmal umzudrehen. Wider Erwarten kommt niemand, um uns aufzuhalten. Anscheinend hat keiner von unserer Abreise erfahren, und so laufen wir schweigsam nebeneinanderher, während am Horizont ein glutroter Ball aufgeht.

Elisabeth und ich reisen zusammen weiter. Es tut ihr gut, jemanden zu haben, der auf sie aufpasst und mit dem sie sich über ihre Erlebnisse in Sus austauschen kann. Ihre Grundhaltung dem Leben gegenüber bleibt jedoch eher negativ. Nach zwei Wochen entscheidet sie sich, die Lebensgemeinschaft in La Borie Noble zu besuchen. So trennen sich unsere Wege. Wir beide sind dankbar für unsere gemeinsame Zeit. Ich freue mich darauf, wieder allein zu sein und meinem eigenen Fluss folgen zu können.

Wir sollten alle anderen Lebewesen achten und respektieren, da sie auch ein vollkommener Ausdruck der Schöpfung sind.

15
DAS KUNDALINI-YOGA-FESTIVAL

Ich laufe durch einen dichten Laubwald in den Bergen. Es ist heiß und trocken. Mein Rucksack scheuert an meinem klatschnass geschwitzten Rücken. Selbst die Vögel scheinen sich vor der Hitze zurückgezogen zu haben und weigern sich zu singen. Es fällt mir schwer, mich auf meinen Weg zu konzentrieren, weil jeder Schritt anstrengend ist. Kurz zuvor haben mir einige Wanderer erzählt, dass es hier in der Nähe einen See geben soll. Die Vorstellung, in kühlem Wasser zu schwimmen, klingt so verlockend, dass ich keine Pause einlege, sondern mich weiter quäle. Endlich entdecke ich ihn, von weiten Grasebenen umgeben und von den Bergen eingerahmt. Dieses Bild gibt mir sofort neue Energie, ich mache mich eilig an den Abstieg.

Am Seeufer stehen einige Autos mit Wohnmobilen und Zelten. Ich laufe an ihnen vorbei und springe ins Wasser – es ist genauso erfrischend, wie ich es mir vorgestellt habe. Ich nehme mir Zeit für eine lange Runde und versuche, dabei meinen Rucksack am Ufer im Auge zu behalten, da ich hier nicht allein bin. Als ich nach ungefähr einer Stunde den See wieder verlasse, fühle ich mich wie neugeboren. Etwas weiter weg von den Campern steht ein großer Baum, zu dem ich mich hingezogen fühle – die uralte, knorrige und verdrehte Kiefer muss hier sicher schon seit vielen Hunderten Jahren stehen. Ich setze mich, lehne mich mit dem Rücken an ihren Stamm, schließe meine Augen und schlafe sofort ein.

Im Schlaf kann ich das Bewusstsein des Baumes wahrnehmen. Er formt Worte in mir – oder bin ich es selbst, der seine Worte übersetzt? Ich kann es auch diesmal nicht genau sagen.

»Es spielt keine Rolle, ob diese Worte von mir oder von dir kommen, da wir nicht getrennt voneinander sind. Ich freue mich, dass du mich bewusst wahrnehmen kannst und mich wirklich siehst. Obwohl die Menschen Augen haben, erkennen sie doch nichts. Die meisten sehen nur sich selbst, sie sind so in der Welt ihrer Gedanken gefangen, dass sie uns nicht erfassen können. Ihr Verstand sagt: ›Da ist ein alter Baum‹. Dann denken sie schon wieder an ihre Pläne von morgen. Die wenigsten wissen, dass wir die Hüter der Erde sind. Wir tragen uraltes Wissen in uns, das sich nur denjenigen erschließt, die sich mit uns verbinden. Wir sind tief in der Erde verwurzelt und ragen hoch in den Himmel auf – wir verbinden Himmel und Erde miteinander. Wir lassen es regnen und bringen Feuchtigkeit in den Boden. Dort, wo Wälder zerstört wurden, bleibt der Regen oft aus. Die Erde trocknet aus, die Pflanzen verdorren, und es entstehen Wüsten. Wo es vorher frisch und grün war, wird es jetzt heiß und trocken. Das Leben zieht sich zurück, und diese ehemals blühenden Landschaften haben kaum noch Lebensenergie. Je mehr Lebensenergie vorhanden ist, desto besser fühlen sich alle Lebewesen an einem solchen Ort. Wenn die Lebensenergie schwindet, dann verschwindet auch das Leben.«

Der Klang seiner Worte schwingt in mir nach. »Ich habe Bäume immer geliebt«, flüstere ich.

Das Bewusstsein des Baumes verneigt sich. Ich sehe ein Bild, in dem sich seine Krone nach vorne beugt. »Ich weiß, dafür sind wir dir auch sehr dankbar. Wir schenken euch Schatten und Sauerstoff. Wir schenken euch Früchte und Nüsse. Wir schenken euch Heilmittel und besondere Düfte. Wir sind Heimat für unzählige Insekten, Bienen und Vögel. Wenn ihr euch mit einem Baum verbindet, dann hilft er euch dabei, wieder ins innere Gleichgewicht zu kommen. Er ordnet die Energieströme in eurem Körper. Er kann euch Antworten auf alle Fragen geben, da er mit der Weltenseele verbunden ist. Leider achten die meisten Menschen uns Bäume nicht. In ihrer unendlichen Verblendung und Gier vernichten sie uns mehr und mehr für ihre Städte, ihre Plantagen und ihre Rohstoffe. Sie fällen und verbrennen uns, um noch mehr lebensfeindliche Orte zu schaffen, die auch sie krank machen. Aber sie merken es trotzdem nicht. Sie halten sich für intelligent, dabei ist kein einziges Tier so dumm, seine eigenen Lebensgrundlagen zu zerstören. Wir würden ihnen gern helfen, aber sie hören uns nicht. Wir schreien ihnen zu, dass sie mit der Vernichtung der Natur aufhören sollen, aber in ihrem Wahn sind sie so verblendet, dass sie immer weitermachen, wie Besessene. Sie huldigen dem Fortschritt und merken nicht, dass ihr Bewusstsein immer niedriger wird, je mehr sie sich von der Natur entfernen.«

Seine Worte machen mich tief betroffen. Leise flüstere ich: »Ich habe schon so viele von euch verschwinden sehen in meinem Leben. Bäume, auf die ich als Kind geklettert bin, die ich geliebt habe. Die Bäume in unserem Garten, auf denen ein Supermarkt gebaut wurde. Es muss doch eine Möglichkeit geben, diesen Wahnsinn zu stoppen!«

Die alte Kiefer beginnt, ein tiefes Brummen von sich zu geben. Dieser Ton geht in die Erde und verbreitet sich um den gesamten Planeten. Er erfasst alle Bäume und Wälder dieser Welt. Mir wird ein Bild gezeigt, wie die Energie seines Tones, die dunkelviolett aussieht, die Erde und alle Bäume berührt.

»Was machst du da?«, frage ich den Baum.

»Ich rufe alle Kräfte des Lichts auf, sich zusammenzuschließen und den kosmischen Plan zu verwirklichen.«

»Was ist der kosmische Plan?«

»Der Schöpfer will, dass alle Wesen in Liebe und Frieden zusammenleben, als Gleiche unter Gleichen. Bald ist die Zeit gekommen, da dieser kosmische Plan verwirklicht werden wird. Die Krieger des Lichts sind aufgerufen, das neue Bewusstsein von der Einheit allen Lebens zu den Menschen zu tragen, damit diese aus ihrem Tiefschlaf aufwachen und sich erinnern.«

»Was kann ich dazu beitragen?«

»Du wirst lange Zeit in der Natur leben und aus der Natur lernen. Wenn deine Lehre abgeschlossen ist, wirst du zu den Menschen gehen und ihnen zeigen, wie sie mit sich und der Natur im Einklang leben können.«

Mit dieser Antwort bin ich nicht zufrieden. »Aber was passiert in der Zwischenzeit? Wie viele Wälder sollen wir noch verlieren? Wir haben keine Zeit zu warten!«

Das Bewusstsein der uralten Kiefer berührt mich. Es fühlt sich so an, als ob sie mich umarmen will. Ein warmer Energiestrom durchfließt meinen Körper. Ich entspanne mich. Ein Gefühl von Vertrauen breitet sich in mir aus.

Ich höre den uralten Baumriesen in mir: »Ihr Menschen seid immer so schnell. Alles muss bei euch sofort geschehen. Vertraue dem Schöpfer. Ein jedes Ding hat seine Zeit. Auch die Veränderung braucht Zeit. Jede Seele muss ihrem Lebensplan folgen, so auch du. Du brauchst die Zeit der Vorbereitung, damit du den Menschen wirklich helfen kannst. Jetzt bist du noch zu jung und zu unerfahren. Sie würden dir nicht zuhören. Erst wenn du die Lebensgesetze in der Tiefe erfahren und verstanden hast, kannst du sie wei-

tergeben. Die Menschen werden fühlen, dass du weißt, wovon du sprichst, da du wirklich lebst und verkörperst, was du lehrst. Vertraue mir – die Zeit der sinnlosen Zerstörung auf diesem Planeten wird ein Ende haben.«
»Werde ich die Befreiung der Erde miterleben?«
»Ja, das wirst du. Deswegen bist du hier. Das ist der Plan deiner Seele seit langer Zeit.«

Der Schöpfer will, dass alle Wesen in Liebe und Frieden zusammenleben, als Gleiche unter Gleichen.

Ich wache auf. Der Stamm der Kiefer wärmt meinen Rücken. Ich fühle mich so verbunden mit diesem alten, weisen Wesen! Im Traum war es, als ob ich die Welt so wahrnehmen konnte wie die Kiefer. Ich fühlte eine uralte Macht und eine klare Präsenz, die alle Teile der Welt erfüllte. Sie ist mit Milliarden Bäumen verbunden und damit Teil einer riesigen Gemeinschaft. Sie empfindet sich nicht als ein Baum, sondern als Teil eines unendlichen Bewusstseins.

Genau wie diese Kiefer bin ich auch ein Teil eines großen Ganzen. Ich bin mit allem verbunden, was lebt, mit den Bäumen, den Pflanzen, den Tieren, den Menschen, dem Wasser, der Erde und der Luft. In dem Moment, in dem ich mich nur noch mit meinem eigenen persönlichen Leben beschäftige, empfinde ich Trennung und Einsamkeit. Diese Trennung ist jedoch eine Illusion, da wir mit allem um uns herum immer verbunden sind. Wir stehen im ständigen Austausch mit dem Leben, das uns umgibt. Ich atme den Sauerstoff ein, den die Pflanzen produzieren. Ich nehme die Gedanken und Gefühle anderer Menschen auf, ob mir das bewusst ist oder nicht. Das Leben um mich herum beeinflusst mich ständig, und auch ich verändere durch meine Handlungen, meine Gedanken, meine Emotionen das Leben, das mich umgibt. Jetzt fühle ich ganz deutlich, dass ich Teil einer großen Gemeinschaft bin und dass es meine Aufgabe ist, dazu beizutragen, dass diese Gemeinschaft sich ihrem Plan gemäß entwickeln kann. Dadurch besitze ich große Verantwortung, denn alles, was von mir ausgeht, wird weitergetragen – zum Guten oder zum Schlechten. Es liegt an mir, es liegt an uns. Entscheiden wir Menschen uns dafür, weiter den Weg der Trennung zu gehen, uns egoistisch und zerstörerisch zu verhalten, oder tragen wir bewusst dazu bei, dass diese Erde ein besserer Ort für uns alle wird?

Aus der Ferne höre ich ein dumpfes Grummeln, ein Gewitter kommt näher. Die Luft ist warm und schwül. Plötzlich bläst ein starker Windstoß durch die Kiefer. Nadeln fallen auf mich herab, es beginnt zu regnen. Voller Freude und Dankbarkeit für meinen besonderen Traum und den erlösenden Regen ziehe ich meine Shorts aus und tanze einen Freudentanz im Gewitterregen. Ich fühle mich dabei wie ein kleines Kind, das glücklich ist, am Leben zu sein. Während ich so hüpfe und tanze, rufe ich immer wieder ein »Danke!« zu meiner Riesenkiefer.

Wie aus dem Nichts höre ich plötzlich ein Brüllen. Ein Mann aus einem nahestehenden Wohnwagen schreit mich an, wie ich es wagen könne, hier nackt herumzuhüpfen. Ich erschrecke und weiß erstmal gar nicht, wie ich reagieren soll. So drehe ich mich um und gehe zurück zu meinem Baum. Der Mann bleibt stehen und sieht mich böse an. Ich überlege, wie ich jetzt auf ihn reagieren soll, entscheide dann aber, mich nicht aus meinem Gefühl der Einheit herausbringen zu lassen und ihm einfach keine weitere Aufmerksamkeit zu schenken. Zum Glück lässt er mich daraufhin in Ruhe.

Durch dieses unerwartete Ereignis wird mir aber wieder schmerzlich bewusst, dass wir nicht nur in einer Welt der Freude und der Freiheit leben, sondern auch in einer Welt der Zwänge und Konzepte. Nachdem ich mich wieder beruhigt habe, verspreche ich mir, dass ich das neue Bewusstsein, von dem der Baum gesprochen hat, unter allen Umständen leben werde, auch wenn niemand anders mich versteht.

Nachdem ich die Nacht im Schutze der alten Kiefer verbracht habe, wandere ich weiter, denn ich will nach Loches, einer mittelalterlichen Stadt an der Loire, wo jedes Jahr das internationale Kundalini-Yoga-Festival stattfindet. Zwei Wochen vor dem Beginn des Festivals, zu dem Hunderte Menschen aus der ganzen Welt kommen, bin ich Teil der Aufbaugruppe. Jemand hat mir erzählt, dass man kostenlos am Festival teilnehmen darf, wenn man vorher mit anpackt.

Nach zwei Tagen komme ich in Loches an – genau rechtzeitig, um mitzuhelfen, das große Festival vorzubereiten. Das Gelände gehört zu einem alten Schloss mit riesigem Park, der wie geschaffen für die kleinen und großen Zelte, Stände und Bühnen ist. Nachdem ich eine erholsame Nacht auf einem Hügel hinter dem Schloss verbracht habe, treffen wir uns alle auf der

Das Kundalini-Yoga-Festival

großen Wiese, um uns gegenseitig vorzustellen und die Arbeitseinsätze zu planen. Ich sehe meist junge Frauen und Männer mit einer offenen, warmen Ausstrahlung. Der Leiter der Gruppe steht in der Mitte unseres Kreises und nennt die einzelnen Aufgabenbereiche – zu jedem melden sich diejenigen, die dort arbeiten wollen. Als die Küche an die Reihe kommt, signalisiere nur ich Interesse.

Der Leiter kommt auf mich zu. »Hast du denn Erfahrungen mit Großküchen?«

Ich schüttele den Kopf und füge hinzu: »Aber ich koche leidenschaftlich gern.«

»Okay, dann bist du jetzt der neue Leiter der Großküche. Mach deine Arbeit gut, denn wir brauchen leckere Verpflegung in ausreichender Menge, damit unser Team auch bei Laune bleibt.«

Ich freue mich riesig über meine neue Herausforderung. Jetzt kann ich den ganzen Tag neue, gesunde Kochrezepte entwickeln! Der Leiter vertraut mir offenbar, was mich stolz macht. Für jeden Tag bekomme ich ein bestimmtes Budget zugeteilt, das mir für Einkäufe frei zur Verfügung steht. Ich muss nur dafür sorgen, dass es für alle hier drei vegetarische Mahlzeiten am Tag gibt. Ich entscheide mich dafür, nur veganes Essen anzubieten, es aber keinem zu erzählen – ich habe oft die Erfahrung gemacht, dass es am leichtesten ist, wenn man den Menschen einfach leckeres Essen serviert, ohne viele Informationen, dann lehnen sie es in der Regel nicht sofort ab.

Mit dem Auto des Leiters fahre ich jeden Tag zum nahegelegenen Wochenmarkt und finde dort einen Bio-Stand mit einer riesigen Auswahl an frischem Obst und Gemüse. Für die nächsten zwei Wochen bin ich hier Stammkunde und bekomme täglich kleine Geschenke dazu, weil ich so große Mengen kaufe. Ich liebe es, auf dem Wochenmarkt zu sein und damit diesen wichtigen Teil der französischen Kultur hautnah mitzuerleben. Meine Gerichte sind einfach und bestehen hauptsächlich aus Salaten, Obst und Gemüse. Die stets hungrigen Helfer sind dankbar und freuen sich über die willkommene Abwechslung eines gemeinsamen Mahls im Schatten der alten Linden. Es kommt auch immer mal wieder jemand zu mir in die Küche und fragt, ob er mich unterstützen kann. Auf diese Weise entsteht oft ein angeregter Austausch, und das Kochen macht gleich noch mehr Spaß. Ich lerne, die Mengen vernünftig zu kalkulieren und entwickle Wege, übrig gebliebenes Essen geschickt und unbemerkt weiterzuverarbeiten, sodass ich kaum etwas wegwerfen muss.

Jeden Morgen machen wir gemeinsam Yoga und singen Mantras. In der Gruppe ist eine junge Frau, zu der ich mich hingezogen fühle. Aus den ersten Gesprächen entsteht eine schöne Vertrautheit. Manchmal treffen wir uns abends, einfach um miteinander zu kuscheln. Für mich ist das eine sehr schöne Erfahrung, da ich so lange allein war und keinen Körperkontakt hatte. Wir genießen unseren Austausch sehr, haben jedoch beide nicht das Verlangen, ihn zu intensivieren. Ich nehme in unserem Kontakt eine große Leichtigkeit wahr. Wir nähren uns gegenseitig, ohne weitere Erwartungen, und leben beide das, was sich in diesem Moment richtig anfühlt. Wir folgen nicht dem oft üblichen Muster, dass Männer und Frauen sich nur nahekommen können, wenn es um Sexualität geht. Das empfinde ich als befreiend.

Es bereitet mir große Freude, den Menschen hier mit meinem Essen etwas Gutes zu tun. Ich fühle, wie diese Form des Gebens mir selbst auch Energie gibt und mich erfüllt – und dass die liebevolle Zubereitung gesunder Mahlzeiten die Menschen auf körperlicher und geistiger Ebene nährt. Die Pflanzen werden in Achtsamkeit von Mutter Erde genommen, um dann mit Liebe zubereitet zu werden, sodass sie den Menschen Gesundheit schenken können. Ein schöner Kreislauf, von dem alle profitieren. So sollte es eigentlich sein. In Wirklichkeit ist alles ganz einfach, wenn wir das entsprechende Bewusstsein dafür entwickeln und einfach das umsetzen, was wir in unseren Herzen spüren.

Nach zwei wunderschönen Wochen ist die Arbeit getan – das Festival ist perfekt vorbereitet. Unsere Gruppe ist dabei eng zusammengewachsen, viele Freundschaften sind entstanden.

Heute ist der Anreisetag, immer neue Teilnehmer treffen ein. Viele davon sind Yogis, die der Lehre von Yogi Bhajan folgen. Dieser indische Meister, der Anhänger der Sikh-Religion war, entwickelte das Kundalini-Yoga und brachte es in dieser Form in die USA. Von dort aus verbreitete es sich in der ganzen Welt. Seine Anhänger kann man an ihrer weißen Kleidung und ihren Turbanen erkennen. Die Frauen und Männer dieser Tradition schneiden ihre Haare nicht, sondern binden sie auf dem Kopf zusammen, um sie dann mit einem Tuch zu umhüllen. Die Männer schneiden auch ihre Bärte nicht. Yogi Bhajan gibt den Mitgliedern seiner Bewegung einen spirituellen Namen, der bei den Frauen mit *Kaur* endet und bei den Männern mit *Singh*. Außer den »richtigen« Yogis gibt es noch viele andere, so wie ich, die Kundalini-Yoga praktizieren oder auch die Ausbildung zum Kundalini-Yoga-Lehrer absolviert haben, aber nicht nach den Regeln und Vorgaben der Sikh-Tradition leben.

Ich genieße es, dass kunterbunte Treiben der Menschen zu beobachten, die sich hier eingefunden haben. Alle sind voller Vorfreude auf eine besondere spirituelle Erfahrung, denn dieses Festival ist berühmt dafür, eine hohe Energie aufzubauen. Wenn viele Menschen über einen längeren Zeitraum gemeinsam meditieren, Mantras singen und Yoga machen, dann entsteht ein besonderes Kraftfeld, das besonders von sensiblen Menschen wahrgenommen werden kann. Man kann es daran erkennen, dass man sich besser fühlt, wenn man sich in ihm aufhält, und einen leichteren Zugang zu Gefühlszuständen wie Liebe, Freude und Gelassenheit findet.

Am nächsten Tag beginnt die Veranstaltung mit dem offiziellen Programm. Wie bei allen echten Yogis üblich, findet schon um 4.30 Uhr eine gemeinsame Yogaeinheit mit Mantrasingen statt. Ich will unbedingt dabei sein, weiß aber nicht, wie ich es schaffen soll, von selbst so früh aufzuwachen. So bitte ich Manuel, einen Aufbauhelfer, mich um diese Uhrzeit zu wecken. Um 4.15 Uhr rüttelt er mich wach. Er hat einige Mühe gehabt, mich hier oben zwischen den Bäumen zu finden. Es dämmert schon, und im Osten wird es heller.

Ungefähr 100 Menschen versammeln sich auf der großen Wiese vor der Hauptbühne. Ein Sikh leitet das Morgen-Yoga an. Die Stimmung ist ruhig und meditativ. Nach den anstrengenden Übungen entspannen wir uns im Liegen auf unseren Matten. Dabei schlafe ich wieder ein, werde aber von meiner Nachbarin geweckt. Jetzt kommen andere Yogis auf die Bühne, um das Singen anzuleiten und gemeinsam zu musizieren. Wir haben die Bühne bewusst so aufgebaut, dass die Teilnehmenden in Richtung Osten schauen, damit sie beim Singen der Mantras den Sonnenaufgang sehen können.

Wir beginnen gemeinsam mit dem Chanten von Mantras, uralten indischen Worten aus dem Sanskrit, die eine besondere Wirkung haben sollen. Die Yogis glauben, dass man durch die Wiederholung der heiligen Worte Erleuchtung erlangen kann.

Ich verstehe unter dem Begriff Erleuchtung, vollständiges Einssein mit Gott zu erlangen und fortan frei von jeglicher Illusion zu sein. Ich persönlich finde diese Vorstellung wunderbar, wenn es nicht heißt, dass ich mein ganzes Leben auf ein künftiges Ziel hinarbeiten soll. Ich bin schon glücklich, wenn es mir gelingt, im jetzigen Moment zufrieden und vollständig präsent zu sein, da nur dieser Augenblick wirklich existiert. Die Vergangenheit ist vorbei und die Zukunft noch nicht geschehen. Für mich bedeutet Erleuchtung auch, dass wir wahrhaftig erleben, wer wir in Wirklichkeit sind. Mein Ziel ist, dass es mir gelingt, so oft wie möglich in den besonderen Zustand zu kommen, den ich in der Begegnung mit der riesigen Kiefer erfahren habe.

Ich lausche voller Hingabe den wohlklingenden Stimmen und Klängen der Musiker, die sie mit Bongos, Gitarren und dem typisch indischen Harmonium, einem klavierähnlichen Instrument, erzeugen. Die Stimmung eines frischen Morgens, der vereinzelte Gesang der Vögel und das Gefühl von Verbundenheit untereinander machen diesen Moment zu einem unvergesslichen Erlebnis. Die Texte sind mir vertraut, weil ich sie seit Jahren fast täglich nach meinen Yoga-Übungen singe. Jedes Mantra dauert genau elf Minuten. Ein Mantra besteht aus heiligen uralten indischen Worten, die dabei helfen sollen, uns mit dem Göttlichen zu verbinden. Beim Chanten von Mantras können wir in einen Zustand von Trance gelangen, in dem wir den dauerhaften Gedankenstrom loslassen und ganz ins Sein, ins JETZT eintreten.

Wir beginnen mit dem »Mul Mantra«. Es soll die Wurzel aller Mantras sein und uns mit Gott verbinden. Auf einmal geht hinter den Musikern der glutrote Sonnenball auf. Ich bekomme Gänsehaut am ganzen Körper. Ich kann mir keine schönere Art vorstellen, auf diese Weise einen neuen Tag zu beginnen. Nach jedem Lied machen wir einige Minuten Pause und schweigen. Einige Frauen weinen leise, wahrscheinlich weil sie so wie ich sehr berührt sind. Danach singen wir das »Triple Mantra«, das im Kundalini-Yoga als kraftvolles Schutzmantra gesehen wird. Es wird empfohlen, es vor Reisen zu chanten. Viele Menschen berichten darüber, dass sie Unfälle verhindern konnten, indem sie dieses Mantra angewendet haben. Es soll uns Energie zuführen und helfen, wenn wir uns schwach fühlen. Das Mantra soll die Hindernisse aus dem Weg räumen, die der Erfüllung unserer Bestimmung entgegenstehen. Ich spüre, wie mich ein Gefühl tiefen Friedens durchströmt. In der Gemeinschaft dieser Menschen, die den Sommermorgen damit beginnen, sich mit dem Göttlichen zu verbinden, fühle ich mich richtig und geborgen. Ich weiß, dass ich dieses wundervolle Erlebnis niemals vergessen werde.

Nach unserem gemeinsamen Morgenritual gehen wir frühstücken. Es gibt Porridge mit Rosinen und weißen Reis mit Mungbohnen, Hot Sauce und gekochten Karotten. Dieses spezielle Mahl gibt es dreimal täglich, es soll den Körper entgiften. Ich selbst koche mir in der Küche Naturreis und esse ihn zusammen mit rohen Karotten und Mungbohnen, da ich weißen Reis meide und meine Rohkost-Ernährung zumindest teilweise während dem Festival beibehalten möchte.

Es ist der Tag des »weißen Tantra«, von dem ich schon so viel gehört habe. Mir wurde erzählt, dass es eine besonders hohe Energie aufbaut, die für alle Beteiligten heilsam sein soll. Bei dieser Art des Tantra geht es im Gegensatz zu anderen Formen des Tantra nicht um Sexualität, sondern um Reinigung und Verbindung der Gegensätze. Es soll alte Gedankenmuster und Blockaden lösen, sodass wir mehr Lebensenergie gewinnen. Alle Teilnehmer müssen weiße Kleidung und weiße Turbane tragen.

Es liegen acht Meditationsübungen vor uns, die auch Kriyas genannt werden, von denen jede einzelne genau 62 Minuten dauert. Alle hier sind aufgefordert, sich eine Partnerin oder einen Partner zu suchen, mit dem man dann den ganzen Tag verbringt. Ich bin ziemlich aufgeregt, da es mir nicht leichtfällt, Frauen anzusprechen. Wir haben noch ungefähr eine Stunde, bis die Veranstaltung, die das Highlight des Festivals darstellt, beginnt. Suchend schaue ich mich um, ob ich zu einer Frau eine Verbindung fühle. Nach einiger Zeit bleibt mein Blick in der Menge immer wieder an einer jungen Frau hängen. Sie bemerkt es und lächelt mich an. Schüchtern lächle ich zurück. Soll ich zu ihr hingehen? Würde das nicht aufdringlich wirken? Aber wenn ich warte, könnte es sein, dass jemand anders sie fragt, und ich womöglich mit einer Frau die Übungen des Tantras machen muss, mit der ich mich nicht verbunden fühle. Obwohl mein Herz vor lauter Aufregung stark klopft, gebe ich mir einen Ruck und gehe durch die Menge auf die Frau zu. Als ich vor ihr stehe, nehme ich wahr, wie ich rot werde. Ich ärgere mich darüber. Oh Mann, ein bisschen mehr Selbstvertrauen würde mir wirklich guttun! Sie bemerkt natürlich meine Verlegenheit und sagt mit einem schelmischen Lächeln: »Ja.« Ich hatte mit allem gerechnet, nur damit nicht!

Überrascht sehe ich sie an. »Du meinst, dass du mit mir diesen Tag verbringen würdest?«

Sie lächelt immer noch. »Genau.«

Erleichtert nehme ich ihre Hand. »Danke. Ich heiße Matthias.«

»Sehr gern. Und ich heiße Sarah.«

Ich kann mein Glück kaum fassen. Sie ist ungefähr so groß wie ich und hat mittelblonde schulterlange glatte Haare. Mir fallen besonders ihre leuchtenden grünen Augen und ihr Lachen auf. Wir suchen uns gemeinsam einen

Platz am Rand des großen Zeltes. Jede Partnerübung dauert eine Stunde. Bei der ersten ist es unsere Aufgabe, unsere Hände über unseren Kopf zu heben, die Hände des anderen zu nehmen und gemeinsam kreisende Bewegungen zu machen. Dabei schauen wir uns die ganze Zeit in die Augen. Wir dürfen natürlich nicht miteinander sprechen. Nach zehn Minuten wird mir klar, worauf ich mich eingelassen habe. Meine Arme tun jetzt schon weh, und ich frage mich verzweifelt, ob ich irgendetwas falsch verstanden habe. Die können doch unmöglich von uns verlangen, dass wir das weitere 50 Minuten durchhalten! Doch genau das wird von uns erwartet. Diese Übung ist eine verdammte Grenzerfahrung. Während wir durch extremen Schmerz gehen, müssen wir Augenkontakt halten. Am Anfang lächeln wir uns noch öfter aufmunternd zu, dann erleben wir beide ein Wechselbad an Gefühlen. Je stärker bei Sarah Anstrengung und Schmerz werden, desto mehr scheint sie sich zu verschließen. Ihr Lächeln erlischt, sie wirkt dadurch auf mich eher abweisend.

Mir werden meine Konditionierungen bewusst. Meine Angst zu versagen, mich schwach zu zeigen, verwundbar zu sein. Ich habe es gelernt, die Kontrolle zu behalten und immer souverän zu sein. Es ist mir unmöglich, dieses alte Programm während der Übung mit Sarah aufrechtzuerhalten. Die Sonne knallt auf das Zelt, in dem es immer heißer und stickiger wird. Der Schweiß läuft mir an meinem Rücken und meinem Gesicht hinunter. Mein Kopf muss knallrot vor Anstrengung sein. In dieser Extremsituation macht mein Verstand immer wieder sinnlose Kommentare wie: »Wie konnte ich mich nur auf diesen Schwachsinn einlassen?«, »Wie wirke ich jetzt wohl auf Sarah?«, »Ich kann einfach nicht mehr«, »Gibt es hier einen See?«, »Ich breche das jetzt ab!«.

Nachdem ich einen Punkt erreicht habe, an dem ich aufgeben will, sagt eine Stimme in mir: »Atme lange und tief. Konzentriere dich darauf, Sarah zu unterstützen, und versuche, sie wirklich zu sehen. Sei mit deiner Energie ganz bei ihr und beschäftige dich nicht weiter mit dir selbst.« Ich weiß nicht, woher diese Worte kommen, aber sie bewirken umgehend einen großen Unterschied darin, wie ich mich fühle. Bewusst beginne ich, Sarah wahrzunehmen und zu verstehen, was bei ihr passiert. Ich sehe ihren Schmerz und ihre Verzweiflung. Ich nehme ihren hilfesuchenden, fragenden Blick wahr. Ich spüre, wie sich mein Herz für sie öffnet – ich möchte nur noch für sie da sein und sie beschützen. Ich versuche, ihr mit meinen Blicken Kraft zu geben und ihr zu vermitteln, dass sie es schaffen wird und dass ich bei ihr bin. Indem ich mich ganz auf sie einlasse, vergesse ich meine eigenen Probleme und Schmerzen.

Plötzlich geschieht etwas Besonderes: Ich sehe mich in ihr. Ihre Angst ist meine Angst. Ihr Leid ist mein Leid. Ihre Schwäche ist auch meine Schwäche. Ab einem bestimmten Punkt kann ich nicht mehr unterscheiden, ob ich sie bin oder sie ich. In dieser Ausnahmesituation nehme ich wahr, wie wir beide in einem ständigen Austausch von Energie sind, so als ob wir zu einem gemeinsamen Körper gehören würden. Sehe ich mich durch ihre Augen? Sieht sie sich durch meine Augen? Die Grenzen verschwimmen, und ich kann nicht mehr zwischen ihr und mir unterscheiden. Als ich mich vollständig eins mit ihr fühle, ertönt ein Gong, und die Übung ist beendet. Wir fallen uns erschöpft um den Hals und verharren lange in dieser Position. Wir genießen es, unsere Verbundenheit zu spüren, ohne zu sprechen. Es fühlt sich wie ein Wunder an, dass es uns gemeinsam gelungen ist, diese extreme Anstrengung zu meistern. Wir lösen uns langsam voneinander.

Die folgenden Übungen sind ähnlich anstrengend und intensiv. Fast jedes Mal sollen wir durchgehend Augenkontakt halten. Dadurch, dass so viele Menschen im Zelt gemeinsam üben, entsteht ein kraftvolles Energiefeld. Ich fühle eine starke Gemeinschaft und eine friedliche Atmosphäre, in der ich mich zu Hause fühle.

Manchmal höre ich jemanden weinen, weiß jedoch nicht, ob es ein Ausdruck von Schmerz, Trauer oder Berührung ist. Durch die extremen Herausforderungen kommen alle an ihre Grenzen. Gelegentlich kommt es vor, dass jemand schreit oder zusammenbricht. Für diesen Fall gibt es Helfer, die sich um die betreffende Person kümmern. Sarah und ich wachsen durch diese gemeinsamen Erfahrungen immer mehr zusammen.

Manchmal erlebe ich sie als unsicher und verletzlich, dann wieder als entschlossen und kraftvoll. In einem Augenblick wirkt sie ganz offen und liebevoll, dann wieder verschließt sie sich und wirkt unnahbar. Es gibt Momente, da sehe ich ihre Freude und Leichtigkeit, in anderen ihren Schmerz und ihre Verzweiflung.

Immer wieder gelingt es mir, auch mich während der Übungen zu beobachten. Manchmal bin ich wütend oder traurig, dann wieder stark und zielgerichtet, um mich danach klein und unsicher zu fühlen. Dadurch, dass wir beide die »positiven« und »negativen« Seiten des anderen hautnah miterleben, entsteht zwischen uns eine tiefe Verbundenheit. Die extreme Grenzerfahrung führt dazu, dass wir nichts mehr voreinander verstecken können.

Damit fühle ich mich fast nackt. Ich habe keine Möglichkeit mehr, mich von meiner besten Seite zu zeigen oder einen bestimmten Eindruck zu machen, da es für diese Art von Spielen hier keinen Raum mehr gibt. Ich bin einfach so, wie ich bin.

In einer Pause begegne ich auf dem Weg zur Toilette einer Frau, die ich einmal bei einer Yogastunde in Kassel getroffen habe. Wir begrüßen uns überrascht und herzlich.

Sie fragt mich lächelnd: »Wie fühlst du dich?«

»Wahrscheinlich ähnlich wie du, nach deinem Strahlen zu beurteilen«, gebe ich zurück.

»Ja, es ist wirklich unglaublich, was hier passiert! Wusstest du, dass es viele Teilnehmer beim weißen Tantra gibt, die sich dabei verliebt haben und später heirateten?«

Ich muss an Sarah denken. »Das kann ich mir wirklich gut vorstellen!«

Wäre Sarah so eine Frau für mich? Bei diesem Gedanken wird mir ganz warm ums Herz.

Meine persönliche Reise durch emotionalen Schmerz, Gedankenmuster und innere Blockaden hilft mir, Teile in mir wahrzunehmen, die ich vorher nicht sehen konnte. Ich erkenne: Allein durch das Bewusstwerden und Durchstehen können wir Dinge loslassen, die wir nicht mehr brauchen. Nicht umsonst heißt es, dass das weiße Tantra eine große Reinigung darstellt, die sicherlich noch dadurch verstärkt wird, dass so viele Menschen gleichzeitig an diesem Prozess teilhaben.

Abends ist einer der anstrengendsten Tage meines Lebens fast vorbei. Sarah und ich sind erschöpft, aber überglücklich, und wir legen uns zusammen auf unseren Platz. Wir halten und streicheln uns zärtlich und genießen unser Zusammensein. Bei jeder neuen vorsichtigen Berührung merke ich: Ich bin dabei, mich in sie zu verlieben. Der Energiefluss zwischen uns ist so stark, dass ich mich mit ihr unendlich geborgen fühle. Ich wünsche mir, dass dieser Moment ewig währt. Wir sprechen kein Wort miteinander. Ich überlege, ob ich sie fragen soll, ob sie die Nacht mit mir verbringen möchte, entscheide mich aber dagegen, auch, um etwas Zeit für mich zu haben. Nach einigen Stunden verabschieden wir uns zärtlich voneinander, um schlafen zu gehen, jeder in den eigenen Schlafsack.

Am nächsten Morgen verpasse ich die Morgenmeditation, weil ich einfach zu müde bin. Beim Frühstück suche ich nach Sarah und sehe sie bei einer

Frau am Tisch sitzen, mit der sie sich intensiv unterhält. So beschließe ich, mir erst einmal etwas Haferporridge mit Rosinen zu nehmen. Nachdem ich mich gestärkt habe, gehe ich zu ihr. Die Umarmung ist jedoch ganz anders als gestern, sie fühlt sich distanziert an. Ich frage Sarah, ob alles in Ordnung sei, was sie bejaht, dann aber schnell den Tisch verlässt. Diese Situation ist wie ein Schock für mich.

Ich setze mich an einen nahegelegenen Baum in den Schatten, um nach innen zu spüren. Wie kann es sein, dass ein Mensch, mit dem ich eine solch innige Erfahrung geteilt habe, am nächsten Tag auf einmal derart Abstand sucht? Ich verstehe es einfach nicht, da ich mich vermutlich selbst niemals so verhalten würde. Es kommen Bilder aus meiner Schulzeit hoch, in der ich ähnliche Situationen erlebt habe. Auf dem Weg zum Schulbus hatte ich ein schönes Gespräch mit einer Klassenkameradin, in dem wir uns einander sehr öffneten. Am nächsten Tag verhielt sie sich, als ob es unser Gespräch niemals gegeben hätte. Warum handeln Menschen auf diese Weise? Stellen sie auf einmal fest, dass sie so viel Nähe doch nicht zulassen wollen? Haben sie Angst davor, dass der andere etwas von ihnen will oder dass aus einem intensiven Kontakt eine Partnerschaft entstehen könnte? Es könnte sein, schießt mir durch den Kopf, dass auch Sarah einen Freund hat und aus diesem Grund den Kontakt zu mir vermeidet ...

Ich habe immer nach tiefen Begegnungen gesucht, nach echtem, authentischem Austausch. Mir ist Nähe sehr wichtig, und ich suche wahre Verbundenheit mit anderen, auch wenn daraus nicht immer etwas Dauerhaftes entstehen kann, weil die Wege sich wieder trennen oder man an unterschiedlichen Orten lebt. Wir alle kennen bestimmte Abwehrmechanismen, die sicherlich in unseren frühesten Beziehungen als Babys oder Kleinkinder entstanden sind, als wir verletzt wurden und nun unbewusst Angst haben, den damit verbundenen Schmerz erneut zu erleben.

Während ich mich mit diesen Themen beschäftige, wird mir eines meiner inneren Muster bewusst: Anstatt wirklich den Schmerz über diese unerwartete Zurückweisung zu fühlen, verdränge ich ihn, indem ich eher in meinen Kopf gehe. Es fällt mir schwer, meine Traurigkeit darüber zuzulassen, dass die Frau, der ich so nahe war, mich jetzt meidet.

In den nächsten Tagen geht mir Sarah weiterhin aus dem Weg. Ich entscheide mich bewusst, sie loszulassen und ihre Haltung zu akzeptieren. Wenn die Energie zwischen uns nicht mehr fließt, dann war unsere Seelenverabredung möglicherweise, miteinander diese wunderschöne Erfahrung zu teilen und weiterzuziehen. Meine bewusste Wahl, mit dieser Situation Frieden zu schließen und mich nicht weiter dagegen zu wehren, führt dazu, dass ich mich deutlich besser fühle. Ich schicke ihr innerlich meine Liebe und bin dankbar für unsere besondere gemeinsame Zeit.

Der letzte Tag des Kundalini-Yoga-Festivals ist gekommen – die Zeit des großen Abschieds. Das letzte Morgensadhana ist wunderschön. Diesmal sind es noch mehr Menschen als je zuvor, die sich überwunden haben, so früh aufzustehen. Rund 20 Musiker auf der Bühne singen mit uns zusammen die Mantras, die mir schon so ans Herz gewachsen sind. Beim Abschiedsmantra muss ich weinen, da mir die gemeinsam praktizierte Spiritualität fehlen wird. Was gibt es Schöneres, als mit Gleichgesinnten zusammen draußen zu leben und sich mit dem Göttlichen zu verbinden? Die Kraft der Gemeinschaft gibt mir Halt und das Gefühl von Heimat. Ich verstehe immer mehr, dass wir Menschen Gemeinschaftswesen sind, die sich danach sehnen, Teil eines Stammes zu sein, in dem wir füreinander da sind und uns gegenseitig unterstützen. Ich wünsche mir, dass ich eine Gemeinschaft finde, in der ich die Qualität von Verbundenheit, wie ich sie auf diesem Festival erfahren habe, leben kann.

Nach dem Frühstück verabschiede ich mich mit langen Umarmungen von den Menschen, die mir ans Herz gewachsen sind. Sarah hat ihren Rucksack neben sich stehen und scheint darauf zu warten, zum Bahnhof gebracht zu werden. Ich nutze die Gelegenheit und gehe direkt auf sie zu. Ich fasse ihre Hände und sehe ihr direkt in die grünen Augen. »Sarah, ich danke dir von Herzen für den wunderschönen Tag, den wir zusammen verbracht haben.«

Sie drückt auch meine Hände und lächelt unsicher. »Matthias, ich danke dir auch. Dieser Tag war wirklich besonders. Ich wünsche dir alles Gute!«

Ich umarme sie. Für einen Moment fühle ich wieder die gleiche besondere Energie, die wir auch schon im weißen Tantra miteinander geteilt haben. Jemand ruft ihren Namen. Sie nimmt ihren Rucksack, sieht mich noch einmal kurz an und verschwindet in der Menge.

Ich bleibe mit gemischten Gefühlen zurück. Ich fühle Traurigkeit darüber, dass wir nur diesen einen Tag zusammen waren. Gleichzeitig bin ich aber dankbar, dass wir uns so voneinander verabschieden konnten, dass sich unsere Begegnung jetzt wirklich abgeschlossen anfühlt.

Bis zum nächsten Tag will ich noch hierbleiben, da ich ja unendlich viel Zeit habe und nirgendwo hinmuss. Es fällt mir nicht leicht, wieder allein zu sein und mein einsames Wanderleben fortzuführen. Gleichzeitig fühle ich, dass meine Reise noch nicht zu Ende ist und dass noch andere Abenteuer auf mich warten.

Wenn wir uns bewusst entscheiden, mit einer Situation Frieden zu schließen und uns nicht weiter dagegen zu wehren, fühlen wir uns gleich besser.

16
MEINE BEGEGNUNG MIT DEM DALAI LAMA

*I*ch laufe mit meinem schweren Rucksack in der sengenden Sonne auf einer Landstraße in den Alpes-Maritimes, als ein kleiner Lastwagen neben mir anhält. Ein rundlicher Franzose mittleren Alters ruft mir aus dem offenen Fenster zu, dass ich einsteigen solle. Das lasse ich mir natürlich nicht zweimal sagen! Erleichtert wuchte ich meinen abgewetzten Rucksack auf die Ladefläche und springe verschwitzt auf den Beifahrersitz.

»Wo möchtest du hin?«, fragt mich der sympathische Fahrer, der sich mir als Jacques vorstellt.

»Ich habe meistens kein Ziel und genieße es einfach, in der wunderschönen Natur Südfrankreichs zu sein.«

Jacques lächelt mich an: »Du siehst so aus, als ob du noch mehr suchst als schöne Naturerfahrungen. Bist du vielleicht auch dabei, deinen richtigen Weg zu finden?«

Diese Frage erstaunt mich. Es wirkt so, als ob er mich irgendwie kennt. Erfreut darüber, nach langer Zeit endlich wieder ein tiefes Gespräch führen zu können, erwidere ich: »Da hast du völlig recht! Ich möchte Antworten auf die wichtigsten Lebensfragen finden – und vertraue darauf, dass ich auf meiner Wanderschaft den richtigen Menschen und Situationen begegne, die mir auf meiner Suche nach der Wahrheit weiterhelfen.«

Jacques strahlt. »Das freut mich zu hören! Es ist bestimmt kein Zufall, dass wir uns begegnet sind. Hier in der Nähe beginnt morgen ein buddhistisches Festival, und wenn du Lust hast, kann ich dich dorthin bringen.«

Ich bin erfreut und überrascht, dass mich gleich das nächste Festival erwartet – aber es ist ja schließlich auch Sommer, also die beste Zeit dafür. »Das hört sich interessant an. Kannst du mir mehr darüber erzählen?«

Der Franzose nickt. »Auf dem Festival werden buddhistische Weisheiten und Mediationslehren von weisen Mönchen vermittelt. Sogar der Dalai Lama kommt.«

Ich fühle deutlich, dass es so sein soll, dass ich gerade in der Nähe dieses Festivals bin und diesen freundlichen Mann treffe, der mich sogar noch dorthin bringt. Ich sage ihm zu, was Jacques offensichtlich freut.

»Wunderbar, mein Freund. So machen wir das. Ich kann leider dieses Mal nicht dabei sein, da ich arbeiten muss. Ich wünsche dir, dass du auf diesem Festival einige Antworten auf deine Fragen bekommst.«

Als wir am Festivalgelände ankommen, verabschiede ich mich herzlich von Jacques. Er gibt mir seine Adresse und lädt mich ein, ihn nach der Veranstaltung zu besuchen. Ich fühle Dankbarkeit dafür, immer wieder so wundervolle Menschen zu treffen, die einfach gern helfen, ohne dafür etwas haben zu wollen. Das buddhistische Festival findet auf einer weitläufigen Wiese am Rande eines kleinen Dorfes statt. Dort befinden sich auch viele Obstbäume, und es sind mehrere große Zelte aufgebaut. Viele Menschen, darunter auch tibetische Mönche mit orangenen Kutten und kurzgeschorenen Haaren, laufen geschäftig hin und her.

Als ich das Gelände betrete, kommt eine junge Frau mit langen dunklen Haaren auf mich zu. »Kann ich dir helfen? Was suchst du?«

Ich lächle sie an. »Ich würde gern an dem Festival teilnehmen, habe aber kein Geld. Kann ich vielleicht stattdessen mithelfen?«

Sie zögert einen Moment und denkt nach. »Lass uns mal in die Küche gehen. Es könnte sein, dass wir da noch jemanden brauchen.«

Ich lehne meinen Rucksack an einen Baum und folge ihr in die Großküche, wo sie einen bulligen Mann anspricht, der hier der Chef zu sein scheint. »Hast du für unseren Freund hier einen Job?«

Kurz angebunden erwidert er: »Klar, wir haben immer genug zu tun. Er soll morgen wiederkommen.«

Es scheint ja alles im Fluss zu sein! Schon wieder kann ich meiner Leidenschaft, dem Kochen, nachgehen und habe gleichzeitig die Möglichkeit, für mich selbst bei Bedarf veganes und vollwertiges Essen zuzubereiten, da ich mich hier augenscheinlich an der Quelle für gesunde Lebensmittel befinde. Auf der Wiese entdecke ich leckere Äpfel, Birnen und Sauerampfer – mein Abendessen ist gesichert! Nach einer langen Meditation unter einem großen, alten Walnussbaum rolle ich dort meine Isomatte und den Schlafsack aus und schlafe sofort unter dem weiten Sternenhimmel ein.

Wie üblich beginne ich meinen Morgen mit Kundalini-Yoga und einer Meditation auf der noch taufrischen Wiese. Meinen Hunger stille ich auf verschiedenen Obstbäumen. Ich liebe es, auf große Bäume zu klettern, in einem Baum zu sitzen und mir dort direkt die reifen Früchte zu pflücken! In diesen Momenten, wenn ich die knorrige Rinde des Baumes fühle, die Vögel singen höre und über mir den blauen Himmel sehe, während ich die leckeren frischen Früchte genieße, fühle ich mich verbunden und frei. Während ich die saftige Birne in meinem Mund zergehen lasse, denke ich daran, dass die meisten Menschen gespritzte, in Plastik eingepackte, unreife Früchte im Supermarkt kaufen und dafür dann auch noch Geld bezahlen. Während ich darüber sinniere, was in der Entwicklung der Menschheitsgeschichte wohl schiefgelaufen ist, ertönt ein Gong, der die erste buddhistische Belehrung des Festivals ankündigt. Ich verlasse schweren Herzens mein Obstparadies und begebe mich ins große Zelt, neugierig darauf, mehr über die Lehren des Buddhismus zu erfahren. Auf dem Boden verteilt sitzen ungefähr 50 Menschen unterschiedlichen Alters, darunter weiter vorne einige Mönche in orangenen Umhängen.

Auf einem Podest ruht vor ihnen ein älterer Mönch mit breitem Gesicht, der fast ständig zu lächeln scheint. Sein Name ist Lama Jagala. Mit einer ruhigen und etwas monotonen Stimme spricht er heute über das Ego. Seine Worte werden von einer schlanken Frau ins Französische übersetzt. Ihre wohlklingende weibliche Stimme erleichtert es mir deutlich, den Ausführungen zu folgen. Der Lama sagt, dass Zustände wie Neid, Eifersucht, Hass, Trauer, Wut und Leid Teil des Egos sind – und dass es unser Ziel sein sollte, diese Zustände zu überwinden, um frei und glücklich zu werden.

Ich denke über seine Worte nach und beschäftige mich damit, welche Ego-Zustände mich wohl daran hindern, frei zu sein. Ein Teil in mir fragt sich, ob das Leben überhaupt noch aufregend ist, wenn man diese Zustände überwunden hat und immer gleichmütig vor sich hin lebt. Wäre ein Leben ohne Spannung und Aufregung nicht auch ein Leben ohne Tiefe? Ich denke, dass ich die Lehre vielleicht noch nicht richtig erfasst habe. Auf jeden Fall bin ich schon gespannt darauf, mehr zu erfahren!

Ich finde heraus, dass sich in der Nähe eines Dorfes ein See befindet, und mache mich nach meiner Mithilfe in der Festivalküche auf den Weg. Meine Wanderung säumen große Platanen, die angenehmen Schatten spenden. Im Hintergrund kann man die verschwommenen Silhouetten der Berge erkennen. Nach einer halben Stunde Fußmarsch durch eine grüne Naturlandschaft erreiche ich den von Bäumen und Büschen eingerahmten See, der so groß wie mehrere Fußballfelder ist. Nach langer Zeit habe ich endlich wieder die Möglichkeit, in frischem klarem Wasser zu schwimmen. Da der See aus den Bergen gespeist wird, ist das Wasser ungewöhnlich kalt, dadurch aber äußerst erfrischend. Ich wasche mich in meiner Naturbadewanne gründlich, natürlich wie immer ohne Seife. Selbst nach langen Wanderungen in der glühenden Sonne, wenn ich völlig durchgeschwitzt bin, stinke ich nie wirklich nach Schweiß. Das liegt daran, dass ich mich hauptsächlich von Früchten, Nüssen und Kräutern ernähre, wodurch mein Körper keine Gifte ausscheiden muss. Interessant finde ich auch, dass ich mir kaum die Zähne zu putzen brauche, weil sich bei mir durch diese Form der Ernährung kein Zahnbelag entwickelt. Nur meine Haare verfilzen immer mehr, da ich auf einen Kamm ebenso verzichte.

Ich denke darüber nach, dass vor allem die Frauen früher ohne Kosmetik ausgekommen sind, bis man ihnen durch jahrzehntelange Werbung suggeriert hat, dass sie durch die Verwendung chemischer Kosmetik jünger und frischer aussehen würden. Das ist natürlich nicht der Fall, ganz im Gegenteil. Chemische Produkte verstopfen die Poren und bewirken, dass die Haut schneller altert und der Körper unnötig mit giftigen Substanzen belastet wird. Stattdessen wäre es viel sinnvoller, wenn die Menschen ihr Geld in pflanzliche und biologische Ernährung investieren würden, damit Haut und Haare von innen genährt werden, sodass sie frisch und gesund sind.

Nach meinem belebenden Naturbad lege ich mich mit dem Rücken auf die Erde, um mich auszuruhen. Es ist so angenehm, im kühlen Gras zu liegen und den weichen Erdboden zu spüren. Ich verbinde mich wie von selbst mit dem Leben um mich und tauche in den Frieden ein, der in der Natur deutlich spürbar ist. Der Gesang der Vögel ist so heilsam und wohltuend! Alles schwingt miteinander und scheint eins zu sein: die Vögel mit ihren wundervollen Melodien, die Bäume, deren feine Zweige im Wind rascheln, und der Duft der lebendigen Erde, die alles Leben trägt. Jeder kleine Zweig der Bäume und Sträucher ist genau da, wo er hingehört, auch das Eichhörnchen und die Vögel sind ein vollkommener Teil dieser Einheit und wissen genau um ihre Aufgabe und Bestimmung. Ich spüre die Zartheit dieses Seins – würde doch jeder Mensch in der Lage sein, das zu erkennen und zu erleben!

Mir wird in diesem Moment bewusst, dass auch wir Teil dieses wunderschönen Ganzen sind, und dass es keine Trennung gibt, außer in der Illusion des Verstandes. Dass Dankbarkeit und Liebe für das einzigartige Leben, das uns geschenkt wurde, unser ganzes Wesen durchdringen sollten, um diese Welt mit Freude und Licht zu durchleuchten.

Berührt und bewegt von dieser besonderen Erfahrung laufe ich zurück zu meinem Walnussbaum, lege mich in meinen Schlafsack und habe einen besonderen Traum:

Ich klettere einen steilen Berghang hoch, um den Sonnenaufgang sehen zu können. Endlich am Gipfel angekommen, muss ich leider feststellen, dass es wieder Nacht geworden ist. Ich kann plötzlich die Umrisse einer Gestalt mit langem Umhang und Stock wahrnehmen, von der ein zartes Schimmern ausgeht. Ich gehe vorsichtig auf sie zu und frage sie: »Wo bleibt die Sonne?«

Eine wohlklingende männliche Stimme antwortet mir: »Die Sonne ist da. Du kannst sie aber nicht sehen, weil du nicht frei bist.«

Verwundert schaue ich die Gestalt an: »Wieso bin ich nicht frei? Das verstehe ich nicht.«

Die Stimme erwidert sanft: »Du bist frei auf diese Welt gekommen, voller Freude und mit großer Hoffnung. Du warst unendlich lebendig und hast überall Wunder und Schönheit gesehen. Du hattest großes Vertrauen, hast dich geliebt gefühlt und hattest unbegrenzte Lebensenergie. Doch sehr schnell musstest du feststellen, dass die Menschen um dich herum die Welt ganz anders wahrnahmen. Sie konnten die Magie des Lebens nicht sehen, waren voller Angst und lebten nicht von innen, sondern aus ihrem Verstand. Sie übertrugen ihre Ängste auf dich und brachten dir bei, dass diese Welt ein unsicherer Ort ist. Sie lehrten dich, das Leben zu kontrollieren, dich zu schützen und anderen nicht zu vertrauen. Sie lebten wie jemand, der sich in einem zauberhaften Blumengarten befindet, aber nichts von dieser Schönheit wahrnehmen kann, weil seine Sinne verkümmert sind.«

Während ich der Stimme gebannt zuhöre, erinnere ich mich daran, wie ich mich als Kind oft in eine Traumwelt geflüchtet habe, in der ich wunderbare Abenteuer erlebte. Besonders in der Schule wurde ich oftmals unsanft aus meinen Tagträumen geweckt und musste Dinge tun, die mir keine Freude machten.

Die schemenhafte Gestalt fährt fort: »Du hast gelernt, dass du nur dann geliebt wirst, wenn du die Erwartungen deiner Eltern erfüllst, wenn du ein ›braves‹ Kind bist. Du wurdest gezwungen, Dinge zu tun, die sich für dich falsch angefühlt haben. Du hast unzählige Male das Wort ›Nein‹ gehört. Dadurch hast du das Vertrauen in dich selbst verloren. Mit jedem ›Nein‹, mit jeder Bestrafung, mit jeder negativen und falschen Aussage über das Leben wie ›Höre endlich auf zu träumen und fange an, erwachsen zu werden!‹ hast du Lebensenergie verloren. Mit jeder neuen Verletzung, die dir zugefügt wurde, und es waren sehr viele, hast du dein Herz weiter verschlossen. Du hast gelernt, dass diese Welt ein Platz ist, wo du nicht sicher bist, dass du niemandem vertrauen kannst und dich vor weiteren Verletzungen schützen musst. Du hast gelernt, dass es gefährlich ist, zu lieben und deine wahren Gefühle zu zeigen. Du hast verlernt, zu weinen und dich verletzlich zu zeigen.«

Seine Worte lösen Betroffenheit in mir aus. Ich erinnere mich an unzählige Momente, in denen ich mich einsam und verlassen gefühlt habe. Ich glaubte tatsächlich meistens, niemandem vertrauen zu können, und ließ mich, ohne dass es mir bewusst war, auf keine wirklich tiefen Beziehungen ein. Während ich darüber nachdenke, fällt mir ein Muster in meinen Kontakten zu Mädchen auf: Ich verliebte mich oft in diejenigen, die unnahbar waren. Wenn eine aber ernsthaftes Interesse an mir zeigte, dann fand ich sie nicht interessant.

»Wie alle anderen Menschen in deiner Gesellschaft hast du gelernt, eine Maske zu tragen, hart zu sein und dein Inneres niemandem zu zeigen«, erklärt die Stimme in ruhigem Ton. »Das geht so weit, dass du dein wahres Selbst kaum noch kennst. Obwohl du dich so lange dagegen gewehrt hast, bist du wie die anderen auch zu jemandem geworden, der den Kontakt zu seinen Gefühlen verloren hat. Du bist ein Meister darin geworden, das Leben zu kontrollieren und Entscheidungen aus deinem Verstand zu treffen.«

Die Gestalt breitet ihre Arme aus: »Du musst dich von allen Lügen, die dir erzählt wurden, befreien. Du musst alle falschen Glaubenssätze über dich und das Leben aus deinem System entfernen. Du musst dich daran erinnern, wer du wirklich bist.«

Berührt und gleichzeitig geschockt muss ich mich setzen, um das Gehörte zu verdauen. Ich fühle, dass jedes einzelne Wort wahr ist. Welch eine unglaubliche Erkenntnis!

Der weise Mann formt seine Hände zu einem Kreis, der immer größer wird. Ich kann darin lachende und strahlende Kinder erkennen, die durch eine Blumenwiese toben und einfach nur glücklich sind. Sie leben im Paradies. Dann kommen Männer in schwarzen Anzügen und zwingen die glücklichen Kinder in ein Betongebäude, auf dem das Wort »Schule« steht. Die Kinder werden gezwungen, den ganzen Tag auf unbequemen Stühlen zu sitzen und Dinge zu lernen, die sie nicht interessieren. Sie dürfen nicht mehr nach draußen, verlernen zu lachen und zu tanzen. Sie werden dann »geliebt«, wenn sie möglichst wenig Lebendigkeit zeigen und gehorsam sind. Sie müssen Leistung bringen und werden miteinander verglichen, wo doch jedes Kind einzigartig ist. Das Leuchten in ihren Augen erlischt, sie lernen alles über eine tote Welt, in der nur materielle Werte zählen und die Magie des Lebens als Träumerei und Einbildung abgetan wird.

Diese Vision erinnert mich noch einmal stark an meine eigenen Erfahrungen in der Schule.

Der Weise lässt seine Arme wieder sinken. »Die Welt der lachenden und glücklichen Kinder war eine Welt der Wunder und Liebe, jetzt müssen diese Kinder, die nicht mehr lachen, in einer Welt von Leistung, Pflicht und falsch verstandener Verantwortung leben. Wenn diese Kinder erwachsen geworden sind, werden sie vergessen haben, wie glücklich sie einst waren, und sie werden die Werte der toten Welt auch an ihre eigenen Kinder weitergeben.«

Hinter der aufrechten Silhouette des Weisen scheint es noch dunkler zu werden. »Die Menschen der toten Welt leben aus dem Verstand, nicht aus dem Herzen. Sie versuchen, das Leben zu kontrollieren und zu manipulieren, anstatt sich ihm hinzugeben. Sie sind gesteuert von Angst, nicht von Freude. Sie sind im permanenten Kampf gegen ihre Umwelt und gegen sich selbst. Sie empfinden die Natur als etwas, vor dem sie sich schützen müssen, und erkennen nicht, dass die Erde ihre Mutter ist, die sie trägt, nährt und heilt. Sie merken nicht, dass sie von Angst und Kontrolle gesteuert sind, weil sie gar nicht mehr wissen, wie es sich anfühlt, mit wahrhaft offenem Herzen zu empfangen und sich dem Leben und der Schöpfung ganz hinzugeben. Da alle so leben und eure Gesellschaft auf Angst und Kontrolle aufgebaut wurde, gibt es nur wenige, denen es gelingt, aufzuwachen und sich aus dem System der Lügen wirklich zu befreien. Diejenigen, die versuchen, wirklich aus dem Herzen zu leben, müssen damit rechnen, verurteilt und angefeindet zu werden.«

Der Weise hält einen Moment inne. »Wann ist dir das letzte Mal ein erwachsener Mensch begegnet mit leuchtenden Augen, der offen, freundlich und liebevoll war, der sich getraut hat, verrückte Dinge zu tun, Fremde zu umarmen und vor Freude auf der Straße zu tanzen? Es ist schon oft vorgekommen, dass man solche Menschen, die nach euren Maßstäben nicht ›normal‹ sind, in Irrenanstalten gesperrt hat, wo man sie dann durch Zwangsmaßnahmen von ihrer Lebensfreude befreit hat.«

Seine Worte hallen im beeindruckenden Panorama der Berge nach. Plötzlich ergibt alles einen Sinn: Warum ich es gehasst habe, in der Schule zu sein, warum ich mich einsam gefühlt habe und oft Außenseiter war. Ich verstehe immer mehr. Ich habe es immer so empfunden, dass jedes Tier, jede Blume, jeder Baum heilig ist, ein wertvoller Teil der Schöpfung, dass diese Lebewesen geschützt werden müssen, und konnte es einfach nicht begreifen, dass die Menschen um mich herum das nicht so wie ich fühlen konnten.

Der Weise schaut mich plötzlich direkt an. Seine Augen funkeln wie Sterne. »Alle Menschen haben die gleichen Bedürfnisse: Sie wollen lieben und geliebt werden, sie wollen in Frieden, Harmonie und Verbundenheit leben. Die Menschen der toten Welt jedoch haben sich durch falsche Informationen und negative Programmierung so weit von ihrem Inneren entfernt, dass sie nicht mehr wissen, wie sie wahres Glück finden können. Niemand in ihrer Welt kann es ihnen sagen oder zeigen. So suchen sie das Glück im Außen, in materiellen Dingen wie Erfolg, Reichtum und Macht. Sie wissen nicht, dass sie das Glück dort niemals finden werden, sondern dass sie es nur in sich selbst finden können. Die Machthaber der toten Welt versuchen alles, um die Menschen davon abzulenken, ihr Glück in sich selbst zu suchen, denn sonst würde das von ihnen geschaffene System zusammenbrechen. Deswegen gibt es Dinge wie Fernsehen, Zeitungen, Radio und in naher Zukunft noch andere Erfindungen, die die Menschen wie nie zuvor davon abhalten werden, sich selbst wirklich zu fühlen und aus dem Gefängnis ihres Verstandes auszubrechen.« Ein zartes Leuchten breitet sich hinter der Gestalt aus. »Diejenigen, die wie du ihr Glück im Innen oder in der Natur finden, kaufen keine sinnlosen Produkte mehr, sie handeln nicht mehr aus Angst und sind damit eine große Gefahr für die Existenz der toten Welt.«

»Aber was können wir überhaupt gegen die tote Welt tun?«, frage ich verzweifelt. »Sie scheint fast unseren ganzen Planeten unter Kontrolle zu haben – und sind Menschen wie ich nicht die große Ausnahme?«

Die Augen des Weisen funkeln noch intensiver. »Du bist einer der ganz Wenigen, die den Mut besitzen, aus ihrem Gefängnis auszubrechen und sich auf die Suche nach ihrer Lebensaufgabe und der Wahrheit machen. Du hast den ersten und wichtigsten Schritt zur Befreiung getan. Jetzt ist es entscheidend, dass du erkennst, dass auch du immer noch ein Teil der toten Welt bist, dass ein großer Teil deiner Gedanken und deiner Emotionen aus der toten Welt kommt und dich davon abhält, wirklich frei zu sein und die wahre Welt zu erkennen.«

Nachdenklich blicke ich ihn an. »Aber wie befreie ich mich von den falschen Gedanken und Emotionen?«

Der Alte lächelt liebevoll. »Mein Sohn, das wird schrittweise geschehen. Zuerst wirst du lernen, unwahre Gedanken und Emotionen zu erkennen. Dann wird dir gezeigt, wie du diese auflösen kannst. Du bekommst alle Informationen, die du brauchst, um den Weg der Befreiung zu gehen. Vertraue, dass dir alles immer zur rechten Zeit gegeben wird.«

Mittlerweile ist das Leuchten hinter ihm stärker geworden, die Morgenröte wird sichtbar. Gleichzeitig verblasst seine Gestalt langsam und wird schließlich vom Licht des neuen Morgens verschluckt. Ich schaue ihm nach, bis er sich ganz aufgelöst hat.

Alle Menschen haben die gleichen Bedürfnisse: Sie wollen lieben und geliebt werden, sie wollen in Frieden, Harmonie und Verbundenheit leben.

Die ersten Strahlen der Morgensonne, die über das Festivalgelände wandern, wecken mich. Ich erinnere mich an meinen so real wirkenden Traum noch ganz klar. Es ist, als ob ich in einer anderen Dimension war, in der mir Dinge gezeigt wurden, die mir bislang verborgen waren. Ich frage mich, wer der weise Mann ist, der so eindrucksvoll zu mir gesprochen hat. Er wirkte machtvoll und klar – mehr als jeder Mensch, den ich jemals kennengelernt habe – gleichzeitig aber liebevoll und gütig. Ich tauche immer mehr in diese Welt ein, die mir so lange in meinem Leben verborgen geblieben war – und in der ich endlich Antworten auf die Fragen finde, die mich schon lange beschäftigen. Sie sind so eindeutig, dass ich mit jeder Faser meines Seins fühle, wie richtig sie sind. Es fühlt sich sogar so an, als ob ein Teil in mir diese Dinge schon vorher wusste und sich jetzt daran erinnert.

Nach meiner Morgenroutine aus Yoga, Mantra singen und Meditation gehe ich ins Dorf, um in einer Telefonzelle meine Eltern anzurufen. Ich freue mich sehr, als ich meinen Papa erreiche. Wir beide haben ein langes und sehr schönes Gespräch, in dem er mir erzählt, dass sich meine Eltern das Buch *Krankheit als Weg* von Thorwald Dethlefsen und Ruediger Dahlke gekauft haben. Ich bin begeistert – selbst meine Eltern fangen an, sich mit Spiritualität zu beschäftigen! Ich berichte ihm davon, was ich seit unserem letzten Gespräch erlebt habe, und er teilt mir mit, wie es meinen beiden jüngeren Geschwistern geht und dass zu Hause alles gut läuft.

Erst viele Jahre später, als meine Mutter aufgrund eines Schlaganfalls nicht mehr sprechen kann, erzählt mir mein Vater im Vertrauen, dass sich beide während meiner Reise große Sorgen darüber gemacht haben, ob ich noch lebe. Es gab wohl keinen Tag, an dem meine Mutter nicht darüber gesprochen hat, wo ich jetzt wohl gerade bin und wie es mir geht. Oft habe ich mich Monate nicht gemeldet, weil ich in der Natur war und keine Möglichkeit hatte, zu Hause anzurufen. Erst seitdem ich selbst Vater bin, kann ich nachfühlen, was meine Eltern wohl durchgemacht haben müssen.

Nach dem Telefonat fühle ich eine große Sehnsucht danach, wieder zu Hause zu sein. Und ich sehne mich danach, Liebe zu erfahren. Es ist sehr schön, dass ich allein reise und frei bin, Abenteuer zu erleben und meinen Weg zu finden. Aber oftmals fehlt mir einfach ein Gegenüber, jemand, mit dem ich meine Erlebnisse teilen kann, jemand, der mir zuhört oder mich einfach in den Arm nimmt. Das Erlebnis mit Sarah hat mir das eindrücklich gezeigt.

Gleichzeitig weiß ich auch, dass es sich anders anfühlen wird, wenn ich wieder zu Hause bin, und dass es nicht der richtige Weg für mich ist, meine Reise zu mir selbst zu beenden. Ich will ja lernen, Erfüllung in mir und nicht im Außen zu finden – ich erkenne immer mehr, dass das Äußere vergänglich ist, während ich immer, in jeder Sekunde meines Lebens, mit mir zusammen bin. Ich will lernen, das, was ich im Außen suche, mir selbst zu geben – mich immer wieder dafür zu entscheiden, die Dinge so anzunehmen, wie sie gerade sind, anstatt ständig nach dem zu suchen, was ich nicht habe.

Nachdem ich im Küchenzelt mitgeholfen habe, das Mittagessen zuzubereiten, mache ich mir selbst einen kleinen Salat, da ich keine Lust auf gekochtes Gemüse habe. Der Küchenchef erzählt mir, dass eine Nonne verschiedene Meditationsformen zeigt, und schickt mich zu einem etwas kleineren runden Zelt. Wie immer ist es dort sehr heiß und stickig. Ungefähr 15 Personen versuchen trotz der Wärme, den Ausführungen einer kleinen, schlanken Frau mit kurzen grauen Haaren und dem üblichen orangenen Umhang zu folgen. Sie zeigt uns verschiedene Mediationsformen, die wir gemeinsam praktizieren: In der ersten Meditation achten wir nur auf unseren Atem, in der zweiten beobachten wir unsere Gedanken, in der dritten lassen wir die Gedanken kommen und gehen, in der vierten haben wir unsere Augen offen und konzentrieren uns auf alle Geräusche um uns herum, orten sie und lassen sie wieder los. In der letzten Meditation geht es darum, ganz präsent zu sein. Dabei versuche ich, meine Aufmerksamkeit auf alles zu richten, was ich in diesem Moment fühle und wahrnehme: meinen Körper, die Geräusche um mich herum und das, was ich sehe. Bei der drückenden Luft ist es eine echte Herausforderung für mich, nicht in meine Gedanken abzurutschen. Ich bemühe mich, immer wieder zurück in das lebendige Jetzt zu kommen.

Die Nonne schaut mich an und erklärt mit ihrer sanften Stimme: »Einige von euch haben noch nicht viel Erfahrung mit der Meditation. Wie bei allem, was man neu lernt, ist der Anfang am schwersten. Es braucht Durchhaltevermögen und den festen Willen, diese Übungen zu meistern. Irgendwann wird es so sein, dass euch etwas fehlt, wenn ihr nicht meditiert. Wenn ihr merkt, dass eure Aufmerksamkeit abschweift, dann konzentriert ihr euch einfach wieder auf eure Aufgabe. Wichtig dabei ist, dass ihr euch weder anstrengt noch unter Druck setzt, denn wirkliche Meditation funktioniert nur, wenn ihr wirklich entspannt seid.«

Mir wird bewusst, wie schwer es den Menschen in der westlichen Welt fällt, in die Stille zu gehen und sich nicht permanent von äußeren Dingen ablenken zu lassen. Wenn man mit der Meditation beginnt, empfindet man sie möglicherweise erst einmal als langweilig, weil man einfach nur dasitzt und nichts tut. Mittlerweile ist bekannt, dass Meditation auf vielen Ebenen heilsam für uns ist: Menschen, die regelmäßig meditieren, sind zufriedener, klarer und damit weniger gestresst. Das wirkt sich natürlich auch positiv auf ihre Gesundheit aus. Im Zustand von Anspannung produziert der Körper mehr Adrenalin und verbraucht viel Lebensenergie, die Phasen der Erholung und Regeneration sind zu kurz. Das führt zu vorzeitiger Alterung, zu Übersäuerung und gesundheitlichen Symptomen wie Tinnitus oder einem Reizmagen, um nur zwei zu nennen.

Wir geben dem Verstand einen zu großen Raum und wenden einen erheblichen Teil unserer Lebenszeit dafür auf, Dinge zu erledigen und viel zu leisten. Die Zeiten, in denen wir einfach nur ohne Ziel da sind, kommen in der Regel zu kurz. Es ist, als ob wir immer nur einatmen würden und vergessen, auszuatmen. Deswegen atmen die meisten Menschen in unserer Gesellschaft auch kurz und flach statt lang und tief.

Meditation kann ein wunderbarer Weg sein, unserem Leben eine neue Balance zu geben. Welche Meditationsform wir wählen, ist dabei nicht wichtig. Entscheidend ist, dass wir uns Zeit nehmen, nach innen, in die Stille zu gehen und präsent zu sein, damit unser hektischer Verstand zur Ruhe kommen kann und wir nicht mehr ständig damit beschäftigt sind, unser Leben zu planen, zu kontrollieren und uns Sorgen zu machen. In der Meditation gehen wir auf eine Reise nach innen, wir finden heraus, wer wir wirklich sind und lernen, uns immer besser zu beobachten.

Als ich anfing, bewusst nach innen zu gehen, wurde mir klar, dass mein Verstand ständig damit beschäftigt war, alles in meinem Leben zu kommentieren und zu bewerten. Ich lernte, diese Gedanken zu beobachten und kommen und gehen zu lassen. Je besser mir das gelang, desto öfter konnte ich diese leise, zarte Stimme in mir hören, die man auch Intuition nennt. Ich erfuhr, dass es noch eine andere Instanz als den Verstand in mir gibt, durch die ich Ideen und Eingebungen bekomme, die mir auf meinem Weg helfen. Für mich ist die beste und heilsamste Meditation, mich einfach ins Gras zu legen, die lebendige Erde unter mir zu fühlen und der Natur zu lauschen.

Am nächsten Tag gibt es ein besonderes Ereignis: Der Dalai Lama kommt! Alle sind aufgeregt, und das große Zelt, das extra für den bekanntesten Buddhisten der Welt aufgebaut wurde, ist mit etwa 200 Menschen bis auf den letzten Platz gefüllt. Im August in Südfrankreich ist es tagsüber extrem heiß. Die Sonne knallt auf das Zelt, wir sitzen quasi in einer Sauna. Trotzdem bin ich schon ganz gespannt, den höchsten Lama zum ersten Mal persönlich zu erleben. Da betritt er, gefolgt von einigen anderen Lamas, die Bühne! Dieser Mann, der von vielen Buddhisten als Gottheit verehrt wird, hat eine liebevolle Ausstrahlung und lächelt die ganze Zeit. Er wirkt bescheiden und scheint das zu leben, was er lehrt. Obwohl er eine weltbekannte Persönlichkeit ist, wirkt er eher zurückhaltend und ganz normal. Er macht auf mich den Eindruck, dass er sich selbst nicht wichtig nimmt und einfach er selbst ist.

Es fällt mir schwer, seinen Ausführungen zu folgen, die ins Französische übersetzt werden, aber ich bemühe mich, obwohl mein Verstand wegen der heißen und stickigen Luft kaum noch funktioniert. Also versuche ich, mich mit der Hitze zu entspannen und meinen Widerstand gegen sie loszulassen. Vielleicht gelingt es mir, die Informationen auf einer tieferen Ebene aufzunehmen, ohne mich dabei anzustrengen. Der Dalai Lama erklärt uns mit seiner beruhigenden Stimme, dass es das Ziel der Buddhisten sei, Erleuchtung zu erlangen, um den ewigen Kreislauf von Leiden und Wiedergeburt zu beenden. Alle Wesen sollen von ihrem Leiden erlöst werden. Er beschreibt auch, wie man Erleuchtung erlangen kann: durch regelmäßige Meditation, den Dienst am Nächsten und Überwindung des Ego. Die Buddhisten streben danach, nur noch gutes Karma aufzubauen und gute Taten zu vollbringen. Sie sind davon überzeugt, dass jede Handlung und jeder Gedanke, also alles, was wir auf allen Ebenen hervorbringen, immer eine Folge hat, und dass sich diese Folgen in diesem oder auch in zukünftigen Leben manifestieren können.

Ich sinniere über seine Worte nach. Ich weiß zwar nichts von vergangenen Leben, aber es ist mir bewusst, dass mein Leben eine Summe aus vielen Entscheidungen ist, die ich in der Vergangenheit getroffen habe. Hätte ich mich nicht entschieden, diese Reise zu machen, mich von dem Lastwagenfahrer mitnehmen und zu dem buddhistischen Festival bringen zu lassen, dann würde ich jetzt nicht den Worten des Dalai Lama lauschen. Oft habe ich auch die Erfahrung gemacht, dass ich Menschen freundlich behandelt habe, woraufhin diese mich wiederum freundlich behandelten. Oder wenn ich mich bewusst oder unbewusst entschieden habe, verschlossen zu sein und mich zurückzuziehen, dann haben andere auch eher verschlossen auf mich reagiert. Diese Beispiele verdeutlichen mir, dass ich meines eigenen Glücks oder Unglücks Schmied bin. Je mehr gute Taten ich vollbringe, desto mehr »gute« Früchte werde ich auch ernten.

Der Dalai Lama führt weiter aus, dass unser Ego verhindert, dass wir glücklich sind, indem es uns davon abhält, die Wirklichkeit zu erkennen. Das Ego besteht aus Emotionen wie Gier, Neid, Eifersucht, Hass, Wut, Stolz, Zweifel und Ängsten. Die Buddhisten überwinden ihr Ego durch praktische Nächstenliebe und Meditation. Während er uns die Geheimnisse der buddhistischen Lehre offenbart, drifte ich langsam in einen Zustand, der sich irgendwo zwischen Wachen und Schlafen bewegt. Wie aus weiter Ferne nehme ich die Stimme des Dalai Lama wahr: »Erkenne, dass alles Sein leer ist und keine wirkliche Bedeutung hat. Überwinde dein Getrenntsein und dein Ichbewusstsein, um Frieden und Erleuchtung zu erlangen.«

Aus dem Publikum kommt die Frage, auf welche Weise die buddhistischen Mönche ihre Religion im Alltag leben. Der Lama führt dazu folgendes aus: »Der Buddhist im Alltag ist freigiebig, er streitet nicht, kennt weder Wut noch überschwängliche Freude und ruht ausgeglichen in sich selbst. Er macht anderen keine Vorwürfe und akzeptiert die Dinge so, wie sie sind. Ein praktizierender Buddhist beobachtet seine Gedanken und seine Handlungen ständig, und er lässt sich nicht von seinen Gefühlen, die auf Verblendung beruhen, leiten.«

Während ich diese Worte auf mich wirken lasse, steigen in mir wieder die Fragen vom Vortag auf: Ist das nicht unmenschlich? Wie soll das ein normaler Sterblicher schaffen? Und vor allem: Ist es nicht ausgesprochen langweilig, ohne Leidenschaft und Begeisterung, ohne Höhen und Tiefen zu leben? Ich sehne mich ja danach, mich zu verlieben, mich in Ekstase hinzugeben und wieder dieses Herzklopfen zu fühlen, das wunderschön und zugleich fast unerträglich ist. Soll ich all dieses so Menschliche aufgeben für eine Gleichgültigkeit ohne Höhen und Tiefen?

Das Bild meiner Mutter taucht in mir auf, ich erinnere mich an unseren letzten großen Streit. Ich weiß gar nicht mehr, worum es eigentlich ging, habe aber noch sehr deutlich in Erinnerung, dass wir uns angeschrien und in unserer Wut Dinge gesagt haben, die uns nicht nur gegenseitig, sondern auch uns selbst verletzten. Wenn ich daran denke, hat der Dalai Lama sicherlich recht, dass starke Emotionen wie Wut oder Hass nicht gut für uns sind. Wie verhält es sich aber mit starken positiven Emotionen wie großer Freude? Sind die auch nicht gut für unser inneres Gleichgewicht? Ich weiß nicht, was hier die Wahrheit ist. Aber ich bin fest entschlossen, es herauszufinden!

Am nächsten Tag gibt es eine große buddhistische Einweihung durch den Dalai Lama. Diesmal sind so viele Menschen gekommen wie nie zuvor. Das Zelt ist brechend voll. Ich merke es aber kaum, denn ich liebe die Gesänge der buddhistischen Mönche, die für mich etwas Heiliges haben. Sie leiten die große Zeremonie ein. Der Dalai Lama bittet uns, mit ihm zusammen ein Bekenntnis abzulegen. Gemeinsam verpflichten wir uns feierlich, alles zu tun, um Erleuchtung zum Wohle aller Wesen zu erlangen. Es baut sich eine unglaublich kraftvolle Energie im Zelt auf. So viele Menschen richten sich gemeinsam auf ein einziges großes Ziel aus! Ich stelle mir vor, wie es wäre, wenn alle Menschen auf unserer Erde sich dazu verpflichten würden, Erleuchtung zum Wohle aller Wesen zu erlangen – wie würde unsere Welt wohl aussehen? Es würde bestimmt keine Kriege mehr geben, keine Vernichtung von Wäldern und keine Tierfabriken. Wir würden alle wie Brüder und Schwestern zusammenleben und gegenseitig darauf achten, dass es allen anderen gut geht. Wir würden uns selbst genauso liebevoll behandeln wie alle Menschen, Tiere und Pflanzen um uns herum. Getragen von dem hohen Energiefeld, in dem ich mich befinde, entscheide ich mich bewusst dafür, alles zu tun, was in meiner Macht steht, um diese paradiesische Vision für unsere Erde zu verwirklichen.

Nach der Einweihung gehe ich barfuß zum See, um mich abzukühlen und zu waschen. Auf dem Weg dorthin genieße ich den Gesang der Vögel und den angenehmen Schatten der großen alten Platanenbäume. Die buddhistischen Lehren beschäftigen mich noch lange. Ich bin überzeugt, hier einen Schlüssel zum Glücklichsein gefunden zu haben. Mir wird klar, dass ich noch einen langen Weg vor mir habe, um wirklich frei zu werden. Der innere Kampf zwischen Ego und Seele wird wahrscheinlich groß sein ...

Am nächsten Tag beendet der Dalai Lama seinen Besuch auf dem Festival. Nach der letzten Meditation verlässt er das Zelt und geht durch die Reihen der Menschen, die ihn alle noch einmal sehen wollen. Ich stehe auf der linken Seite, da kommt er auf mich zu und umarmt mich! Das erfüllt mich mit Freude, und ich fühle mich von ihm gesegnet.

Dankbarkeit und Liebe für das einzigartige Leben, das uns geschenkt wurde, sollten unser ganzes Wesen durchdringen, um diese Welt mit Freude und Licht zu durchleuchten.

17
EIN VOLLKOMMENER TAG

Als ich aufwache, lasse ich noch einen Moment meine Augen geschlossen und genieße meinen kuscheligen Schlafsack. Ich liebe seinen frischen Duft von Natur und Erde und denke mir, dass ich wirklich gerade kein besseres Zuhause haben kann. Ich rieche die frische Feuchtigkeit, die aus dem umliegenden nassen Gras kommt, und genieße die klare Luft eines neuen, einzigartigen Tages, der so nie wiederkommen wird. Ich bin dankbar, dass ich keinerlei Verpflichtungen, dafür aber unendlich viel Zeit habe und mir diesen besonderen Tag so gestalten kann, wie er mir geschenkt wird. Ich habe auf meiner Reise gelernt, immer mehr der Energie zu folgen, dieser leisen inneren Stimme in mir, die mich so sicher führt, wenn ich ihr vertraue.

Die ersten Sonnenstrahlen fallen durch das Dickicht der Büsche. Es sind einzig Naturgeräusche zu vernehmen, ich fühle mich wie im Paradies. Ich habe diese kleine Wiese hier ganz für mich allein, sodass ich nackt aus meinem Schlafsack schlüpfen kann und erst einmal dieses wunderbare Fleckchen Erde erkunde. Nach einigen kräftigen Schlucken aus meiner Wasserflasche ist es Zeit für meine Morgenroutine. Ich hänge den Schlafsack und den Baumwoll-Innenschlafsack in einen Baum zum Trocknen, da beide über Nacht feucht geworden sind. Dann lege ich meine Isomatte direkt in die Sonne, um mit meinen geliebten Kundalini-Yoga-Übungen zu beginnen, die ich mittlerweile schon alle auswendig kann. Sie sind wie immer anstrengend und bringen mich zum Schwitzen. Je intensiver das Training, desto tiefer wird die anschließende Entspannungsphase, in der ich einfach im weichen Gras liege, die Augen schließe, lang und tief atme und alles loslasse.

Das Gras fühlt sich weich an, und ich fühle, wie sich mein Körper mit der Erde verbindet, während mich ein starkes Wohlgefühl durchströmt. Ich bin Teil der Erde, die mich aufnimmt und hält. Gerade gibt es nur diesen einen Moment. Als ich meine Augen wieder öffne, erscheint mir die Welt auf einmal anders als vorher: Ich schaue in die Bäume, deren Zweige im Wind rascheln und sich in einem perfekten Muster miteinander bewegen. Alles wogt und schwingt. Ich spüre, wie jedes noch so kleine Teil hier an seinem Platz in vollkommener Harmonie mit allem anderen verbunden ist. Ich könnte den Zweigen der Bäume ewig zusehen, wie sie im Wind miteinander tanzen! Während ich die Energie meiner Umgebung immer tiefer aufsauge, kann ich gleichzeitig fühlen, wie sich jeder Teil meines Körpers noch mehr entspannt. Es fühlt sich so an, als ob ich Teil der Erde werde, auf der ich liege. Gleichzeitig fließt mein Bewusstsein in die Bäume hinein – ich werde zum Baum, der sich sanft im Wind wiegt. Mein Ichbewusstsein, das mir sagt, dass ich Matthias in einem Körper sei, löst sich auf. Welch eine Erleichterung! Kein Verstand mehr, der sich sorgt, der bewertet, beurteilt und ständig an morgen denkt. Ich bin einfach da im ewigen Jetzt, ich bin ein Teil dieses magischen Ortes hier, der von tiefem Frieden erfüllt ist.

In diesem Zustand bleibe ich noch lange Zeit – ich bin einfach nur dankbar, leben zu dürfen. Jede Zelle meines Körpers ist glücklich. Plötzlich vernehme ich eine sanfte, weibliche Stimme, die zu mir spricht:

»Willkommen zu Hause! Du erinnerst dich daran, wer du wirklich bist. Du bist ein Teil der Natur, ein Teil von Mutter Erde. Vollkommene Harmonie und vollkommener Frieden sind deine immerwährende Wirklichkeit. Du warst niemals getrennt und wirst niemals getrennt sein. Du warst niemals allein und wirst niemals allein sein. Jetzt siehst und fühlst du die Dinge, wie sie wirklich sind. Auch wenn du nicht immer in diesem Bewusstsein bleiben kannst und wieder in die Illusion der Trennung fallen wirst, solltest du dich daran erinnern, dass sich deine wahre Natur niemals verändern wird.«

Überrascht öffne ich die Augen, um mich vorsichtig umzuschauen und zu orten, woher diese Stimme diesmal kommt.

Ich vernehme die Stimme wieder: »Entspanne dich. Ich bin in dir, mehr musst du jetzt nicht wissen. Vertraue einfach.«

In meinen Gedanken formt sich eine Frage: »Was kann ich tun, wenn ich wieder in die Illusion der Trennung falle?«

Die Antwort kommt sofort: »Du bist dabei zu erwachen. Dieser Prozess kann nicht aufgehalten werden. Versuche immer, in einer möglichst guten Energie zu sein, damit du dich wieder leichter mit dem Muster des Lebens verbinden kannst. Sei so oft wie möglich in der Natur, ernähre dich von reiner, natürlicher Nahrung, gehe regelmäßig in die Stille und umgib dich nur mit positiven, aufbauenden Dingen. Meide große Städte, negative Menschen und negative Energien wie Fernsehen, Nachrichten, Zeitungen und disharmonische Musik. Konzentriere dich immer wieder auf die Harmonie in der Natur und verbinde dich bewusst mit ihr. Vertraue diesem Prozess und entspanne dich damit. Du bist auf vollkommene Weise geführt.«

Ihre Worte wärmen mein Herz. Ich fühle eine unbeschreibliche Sehnsucht, mit ihr eins zu werden, und wünsche mir, dass sie mich niemals wieder verlässt. Ich flüstere: »Wer bist du?«

Ein zarter Windhauch streichelt mein Gesicht: »Ich bin die, die immer bei dir ist. Ich bin die, die dich immer trägt und nährt. Ich bin die, die dir das Leben schenkt und dich tröstet, wenn du traurig bist.«

Ihre Präsenz hüllt mich ganz ein, ich fühle mich unendlich geborgen und gehalten.

Sei so oft wie möglich in der Natur, ernähre dich von reiner, natürlicher Nahrung, gehe regelmäßig in die Stille und umgib dich nur mit positiven, aufbauenden Dingen.

Nach langer Zeit stehe ich langsam auf. Ich fühle ein starkes Pulsieren in meinem Körper und tiefen Frieden. Gleichzeitig meldet sich jetzt mein Magen mit lautem Knurren. Das letzte Mal habe ich gestern Nachmittag leckere Feigen gegessen, also wird es jetzt höchste Zeit. Die Sonne steht schon hoch am Himmel und brennt auf meinen Körper. Um leichter und damit schneller zu sein, beschließe ich, mich ohne Rucksack, nur mit meinen dünnen Shorts bekleidet und barfuß, auf den Weg zu machen. Ich lasse mich wie immer von meiner inneren Stimme leiten. Getrieben von immer stärker werdendem Hunger, verfalle ich in einen leichten Laufschritt und genieße gleichzeitig, den Boden unter meinen nackten Füßen zu fühlen und die grün-bunten Naturfarben um mich herum wahrzunehmen.

Der Pfad endet plötzlich und wird von Brombeersträuchern, die aber keine Früchte tragen, versperrt. Da ich nicht umkehren will, versuche ich vorsichtig, durch die Brombeeren zu steigen, was sich als folgenschwerer Irrtum herausstellt. Das dornige Gestrüpp wird immer dichter und erstreckt sich immer weiter. Ich verfange mich in den Dornen, bekomme blutige Füße und muss erkennen, dass die einzige Möglichkeit, hier einigermaßen heil herauszukommen, die Umkehr ist. Verschwitzt, gestresst und laut fluchend trete ich den Rückzug an. Vor kurzem war ich noch in einem Zustand von Harmonie und Verbundenheit, und jetzt habe ich so schnell wieder meine Mitte verloren! Das frustriert mich zusätzlich und führt dazu, dass ich mich innerlich dafür verurteile, nicht gelassener mit einer solchen Herausforderung umgehen zu können.

Mit blutenden Wunden an Füßen und Beinen suche ich mir einen anderen Weg. Das nagende Hungergefühl ist ein zusätzlicher Stressfaktor für mich. In mir spricht noch einmal die weibliche Stimme: »Auch wenn du es gerade nicht wahrnehmen kannst, du bist immer ein untrennbarer Teil der vollkommenen Harmonie der Natur.«

Ich entscheide mich, kurz stehen zu bleiben, die Augen zu schließen, einige Male tief ein- und auszuatmen und mich noch einmal bewusst in den glücklichen Zustand von vorhin hineinzuversetzen. Erstaunt darüber, dass ich mich sofort etwas besser fühle, setze ich meine Wanderung fort.

Von weitem höre ich ein leises Plätschern, dem ich sofort im Laufschritt folge. Ich erreiche einen kleinen Bach, der sich, aus den Bergen kommend, durch die grüne Landschaft schlängelt. Ich freue mich, dass ich mich, wenn ich schon meinen Hunger noch nicht stillen, doch wenigstens erfrischen und waschen kann! Ich steige ins kühle Wasser, beuge mich hinunter und forme meine Hände zu einer Schale, um zu trinken. Das reine, lebendige Wasser gibt mir sofort neue Lebensenergie. Ich finde eine Stelle im Bach, die etwas tiefer ist, sodass ich mich dort hineinlegen kann, nachdem ich meine nasse und durchgeschwitzte Hose abgelegt habe. Das Wasser ist glasklar und eiskalt, aber jetzt genau das Richtige! Ich bleibe so lange liegen, bis es wehtut, wasche noch schnell meine Hose, ziehe sie wieder an und gehe weiter auf meiner Suche nach Obst und Nüssen.

Ich folge einfach dem Bach, damit ich mich bei Bedarf wieder abkühlen kann, und komme zu einer verlassenen Farm mit einem großen, verwilderten Obstgarten. Meine Dankbarkeit ist unbeschreiblich, ich fühle mich, als ob ich einen Schatz gefunden hätte. Hier gibt es mehrere Feigenbäume, Mandeln und Trauben, die sich an dem halb verfallenen Steingemäuer hochranken. Als Erstes stürze ich mich auf meine Lieblingsfrucht, gelb-grüne kleine Feigen. Der ganze Boden ist voll mit diesen Früchten, die schon halb von der Sonne getrocknet sind. Sie schmecken zuckersüß, leicht alkoholisch, und haben eine feste Schale, die teilweise schon hellbraun ist. Besonders die Früchte auf dem Boden haben es mir angetan. Frische, sonnenreife Feigen direkt in der Natur zu essen hat für mich etwas Sinnlich-Erotisches. Auf mich wirken sie wie ein Liebestonikum – die Süße, das saftig-rote Innere und ein unbeschreibliches Aroma sind eine unbeschreibliche Kombination. Ich empfinde in diesem Moment, dass ich nie ein besseres Essen genossen habe. Die Nahrung direkt aus der Natur ist doch die allerbeste!

Als Nächstes gehe ich zu den Weinreben, die sich an der alten Hausmauer hochranken. Ich finde gelbe und blaue saftig-süße Trauben. Als mein größter Hunger gestillt ist, sammle ich Mandeln, suche mir zwei passende Steine und setze mich gemütlich in die Sonne. Um die Schale der Mandeln zu öffnen, muss der unten liegende Stein möglichst flach sein, der obere Stein sollte auf der Unterseite auch flach sein und eine Form haben, die gut in die Hand passt. So lege ich eine Mandel nach der anderen auf den unteren Stein, und öffne sie ganz leicht mit einem leichten Schlag des oberen Steins. Die frischen und knackigen Mandeln sind die perfekte Abrundung meiner heutigen Mahlzeit. Die Sonne wärmt mich, die Vögel singen und die Blätter der Bäume rascheln im Wind. Ich genieße die Stille und das Alleinsein. Das meditative Öffnen einer Mandel nach der anderen, während ich im vertrockneten Gras sitze und mich mit meiner Umgebung verbinde, bringt mich in einen entspannten Zustand. Es ist schön, einfach nur da zu sein, jetzt in diesem Moment, ohne Gedanken an die Zukunft, und etwas zu tun, was die Menschen seit Millionen von Jahren getan haben: sich direkt aus der Natur zu ernähren.

Auch wenn du es gerade nicht wahrnehmen kannst, du bist immer ein untrennbarer Teil der vollkommenen Harmonie der Natur.

Gesättigt, genährt und dankbar laufe ich wieder durch die malerische Berglandschaft am Bach entlang zurück zu meinem Platz. Mittlerweile steht die Sonne schon tiefer und wird bald hinter den Berggipfeln verschwinden. Ich bin fasziniert von dem Wasser, das so klar und rein zwischen Felsen und Steinen entlangfließt und dabei plätschernde Geräusche macht.

Ein lautes »Määäh« reißt mich aus meiner Gehmeditation: Ich treffe auf eine kleine Schafherde mit vielleicht 50 Tieren, die von einem schwarzen Hund und einem älteren Mann mit breitem Lederhut begleitet werden. Ich begrüße den Schäfer freundlich, und er lädt mich ein, mich mit ihm zusammen auf die Wiese zu setzen. Sein wettergegerbtes, freundliches Gesicht zeigt mir deutlich: Er ist froh, eine Abwechslung zu haben. Wer weiß, vielleicht bin ich ja für ihn genauso wie er für mich heute der erste Mensch, der ihm begegnet? Wir unterhalten uns auf Französisch. Ich liebe es immer, mehr über Menschen und ihre Lebenswege zu erfahren, vor allem jetzt, da ich so viel allein bin wie nie zuvor in meinem Leben.

Neugierig beginne ich, ihn auszufragen. »Wie lange bist du denn schon Schäfer?«

Mein Gegenüber lächelt: »Seit 32 Jahren.«

»Und bist du immer draußen?«

»Fast immer.«

Ich schaue ihn interessiert an: »Bist du nicht manchmal einsam?«

Der Schafhirte lacht jetzt. »Mein Sohn, warum sollte ich einsam sein? Ich bin umgeben von unendlich viel Leben. Ich habe meinen Hund, meine Schafe, außerdem die Sterne, die Vögel und natürlich Gott, der auf mich aufpasst.«

Ich frage ihn, ob er Christ sei.

Er schüttelt unverständig den Kopf: »Der Schöpfer ist überall, ich kann ihn fühlen. Dafür brauche ich keine Kirche und keine Bibel. Unser Schöpfer lebt in allem, was es gibt. Ich bin immer mit ihm verbunden. Dafür brauche ich keine Religion.«

Nachdenklich stimme ich ihm zu. Dieser Mann ist so ganz anders als die christliche Gemeinschaft in Sus! Ich fühle, dass er in sich ruht. Er ist einfach zufrieden mit seinem Leben, er hat seinen Glauben, der aus dem Herzen kommt. Er muss niemanden davon überzeugen, denn er hat schon alles, was er braucht. Wozu sollte er andere missionieren? Er überzeugt einfach schon durch seine Ausstrahlung. Als ich ihn beobachte, wie er seinem Hund etwas zuruft und nach den Schafen sieht, merke ich, dass ich ein bisschen neidisch auf ihn bin. Während ich mich oft wie ein Getriebener auf der Suche nach Glück und Wahrheit fühle, ist er einfach bei sich angekommen. Er hat seinen Weg gefunden und liebt, was er tut. Ich frage mich, ob es an seinem Alter liegt – war er in jungen Jahren vielleicht auch auf der Suche nach seiner Lebensaufgabe?

Ein vollkommener Tag

Ich schaue in seine Augen, die von vielen Lachfältchen eingerahmt sind und eine beeindruckende Tiefe besitzen. »Wie ist es dazu gekommen, dass du Schäfer geworden bist?«

Er überlegt einen Moment, schaut in die Ferne und beginnt zu erzählen: »Als ich ungefähr in deinem Alter war, wollte mein Vater, dass ich so wie er Weinbauer werde und sein Weingut übernehme. Meine Eltern arbeiteten hart und hatten keine Zeit für mich. Der Erlös aus dem Weinverkauf reichte gerade so fürs Leben. Mein Vater war von morgens bis abends nur damit beschäftigt, an unserem Haus zu bauen, neue Weinstöcke zu pflanzen und sich um den Wein zu kümmern. Da war wenig Freude in seinem Leben. Ständig machte er sich Sorgen: ob wir genug Trauben haben oder der Wein ein guter Jahrgang wird.«

Das kommt mir sehr bekannt vor und macht mich neugierig, mehr über ihn zu erfahren. »Wann wusstest du, dass du kein Winzer werden wolltest?«

Nachdenklich schaut er mich an. »Es gibt Momente in unserem Leben, die plötzlich alles verändern. Als ich 13 Jahre alt war, kreiste über unserem Weinberg ein großer Adler. Ich rannte zu meinem Vater, der gerade dabei war, ein Holzfass zu reparieren, und rief ganz aufgeregt: ›Papa, komm schnell und schau dir diesen besonderen Vogel an!‹ Missmutig sah er mich an: ›Wann lernst du endlich, erwachsen zu werden? Während ich hier den ganzen Tag dafür sorge, dass du genug zu essen hast, schaust du in die Luft und suchst nach irgendwelchen Vögeln! Du bist und bleibst ein Träumer und Nichtsnutz!‹ Seine Worte verletzten mich zutiefst. In diesem Moment schwor ich mir, nicht so zu werden wie er, und so schnell wie möglich wegzugehen. Ein Jahr später verließ ich dann unseren Hof für immer.«

Seine Worte berühren mein Herz. Auch ich habe mich ja so oft in meinem Leben unverstanden gefühlt. Ich sehe den alten Mann an und nicke ihm ermutigend zu.

Er fährt fort: »Ich bin durch die Berge gewandert, habe einen Schäfer getroffen und wusste sofort, dass ich meine Bestimmung gefunden hatte. Ich habe dann einige Jahre bei ihm gelebt und schließlich seine Herde übernommen.«

»Was geschah mit deinen Eltern?«, fragte ich ihn.

»Ich habe sie zwei Mal besucht. Mein Vater lebt nicht mehr und hat mir nie verziehen, dass ich weggegangen bin. Ich aber habe meinen Frieden mit ihm gefunden. Ich weiß jetzt, dass er immer sein Bestes gegeben hat und in seinem Herzen ein guter Mann war.«

Ich spüre, dass es kein Zufall ist, dass er mir das erzählt, wenn ich an die Konflikte mit meinen Eltern, besonders mit meiner Mutter, denke. Die Worte kommen wie von selbst aus meinem Mund: »Wie hast du es geschafft, Frieden mit deinem Vater zu finden?«

Der Schäfer lächelt mich an: »Die Natur hat es mich gelehrt. Je länger ich draußen gelebt habe, desto klarer wurde mir, dass alles hier an seinem richtigen Platz ist. Die Bäume und Wolken kennen keine Probleme, meine Schafe und mein Hund auch nicht. Ich habe verstanden, dass es hier einfach kein Problem gibt, außer in meinem Kopf. Ich entschied mich also, mich nicht mehr mit meiner Vergangenheit zu beschäftigen, sondern es so wie meine Tiere zu machen: einfach da zu sein.«

Ich könnte noch ewig mit ihm reden, werde aber langsam unruhig, da es schon anfängt zu dämmern. Spontan umarme ich ihn und wünsche ihm alles Gute. Er bietet mir zum Abschied ein Stück getrocknetes Fleisch an, das ich dankend ablehne mit dem Hinweis, dass ich nur Pflanzen esse. Er kichert leise vor sich hin, woraus ich schließe, dass ich wahrscheinlich der erste Veganer bin, den er in seinem Leben kennengelernt hat. Er verabschiedet mich mit einem fröhlichen »Au revoir«.

Auf dem Rückweg fühle ich mich so belebt, dass ich vor lauter Freude abwechselnd von einem Bein auf das andere hüpfe. Ich komme zu meiner kleinen Wiese zurück und bereite meinen Schlafplatz vor. Erschöpft und dankbar krieche ich in meinen Schlafsack und lege mich auf den Rücken. An einem einzigen Tag habe ich so vielfältige und inspirierende Erfahrungen gemacht! Heute habe ich zwei sehr weise Wesen getroffen, eins in Menschengestalt und eins, dessen Form sich mir nicht gezeigt hat. Beide haben mich gelehrt, dass es Antworten auf genau die Fragen gibt, die ich mir schon so lange gestellt habe. Mir ist dabei klar geworden, dass es so etwas wie einen Raum geben muss, in dem alle Antworten auf meine Lebensfragen zu finden sind, und dass es darum geht, Zugang zu diesen Informationen zu bekommen. Ich ahne, dass es bestimmte Gesetzmäßigkeiten gibt, nach denen das Leben funktioniert. Dass wir diesen Gesetzen unterworfen sind, ob wir wollen oder nicht, und dass das Nichtbefolgen dieser Gesetze nicht nur dazu führt, dass wir unglücklich sind, sondern auch dazu, dass wir gegen unsere innere und äußere Natur arbeiten. Ich bin fest entschlossen, die Geheimnisse des Lebens zu entschlüsseln und so lange weiter zu forschen, bis ich in der Lage bin, ganz bewusste Entscheidungen zu treffen, anstatt inneren Programmen zu folgen, die mir nicht mehr dienlich sind.

Ich fühle mich durch diese neuen Erkenntnisse reich beschenkt – und bin glücklich darüber, in meinem warmen Schlafsack zu liegen, mit unzähligen Sternen über mir, umgeben von frischer, klarer Luft. Mein ganzer Körper vibriert vor Freiheit und Lebendigkeit. Das rhythmische Zirpen der Grillen begleitet mich in einen tiefen, traumlosen Schlaf.

18
DIE EINHEIT DES LEBENS

Ich wandere durch die Alpes-Maritimes. Es ist ein heißer Tag, keine Wolke ist am hellblauen Himmel zu erkennen, die Sonne brennt unbarmherzig. Hier oben in den Bergen ist fast kein Grün mehr zu sehen, das Gras ist verbrannt, und nur zähe Pflanzen, die wenig Wasser brauchen, können überleben. Von weitem habe ich einen hohen Gipfel gesehen, den ich erreichen möchte, um die Aussicht über das Gebirgsmassiv zu genießen. Endlich erreiche ich den Wald, der mir den lang ersehnten Schatten bringt. Mein Pfad endet abrupt vor einer steilen, etwa zehn Meter hohen Felswand. Ich lasse erschöpft meinen Rucksack auf den Waldboden fallen, um zu erkunden, wie ich weiterkommen kann. Nirgendwo finde ich jedoch einen Pfad zur Bergspitze. Was mache ich jetzt? Seit Stunden bin ich immer bergauf gewandert, nur um jetzt herauszufinden, dass es offenbar der falsche Weg war. In mir sehe ich den Gipfel ganz deutlich vor mir. Soll ich wieder umkehren und den ganzen Weg zurücklaufen? Diese Vorstellung gefällt mir ganz und gar nicht. Ein weiterer Gedanke kommt mir in den Sinn: Ich könnte an der Felswand ohne Rucksack hochklettern. Allerdings habe ich keine Kletterhilfen dabei. Was wäre, wenn ich abstürzen würde? Das ist mir allerdings noch nie passiert, deswegen schenke ich diesem Gedanken keine weitere Beachtung. Wer nicht wagt, der nicht gewinnt, denke ich und mache mich daran, die fast senkrechte Felswand zu erklimmen. Meine Sandalen ziehe ich aus, damit meine Füße besseren Halt finden.

Ich freue mich über ein kleines Abenteuer und fühle mich wie ein echter Bergsteiger, der dabei ist, den Mount Everest zu besiegen. Stück für Stück arbeite ich mich vorwärts. Jeden Felsvorsprung muss ich erst testen, ob er auch stabil ist, bevor ich meinen Körper daran hänge. Auch meine Zehen krallen sich an jedem vorstehenden Stein fest, während sich zuerst eine Hand einen neuen Halt sucht, um einen anderen Fuß nachzuziehen. So arbeite ich mich mühsam nach oben. Manchmal hänge ich eine gefühlte Ewigkeit in einer Position fest, während ich fieberhaft überlege, welchen Zug ich als Nächstes wage. Eine einzige falsche Bewegung kann dazu führen, dass ich abstürze. Niemand würde mich hier finden – ich versuche, diesen Gedanken nicht weiter zuzulassen. Ich vermeide auch, in die Tiefe zu schauen, um keine Angst zu bekommen.

Mittlerweile bin ich klatschnass geschwitzt. Etwa in der Mitte der Felswand sehe ich keine Möglichkeit mehr, weiter nach oben zu kommen. Inzwischen verfluche ich meine Schnapsidee und meine Leichtsinnigkeit. Warum musste ich so eine gefährliche Aktion starten, obwohl ich noch nicht mal schwindelfrei bin? Manchmal wird mir meine Dickköpfigkeit zum Verhängnis ... Ich lasse diesen Gedanken sofort los, da ich gut sieben Meter über dem Waldboden meine vollständige Konzentration dafür brauche zu überleben. In meiner Verzweiflung bitte ich Gott darum, mir die nächsten Schritte zu zeigen.

Über mir entdecke ich auf einmal einen schmalen Spalt, der mir vorher nicht aufgefallen war. Mein Gebet wurde erhört, denke ich und strecke vorsichtig meine rechte Hand in seine Richtung. Plötzlich rutscht mein linker Fuß von der Felswand ab. Im gleichen Moment greife ich in den Spalt und kann so gerade noch verhindern, dass ich hinunterfalle. Ein großer Schock durchfährt meinen ganzen Körper. Mittlerweile bluten meine Hände und Füße. Aus dem Abenteuer ist ein Alptraum geworden. Alles tut mir weh, mein Rücken ist verkrampft. Ich bin im Überlebensmodus. Ich fühle, dass ich in dieser Situation meinen Körperinstinkten die Kontrolle überlassen muss. Während ich verzweifelt versuche, einen Weg nach oben zu finden, bemühe ich mich, nicht in Panik zu verfallen.

Ich kann diese Position nicht mehr länger halten, weil meine Arme beginnen, schwächer zu werden. Jetzt brauche ich wirklich ein Wunder. Meine einzige Chance ist, so schnell wie möglich nach oben zu kommen, da mich meine Kräfte langsam verlassen. Ich schwinge mich hoch, um einen Busch zu ergreifen, der in der Wand wächst. Sofort wird mir klar, dass es ein Dornenbusch ist, in dessen Ast meine Hand fest hineingegriffen hat. Der Schmerz geht mir durch Mark und Bein, ich darf aber auf keinen Fall wieder loslassen. So beiße ich meine Zähne zusammen und versuche, mich weiter Stück für Stück nach oben zu bringen.

Ich bete die ganze Zeit im Stillen: Bitte, Gott, hilf mir! Während meine Füße Halt suchen, sehe ich etwa zwei Meter über mir Grassoden, an deren

Unterseite sich Erde befindet. Es ist das Ende der Felswand! Ein Adrenalinstoß durchfährt meinen Körper. Mit einem letzten Energieschub gelingt es mir, auch noch die letzten Meter zu überwinden und mich über die Grassoden auf den Erdboden zu ziehen. Dort bleibe ich bewegungslos und schwer atmend auf dem Rücken liegen. Alles dreht sich um mich. Erschöpft und dankbar fühle ich das Laub unter meinem schmerzenden Körper. Ich habe es geschafft und überlebt! Ich danke Gott und allen meinen Schutzengeln für ihre Hilfe, denn ohne sie hätte ich dieses Abenteuer sicherlich nicht überstanden.

Nach einer langen Weile setze ich mich auf und sehe mich um. Vor mir liegt tatsächlich der Gipfel, der aus aufeinandergetürmten Felsbrocken besteht und zum Glück deutlich leichter zu erklettern ist. Es sind nur noch ungefähr 50 Meter, die vor mir liegen. Ich versuche, die Dornen aus meinen Händen und Füßen zu entfernen, was weiteres Bluten nach sich zieht. Dennoch überwiegt meine Erleichterung, keine größeren Verletzungen zu haben.

Auf allen Vieren klettere ich in Windeseile den Gipfel nach ganz oben. Es bietet sich mir ein atemberaubendes Panorama. In der Ferne erblicke ich Gebirgsketten, die von Wolkenfeldern umgeben sind. Ich kann ausgedehnte Wälder erkennen und unberührte Natur, soweit mein Auge reicht. Zwei Adler ziehen ihre Kreise und stoßen ab und zu einen lauten Schrei aus. Ich stehe auf, breite meine Arme aus und danke dem Leben für alle Geschenke, die mir bisher gemacht hat. Es ist ein erhabenes Gefühl, ganz allein auf diesem Gipfel mitten in den Alpes-Maritimes zu stehen, fernab jeglicher Zivilisation und anderer Menschen. Erschöpft und zufrieden ziehe ich meine kurze Hose und mein Top aus und lege mich nackt auf den großen, von der Sonne durchwärmten Felsen. Erst jetzt fällt alle Anspannung von mir ab. Ich lasse alles los, was vorher war und was mich bis zu diesem Zeitpunkt beschäftigt hat. Ich kann fühlen, wie ein zarter Energiestrom durch meinen Körper fließt. Gleichzeitig nehme ich ein gleichmäßiges Pulsieren in mir wahr, das sich anfühlt, als ob mich jemand ganz leicht von innen massieren würde. Mehr und mehr breitet sich ein Wohlgefühl in meinem Körper aus, das ich in dieser Form noch nie erlebt habe. Beides wird immer stärker. Ich bin wach und sehe die Dinge ganz klar, als ob ein Schleier von mir weggenommen wurde. Jegliche Vorstellung von Zeit und Raum verschwindet. Es gibt nur diesen einen besonderen Moment.

Ich erkenne, wie ich konditioniert wurde, mein Leben in Zeiteinheiten einzuteilen, wie mir eingeredet wurde, dass ich schwach und ohnmächtig sei, obwohl ich in Wirklichkeit unendlich machtvoll bin. Ich sehe, wie mir beigebracht wurde, ein System zu unterstützen, das nicht dem Leben, sondern nur dessen Machthabern dient. Wie Menschen in Abhängigkeit gebracht werden, indem sie gezwungen werden, Geld zu verdienen, weil sie sonst ihre Miete und ihre Lebensmittel nicht bezahlen können. Wie ihnen bewusst suggeriert wird, dass man kämpfen müsse, um zu überleben. Dass es von allem zu wenig gibt: zu wenig Liebe, zu wenig Vertrauen, zu wenig Freiheit. Dass man sich schützen, kämpfen und durchsetzen müsse, um es zu etwas zu bringen. Dass man zuerst an sich denken solle. Dass diese Erde ein feindlicher Ort ist, an dem einem nichts geschenkt wird. Und die Tatsache, dass all dies eine Lüge ist, erfunden, um die Menschen in Angst und Schwäche zu halten, sodass die Mächtigen weiter regieren können. All diese Muster und Programmierungen werden mir in diesem einen, mir unendlich erscheinenden Moment bewusst.

Ich sehe eine gigantische Industrie, die davon lebt, in den Menschen durch geschickte und manipulative Werbung künstliche Scheinbedürfnisse zu erzeugen, durch die die Menschen den Kontakt zu ihrem wahren Inneren verlieren – und für die sie Geld verdienen und daher den ganzen Tag arbeiten müssen, um zu überleben oder sich scheinbare Sicherheit und Freiheit zu erkaufen. Dabei erkennen sie nicht, dass sie Sklaven eines unmenschlichen Systems sind, das sie nicht nur unglücklich macht, sondern auch ihre Lebensgrundlagen zerstört. Sobald Menschen damit beginnen, sich zu entspannen oder sich selbst mehr zu vertrauen, werden in ihnen gezielt neue Ängste oder neue künstliche Bedürfnisse geweckt, sodass sie im Hamsterrad bleiben. Diejenigen, denen es trotzdem gelingt, auszusteigen oder die das System hinterfragen, werden häufig ausgegrenzt, abgelehnt und diffamiert. Oder noch Schlimmeres, denn das System ist gnadenlos. Das Perfide daran ist, dass es sich so geschickt mit positiven Begriffen wie Freiheit, Demokratie oder sozialer Marktwirtschaft tarnt, dass die meisten gar nicht merken, wie das System wirklich funktioniert. Nur diejenigen, die das System direkt in Frage stellen, indem sie sich zum Beispiel weigern, die hohen Steuern zu zahlen, bekommen deutlich zu spüren, dass sie nicht so frei sind, wie sie glauben.

Während ich diese Dinge glasklar sehen kann, spüre ich den glatten Fels unter mir. Er fühlt sich fast weich an, als ich mich an ihn schmiege. Mein Körper scheint sich in diesem Moment mit dem Stein zu verbinden, ein Teil von mir zu sein. Ich liege so geborgen auf ihm, wie ich es noch in keinem Bett erlebt habe. Mein Bewusstsein weitet sich aus. Ich bin nicht nur begrenzt auf meinen Körper, sondern bin auch Teil der Wolken, die über mir vorüberziehen. Ich erkenne, wie alles miteinander verbunden und verwoben ist. Die Wipfel der Tannenbäume bewegen sich im Wind. Jeder einzelne Zweig, jede Nadel der Bäume ist Teil eines vollkommenen Musters, das einem ebenso vollkommenen Plan folgt. Ich erkenne, dass das natürliche Leben perfekt ist, dass diese Welt hier perfekt ist, genauso wie ich. Es gibt keine Trennung zwischen mir, meinem Körper und der Natur. So wie das Pulsieren meines Körpers atmet auch die Erde. Es ist ein ewiges Ein- und Ausatmen, ein ewiges Zusammen- und Auseinanderziehen. Alles ist genau so, wie es sein sollte. Nichts fehlt. Unendliches Wohlgefühl durchströmt meinen Körper. Ich habe keine Ziele, keine Bedürfnisse und keine Aufgabe. Es gibt keine Vergangenheit und keine Zukunft. Es ist einfach nur vollkommen, jetzt da zu sein.

Ich erlebe die Farben intensiver als sonst. Auch die Felsen und Bäume wirken schärfer und lebendiger. Wenn ich die Augen schließe, sehe ich bunte Formen, die sich stetig verändern. Selbst die Felsen bewegen sich. In mir bildet sich ein Satz: Ich bin die Wahrheit. Ich erkenne und sehe die Welt, so wie sie wirklich ist. Die Schleier der Illusion sind von mir abgefallen. Mir wird bewusst, wie sehr ich bisher die Welt durch die Brille meiner Konditionierungen wahrgenommen habe. Nun sehe ich eine Welt voller Magie und Schönheit.

Wir wurden darauf konditioniert, wie Blinde zu sein, die sich mitten im Paradies befinden und es trotzdem nicht sehen. Ein erwachter Mensch ist so glücklich, einfach da zu sein, dass er nichts anderes braucht. Warum sollte er dieses Glück gegen materiellen Konsum tauschen? Es wäre ein wahrhaft schlechtes Geschäft für ihn. Die wirklich wichtigen Dinge kann man nicht kaufen.

Auch mein Herz weitet sich. Ich fühle meine Liebe für mich, für diesen wundervollen Menschen, der sich auf den Weg gemacht hat, um seine Bestimmung zu finden. Ich fühle meine Liebe zu meiner Mutter, meinem Vater und meinen Geschwistern. Ich fühle die liebevolle Verbundenheit zu allen Menschen, denen ich in meinem Leben begegnet bin. Ich fühle die Liebe zu der Natur, zu unserer Mutter Erde, die uns bedingungslos liebt, ganz gleich, ob wir sie achten oder nicht. Und ich fühle Liebe und Dankbarkeit für den Schöpfer, der dies alles geschaffen hat.

Es beginnt zu dämmern. Ich weiß, dass es unmöglich ist, die steile Felswand wieder nach unten zu klettern. Meine Intuition sagt mir, dass ich auch zu meinem Rucksack komme, wenn ich mir einen anderen Pfad auf der Rückseite des Bergs suche. Erholt beginne ich langsam den Abstieg. Ohne mir Gedanken darüber zu machen, weiß ich, welchen Pfad ich nehmen muss, um gefahrlos dorthin zu gelangen, wo mein gefährlicher Aufstieg begann. Wie von einer unsichtbaren Macht geleitet, bewegt sich mein Körper von allein in die richtige Richtung, sodass ich noch vor Dunkelheit dort ankomme. Es gibt eine Instanz jenseits meines Verstandes, die mich auf vollkommene Weise führt. Sie kennt meinen Weg und weiß genau, was für mich das Richtige ist. Dieses Erlebnis der Einheit wird für immer in meinem Herzen sein. Ich werde mich erinnern, wie das Leben in Wirklichkeit ist. Auch wenn ich nicht immer in dieser Energie sein kann, so wird sie doch in mir bleiben und mich daran erinnern, was wesentlich ist. Es gibt in unserer Welt eine Tür, die hinter dem Schleier der Illusion liegt. Wir alle haben die Möglichkeit, diese Tür zu suchen und zu erkennen, dass das Paradies jetzt schon da ist, ja dass es sogar in uns liegt.

Ein erwachter Mensch ist so glücklich, einfach da zu sein, dass er nichts anderes braucht.

19
SCHON WIEDER VERGIFTET!

Mein zweiter Winter in Südfrankreich rückt immer näher. Heute Nacht hat es gefroren – um warm zu bleiben, bin ich mitten in der Nacht, eine knappe Stunde, so schnell wie möglich durch die Landschaft gerannt und dann entsprechend erhitzt in den Schlafsack gestiegen, um die Kälte bis zum Morgengrauen zu überstehen.

Nach meiner Morgenroutine mit Kundalini-Yoga und Meditation mache ich mich auf den Weg. Ich laufe auf einem schmalen Pfad durch die Berge. Der Ausblick ist atemberaubend. Soweit mein Auge reicht, sehe ich unberührte Natur. Die Wälder sind mittlerweile bunt geworden. Unten im Tal schlängelt sich ein Fluss durch den Wald, über mir ziehen zwei Raubvögel ihre Kreise. Vielleicht finde ich Esskastanien, geht es mir durch den Kopf. Obwohl ich so häufig mit leerem Magen unterwegs bin, werde ich mich wohl nie an dieses nagende Hungergefühl gewöhnen. Etwas weiter abwärts fällt mir eine kleine Wiese mit Obstbäumen auf. Vielleicht habe ich Glück und finde endlich mein lang ersehntes Frühstück! Eine halbe Stunde später erreiche ich die Wiese, auf der einige alte Apfelbäume und ein Walnussbaum stehen. Einer der Bäume trägt süß-knackige Äpfel mit einem besonders zitronenartigen Aroma. Ein solches Geschmackserlebnis bekommt man in keinem Supermarkt der Welt! Unter dem Walnussbaum liegen etliche Walnüsse, die noch ganz frisch sind. Im Gegensatz zu getrockneten Walnüssen ist die feuchte dünne Haut, die die Nüsse umgibt, herb-bitter, ähnlich wie bei Schlehen, und frisch nicht genießbar. Ich setze mich also erstmal ins Gras, knacke die Walnüsse und ziehe die junge Haut ab, was ein schwieriges Unterfangen ist. Sie lässt sich nicht in einem ganzen Stück abziehen, sondern reißt immer wieder ab, sodass ich von neuem beginnen muss. Nachdem ich satt bin, packe ich einige Äpfel und Walnüsse in meinen Rucksack, da ich nicht weiß, wann ich wieder etwas Essbares finde.

Während ich weiter die Berge hinuntersteige, bedeckt sich der Himmel, und es wird noch kälter. Ich komme unten an dem Fluss an, den ich von oben sehen konnte. Das breite Gewässer versperrt den Weg auf den gegenüberliegenden Berg, der auf meiner Route liegt. Ich laufe lange an ihm entlang, um eine Brücke zu finden, doch leider gibt es weit und breit keine. Endlich entdecke ich einen dicken Baumstamm, der über den Fluss gefallen ist und beide Ufer miteinander verbindet. Der Stamm befindet sich etwa einen Meter über der Wasseroberfläche. Froh, endlich einen Übergang zur anderen Seite gefunden zu haben, balanciere ich vorsichtig hinüber. Ich bin nicht schwindelfrei, deswegen fokussiere ich meinen Blick beim Laufen auf den Stamm und hoffe, dass es mir gelingt, mein Gleichgewicht zu halten. Plötzlich ertönt ein lautes Krachen – der Baumstamm bricht mittendurch! Ich rutsche mitsamt meinem schweren Rucksack in die eiskalten Fluten, die mich wie ein Hammerschlag treffen. Mein Rucksack zieht mich sofort unter das Wasser. Ich versuche verzweifelt, mit einer Hand die Klickverschlüsse der Gurte zu lösen, während ich mit der anderen Hand wie verrückt rudere. Instinktiv weiß ich, dass ich unter Wasser keine Luft holen darf. Gleichzeitig geht mir der Sauerstoff aus, mir bleiben nur noch Sekunden, um mich von meinem Rucksack zu befreien. Dieser verflixte Klickverschluss! Der funktioniert doch sonst immer einwandfrei! In allerletzter Sekunde gelingt es mir, die Gurte zu öffnen und mit dem Rucksack in der Hand aufzutauchen. Tief sauge ich die kalte Luft ein. Ich mobilisiere meine letzten Energiereserven, um den Rucksack schwimmend hinter mir herzuziehen. Mit allerletzter Kraft erreiche ich das andere Ufer, ziehe mich und den Rucksack bis zu einer sicheren Stelle hinauf und bleibe dann erschöpft liegen. Ich atme so heftig, dass mir meine Lungen wehtun. Ich habe keine Ahnung, wie ich es geschafft habe, mich und mein Gepäck aus dem kalten Fluss zu retten. Ich fühle unendliche Erleichterung und Dankbarkeit dafür, dass ich diese Situation überlebt habe.

Nach ungefähr zehn Minuten wird mir bewusst, dass ich in der kalten Luft stark durchgefroren bin und keine Möglichkeit habe, mich zu wärmen oder meine Sachen zu trocknen. Ich raffe mich auf, schwinge meinen nassen und noch schwereren Rucksack auf meinen Rücken und renne, so schnell es unter den gegebenen Umständen geht, vorwärts, um irgendwo Menschen zu finden, die mir weiterhelfen.

Nach einigen Kilometern erreiche ich eine ansteigende Wiese. Jetzt kommen mir meine Willenskraft und meine Kondition zugute – ich renne stoisch weiter, obwohl mein Rücken und meine Füße in den nassen Schuhen schmerzen. Trotz der Kälte ist mir heiß, weil ich mich so verausgabe. Die Wiese endet an einem Zaun auf einer Anhöhe. In weiter Ferne sehe ich in einem Tal die Umrisse von Gebäuden! Mit neuer Energie und voller Hoffnung renne ich auf mein Ziel zu. In dem Drei-Seiten-Hof steht eine kleine Frau mit Bauernschürze und Kopftuch und schaut mich an, als ob ich von einem anderen Planeten kommen würde. Wahrscheinlich fragt sie sich, wie um alles in der Welt ich es geschafft habe, so nass zu werden, obwohl es nicht regnet ...

Ich keuche und ringe nach Luft. Völlig außer Atem sage ich auf Französisch: »Bonjour, ich bin da unten in den Fluss gefallen. Können Sie mir bitte helfen?«

Nun lächelt sie. »Komm mit mir.« Sie führt mich in ihr Wohnzimmer, wo ein Feuer im offenen Kamin prasselt. Sie bittet mich, dort auf sie zu warten. Kurze Zeit später kommt sie mit frischer Kleidung. »Hier, das sind Sachen von meinem Sohn. Die passen dir bestimmt. Zieh deine Kleidung aus und lege alles auf den Boden. Später kannst du mir in Ruhe erzählen, was dir passiert ist.«

Ich bin so erschöpft, dass mir alles ziemlich egal ist. Ich lege meinen Rucksack ab, ziehe meine Klamotten vollständig aus und trockne mich mit dem Handtuch ab, das sie mir freundlicherweise reicht. Dann ziehe ich die Kleidung von ihrem Sohn an, die sich hart anfühlt und mir viel zu groß ist. Die Bäuerin bietet mir einen Sessel vor dem Kamin an, in den ich mich dankbar fallen lasse. Ich erzähle ihr von meinem Malheur, so gut ich das auf Französisch vermag, während sie mir aufmerksam zuhört.

»Mon Dieu!«, ruft sie aus. »Gut, dass du nicht ertrunken bist!«

Wieder habe ich unglaubliches Glück gehabt, in dieser menschenleeren Gegend den Hof zu finden – kaum auszudenken, wenn ich die Nacht durchnässt und verfroren ohne Feuer und Wärme hätte verbringen müssen!

Wie die meisten Menschen, die mir auf meiner Reise begegnen, sind auch die Bauersfrau und ihr Mann sehr hilfsbereit. Sie geben mir einfach das Zimmer ihres Sohnes und sagen mir, dass ich so lange bleiben könne, wie ich wolle. Diese Nacht schlafe ich tief und fest, das erste Mal seit langer Zeit in einem richtigen Bett. Als ich aufwache, ist es bereits Mittag. Ich gehe hinunter. Im Wohnzimmer läuft der Fernseher. Meine beiden Gastgeber sind wahrscheinlich draußen. Ich setze mich aufs gemütliche Sofa und freue mich darauf, nach fast zwei Jahren mal wieder Fernsehen schauen zu können. Die Realität ist allerdings ernüchternd: Egal welches Programm ich wähle, alle Sendungen sind so hohl und sinnbefreit, dass ich nach kurzer Zeit frustriert abschalte und beschließe, nach draußen zu gehen.

Ich sehne mich danach, die Landschaft zu erkunden und herauszufinden, welche essbaren Schätze die Natur hier zu bieten hat. Ich gehe in den gelb-roten Laubwald. Die Luft ist kühl und riecht leicht modrig. Hinter einer alten Buche entdecke ich dicke, weiße Pilze, die nach Champignons riechen. Nie vergessen werde ich, wie meine Mutter, meine Schwester und ich auf einer Wiese einen gigantischen Champignon gefunden haben, der so groß war, dass die ganze Familie davon satt wurde. Ich kenne mich mit Pilzen im Gegensatz zu meinen Eltern jedoch nicht gut aus. Ich probiere ein Stück von einem Pilz. »Riecht wie Champignon, schmeckt wie Champignon«, denke ich laut und ziehe das Hemd des Bauernsohnes aus, um die Pilze darin einzuwickeln. Ich sehe die leckere Pilzpfanne schon vor mir und freue mich sehr darauf, nach langer Zeit wieder ein warmes Essen zu mir zu nehmen!

Als ich zurückkomme, begrüßen mich die beiden Bauern freundlich und fragen mich, wie ich geschlafen habe. Auf dem Küchentisch steht Frühstück für mich bereit, das die Frau extra für mich zubereitet hat. Leider besteht es aus Baguette, Käse, Wurst und Kaffee, was nicht ganz meiner Vorstellung von einem gesunden Frühstück entspricht. Sie erklären mir, dass sie auf eine Hochzeit eingeladen seien, bald losmüssten und am nächsten Tag wiederkämen. Ich solle mich wie zuhause fühlen und eine gute Zeit haben. Das lasse ich mir nicht zweimal sagen! Innerlich jubiliere ich. Ein großes Bauernhaus ganz für mich allein! Nachdem die beiden weggefahren sind, durchsuche ich erst einmal die Küche nach Essbarem, das auch meinen Vorstellungen entspricht. Ich finde Äpfel und Walnüsse, die bestimmt hier vom Hof stammen. Damit esse ich mich erst einmal satt. Den Rest des Tages verbringe ich damit, mir den großen Bauerngarten anzuschauen, dort zwei Möhren aus der Erde zu ziehen und direkt zu verzehren. Danach lege ich mich in die Sonne und wärme mich auf.

Abends bereite ich mir eine perfekte Champignonpfanne zu. Ich verschlinge zwei ganze Teller davon und lege mich dann in meinem Zimmer müde aufs Bett.

Wenig später fühlt sich mein Magen plötzlich schwer an. Mein Herz klopft schneller. Besorgt frage ich mich, was los ist – war mit den Pilzen etwas nicht in Ordnung? Ich hoffe nicht. Meine Gedanken quälen mich. Ich höre die Stimme meiner Mutter. »Matthias, warum musst du immer so unvorsichtig sein? Warum machst du immer so extreme Dinge? Warum kannst du nicht wie alle anderen sein?« Mir ist schwindlig, ich fürchte, dass ich mich erbrechen muss. Warum war ich schon wieder so leichtsinnig? Was, wenn ich mich jetzt vergiftet habe? Niemand kann mir jetzt helfen, ich bin ganz allein in diesem großen Haus ohne jeden Nachbarn. Mein Herz schlägt noch schneller, meine Übelkeit nimmt zu. Alles dreht sich. Ich versuche vergeblich aufzustehen, kann aber meine Beine nicht bewegen. Es ist extrem bedrohlich für mich, nichts mehr tun zu können. Ein Teil in mir weiß, dass ich jetzt nur noch loslassen kann, aber der stärkere Teil will das auf keinen Fall zulassen und wehrt sich verzweifelt gegen die Ohnmacht.

Während ich mich in diesem inneren Kampf befinde, wird mir klar, dass mein ganzes Leben auf Kontrolle aufgebaut ist. Ich war immer stark, hatte alles im Griff und organisierte mein Leben so, dass ich mich sicher fühlte. Anderen Menschen vertraute ich selten, und ich habe unzählige Male bewiesen, dass ich auch sehr gut allein klarkomme. Doch jetzt ist alles anders. Ich fühle, dass ich nichts mehr machen kann, und dass jetzt das geschehen wird, was geschehen will. Mein ganzes Leben habe ich gegen das Gefühl von Machtlosigkeit und Ohnmacht angekämpft, und jetzt, in diesem Moment, verliere ich diesen Kampf. Noch wehre ich mich jedoch mit allen Mitteln gegen das Unvermeidliche.

Auf einmal sehe ich unbeschreibliche bunte Formen und Farben, die sich ständig verändern. Es ist eine Welt, die unendlich viel schöner ist als unsere Welt. Aber auch viel bedrohlicher, da sie mir fremd ist und sich ständig extrem schnell verändert. Alles findet gleichzeitig statt. Die Übelkeit wird immer stärker, die Formen und Muster bewegen und verändern sich mit rasender Geschwindigkeit. Es fühlt sich so an, als ob mein Kopf zerquetscht und jeder Teil meines Körpers verbogen, verdreht und zusammengepresst wird, was mit unfassbaren Qualen verbunden ist. Diese Qualen sind vor allem deswegen so schlimm, weil ich das Gefühl habe, vollständig zerstört zu werden. Es ist die Hölle. Mein Verstand ist ausgeschaltet, es existiert nur noch diese intensivste Erfahrung, die ich je gemacht habe.

Von weitem höre ich den leisen Gesang einer Frauenstimme. Hoffnung steigt in mir auf. Vielleicht kann sie mich retten? Die wunderschöne Stimme kommt immer näher. In einer fremden Sprache singt sie von Sehnsucht, von Liebe und von Heilung. Ich verzehre mich nach ihr, ich bete darum, dass sie mich von meinen Qualen erlöst. Ich fühle, wie Tränen meine Wangen hinunterlaufen. Gleich wird sie mich erlösen! Ihr engelsgleicher Gesang scheint meine Wunden zu heilen. Doch das Unfassbare geschieht. Sie kommt nicht zu mir, die Stimme wird langsam leiser und entfernt sich wieder von mir.

Schon wieder vergiftet!

Meine Enttäuschung ist grenzenlos. Ich fühle mich so einsam und allein! In diesem mir fremden Universum gibt es niemanden außer mir. Alle haben mich verlassen, und ich kann niemandem mehr vertrauen.

Auf einmal befinde ich mich in der Weite des Universums. Eine Macht befiehlt mir, in den Zyklus der Inkarnationen auf der Erde einzutauchen. Sie will, dass sich meine Seele in den ewigen Kreislauf von Geburt und Tod begibt. Ich weigere mich, da ich weiß, dass die Hölle auf mich wartet. Doch mir bleibt keine Wahl. Die Macht zwingt mich in den Zyklus. Ich werde von einer sich rasend schnell drehenden Spirale aus grünen, blauen und braunen Farben in ihren Strudel gezogen. Mein verzweifelter Schrei mit einem lauten »Nein!« ist das Letzte, an das ich mich erinnere. Ich werde durch meine verschiedenen Inkarnationen auf der Erde geführt und erlebe dort Folter, Hinrichtungen, Verrat und unzählige andere schlimme Dinge. Es ist eine endlose Spirale aus Gewalt, Ungerechtigkeit und Leid. Während ich diese Leben wieder erlebe, wird mein Körper immer weiter deformiert. Mein Genick wird mir gebrochen, mein Rückgrat verbiegt sich wie eine Schlange. Es ist ein Horrortrip. Und das Schlimme ist, dass ich weiß, dass er niemals aufhören wird.

Von weitem höre ich wieder einen leisen Gesang. Diesmal ist es eine Männerstimme, die rhythmisch und energisch klingt. Sie kommt immer näher, und ich weiß, was sie vorhat. Sie will mich töten! Wieder werde ich von panischer Angst erfasst. Ich muss um jeden Preis verhindern, dass mich die Stimme erreicht. Ich nehme einen Mann wahr, der unendlich machtvoll und gnadenlos zu sein scheint. Obwohl ich mich verzweifelt wehre, weiß ich, dass ich keine Chance gegen ihn habe. Es ist ein ungleicher Kampf. Die Stimme, die wunderschön und zugleich mächtig ist, wird wieder leiser, wie um Kraft zu sammeln und mich dann umso intensiver anzugreifen. Nun werde ich zu einem Wesen mit Krallen und dämonischer Fratze, das sich verzweifelt windet und immer wieder »Nein!« schreit, um dem Unvermeidlichen zu entkommen. Der Gesang wird immer durchdringender. Mit jedem Angriff wird mir schlechter. Ich und das Wesen in mir, das um Gnade schreit und sich windet, sind eins. Der Sänger kennt jedoch keine Gnade und holt zum entscheidenden Todesstoß aus. Bevor das Wesen in mir stirbt und meinen Körper verlässt, verkrampft es sich zum letzten Mal in größter Pein, seine Krallen schließen sich mit aller Macht zusammen, und mit einem unmenschlichen Schrei verabschiedet es sich für immer.

Etwas in mir ergreift meinen Nachttopf, beugt sich in ihn hinein und wird dazu gezwungen, in den Topf zu brechen, obwohl ich mich mit aller

Macht dagegen wehre. Mich zu übergeben ist für mich schon immer mit großer Angst verbunden. Ich würge an meinem Erbrochenen und bekomme keine Luft mehr ...

Trotz der Qualen sehe ich auch immer wieder leuchtende, schillernde, bunte Formen und Muster in allen Variationen und Farben, die sich fortwährend verändern und einfach unbeschreiblich schön sind. Ich durchleide wieder unzählige Leben mit unendlichen Schmerzen und einer tiefen Hilflosigkeit und rufe laut aus: »Warum hast du mich verlassen? Warum lässt du das zu? Womit habe ich das verdient? Warum behandelst du mich so?«

In mir taucht ein Satz auf: »Ich habe all das erschaffen.« Und dann: »Ich bestimme.« Und dann: »Genau so soll es sein!« Und dann: »Ich will es so!« Immer wieder und immer wieder und immer lauter. Langsam wandelt sich meine Ohnmacht in Macht. Gleichzeitig werden die Qualen noch intensiver. Jede Zelle meines Körpers scheint aufgelöst und neu aufgebaut zu werden. Es ist die kraftvollste und schmerzhafteste Heilung, die ich je erfahren habe! Ich leide unendlich, dass sich niemand um mich kümmert. Immer wieder wimmere ich: »Es tut so unendlich weh!«

Unerwartet steigen auf einmal Kraft und Klarheit in mir hoch. Ich weiß: Ich kann das jetzt beenden, und ich werde das jetzt beenden! Mein Bewusstsein übernimmt langsam wieder die Kontrolle. Ich fühle, dass es mir nur gelingen wird, diesen Zustand zu überwinden, wenn ich es schaffe, meinen Körper dazu zu bringen, aufzustehen und mein Bett zu verlassen. Ich bündele alle meine Kräfte und meinen Willen auf dieses eine Ziel: Aufstehen! Nach großer Anstrengung und mehreren erfolglosen Versuchen gelingt es mir, meinen Oberkörper aufzurichten und meine Augen zu öffnen. Ich falle fast von meinem Bett und krieche zur Zimmertür, um mich an ihrem Griff hochzuziehen. Langsam öffne ich sie und torkele benommen die Treppe hinunter. Endlich erreiche ich die Toilette! Noch nie in meinem Leben habe ich es so genossen, auf einem Klo zu sitzen. Schauer von Durchfällen durchschütteln mich. Ich bin erleichtert, wieder ein normaler Mensch zu sein mit normalen Körperfunktionen. Einfach da sein ohne Schmerzen. Welch ein Erleben! Ich sitze lange auf der Toilette, entspanne mich und beobachte die Kacheln, die ungewöhnlich schöne Strukturen und Muster aufweisen. Die Vergiftung wirkt wohl immer noch nach.

In welcher Welt ich auch immer war: Die Erde ist vielleicht nicht so schön wie dort, aber ich habe wieder die Kontrolle über mein Leben, und es ist perfekt, einfach nur hier zu sein und mich wieder normal zu fühlen.

Schon wieder vergiftet!

Lange Zeit später gehe ich noch sehr unbeholfen nach draußen. In der Mitte des Hofes steht ein großer Kastanienbaum. Ich lege mich einfach neben ihn direkt auf den Boden, sodass ich die Sterne sehen kann. Es macht mir nichts aus, dass ich auf Steinen und Sand liege. Selbst die Kälte nimmt mein Körper nicht als unangenehm wahr. All diese kleinen Unannehmlichkeiten sind einfach wunderbar im Vergleich zu dem Horrortrip, den ich gerade hinter mir habe. Sie zeigen mir, dass ich wieder hier auf der Erde bin und Kontrolle über mein Leben habe. Gerade sehe ich eine Sternschnuppe! Ich überlege, was ich mir wünschen soll und entscheide mich dafür, darum zu bitten, dass ich aus dieser tiefsten Erfahrung meines Lebens alle wichtigen Lektionen verinnerliche, um ein wahrhaft befreites Leben zu führen. Wie schön wäre es, meine innere Reise mit jemandem zu teilen, der mir erklären kann, was hier passiert ist! Manchmal nagt die Einsamkeit sehr an mir ...

Plötzlich höre ich ein lautes Fauchen. Erschrocken setze ich mich auf und schaue mich um, kann aber nichts sehen.

Ich höre eine markante Stimme in meinem Kopf. »Ich bin in dir.«

Ich frage laut: »Wer bist du?«

»Schau nach innen, dann kannst du mich sehen.«

Ich schließe meine Augen und sehe die Umrisse eines riesigen schwarzen Jaguars, der mich mit funkelnden Augen anblickt. »Hab keine Angst. Ich bin gekommen, um dir zu helfen und deine Fragen zu beantworten. Ich bin dein Krafttier.«

Jetzt kann ich ihn deutlicher erkennen. Er besitzt ein samtig schwarzes Fell und riesige Pranken. Sein muskulöser Körper und seine gelb-funkelnden Augen machen ihn zu einer beeindruckenden Erscheinung. Er strahlt Kraft, Macht und Weisheit aus. Ich fühle, dass ich ihm vertrauen kann, und entspanne mich.

»Was ist ein Krafttier?«, frage ich ihn.

»Ein geistiger Begleiter, der dir auf deinem Weg weiterhilft und dich beschützt.«

»So wie bei den Indianern?«

»Genau so. Deine Seele hat sich diese Erfahrung mit den Pilzen ausgesucht, um dir Dinge zu zeigen, die deinem Tagesbewusstsein bislang verborgen waren. Sie hat dir gezeigt, dass es viel mehr gibt, als du mit deinen normalen Sinnen wahrnehmen kannst. Du durftest erfahren, wo du herkommst und wo du hingehst. Ab jetzt bin ich immer bei dir. Du kannst dich immer an mich wenden. Ich verkörpere die wahre Kraft, die in dir ist.«

Ich frage mich, ob ich mir den Jaguar einbilde, weil die Gifte der Pilze immer noch in mir wirken.

Der Jaguar faucht. »Alles, was du erlebst, ist real. Du bist aufgewachsen in einer lebensfeindlichen Welt, in der jegliche Spiritualität verneint wird. Die Wissenschaft wurde dort zum Dogma erhoben, und den Menschen in deiner Welt wurde beigebracht, nur an das zu glauben, was sie mit ihren fünf Sinnen wahrnehmen können oder was wissenschaftlich beweisbar ist. Dabei gibt es so unendlich viel mehr! Deine Vorfahren waren vor langer Zeit in der Lage, geistige Wesen wie Elfen oder Zwerge zu sehen und mit Pflanzen zu kommunizieren. Sie lebten ein glückliches Leben in Verbundenheit mit den Elementen und der Natur, bis die Priester der dunklen Mächte kamen und alle töteten, die das alte lebendige Wissen in sich trugen. Sie brachten die Menschen dazu, in Angst und Schrecken zu leben, nicht mehr zu vertrauen und ihre Macht an die Obrigkeit abzugeben. Das ist bis zum heutigen Tag so.«

Ich bin erstaunt und verwirrt zugleich. »Es ist also wahr, was ich erlebt habe? Oder hat sich das alles nur in meinem Kopf abgespielt?«

Die Augen des schwarzen Jaguars funkeln mich an. »Natürlich ist es wahr! Es war intensiver als alles, was du jemals erlebt hast. Das, was du vorher in deinem Leben erfahren hast, ist nur ein winziger Bruchteil dessen, was existiert und was an Erfahrungen möglich ist. Ein neues Tor in deinem Bewusstsein wurde geöffnet, um dir deinen Weg zu weisen. Bestimmte Pflanzen besitzen die Kraft, dir Bereiche deines Selbst zu zeigen, die dir bisher verborgen waren. In früheren Leben hast du mit der Medizin der Pflanzen gearbeitet. Deswegen hast du unbewusst diese Pilze gesammelt, um an deine Erfahrungen als Medizinmann anzuknüpfen.«

Ich rufe aus: »Das ist ja abgefahren! Das glaubt mir kein Mensch.«

»Die Menschen werden dir glauben, aber das wird viel später geschehen, wenn du deine Aufgabe schon lebst. Jetzt ist die Zeit dafür noch nicht reif.«

Der Jaguar ist wirklich wunderschön. Ich frage mich, ob ich ihn anfassen darf. Mein neues Krafttier senkt den Kopf. Ich fasse das als Zustimmung auf und greife in sein samtiges Fell. Es fühlt sich so echt an. Was ist Wirklichkeit und was ist Einbildung? Aber wie kann ich mir das einbilden? Diese Erfahrungen hätte ich mir nicht in meinen wildesten Träumen ausmalen können!

Der Jaguar genießt mein Streicheln und schnurrt laut. Dann spricht er weiter. »Du musst lernen zu vertrauen. Vertraue deiner Wahrnehmung, vertraue deiner Wahrheit, vertraue dir selbst. Lass mich dir ein Geheimnis verraten: Jeder Mensch erschafft sich sein ganz eigenes Universum, abhängig von seinen Gedanken, seinen Gefühlen und Handlungen. Die meisten tun dies völlig unbewusst und sind dann unglücklich mit dem, was sie sich erschaffen haben, weil sie gar nicht wissen, dass sie dafür selbst verantwortlich sind. Lerne, dein Universum ganz bewusst zu erschaffen, indem du erkennst, dass du der Schöpfer deiner Realität bist. Du allein bist für alles verantwortlich, was du erfährst, und nur du selbst kannst es ändern.«

Ich lasse meine Hände auf dem Körper der weisen Raubkatze liegen. »Aber wie kann das sein? Ich würde doch niemals im Traum darauf kommen, mir diese Qualen zu erschaffen, die ich gerade erlebt habe!«

»Du hast dich ganz bewusst dafür entschieden, diese Pilze zu sammeln, obwohl du sie nicht kennst, und davon eine ganze Pfanne zu verzehren. Ist das richtig?«

»Ja, aber ich wusste doch nicht, welche Konsequenzen das haben würde ...«

Der Jaguar knurrt. »Deine Seele wusste es. Dein Tagesbewusstsein ist nur ein kleiner Teil von dir – der weitaus größere Teil, der dein Leben steuert, ist dir meistens verborgen. Deine Seele wollte dich die Erfahrungen deiner früheren Leben noch einmal durchleben lassen. Denn nur der, der sich selbst wirklich kennt und um seine Vergangenheit weiß, kann seine Zukunft verändern.«

Ich verstehe ihn nicht. »Welchen Sinn soll es haben, solche Qualen zu durchleiden? Was soll ich daraus schon lernen, außer dass ich dankbar dafür sein kann, ein im Vergleich dazu schmerzfreies Leben zu führen?«

Kann ein Jaguar lächeln? »Mein Freund, die entscheidende Lektion hast du nicht verstanden. Deswegen hast du ja auch mich. In all diesen Leben, die du noch einmal durchlebt hast, warst du hilfloses Opfer. Du hast dich zutiefst ohnmächtig gefühlt und warst ein Spielball der Umstände. Du warst deiner wahren Macht und deiner wahren Kraft vollständig beraubt. Du hast in einer Illusion gelebt und vergessen, wer du eigentlich bist und dass du dir all dies selbst erschaffen hast. Du hast dich von dem System der lebensfeindlichen Welt vereinnahmen lassen und bist in das Spiel des Vergessens eingetaucht.«

»Hatte ich denn eine Wahl?«

»Du hast immer eine Wahl. Es ist dein Universum, es sind deine Spielregeln. Du bist der Schöpfer, ob du daran glaubst oder nicht.« Der schwarze Jaguar berührt mit seiner Stirn die meinige. Ich sehe einen großen Mann mit einem langen Gewand in violetten Farben. Er steht auf einem Berg und hat seine Arme weit ausgebreitet. Die Sonne geht unter und leuchtet in bunten Farben.

Ich schaue an mir hinunter und sehe mein langes Kleid, das in warmen Fliederfarben erstrahlt. Ich erkenne, dass ich dieser Mann bin. Ich fühle unendliche Macht durch mich hindurchströmen und weiß, dass alles, was ich hier sehe, die wunderschöne Landschaft, die unter mir liegt, der Sonnenuntergang und der Berg, von mir erschaffen wurde. All diese Dinge sind aus mir entstanden, weil es mir so gefällt. Ich bin erfüllt von Freude und Dankbarkeit über meine Welt, die einzigartig und vollkommen ist. Ich erinnere mich, wer ich wirklich bin. Es ist vollbracht. Ich fühle mich vollkommen anders als jemals zuvor, gleichzeitig weiß ich, dass ich einige Zeit brauche, um das Erlebte zu verarbeiten.

Am nächsten Tag kehren meine Gastgeber zurück. Der netten Bäuerin fällt sofort auf, dass ich sehr blass bin, aber ich verrate nichts von meinem besonderen Pilzerlebnis. Ich fühle mich auch nicht in der Lage, mit den beiden über alltägliche Dinge zu sprechen. Zu sehr wirkt das Erlebte noch in mir nach. So verabschiede ich mich herzlich von ihnen. Ich suche mir einen passenden Platz in der Natur mit vielen Obstbäumen in der Nähe, sodass ich mich nicht mit Nahrungssuche beschäftigen muss. Dort kann ich einfach da sein und habe genügend Zeit, um nach innen zu gehen und meine unglaublichen Erfahrungen in Ruhe zu integrieren.

Lerne, dein Universum ganz bewusst zu erschaffen, indem du erkennst, dass du der Schöpfer deiner Realität bist.

20
ZURÜCK IN DIE »ZUVIELISATION«

Seit einigen Wochen spüre ich eine latente Unruhe in mir. Irgendetwas fühlt sich nicht mehr richtig an. Bald wird es zu kalt sein, um draußen zu schlafen und Nahrung zu finden. Mir bleiben nur zwei Auswege: Entweder ich suche mir eine neue Gemeinschaft, in der ich zumindest in der kältesten Zeit überwintern kann, oder ... ich gehe zurück. Monatelang habe ich es nicht gewagt, diesen Gedanken überhaupt zuzulassen, weil ich meine persönliche Abenteuerreise einfach so sehr genieße. Außerdem ist die Vorstellung, wieder in den engen Strukturen Deutschlands zu leben, nicht gerade motivierend. Auf der anderen Seite sehne ich mich nach meiner Familie. Ich beschließe, den Gedanken erst einmal wieder loszulassen und bitte darum, dass mir die richtigen Zeichen geschickt werden, die mir den Weg weisen.

Auf meiner Wanderung komme ich durch ein kleines beschauliches Bergdörfchen mit fünf Häusern. Am Ortsausgang steht ein Steinhaus mit einem großen Gemüsegarten. Ein älterer, kleiner Mann mit Baskenmütze bewässert mit der Gießkanne seine Kohlpflanzen. Er ist so in seine Beschäftigung vertieft, dass er mich nicht bemerkt. Etwas an ihm erweckt meine Aufmerksamkeit, er strahlt eine Art innere Ruhe aus. Ich beschließe, ihn anzusprechen. »Bonjour!«

Er unterbricht das Gießen und schaut auf. Sein Gesicht sieht aus wie ein verschrumpelter Apfel, aber seine blauen Augen leuchten. Er lächelt mich an, sagt aber nichts. Ich kann mich seinem durchdringenden Blick nicht entziehen und vergesse alles andere um uns herum. Der Mann wirkt, als ob er schon immer dort gestanden hätte. Ohne ihn kann der Garten nicht existieren, das fühle ich. Es scheint, als ob ich auf einer mir nicht bekannten Ebene ganz viele Informationen zur gleichen Zeit erhalte, ohne dass wir auch nur ein Wort austauschen. Ich erkenne, ohne dass ich darüber nachdenke, dass er mit seinen Pflanzen und allen Elementen um ihn herum vollkommen eins ist. Es besteht ein unsichtbares Band zwischen ihnen. Seine Energie fließt zu den Pflanzen, und ihre Energie fließt wiederum zu ihm wie ein dauerhafter, sich gegenseitig stärkender Kreislauf, der beide nährt und bereichert.

Selbst zwischen ihm und der Erde scheint ein Austausch stattzufinden, der wie eine Symbiose wirkt. Seine Füße stehen auf seinem Gartenboden, als ob sie dort verwurzelt sind.

Es ist wirklich faszinierend. So etwas habe ich vorher noch nie bei einem Menschen wahrnehmen können. Je mehr Energie der Mann in die Pflanzen und in die Erde gibt, desto mehr Energie kommt von diesen zu ihm zurück, ganz ohne jede Anstrengung. Ich verstehe, dass dieser Mann nicht mit normalen Worten mit mir sprechen wird. Er will mir etwas zeigen, aber was ist es genau? Interessanterweise finde ich es völlig normal, ihm so lange in die Augen zu schauen, und spüre auch keine Unsicherheit dabei. Im Gegenteil, es fühlt sich so an, als ob auch mir der Kontakt mit ihm Kraft und Klarheit gibt. Jetzt verstehe ich es: Er gibt auch mir Energie. Aber warum?

Plötzlich taucht ein verschwommenes Bild von mir auf, wie ich in einem paradiesischen Garten stehe und mit meinen Pflanzen, Bäumen und Sträuchern kommuniziere. Ich kenne jeden einzelnen Baum oder Strauch und schenke ihnen meine liebevolle Aufmerksamkeit. Sie freuen sich sehr darüber, was dazu führt, dass sie außergewöhnlich vital sind und sich hervorragend entwickeln. Sie schenken mir mit Freude ihre Früchte und Samen, die meinen Körper und meinen Geist stärken. Tiefer Friede erfüllt mein ganzes Sein – ich bin an diesem Ort in mir angekommen. Das Bild wird wieder schwächer und verschwindet ganz. Zu meinem Erstaunen ist auch der alte Mann verschwunden. Ist er in sein Haus gegangen? Ich weiß es nicht. Ich fühle unmissverständlich, dass unser Austausch abgeschlossen ist, und wandere gedankenversunken weiter.

Noch lange nach dieser außergewöhnlichen Begegnung wirkt das Bild des Paradiesgartens in mir. Meine innere Unruhe ist stärker geworden. Urplötzlich wird mir klar, dass ich mein Zeichen bekommen habe: Es ist Zeit, wieder zurückzugehen und sesshaft zu werden, meinen eigenen Garten zu finden und dort zu leben. Ich habe zwar keine Ahnung, wo das sein soll, aber auch das wird mir zur rechten Zeit gezeigt werden. So sehr ich die Freiheit, meine Abenteuer und das Reisen genieße, so stark merke ich auch, dass mir etwas fehlt. Es ist das Gefühl von »zu Hause sein« und der Wunsch,

Zurück in die »Zuvielisation«

an einem schönen Naturort zu leben. Vor allem fehlt mir eine Aufgabe. Ich möchte kreativ sein, etwas erschaffen und mein erworbenes Wissen praktisch umsetzen. Immer wieder sehe ich Bilder vor meinem geistigen Auge, wie ich mit den Händen in der Erde grabe und Bäume, Sträucher und Gemüse pflanze. Diese Verbundenheit zu einem festen Ort in der Natur, den ich mein Zuhause nennen kann, erfüllt mich und gibt mir das Gefühl, angekommen zu sein.

Auch meine Sehnsucht nach zu Hause und nach meiner Familie ist jetzt stärker als je zuvor auf der Reise. So beschließe ich, nur noch so lange zu laufen, bis mich jemand als Anhalter mitnimmt, und von da aus die ganze Strecke bis in den Vogelsberg zu trampen. Fast immer werde ich schnell mitgenommen – offenbar ist meine Entscheidung richtig. Nach zwei Tagen bin ich nahe der französisch-deutschen Grenze. An einer Autobahntankstelle sehe ich einen schwarzen BMW mit Frankfurter Kennzeichen. Das ist das richtige Auto für mich, denke ich, und gehe auf den Fahrer zu, der gerade an der Zapfsäule steht, um seinen Luxuswagen vollzutanken. Er trägt ein weißes Hemd, einen Schlips, eine schwarze Anzughose und glänzende schwarze Schuhe. Seine Haare sind mit Gel zurückgekämmt – er sieht aus, als ob er direkt einem Modekatalog entsprungen wäre. Ganz im Gegensatz zu mir. Ich trage löchrige Shorts, ein schmuddeliges Top, ausgelatschte Sandalen und Dreadlocks, die ungewollt einfach dadurch entstanden sind, dass ich seit zwei Jahren keinen Kamm und kein Shampoo benutzt habe. Als ich so vor ihm stehe, sieht er mich mit einem Ausdruck an, der eindeutig sagt: Oh mein Gott, wie kann man nur so abgerissen rumlaufen! Hoffentlich quatscht der mich nicht an ...

Ich setze mein breitestes Lächeln auf und frage freundlich, ob er zufällig Richtung Frankfurt fährt. Der Typ antwortet nicht, stattdessen durchbohrt er mich mit seinen Blicken, wahrscheinlich um nach Läusen Ausschau zu halten. Nach längerem Schweigen geschieht etwas, womit ich nicht gerechnet hätte. Mit einem Seufzer antwortet er: »Okay, ich nehme dich mit. Warte hier auf mich. Es geht gleich los.«

Yes! Ich habe das perfekte Rückreiseticket gewonnen. Erleichtert lege ich meinen abgewetzten Rucksack auf den Asphalt und setze mich darauf, um auf ihn zu warten. Nach kurzer Zeit kommt der Frankfurter zurück, öffnet seinen Kofferraum, bittet mich, meinem Rucksack dort vorsichtig hineinzulegen und mich auf den Beifahrersitz zu setzen. Nachdem wir gestartet sind, fragt er mich: »Wo willst du hin?«

»In den Vogelsberg, zu meinen Eltern.«
»Und wo kommst du her?«
»Aus Frankreich und Spanien.«
Er gibt Gas. Der Tacho ist mittlerweile bei Tempo 200. Ich schicke ein Stoßgebet zum Himmel.
»Wie lange warst du dort?«
»Fast zwei Jahre.«
Er mustert mich mit einem geringschätzigen Blick. Hoffentlich schaut er schnell wieder auf die Straße. »Und was hast du dort getrieben?«
»Ich habe in der Natur gelebt und Lebensgemeinschaften besucht.«
Er räuspert sich. »Ökokommunen und so was?«
»Genau.« Ich überlege, wie ich das Eis zwischen uns brechen könnte. Also beschließe ich, ihn auszufragen. »Und Sie? Was machen Sie so?«
Vor uns auf der linken Spur befindet sich ein langsamerer Mercedes. Mein Fahrer betätigt seine Lichthupe und fährt dicht auf, bis der Mercedes nach rechts ausweicht. »Ich bin Investmentbanker. Ist ein ziemlich guter Job. Ich verdiene gutes Geld, lerne interessante Menschen kennen und bin angesehen. In dem Bereich steckt 'ne Menge Kohle. Man muss aber auch richtig Gas geben und sich immer mal wieder Nächte und Wochenenden um die Ohren schlagen. Aber das ist es mir wert. Allein die Partys sind unbezahlbar.«
Wow, er ist ja richtig redselig! Jetzt scheint er in seinem Element zu sein.
»Wie sind Sie zu diesem Beruf gekommen?«
»Ich wollte was machen, wo man richtig Asche machen kann und nicht lange braucht, um in die richtig interessanten Kreise zu kommen. Und Frankfurt ist natürlich das perfekte Pflaster dafür.« Er gibt weiter Gas. »Aber nun zu dir: Das Leben hat es nicht so gut mir dir gemeint, was?«
Mittlerweile steht der Tacho bei 220. Na ja, wenn er keinen Unfall baut, bin ich immerhin in kürzester Zeit im Vogelsberg. Ich schaue ihn erstaunt an. »Wie kommen Sie denn darauf?«
Er lacht. »Wie ich darauf komme? Schau dich doch mal an! Du hast kein Geld, das sieht man an deinen Lumpen, die du trägst. Du hast kein Geld für einen Friseur und nichts auf den Rippen, also auch kein Geld für Essen. Die meisten Penner sind ja älter. Also musst du schon früh Pech gehabt haben.«
Ich muss schlucken. Ich bin eindeutig wieder in Deutschland. Dieses starke Verurteilen von anderen kenne ich nur von hier. Da habe ich die Men-

schen in Frankreich und Spanien als viel offener erlebt. »Das Leben hat es sehr gut mit mir gemeint. Ich habe diesen Lebensstil bewusst gewählt und viele tolle Erfahrungen gemacht, die Sie wahrscheinlich niemals machen werden.«

Er schweigt einen Augenblick. »Gott sei Dank werde ich diese Erfahrungen niemals machen. Wie willst du denn in diesem Zustand eine Frau abbekommen? Oder bist du schwul?«

Wir haben ja noch eine nicht unbeträchtliche gemeinsame Zeit vor uns, also lenke ich ein und versuche, wieder eine Brücke zu ihm zu schlagen. Das Siezen lasse ich jetzt aber weg. Mir wird bewusst, dass ein Teil in mir noch so reagieren möchte, wie ich es früher getan hätte. Dieser Teil fühlt sich schnell angegriffen und hätte bei dem gleichen Gespräch vor meiner Reise eine Abwehrhaltung eingenommen. Es ist eine Art Reiz-Reaktionsmuster, das wir fast alle kennen: Unser Gehirn bekommt eine Information, die es sofort in die entsprechende Schublade einsortiert. Wenn die Information in der Schublade »Angriff« landet, erfolgt die Reaktion, die in dieser Schublade hinterlegt ist, etwa »Verteidigung«. Meistens läuft dieses Programm vollständig unbewusst und automatisch ab. Zum Glück gelingt es mir inzwischen viel besser, meine Gedanken zu beobachten, einmal tief durchzuatmen und dann anders zu handeln.

Wenn wir wirklich Meister über unser Leben sind, dann handeln wir in jedem Moment bewusst. Wir können Automatismen erkennen und uns in dem Moment die Frage stellen, ob dieser Automatismus unserer höchsten Wahrheit entspricht. Und uns dann so entscheiden, wie es unserer höchsten Vision von uns selbst entspricht. Wir entwickeln uns dann vom Opfer der Umstände zum bewussten Schöpfer unserer Realität. Dabei ist es natürlich wichtig, dass wir uns gleichzeitig auch mit unseren eigenen »Fehlern« liebevoll annehmen.

Wenn wir wirklich Meister über unser Leben sind, dann handeln wir in jedem Moment bewusst.

So beschließe ich, unser Gespräch als Chance zu betrachten.»Ich finde es schön, dass du mit deinem Leben zufrieden bist. Und ich bin mit meinem Leben zufrieden. Können wir es nicht dabei belassen?«

Der Banker runzelt seine Stirn.»Okay, vielleicht können wir ja etwas voneinander lernen.«

Ja, das ist definitiv so. Wir beide machen die Erfahrung, dass sich hinter dem ersten äußeren Eindruck nicht die Person verbirgt, die wir erwartet hätten. Ich lerne aus dieser Begegnung, dass ich in der Lage bin, die zahlreichen Botschaften, die ich erhalten habe, auch anzuwenden. Denn das größte Wissen ist bedeutungslos, wenn wir es nicht leben.

Mit versöhnlichem Ton fährt er fort:»Freuen sich deine Eltern auf dich?«

»Ich hoffe doch. Sie wissen aber nicht, dass ich zurückkomme.«

»Interessant. Da haben sie sich ja einen Sohn ausgesucht. Hast du Pläne für deine Zukunft?«

»Ja, ich will Selbstversorgung mit Gemüse, Obst und Kräutern machen.«

»Du willst also Gärtner werden?«

»Ja, so was in der Art.« Obwohl er sichtlich versucht, netter zu sein, klingen seine Fragen in meinen Ohren eher nach einem Verhör.

»Hast du dir schon mal Gedanken über deine Altersvorsorge gemacht?« Ich schüttele meinen Kopf.»Was ist das?«

Er lacht ziemlich lange, bis er weiterredet.»Du weißt es wirklich nicht? Die Rente, das Geld, das du im Alter bekommst, wenn du nicht mehr arbeiten kannst.«

»Darüber mache ich mir jetzt keine Gedanken. Falls ich jemals Geld brauchen sollte, dann werde ich es mit dem verdienen, was mir am meisten Spaß macht. Und da ich immer das tue, was mir Spaß bringt, werde ich auch immer Geld haben, wenn ich das will.«

Der Banker blickt mich erstaunt an.»Du bist schon ein witziger Kerl. Total naiv, aber voller Vertrauen. Du meditierst bestimmt auch, was? Mit Meditation kann man aber kein Geld verdienen, sondern nur mit Fleiß, Effizienz, Ehrgeiz und harter Arbeit. Was hast du denn gelernt?«

Ich atme tief ein.»Ich habe gelernt, wie man näht, wie man Oliven einlegt, Gemüse anbaut, Früchte sammelt, Yoga macht, meditiert ...«

Er unterbricht mich.»Ich meine, welche Ausbildung, welches Studium hast du?«

»Keines von beiden. Werde ich auch nicht machen.«

»Dann bekommst du aber keinen Job und kannst kein Geld verdienen!«

Das ist eine interessante Sichtweise. Die Landschaft zieht neben mir schnell vorbei. »Ich glaube, dass es wie in vielen Bereichen auch hier genau andersherum ist: Wenn ich das tue, wofür ich am meisten Freude empfinde, dann kann ich damit auch am meisten Geld verdienen. Wenn ich im Einklang mit meiner inneren Stimme handle, dann brenne ich für das, was ich tue. Damit werde ich auch andere anstecken, die es toll finden, was ich mache. Zum Beispiel habe ich für ein Camp zwei Wochen lang gekocht, und es war eine große Freude für mich. Die Menschen waren begeistert von meinem Essen. Damit hätte ich problemlos Geld verdienen können. Wir beide haben also zwei unterschiedliche Herangehensweisen: Du überlegst dir, womit du am meisten Geld verdienen kannst, und suchst danach deinen Job aus. Ich überlege mir, was mir am meisten Spaß macht, und suche meinen Job danach aus. Für mich steht die Freude im Vordergrund, da ich meine Lebenszeit nicht gegen Geld tauschen möchte, sondern im Hier und Jetzt glücklich sein will.«

Der Banker runzelt seine Stirn. »Mich macht es aber glücklich, wenn ich viel Geld verdiene. Das macht mir richtig Spaß.«

Ich verstehe: Wir beide leben in komplett unterschiedlichen Welten. Er findet seine toll, was ihm ja auch gegönnt sei, und ich liebe meine Welt. Scheinbar haben diese beiden Welten sehr wenig gemeinsam. Ich bin aber davon überzeugt, dass im tiefen Inneren alle Menschen ähnliche Bedürfnisse haben, wie in Freiheit zu leben, sich sicher zu fühlen, liebevolle Kontakte zu haben, gesund zu sein und sich wohlzufühlen.

Ich bin einfach nur froh darüber, dass ich nicht mein ganzes Leben in einer Welt aus Beton und Stahl verbringen muss. Sein Lebensstil würde mich unglücklich machen. Wer weiß, vielleicht möchte seine Seele ja genau diese Erfahrung machen? Seine Art zu denken ist mir fremd. Ich will mir keine Gedanken über die Zukunft machen, sondern weiterhin im Hier und Jetzt leben. Ich will mein Leben nicht absichern, sondern meine Sicherheit liegt in der Verbindung zur Natur und zum Göttlichen. Ich will mein Leben auch nicht planen, sondern ich vertraue darauf, dass es sich genau so entfalten wird, wie es für mich am besten ist. Vor allem will ich auch, wenn ich zurückgekehrt bin, frei sein – frei von gesellschaftlichen Zwängen und Verpflichtungen, frei von Zweifeln und Ängsten, frei vom Streben nach Erfolg und Sicherheit. Ich will in jedem Moment meiner inneren Stimme folgen und das Leben feiern und genießen, in seiner ganzen Fülle. Ich weiß, dass noch so viele wundervolle Erlebnisse, so viel Wissen und Lernen auf mich warten!

Ich will kein mittelmäßiges Leben führen, in dem jetzt schon feststeht, was in zehn Jahren passiert. Ich will jede Chance nutzen, um intensive Erfahrungen voller Leidenschaft und Sehnsucht zu machen. Lieber riskiere ich alles und scheitere damit, als in einem goldenen Käfig zu sitzen und von dem zu träumen, was alles möglich wäre ...

Laut sage ich: »Vielleicht haben wir unterschiedliche Werte. Mir ist es wichtig, frei zu sein und möglichst wenige Verpflichtungen zu haben. Dir sind Erfolg und Anerkennung wichtig. Das Entscheidende ist doch, dass jeder für sich das Leben wählt, das ihn glücklich macht, oder nicht?«

Der Banker schweigt. Nach einer Zeit der Stille räuspert er sich. »Vielleicht hast du recht. Oft leben wir so in unserer eigenen Welt, dass es uns schwerfällt, die anderen zu verstehen. Wenn du mit deinem Leben zufrieden bist, dann gönne ich es dir wirklich.« Plötzlich überzieht ein Grinsen sein Gesicht. »Aber bitte tu mir den Gefallen und mach dich ein bisschen frisch, wenn du bei deinen Eltern bist.«

Nun muss ich lachen. »Versprochen. Ich bin mit meinen Haaren auch nicht mehr zufrieden.« Das Eis zwischen uns ist am Ende doch gebrochen!

Dank der hohen Geschwindigkeit meines Fahrers sind wir ziemlich schnell in der Nähe von Frankfurt. Der Banker setzt mich an einer Raststätte vor Frankfurt ab, und wir verabschieden uns freundlich voneinander. Er klopft mir auf die Schulter. »Hey, ich muss zugeben, dass ich dich falsch eingeschätzt habe. Ich wünsch dir alles Gute, was auch immer du tun wirst.«

Seine Geste berührt mich. »Danke. Ich wünsche dir, dass du glücklich bist.« Nach diesen Worten gibt er wieder Gas, und ich winke ihm kurz nach.

Ich will in jedem Moment meiner inneren Stimme folgen und das Leben feiern und genießen, in seiner ganzen Fülle.

Jetzt bin ich fast wieder in meiner Heimat. Auch die nächste Mitfahrgelegenheit lässt nicht lange auf sich warten. Diesmal nimmt mich eine Familie mit einem kleinen Kind mit. Wir beide haben auf dem Rücksitz viel Spaß mit-

Zurück in die »Zuvielisation«

einander. Wir lachen viel zusammen. Die Leichtigkeit dieses Kindes ist eine Inspiration für mich. Wir können so viel von den Kindern lernen!

Als Proviant habe ich geknackte Mandeln dabei, die mich immer wieder stärken, wenn ich Hunger bekomme. Wenn alles gut geht, bin ich noch vor Mitternacht bei meinen Eltern. Wenn ich an sie denke, werde ich aufgeregt. Wie sie wohl reagieren werden, wenn ich völlig überraschend bei ihnen auftauche? Es ist alles im Fluss. Ich habe gelernt, dass unsere Umwelt unser Inneres permanent spiegelt. Mit anderen Worten: Das, was wir ausstrahlen, kommt zu uns zurück. Wenn wir im Einklang mit uns selbst sind und uns auf dem richtigen Weg befinden, der unserem Seelenweg entspricht, dann erleben wir auch im Außen Fügungen und glückliche Zufälle. Die Dinge entfalten sich dann mit Leichtigkeit und ohne große Anstrengung. Wenn ich mich dem Leben hingebe, dann entfaltet sich das Leben auf vollkommene Weise für mich. Deswegen ist es auch so wichtig, dass wir entspannt, positiv und voller Vertrauen sind.

In Lauterbach werde ich von einem Auto mitgenommen, das bis nach Gedern fährt, also 20 Minuten später in Grebenhain sein wird. Mittlerweile ist es schon dunkel. Ich bin aufgeregt und erschöpft zugleich. Wir fahren den Berg von Ilbeshausen aus auf Grebenhain zu. Gleich bin ich wieder zu Hause!

Ich merke immer deutlicher, dass ich nicht mehr der bin, der ich war, als ich losgetrampt bin. Die zwei Jahre, in denen ich unterwegs war, haben mich vieles gelehrt: Mir wurden unerlöste Muster und Ängste bewusst, die ich noch mit mir herumgetragen habe, ich habe Antworten auf meine wichtigsten Fragen erhalten und tiefe Erfahrungen der Einheit mit der Natur gemacht. Mir ist auch bewusst geworden, dass ich häufig im Widerstand mit dem Leben war und stark bewertet und verurteilt habe. Ich weiß, dass es wichtig ist, diese Muster zu erkennen, aber dass sie auch ihre eigene Dynamik besitzen. Die entscheidende Frage ist, wie und ob es mir gelingt, meine neuen Erkenntnisse auch anzuwenden. Das Erlernen von neuen, gesunden Programmen braucht wie vieles andere auch Übung. Und das Leben wird mir sicherlich unzählige Gelegenheiten dafür bieten. Ich muss innerlich lächeln: Wenn ich zu meiner Familie zurückkehre, werde ich automatisch mit meinem alten Ich konfrontiert, und dann wird sich wirklich zeigen, wie bewusst ich bin ... Wie wird mein neues Wesen zu meiner Vergangenheit passen?

Wenn wir im Einklang mit uns selbst sind und uns auf dem richtigen Weg befinden, der unserem Seelenweg entspricht, dann erleben wir auch im Außen Fügungen und glückliche Zufälle.

Ich klingele dreimal an der Tür, was nur die Familienmitglieder machen. Das Licht im Treppenhaus geht an, und meine Mutter sieht nach unten, um zu sehen, wer um diese Zeit so klingelt. Als sie mich erkennt, drückt sie sofort auf den Summer. Ich werfe meinen Rucksack unten auf den Boden und hechte nach oben. Meine Mutter strahlt, und wir umarmen uns lange. Es tut gut, sie zu fühlen und wieder bei ihr zu sein! Mein Vater und mein kleiner Bruder stehen auch im Flur und strahlen übers ganze Gesicht. Auch sie umarme ich lange. Das Wiedersehen ist wunderschön! Zuerst packt meine Mutter den halben Küchentisch mit Essen voll, damit ich mich satt essen kann. Als ich die Lebensmittel auf dem Tisch sehe, bin ich wirklich überrascht: Es sind etliche vegane Bio-Produkte, obwohl meine Mutter ja nicht wissen konnte, dass ich zurückkomme! Sie registriert meinen erstaunten Gesichtsausdruck und strahlt: »Matthias, obwohl es mir nicht leichtfällt, das zuzugeben, hast du uns doch mit deinem Öko-Trip angesteckt. Wir kaufen jetzt regelmäßig bei Karl-Heinz oder im Reformhaus ein und essen oft vegetarisch oder vegan.« Ihre Worte berühren mich so, dass mir die Tränen in die Augen schießen. Ich schließe sie in meine Arme und flüstere: »Danke, danke für alles! Es ist so schön, wieder bei dir zu sein.« Es bedeutet mir unendlich viel, jetzt gerade diese Herzensverbindung zwischen uns zu fühlen, die wir uns so lange nicht zeigen konnten, die aber doch unter den ganzen Streitereien immer vorhanden war.

Mittlerweile hat sich auch meine Einstellung zu Menschen geändert, die noch Fleisch oder Milchprodukte essen. Ich selbst wusste es früher ja auch nicht besser. Ich habe gelernt, dass Bewusstseinsentwicklung und Veränderung ihre Zeit brauchen. So möchte ich lieber mit gutem Beispiel vorangehen und andere positiv dazu inspirieren, sich gesund und pflanzlich zu ernähren, anstatt ihnen ein schlechtes Gewissen zu machen. Es ist immer leichter, Menschen für eine tolle Sache zu begeistern, als ihre Lebensweise zu kritisieren. Mit meinen leckeren Gerichten im Kundalini-Yoga-Camp habe ich sicherlich etliche Menschen für eine vegane, gesunde Ernährung begeistern können. Wenn ein Essen gesund und lecker ist, werden auch viele Zweifler überzeugt ...

Wir sitzen alle zusammen am Tisch und berichten uns aufgeregt und durcheinander, was in der langen Zeit passiert ist, in der ich nicht da war. Meine Eltern können es kaum glauben, dass ich wieder zurück bin, und erzählen mir, dass sie sich viele Sorgen gemacht haben, weil sie oft monatelang nichts von mir gehört haben. Ich wiederum erkläre ihnen, dass es daran liegt, dass ich selten in Gegenden war, wo es eine Telefonzelle, Postkarten oder Briefmarken gab. Mein kleiner Bruder ist in den zwei Jahren groß geworden und mittlerweile zwölf Jahre alt. Ich freue mich sehr, ihn wiederzusehen. Meine Schwester ist gerade nicht in Grebenhain, da sie im 200 Kilometer entfernten Germersheim studiert. Wir vier reden bis tief in die Nacht hinein.

Ich bin sehr glücklich, wieder bei meiner Familie und in unserem Haus zu sein. Ich habe hier die ersten 19 Jahre meines Lebens verbracht, das Gefühl von Vertrautheit ist sehr stark. Als wir nachts gegen 3.30 Uhr alle immer müder werden, umarmen wir uns noch einmal intensiv, bevor ich hinunter in mein Kellerzimmer gehe, um zu schlafen. Meine erste Nacht seit langer Zeit in einem Steinhaus ohne den freien Sternenhimmel ist ungewohnt, ich fühle mich eingeengt und eingesperrt. Schon jetzt vermisse ich es, in der freien Natur zu übernachten und den Elementen nahe zu sein. Meine Müdigkeit führt jedoch dazu, dass ich trotzdem nach einiger Zeit in einen tiefen, traumlosen Schlaf falle.

Am nächsten Morgen fällt mein Blick auf die Tageszeitung, die auf unserem Küchentisch liegt. Ich nehme die Energie wahr, die von diesem Stück Papier ausgeht. Für mich stellt sich die Frage: In welcher Welt wollen wir leben? Wollen wir in einer Welt leben, wie sie uns von den Massenmedien verkauft wird? Dieses Weltbild, auf das sich Millionen Menschen als gemeinsame Realität einigen, basiert auf Angst. Angst vor dem Kommunismus, Angst vor dem Terrorismus, Angst vor Armut, Angst vor Krankheiten, Angst vor Viren. Menschen, die in Angst leben, kommen nicht in ihre wahre Kraft, sie bleiben klein und passen sich an. Sie sind leicht regierbar und manipulierbar. Deswegen ist es auch kein Zufall, dass sie täglich medial daran erinnert werden, dass diese Welt ein gefährlicher Ort ist. Oder wollen wir in einer Welt leben, die von Frieden, Freiheit und Freude geprägt ist? In Wahrheit sind wir frei, uns genau die Welt zu erschaffen, die wir uns von Herzen wünschen.

Warum einigen wir uns denn nicht gemeinsam darauf, in einer Welt zu leben, in der alle Lebewesen glücklich sein können? Eine Welt, die von Achtsamkeit und echtem Miteinander bestimmt wird? In der alle ihrer wahren Bestimmung folgen dürfen und sich gegenseitig darin unterstützen, ihr höchstes Potenzial zum Wohle aller zu entfalten?

Unsere wahre Welt, so wie sie ursprünglich gedacht war, und unsere eigene wahre Natur basieren auf Liebe, Vertrauen, Freiheit und Fülle. Dies kann jeder persönlich erfahren, der sich längere Zeit in tiefe Meditation versenkt. Deswegen ist es auch so wichtig, dass wir uns bewusst machen, dass jede Information, jede Energie, alles, was uns im Außen begegnet, unsere Realität formt. Es ist daher in meinen Augen eine kluge Entscheidung, uns von negativen Informationen und negativen Menschen jeder Art fernzuhalten.

Ein guter Anfang ist, wenn wir eine ganz einfache Frage stellen: Was gibt uns Energie, und was nimmt sie uns? Einfach nur das. Welche Menschen, welche Arbeit, welche Umgebung, welche Nahrung, welche Informationen geben uns Energie, welche nehmen sie uns? Wir haben die Antworten darauf alle schon in uns. Unser Inneres weiß sofort, was gut für uns und was schlecht für uns ist. Wie alles Wahre ist es auch hier sehr einfach und nicht kompliziert. Wir dürfen einfach nur wieder lernen, unserer Intuition zu vertrauen, dieser Instanz in unserem Inneren, die alles weiß. Diese leise Stimme ist immer da, nur meistens hören wir nicht auf sie. Deswegen ist es auch so wichtig, dass wir uns Zeit für die Stille nehmen, für Momente allein in der Natur, um wieder Klarheit zu finden und zu lernen, unserer inneren Stimme zu vertrauen.

Es fällt mir nicht leicht, wieder in Deutschland anzukommen. Ich vermisse die absolute Stille, die ich in der Natur erlebt habe. Ich habe in den letzten zwei Jahren abseits der Norm gelebt, und darauf bin ich stolz. Ich bin stolz darauf, ein Träumer zu sein, der seine Träume nicht verrät, um angenommen zu werden. Ich bin stolz darauf, meiner inneren Stimme zu folgen, ohne zu wissen, wo mich das hinführen wird. Ich bin stolz darauf, frei zu sein und mein Leben ausschließlich nach meinen Vorstellungen zu gestalten und nicht nach den Vorstellungen anderer. Ich bin stolz darauf, mir treu zu sein und meine Ideale nicht zu verraten. Ich bin stolz darauf, einen Weg zu gehen, für den ich keine Vorbilder habe, keine Lehrer oder andere, die mir

Ratschläge geben können. Ich lebe aus meinem Inneren, und das ist mein einziger Gradmesser. Meine Sicherheit und mein Vertrauen liegen in mir, in meiner Verbindung zur Erde und zum Göttlichen. Ich fühle mich in dieser alten Welt eingeengt, als ob ich hier nicht mehr hineinpasse.

Etwas ist jedoch anders als vor meiner Reise: Ich genieße es, hier bei meiner Familie zu sein. Unser vertrautes Miteinander kann ich das erste Mal als ein Geschenk erkennen, das nicht selbstverständlich ist. Obwohl ich andere Werte und Ziele als meine Eltern und meine Geschwister habe, gelingt es mir doch, ihre Werte zu respektieren und damit nicht mehr negativ zu bewerten. Ich fokussiere mich mehr auf unsere Gemeinsamkeiten als auf das, was uns scheinbar voneinander trennt. Durch meine Reise ist mir klar geworden, dass die wahre Veränderung zuallererst in mir stattfinden muss. Erst wenn ich selbst meine Vision lebe und meine Träume verwirkliche, kann ich eine echte Inspiration für die Welt sein. Wenn ich etwas in meinem Leben erschaffe, was für andere auch erstrebenswert ist, entsteht wahre Veränderung. Ich bin mehr in mir angekommen. Anstatt zu versuchen, die anderen zu verändern, lasse ich sie ihren eigenen Weg gehen. Anstatt die anderen zu kritisieren, will ich versuchen, etwas aufzubauen, was Menschen inspiriert. Genau wie meine konsequent vegane und ökologische Lebensweise schon viele auf meinem Weg angesteckt hat, möchte ich meine Vision auch in anderen Lebensbereichen vorleben.

Zwar ist die Vertrautheit mit meiner Familie schön, aber wir haben doch unterschiedliche Werte. Ich möchte mit Menschen zusammen sein, die mich inspirieren und von denen ich etwas lernen kann für meinen weiteren Weg. Ich möchte wieder in der Natur leben, den Elementen nahe sein, die mich nähren und mit denen ich mich lebendig fühle. Jeden Tag wird mir klarer, dass es keinen Weg zurück gibt, dass ich das alte Leben nicht mehr leben kann, dass die Reise für mich weitergeht. So bitte ich darum, dass mir gezeigt wird, welche nächsten Schritte meine Seele gehen will.

Unsere wahre Welt, so wie sie ursprünglich gedacht war, und unsere eigene wahre Natur basieren auf Liebe, Vertrauen, Freiheit und Fülle.

In der folgenden Nacht habe ich einen außergewöhnlichen Traum. Ich sehe wieder den weisen Mann mit Stock und langem Umhang, der mir im Traum begegnete, als ich auf dem buddhistischen Festival war. Diesmal kann ich ihn viel klarer erkennen. Er sieht mich direkt mit seinen leuchtenden Augen an. »Matthias, ich möchte dir eine Geschichte erzählen, die wichtig für deine Lebensaufgabe ist. Hör gut zu:

Als die Mächte des Lichts erkannten, dass die Mächte der Dunkelheit dabei waren, den wunderschönen Planeten Erde und ihre Bewohner zu vernichten, beschlossen sie, diesem Treiben Einhalt zu gebieten. Sie schmiedeten einen Plan, um die Erde zu retten. So schickten sie täglich positive Energie auf die Erde, die den Menschen dabei helfen sollte, sich an ihre wahre Natur zu erinnern. Außerdem sandten sie die Krieger des Lichts, das waren Engel, die als Menschen inkarnierten.«

Ich spüre eine starke Aufregung. »Das mit den Kriegern des Lichts hat mir ein Baum auf meiner Reise in Frankreich auch erzählt!«

Der weise Mann lächelt. »Ich weiß. Du bist auch einer von ihnen, der gekommen ist, um den Plan der lichtvollen Mächte zu verwirklichen. Das ist auch der Grund, warum du schon in der Schule wusstest, dass viele Inhalte, die dir dort vermittelt wurden, falsch waren. Du konntest es zwar nicht benennen, was genau nicht stimmt, aber deine Intuition hat es dir gesagt. Deswegen hat bei dir die Manipulation auch nicht funktioniert, im Gegensatz zu den meisten anderen. Es ist deine Aufgabe, den Menschen die Schleier vor ihren Augen wegzureißen und sie an ihre wahre Herkunft zu erinnern. Sie müssen erkennen, dass sie in einer Scheinwelt leben, die nichts mit der Wirklichkeit zu tun hat. Dieser Aufwachprozess, der jetzt beginnt, wird für die meisten schmerzhaft sein, denn sie werden realisieren, dass viele Dinge, an die sie ihr ganzes Leben geglaubt haben, dazu geführt haben, dass sie unglücklich sind. Sie werden erkennen, dass sie aufgrund dieser Falschinformationen Entscheidungen getroffen haben, die schlecht für sie und andere waren. Wenn sie aufwachen und auf einmal merken, dass fast alles, woran sie ihr ganzes Leben geglaubt haben, falsch ist, dann tut es weh, und sie müssen lernen, noch einmal ganz von vorne anzufangen. Dazu braucht es Offenheit, Mut und Vertrauen. Es ist ein Prozess, der sich Schritt für Schritt entwickelt, bis zu einem ganz bestimmten Zeitpunkt.«

»Welcher ist das?«

»Höre mir jetzt gut zu, denn dieser Punkt ist äußerst wichtig. Wenn die alten Machthaber erkennen, dass immer mehr Menschen aufwachen und das alte betrügerische System in Frage stellen, dann werden sie mit allen Mitteln versuchen, ihre Macht zu erhalten. Denn sie haben erkannt, dass sich viele Menschen nicht mehr freiwillig unterordnen und nicht mehr bereit sind, dem System weiter zu dienen. Wenn dieser Zeitpunkt erreicht ist, werden die Herrscher der toten Welt versuchen, eine Diktatur zu errichten, die schlimmer ist als alle Diktaturen vorher. Sie werden versuchen, die Menschheit so vollständig zu kontrollieren, dass sich keiner mehr dieser totalen Überwachung entziehen kann.«

»Das hört sich aber vollkommen unglaublich an!«, werfe ich ein.

»Ich weiß. Viele Menschen wissen nicht einmal, dass diese Mächte existieren, da sie in den Massenmedien verschwiegen werden. Wenn die Freiheit der Menschen durch fadenscheinige Vorwände immer mehr eingeschränkt wird, dann ist der letzte Kampf um die Erde gekommen. Dann ist es wichtig, dass die Krieger des Lichts und alle anderen Erwachten für ihre Freiheit und ihre Wahrheit kämpfen. Dann ist die Zeit gekommen, sich endlich aus der zerstörerischen Knechtschaft des Bösen zu befreien. Alle Lichtkrieger, auch du, werden auf diesen entscheidenden Zeitpunkt vorbereitet.«

Seine Worte klingen wie eine Prophezeiung. Das hört sich alles so fantastisch an, dass ich es kaum glauben kann. Ich bin hier bei meinen Eltern, und alles ist ruhig und friedlich. Wie soll hier jemals ein Kampf zwischen Dunkelheit und Licht stattfinden? Seine leuchtenden Augen sehen mich wieder direkt an, sodass ich verlegen werde.

»Lass nicht zu, dass dein Verstand versucht, meine Botschaft zu interpretieren. Er kann diese tiefen Wahrheiten nicht erfassen. Versuche, mit dem Herzen zu verstehen. Alles wird sich auf vollkommene Weise ereignen, genau so, wie es bestimmt ist. Deine Seele führt dich, und du wirst dich immer zur rechten Zeit am richtigen Ort befinden.«

Der weise Mann berührt mit dem Zeigefinger seiner linken Hand einen Punkt zwischen meinen Augen. In diesem Moment zeigt sich mir das gesamte Universum. Ich erkenne das gesamte Leben, seine Vergangenheit, Gegenwart und Zukunft. Es offenbaren sich mir alles Sein und alle Gesetzmäßigkeiten, die es erschaffen haben. In diesem einen Moment ist das Erkennen so vollständig, dass ich keine Fragen mehr habe, sondern weiß. Meine Sicht ist so umfassend, dass ich weiß, dass ich diese niemals in Worten vermitteln kann. Das spielt aber auch keine Rolle. Der Weise löst seinen Finger von meiner Stirn und beugt sich nahe an mich heran. »Du weißt jetzt. Vergiss diesen Moment niemals.« Mit diesen Worten löst er sich vor meinen Augen auf. Ich erwache.

Deine Seele führt dich, und du wirst dich immer zur rechten Zeit am richtigen Ort befinden.

21
ANGEKOMMEN

Ich beschließe, in der Nähe von Hannover eine Beratung für Gemeinschaftssuchende in Anspruch zu nehmen. Während ich mich dort in der Lebensgemeinschaft aufhalte, gefällt es mir so gut, dass ich mich kurzfristig entscheide, dort hinzuziehen. Hier leben viele Gleichgesinnte, die ähnliche Werte wie ich haben und sich intensiv mit Nachhaltigkeit, Selbsterfahrung und Spiritualität beschäftigen.

Mein neues Zuhause liegt mitten im Wald in absoluter Alleinlage. Dieses 25 000 Quadratmeter große Naturparadies besitzt die perfekten Voraussetzungen, um meine Vision, im Einklang mit der Natur zu leben und mich aus ihr zu ernähren, umzusetzen. Ich bewohne zwei Holzhütten. Die eine ist mein Wohn- und Schlafzimmer, die andere meine Küche. Dieses besondere Fleckchen Erde ist nach den Prinzipien der Permakultur, einer Mischung aus Selbstversorgung und Naturschutz, auf einem früheren Maisacker angelegt worden. Ich beginne, Gemüse und Obst anzubauen, und ernähre mich fast ausschließlich von dem, was mir der Boden schenkt. Die einzigen Lebensmittel, die ich kaufe, sind Olivenöl und Meersalz. Ich liebe es, auf meinem Stück Land zu leben und es zu betreuen. Ganz in der Nähe wohnen Gleichgesinnte in einer Lebensgemeinschaft, sodass ich zwar viel allein, aber nicht wirklich einsam bin.

Als ich eines Morgens aus meiner Küchenhütte trete, sitzt ein schneeweißer Vogel direkt auf dem Kräuterhügel, den ich davor angelegt habe. Unterliege ich einer optischen Täuschung? Ich reibe meine Augen, doch nachdem ich sie wieder geöffnet habe, sitzt der Vogel immer noch da. Er sieht aus wie eine weiße Amsel. Nun dreht er sich nach links und sieht mich direkt an. Ich bekomme am ganzen Körper eine Gänsehaut.

Eine helle, klare Stimme ertönt in meinem Kopf: »Du hast noch Fragen, deswegen bin ich hier. Ich stehe zu deiner Verfügung.«

Ich muss lächeln. Es ist wirklich unglaublich, dass auch hier die Natur zu mir spricht!

Dann frage ich laut: »Danke, wer bist du?«

Der Vogel hüpft ein Stück in meine Richtung. »Ich bin ein Abgesandter des Schöpfers.«

Ich muss fast schmunzeln bei seinen Worten. »Existierst du wirklich, oder bilde ich mir das ein?«

Der weiße Vogel lacht. »Wer will das wissen? Woher willst du wissen, dass du dir nicht auch deine Hütte einbildest? Nimm die Dinge einfach so an, wie sie sind, ohne ständig zu zweifeln. Denn Zweifel raubt dir Energie und verhindert, dass du glaubst. Und Glauben versetzt Berge.«

Der weiße Vogel fliegt auf, dreht eine kleine Runde und kommt wieder auf seinen Platz zurück. Ich stelle ihm eine Frage, die mich schon lange beschäftigt. »Manchmal fühle ich mich extrem hilflos, wenn ich an die fortschreitende Umweltzerstörung denke. Was kann ich gegen diese Hilflosigkeit tun?«

»Erkenne dein wahres Selbst. Entscheide dich, zu vertrauen und deine wahre Größe und Macht zuzulassen. Du bist kein hilfloses Opfer. Du bist unendlich machtvoll. Wenn du dich traust, deine wahre Größe zu leben und auszudrücken, kannst du alles verändern. Lass die Illusion des Opferseins hinter dir und werde zu dem, der du in Wirklichkeit bist. Ein einziger Mensch, der in seiner vollen Macht ist und seine Aufgabe mit ganzer Entschlossenheit lebt, wird die Welt verändern.« Mit diesen Worten fliegt der Vogel davon.

Ich habe doch noch so viele Fragen an ihn! Warum kann er nicht länger bei mir bleiben? Traurig setze ich mich ins Gras, um seine Worte in mir nachklingen zu lassen. Als das Sitzen unbequem wird, lege ich mich einfach hin und verbinde mich bewusst mit der Erde, auf der ich liege.

Ich denke zurück an meine lange Reise durch die Wildnis und an die Zeit davor, als ich mich entschlossen habe, diese Reise anzutreten. Mein größter Antrieb, mein Zuhause und mein altes Leben hinter mir zu lassen, war meine Sehnsucht, mich tief mit der Natur zu verbinden. Dazu kam die Frage, ob Gott wirklich existiert, auf die ich Antwort erhalten wollte. Außerdem hatte ich den Wunsch, meine Lebensaufgabe zu finden. Erst in diesem Moment wird mir klar, dass ich auf all meine Fragen Antworten bekommen habe. Das Leben hat mich genau in die Situationen geführt, in denen ich das lernen konnte, was ich mir vorgenommen hatte. Im Nachhinein hätte ich es nicht vollkommener planen können! Selbst in den schwierigen und herausfordernden Zeiten kann ich nun einen bislang verborgenen Sinn entdecken.

Ich habe so viel auf verschiedenen Ebenen gelernt. Vor allem Vertrauen. Vertrauen, dass sich die Dinge auf vollkommene Weise fügen. Vertrauen in Gott, an den ich vorher nicht geglaubt habe. Glaube ich jetzt an Gott? Nein, ich weiß um Gott. Ich fühle ihn einfach in meinem Inneren und in der Schönheit der Natur. Und es ist nicht der Gott, wie er manchmal in der Bibel dargestellt wird, als rächender und strafender Gott. Das ist wohl eher die Beschreibung des Teufels. Nein, für mich ist Gott unendliche Liebe. Diese Liebe ist so groß, dass wir die größten Fehler begehen dürfen, ohne dass dies jemals etwas an der bedingungslosen Liebe ändert, die Gott für uns hat.

Das heißt aber nicht, dass unsere Handlungen keine Konsequenzen haben. Wir sind nicht getrennt voneinander, sondern mit allem Leben um uns herum verbunden. So hat unser Verhalten anderen gegenüber, egal ob es positiv oder negativ ist, auch unmittelbare Auswirkungen für uns selbst.

Man weiß mittlerweile, dass unser Gehirn nicht zwischen »Ich« und »Du« unterscheiden kann. In Wirklichkeit sind »Ich« und »Du« nicht voneinander getrennt. Wenn ich sage: »Ich liebe dich«, dann hat das auf mich die gleiche Wirkung, als ob ich sagen würde: »Ich liebe mich.« In dem Moment, in dem wir andere beispielsweise beschimpfen, beschimpfen wir uns in Wirklichkeit selbst. Wenn wir andere loben, loben wir uns selbst. Das hat jeder von uns schon selbst erlebt. Wie fühlen wir uns, nachdem wir andere ungerecht behandelt haben? Besser oder schlechter? Wie fühlen wir uns, wenn wir anderen Gutes getan haben? Besser oder schlechter?

Ich habe tiefe Verbindung zur Natur erfahren und bin wirklich eins mit ihr geworden. Dafür bin ich unendlich dankbar. Ich weiß, dass mich diese Verbundenheit mein ganzes Leben begleiten wird. Ich durfte erfahren, wer ich wirklich bin, wo ich herkomme und wo ich hingehe. Das bedeutet nicht, dass ich fertig bin oder nichts mehr zu lernen habe. Da gibt es noch viele Gedanken oder Glaubensmuster, die nicht meiner höchsten Wahrheit entsprechen und von denen ich mich befreien möchte. Das alles geschieht auf natürliche Weise, Schritt für Schritt. Ich habe auf meiner Reise immer wieder erlebt: Meine Seele führt mich genau zu den Menschen und Situationen, die mir die Gelegenheit schenken, zu wachsen und mich weiterzuentwickeln, indem ich meine eigenen einschränkenden Muster erkenne und immer mehr loslasse. Es ist eine wunderbare Reise, in der ich immer freier und lebendiger werde, in der ich immer mehr zu dem werde, der ich eigentlich bin und der ich schon immer war.

Und mir wurden die nächsten Schritte meiner Lebensreise gezeigt, indem ich tief in mir den Herzenswunsch gefühlt habe, wieder sesshaft zu werden und mein eigenes Stück Land zu haben, dass mich ernährt. Direkt nach meiner Reise wurde ich zu diesem besonderen Ort geführt, und auch dafür bin ich sehr dankbar. So viele Geschenke! Es ist einfach eine große Freude zu leben, und all diese vielfältigen Erfahrungen zu machen.

Ein einziger Mensch, der in seiner vollen Macht ist und seine Aufgabe mit ganzer Entschlossenheit lebt, wird die Welt verändern.

Neben mir höre ich ein Rascheln. Ich öffne meine Augen und sehe erfreut, dass mein weißer Vogel zurückgekommen ist! Diesmal sitzt er ungefähr einen Meter von mir entfernt auf dem unteren Ast eines kleinen Pflaumenbaumes. Meine Augen füllen sich mit Tränen, ich kann die Liebe zwischen uns fühlen. Wieder höre ich seine helle Stimme in meinem Kopf: »Da ist noch eine Frage, die dich immer wieder quält, und auf diese möchte ich dir eine Antwort geben.«

Ich setze mich auf: »Welche könnte das denn sein?«

»Es handelt sich um deine Sorge um die Erde. Ich weiß, dass du immer wieder tiefen Schmerz empfindest, weil die Menschen Natur zerstören, Bäume und Wälder abholzen und einander in Kriegen großes Leid zufügen. Manchmal ist dein Schmerz über die Ungerechtigkeit und das Leiden in dieser Welt so groß, dass du jegliche Energie verlierst und tiefe Trauer dein Gemüt beschwert. Ich bin gekommen, um dir einen Weg zu zeigen, wie du mit diesem Schmerz auf heilsame Weise umgehen kannst.«

Ich muss an den großen alten Weidenbaum denken, in dem meine Schwester und ich als Kinder oft spielten. Er stand mitten in einer Wiese und bot Vögeln, Insekten und Wildbienen Lebensraum. Als wir aus dem Urlaub wiederkamen, war er einfach abgesägt und damit für immer verschwunden. Ich denke auch an den parkähnlichen Garten meiner Kindheit, der eine echte

Angekommen

Naturidylle war. Zuerst wurden alle Bäume und Sträucher abgesägt, dann kamen die Bulldozer und zerstörten den Rest. Später wurde darauf ein hässliches Betongebäude für einen Lebensmittelmarkt errichtet. In diesen Momenten habe ich unendliche Verzweiflung und Hoffnungslosigkeit über die Grausamkeit und Unbewusstheit der Menschen gefühlt.

Der weiße Vogel fährt fort. »Da du sehr feinfühlig bist, gehen dir diese Dinge sehr nahe. Ich empfehle dir nicht, sie zu verdrängen, da auch die Trauer über die Zerstörung auf dieser Erde wichtig ist. Sie hilft dir, deinen Schmerz zu verarbeiten und damit zu wachsen. Gleichzeitig solltest du dich nicht in ihr verlieren und in die Illusion verfallen, hilfloses Opfer zu sein. Das bist du nämlich nicht. Du musst vor allem lernen, dich nicht über Dinge zu grämen, die du nicht ändern kannst. Nimm sie bewusst wahr, fühle den Schmerz, und lasse sie wieder los. Wenn du dich im Schmerz verlierst, dann verlierst du Lebensenergie und kannst deine Aufgabe nicht leben. Nimm den Schmerz als Anlass, Dinge zu verändern und die Menschen zum Aufwachen zu bewegen. Nimm dein Mitgefühl mit den hilflosen Wesen dieser Erde als Antrieb, um sie zu schützen und vor Unheil zu bewahren.

Es gilt also, dein Gleichgewicht zwischen dem Wahrnehmen dessen, was geschieht, und der Ausrichtung auf deine Ziele zu finden. Wenn ein Dieb in dein Haus einbricht, dann ist es wichtig, dass du dir Gedanken darüber machst, wie du verhindern kannst, dass es wieder passiert. Es wäre nicht hilfreich, diese Angelegenheit zu verdrängen und einfach darauf zu hoffen, dass es nicht wieder geschehen wird. Nachdem du deine Vorsorgemaßnahmen getroffen hast, solltest du jedoch die Angelegenheit wieder loslassen und dich auf die Dinge konzentrieren, die dir wichtig sind. Übertragen auf diese Erde heißt es: Es ist unabdingbar, dass die Menschen lernen, sich damit auseinanderzusetzen, was auf diesem Planeten alles schiefläuft. Wenn sie sich nicht mit den Ursachen für ihre Probleme beschäftigen, dann können sie die Zustände nicht verbessern.«

Der Vogel hält inne und bewegt sanft seinen Kopf hin und her. »Die Menschen sind darauf konditioniert, sich auf das zu fokussieren, was sie nicht wollen. Dadurch wird das Unerwünschte nur verstärkt. Deshalb ist es so wichtig, dass du, egal wie hoffnungslos die Umstände erscheinen mögen, fest und unbeirrbar daran glaubst und darauf vertraust, dass dieser wunderschöne Planet, unsere Mutter Erde, wieder zu dem Paradies wird, das sie einst war. Konzentriere dich immer auf das, was du erreichen möchtest. Halte immer die Vision des Paradieses auf Erden in deinen Gedanken lebendig.

Inspiriere andere, die Erde als Paradies zu visualisieren. Und genauso wird es geschehen. Deswegen sei nie mutlos, sondern immer voller Vertrauen. Und damit du meine Worte niemals vergisst und weißt, dass sie wahr sind, wird Mutter Erde sie bestätigen und dir ein Zeichen schicken.«

Der Vogel neigt seinen Kopf Richtung Süden. Dort erscheint vor meinen Augen ein gigantischer Regenbogen! Der weiße Vogel spricht: »Der Regenbogen ist das Symbol des Vertrauens. Er verbindet Himmel und Erde. Er zeigt dir, dass meine Worte wahr sind und die Dinge sich so ereignen werden, wie ich es gesagt habe. Er zeigt dir, dass du vollkommen in Gott vertrauen kannst.«

In diesem Moment erscheint über dem Regenbogen ein zweiter Regenbogen! Tiefer Friede und Dankbarkeit erfüllen mein Herz. Ich fühle mit jeder Faser meines Seins, dass alles gut werden wird.

Egal wie hoffnungslos die Umstände erscheinen mögen, glaube fest und unbeirrbar daran und vertraue darauf, dass dieser wunderschöne Planet, unsere Mutter Erde, wieder zu dem Paradies wird, dass sie einst war.

Während ich den doppelten Regenbogen bewundere, entsteht in mir eine Vision: Ich sehe Menschenmassen auf den Straßen der Welt, die das größte Fest feiern, das es jemals gab. Sie singen, lachen, tanzen und umarmen sich. Die Freude unter den Menschen ist unvorstellbar. Die Feinde des Lebens, die unsere Erde seit Jahrtausenden geknechtet haben, sind endlich besiegt! Ab heute ist die Menschheit wirklich frei. Ein neues Zeitalter ist angebrochen, das goldene Zeitalter, von dem viele Prophezeiungen gesprochen haben. Ab heute gibt es keine staatliche Bevormundung mehr, ab heute besitzt jeder Mensch die Freiheit, seiner eigenen Wahrheit zu folgen und das Leben zu führen, von dem er schon immer geträumt hat. Ab heute leben die Menschen nach ihrer wahren Natur: Sie unterstützen sich gegenseitig, sie sind füreinander da, sie haben erkannt, dass es ihnen nur gut gehen kann, wenn es allen anderen Lebewesen auch gut geht. Geldgierige Konzerne und korrupte Regierungen haben keinen Platz mehr – alle, die nicht zum Wohle des großen Ganzen handeln, haben ihre Positionen verloren. Ab jetzt nutzen die

Menschen nur noch Produkte und Dienstleistungen, die sich im Einklang mit unserer Umwelt und unseren Lebensgesetzen befinden, alles andere ist weltweit geächtet und wird nicht mehr verwendet. Die Menschen einigen sich auf ein grundlegendes Gesetz: Alle anderen Menschen und Lebewesen werden mit Liebe, Achtung und Respekt behandelt. Jedes Wesen darf sich seiner Bestimmung gemäß frei entwickeln, solange es niemand anderem schadet.

Ab heute kommen nur noch Technologien zum Einsatz, die auf ihre Verträglichkeit für Natur und Menschen geprüft wurden. Gentechnische Substanzen, Atomenergie, giftige Chemikalien, schädliche Mobilfunkstrahlen, Geo-Engineering und Kriegswaffen sind verboten und werden durch umweltverträgliche Alternativen ersetzt. Alternative Technologien und Projekte werden gefördert. Die Verwendung von nicht-wiederverwendbaren Materialien wird ersetzt durch nachwachsende, recycelbare Rohstoffe. Wegwerfprodukte sind tabu. Die Jagd auf wehrlose Tiere und die Massentierhaltung werden abgeschafft. Alte Bäume stehen ab sofort unter Schutz. Urwälder sind als lebenswichtiges Urerbe für die Menschheit anerkannt. Das Horten von großen Besitztümern und Geld ist nicht mehr gestattet. Das Zinssystem wird durch ein Geldsystem ersetzt, welches gleichermaßen allen Menschen zugute kommt. Die neuen Führer der Menschen sind weise und haben erkannt, dass es ihre höchste Aufgabe ist, ihrem Volk zu dienen. Kinder sind besonders schützenswert, da sie unserem wahren Ursprung am nächsten sind.

Das alte System der Angst, Kontrolle und Manipulation besitzt keinen Einfluss mehr auf die Menschen. Sie sind aufgewacht aus einem bösen Traum – sie können nicht mehr verstehen, wieso sie so lange die Lügen geglaubt haben, die ihnen über das Leben erzählt wurden. Sie erkennen jetzt, dass die alten Machthaber nur über sie verfügen konnten, weil sie an deren Autorität glaubten und sich bereit erklärten, das Spiel von Macht und Ohnmacht mitzuspielen. Sie erkennen jetzt, dass sie wahrhaftig frei sind und schon immer frei waren, ihrem Herzen zu folgen.

Stück für Stück realisieren die Menschen, dass sie in jedem Bereich ihres Lebens belogen wurden, dass nicht nur die Realität, die ihnen als wahr verkauft wurde, falsch war, sondern ihnen auch eine falsche Menschheitsgeschichte vermittelt wurde.

Eine große Aufbruchsstimmung hat die Menschheit erfasst. Mit jedem Tag verstehen mehr von ihnen, welch unglaubliches Potenzial bislang in ihnen ungenutzt geschlummert hat – und dass sie unendlich viele Möglichkeiten haben, sich ein zutiefst erfülltes und glückliches Leben zu erschaffen.

All die Krieger des Lichts, die aus tiefster Überzeugung, jeder in seinem Bereich, versucht haben, ein neues Bewusstsein in die Welt zu bringen, sind überglücklich. Sie mussten so viele Hürden, Ablehnung und Angriffe überstehen, aber jetzt haben sie es geschafft. Diejenigen, die immer verlacht und abgetan wurden, sind jetzt diejenigen, die den Menschen einen neuen Weg zeigen. Nachdem das alte System, das auf Trennung, Manipulation, Angst und Kontrolle basierte, endlich überwunden wurde, sind die Krieger des Lichts diejenigen, die die Menschheit in eine glückliche Zukunft führen. Eine Zukunft, in der die Menschen nicht nur erkennen, dass sie Wesen voller Freude und Liebe sind, sondern in der sie diese Qualitäten in allen Bereichen ihres Lebens auch ganz konkret verwirklichen.

Mit jedem Tag verstehen mehr Menschen, welch unglaubliches Potenzial bislang in ihnen ungenutzt geschlummert hat – und dass sie unendlich viele Möglichkeiten haben, sich ein zutiefst erfülltes und glückliches Leben zu erschaffen.

EPILOG

Manchmal braucht es Mut. Mut, ganz neue Wege zu gehen, die noch niemand vorher gegangen ist. Mut, aus dem Gewohnten auszubrechen und etwas Neues zu wagen. Wir wissen nicht, was in der Zukunft passieren wird. Wir wissen nicht, ob der neue Weg funktioniert oder ob wir scheitern. Wir werden es aber niemals herausfinden, wenn wir uns nicht auf den Weg machen und das Risiko eingehen. Eines ist jedoch sicher: Wenn du neue Wege gehst, wirst du wachsen, neue Dinge lernen und viel über dich selbst erfahren. Und wenn du die Reise hinter dir hast, kannst du wirklich stolz auf dich sein. Du hast es gewagt, deinen Träumen zu folgen. Du bist nicht mehr Teil der unzähligen Menschen, die sich jeden Tag fragen: »Was wäre, wenn?« Du hast es gewagt, deinen Traum Wirklichkeit werden zu lassen. Du gehörst zu den Pionieren dieser Welt, den mutigen Menschen, die ein »Hätte ich doch bloß ...« durch ein »Jetzt oder nie!« ersetzen.

DANKSAGUNG

Dieses Buch konnte nur entstehen durch die Unterstützung von wundervollen Menschen und Helfern an meiner Seite.

In meinem Leben gibt es sehr viele Engel, für die ich dankbar bin. Meine wichtigsten Inspirationsgeber und Begleiter sind meine Helfer in der geistigen Welt. Seit Jahrzehnten unterstützt ihr mich täglich darin, meine Aufgabe zu leben. Ich bin euch unendlich dankbar dafür.

Ich bedanke mich von Herzen bei meiner Partnerin Dana. Du hast mich vor allem durch deine positive Energie unterstützt. Das gemeinsame Leben mit dir ist ein großes Geschenk.

Vielen Dank an Stefan, der beste Sparringspartner für mein Buch, den ich mir hätte vorstellen können. Du hast mir nicht nur geholfen, allzu blumige und kritische Passagen zu verbessern, sondern mir auch die Inspiration für wichtige Punkte gegeben, die noch gefehlt haben.

Ich danke meiner Mutter, die leider nicht mehr unter uns weilt. Du wirst immer in meinem Herzen lebendig bleiben.

Ich danke meinem Vater, der so wie ich ein offenes Herz hat und die Natur und Bewegung liebt. Ich könnte mir keinen besseren Vater als dich wünschen.

Ich danke meinem Bruder Daniel für seine treue Unterstützung über Jahrzehnte. Du bist mein bester Freund.

Ich danke meiner Schwester Christiane. Danke, dass du dir die Zeit genommen hast, mir so viel wertvolles Feedback zu dem Buchmanuskript zu geben!

Ich danke meinen Kindern Ayana, Makaio und Elian. Ich bin stolz auf euch.

Meine Assistentin Sarina hat dafür gesorgt, dass ich in Ruhe schreiben konnte, und sich alle Projekte wunderbar weiterentwickelt haben. Eine bessere Assistentin als dich kann ich mir nicht vorstellen.

Alex und Olli, ohne euch beide würde Regenbogenkreis nicht funktionieren. Ihr gebt wirklich immer 100 Prozent und ihr seid super!

Danksagung

Antje, danke für deine tolle Arbeit beim Lektorat.

Ich danke meinen Freunden vom Regenbogenkreis-Team für ihre wunderbare Arbeit und ihren Einsatz.

Ich danke von Herzen allen Partnern, Unterstützern und Kunden, mit deren Hilfe wir schon viele Millionen Quadratmeter Regenwald schützen konnten.

Annika und Max, danke, dass ihr mit eurer Expertise und viel Freude Regenbogenkreis weiter nach vorne bringt.

Lieber Christian, du bist ein toller Partner. Danke für deinen unermüdlichen Einsatz für eine bessere Welt!

Ich danke James für das beste Fotoshooting ever. Diesen Tag im wunderschönen Vogelsberg werden wir nie vergessen!

Ich danke Frau Thompson und Herrn Hodolitsch von der Münchner Verlagsgruppe für die reibungslose Zusammenarbeit, die viel Spaß gemacht hat.

Vielen Dank an Allan, der mich mit der Münchner Verlagsgruppe zusammengebracht hat.

Ich danke meinen Freundinnen Martina, Betti und Maja. Schön, dass es euch gibt!

Ich danke Nina. Ohne dich würde es dieses Buch nicht geben. Du hast mich auf der wunderschönen Insel Koh Phangan dazu inspiriert, meine Geschichte zu erzählen.

ANMERKUNGEN

1. https://www.paracelsus.com/behandlungsspektrum/krebserkrankungen?gclid=C-joKCQjw8rT8BRCbARIsALWiOvT5dEODbEXWJk4EkEAVDb9hGsx9GA96pnyvk1t-RS9FTg_S_pXHJd5IaApmkEALw_wcB
https://www.zentrum-der-gesundheit.de/artikel/naturheilkundliche-therapieformen/gerson-therapie
https://www.sein.de/geheilt-die-geschichte-einer-erfolgreichen-alternativen-krebstherapie/

2. https://www.naturalnews.com/049769_miso_radioprotective_effects_Hiroshima_survivors.html
https://www.ncbi.nlm.nih.gov/pmc/articles/PMC3695331/